신약성경, 책별로 만나다

신약성경, 책별로 만나다

THE

New

TESTAMENT

양진일

**말씀과 함께
신약편**

비아
토르

viator

《구약성경, 책별로 만나다》가 출간된 이후에 많은 분으로부터 과분한 사랑을 받았습니다. 구약성경을 이해하는 주요한 맥을 잡았다는 분도 계시고, 성경을 더 간절하게 읽고 싶은 마음이 생겼다는 분도 계십니다. 부디 한국 교회가 말씀을 사랑하는 교회로 회복되는 데 작은 도구로 쓰이기를 바라는 마음입니다.

《구약성경, 책별로 만나다》를 구입하고 읽으신 많은 분이 《신약성경, 책별로 만나다》 역시 출간되기를 기다린다는 바람을 전해 주셨습니다. 구약과 짝을 이룬 이 책이 깊은 보화가 담긴 하나님의 나라를 즐겁게 여행할 수 있도록 돕는 좋은 지도가 되었으면 합니다. 비아토르 출판사의 노고로 이렇게 멋진 책이 출간되어서 참으로 기쁩니다.

이 책은 《구약성경, 책별로 만나다》와 동일하게 서울영동교회에서 주일 오후 성경 공부 시간에 강의했던 신약 관련 내용을 풀어 정리한 것입니다. 신약 전체의 주요한 내용을 다루었고, 주요한 내용은 반복

설명을 통해 강조했습니다. 이 책을 통해 신약의 주요 뼈대를 잡고 이후에 나오게 될 심화 과정의 책들을 통해 살을 붙여 가면 좋겠습니다.

이 책이 나오기까지 고마운 분이 참 많습니다. 먼저 귀한 자리에 초대해 주셔서 성경 공부 강의를 맡겨 주신 정현구 목사님과 언제나 반가이 맞아 주신 서울영동교회 교인들에게 감사드립니다. 말씀을 공부하는 자의 기쁨을 보여 주고 알려 주신 김회권 교수님께 특별한 감사를 드립니다. 오랜 시간 말씀을 사모하는 자의 열정이 얼마나 멋진가를 몸소 보여 주며 제 강의에 함께하신 모든 분에게도 감사를 드립니다. 마지막으로 하나님의 말씀대로 살아가고자 분투하며 신앙하는 삶의 여정에서 서로 스승 되어 돕고 있는 공동체 식구들과 가족들에게 고마움을 전합니다.

이 책은 신약 전체의 주요 내용을 다루고 있습니다. 이 책의 내용을 읽어 가면서 성경 본문을 통독하면 성경 읽기의 기쁨이 배가 될 것입니다. 개인 성경 공부의 교재로 활용해도 좋고, 공동체가 함께 성경 통독을 하는 과정에 참고서로 읽으셔도 좋습니다. 하나님의 임재와 부재가 혼재된 삶의 여정 속에서 말씀과 함께 걸어가는 삶의 기쁨이 여러분 모두에게 가득하기를 바랍니다. 고맙습니다.

양진일

차례

6부 요한계시록

계시록이란 무엇인가 · 450

1부 신약성경의 배경과 구성

이스라엘을 정복한 제국들

신약성경을 다루기에 앞서 이스라엘 역사를 먼저 짚어 보겠습니다. 구약성경은 페르시아 통치기로 마무리되고 신약성경의 복음서는 로마의 통치로 시작됩니다. 그 둘 사이에는 중간기가 있습니다. 사람의 말이나 사건은 어떤 배경과 맥락에서 일어나느냐에 따라 그 의미가 달라질 수 있습니다. 즉 어떤 역사적인 배경과 상황 가운데서 특정 말씀이 주어졌는지, 또 특정 사건이 일어났는지 제대로 알아야 합니다. 그런 의미에서 먼저 이스라엘 중간기 역사를 살펴보려고 합니다.

앗시리아와 바빌로니아 제국

이스라엘 역사에서 통일 이스라엘 왕국을 이룬 건 다윗과 솔로몬 시대뿐이었습니다. 솔로몬이 죽고 르호보암 시대에 남유다와 북이스라엘 사이에 분열이 일어납니다. 북이스라엘에 19명의 왕이 있었고 남유다에는 20명의 왕이 있었습니다. 이스라엘 왕정에 총 42명의 왕이 있는데 초대 왕이었던 사울과 그 뒤를 이은 다윗, 솔로몬까지는 통일 이스라엘을 다스렸고, 르호보암과 여로보암 시대부터는 각각 분열된 왕국을 다스립니다. 북이스라엘에 19명, 남유다에 20명, 그리고 사울, 다윗, 솔로몬을 합쳐서 이스라엘 역사에서 모두 42명의 왕이 있었습니다. 그러다가 주전 722년에 북이스라엘이 앗시리아에 먼저 패망합니다.

이스라엘 역사에서 기억해야 할 중요한 5대 제국이 있습니다. 첫째 앗시리아, 그다음에 바빌로니아, 그다음에 페르시아인데, 개역개정 성경에는 바사라고 되어 있습니다. 그다음에 헬라, 그다음에 로마입니다. 이스라엘은 이 다섯 개의 제국에 의해 700년 이상 지배를 받았습니다.

고대 근동에 등장했던 최초의 제국은 앗시리아입니다. 주전 8세기 중반부터 발흥한 앗시리아가 주전 722년에 북이스라엘을 멸망시켰습니다. 앗시리아는 강압적 혼혈 정책을 통해 식민지를 다스렸습니다. A라는 나라를 정복하면 이 A나라의 백성을 B나 C나 D에 흐트러뜨립니다. B라는 나라를 정복하면 B의 백성을 A나 C나 D에 분산합니다. 그러면 어떤 일이 벌어지겠습니까? 앗시리아가 A, B, C, D 네 개의 나라를 정복하고, 이 나라 백성을 분산하면 모든 곳에 A, B, C, D 민족이 섞이겠죠. 그다음에 이 민족들 간에 결혼을 장려했습니다. 이 결혼 장려를 통해 자녀가 태어나면 이 자녀들은 다 혼혈이 되는 겁니다. 이렇게 2세대, 3세대, 4세대로 흘러가게 되면 이들의 정체성은 약해질 수밖에 없습니다. 민족 정체성이 약해지면 앗시리아 제국에 대한 저항도 약해집니다. 이것이 바로 앗시리아의 의도였습니다. 주전 722년에 북이스라엘을 멸망시킨 앗시리아는 북이스라엘 백성을 식민지역에 분산시키고 이방인들을 이스라엘 땅에 거주하게 합니다. 그러고 나면 이방 백성과 이스라엘 사람들이 자연스럽게 결혼을 하게 됩니다. 그 결혼을 통해서 탄생한 사람을 보통 사마리아인이라고 부릅니다. 앗시리아에 대해서는 이스라엘을 정복했던 최초의 제국이라는 사실을 기억하시면 됩니다. 그런데 이 앗시리아 제국을 멸망시킨 나라가 바빌로니아입니다. 이 바빌로니아에 의해 남유다가 멸망했습니다.

남유다와 북이스라엘이 분열한 이후에 북이스라엘이 먼저 멸망합니다. 이때 남유다 백성은 이 사건을 충격적으로 받아들이지 않았습니다. 왜 심각한 사건으로 받아들이지 않았을까요? 남유다 백성의 시각으로 볼 때 북이스라엘은 다윗 후손들의 정당한 통치를 거부하고 뛰쳐나간 반역 세력이기 때문입니다. "하나님이 인정하신 유일한 왕조는 남유다이다", "다윗의 후손들이 다스리는 남유다만이 하나님이 인정하신 유일한 왕조이다"라는 것이 남유다 백성의 보편적 인식이었습니다. 그런데 이 다윗 후손들의 통치를 거부하고 뛰쳐나간 사람들이 세운 나라가 어디입니까? 바로 북이스라엘입니다. 한마디로 남유다의 관점에서 북이스라엘은 반역 세력입니다. 쿠데타 정권입니다. 합법성이 없는 겁니다. 그 북이스라엘이 주전 722년에 먼저 멸망한 겁니다. 이것을 남유다 백성은 당연한 하나님의 심판으로 이해했습니다.

그런데 문제가 발생했습니다. 바빌로니아라는 제국이 발흥하면서 유다 백성들은 주전 605년에 1차 포로, 주전 597년에 2차 포로, 주전 586년에 3차 포로, 주전 582년에 4차 포로로 바빌로니아로 끌려가게 됩니다. 이때 남유다 백성은 엄청난 신학적 혼란을 겪습니다. 왜 혼란에 빠졌을까요? 고대 근동 사회에서 A나라와 B나라가 전쟁을 하면, 이 전쟁의 승패는 A나라와 B나라의 국방력의 강약, 탁월한 지도자의 유무, 훌륭한 전략과 전술의 여부에 있지 않았습니다. 중요한 것은 A나라를 후견하는 신과 B나라를 후견하는 신들 가운데 어느 신이 더 강한가였습니다. 그것에 따라 승부가 정해진다고 생각했습니다. 예를 들어, 남유다를 후견하는 남유다 백성의 신은 야훼 하나님입니다. 바빌로니아 사람들이 섬겼던 바빌로니아의 신은 마르둑입니다. 즉 남유다와 바빌로니아의 싸움은 야훼와 마르둑의 싸움인 것입니다. 그런데 이 싸움에서 바빌로니아가 승리한 겁니다. 바빌로니아가 승리했다는 말은 마르둑이 야훼를 이겼다는 뜻입니다.

여태까지 남유다 백성은 어떤 신앙 고백을 했습니까? "우리 야훼 하나님은 만왕의 왕이시다", "하나님만이 유일한 신이시다"와 같은 고백을 했습니다. 그런데 야훼 하나님이 마르둑에게 패배했으니 이 사건이 얼마나 충격적이었겠습니까? 바빌로니아가 남유다를 멸망시키면서 성전을 파괴했습니다. 예루살렘이 붕괴되었습니다. 다윗 왕조가 끝장났습니다. 그리고 국가의 많은 인재가 바빌로니아에 포로로 끌려갔습니다. 그 당시만 하더라도 남유다 백성은 "야훼 하나님이 가나안 땅을 주관하시고 다윗 왕조를 통해서 세계를 통치하신다"라는 인식을 보편적으로 갖고 있었습니다. 그 야훼 하나님이 머무시는 장소가 어디입니까? 성전입니다. 성전이 무너졌다는 말은 야훼 하나님이 무너진 겁니다. 예루살렘성이 붕괴되고 다윗 왕조가 무너졌다는 것은 야훼 하나님의 세계 통치가 끝났다는 뜻입니다. 무엇보다 가나안 땅을 떠나서 하나님의 통치와 다스림을 인정하지 않는 이방 땅으로 많은 사람이 끌려갔으니, 이때 사람들이 얼마나 큰 신학적 충격을 받았겠습니까. 야훼 하나님이 마르둑에게 패배했다는 사실도 받아들이기 어려운 일이고, 이제 하나님이 통치하시는 가나안 땅을 떠나서 그분의 통치가 전혀 미치지 않는 이방 땅으로 끌려간다는 사실, 그로 인해 이제 더 이상 하나님과의 만남을 지속할 수 없다는 자각이 유다 백성들에게 준 충격은 상상 그 이상이었을 것입니다. 그래서 초창기에 그들은 "야훼 하나님이 우리를 버리셨다"라고 생각했습니다. 그러다가 그동안 자신들이 살아왔던 역사적인 걸음들을 돌아보고, 그다음에 얼마나 오랜 세월 하나님이 예언자를 통해서 그들을 돌이키길 원하셨는가를 뒤늦게 깨달았습니다. 그래서 신학적인 반성을 하고, "야훼 하나님이 우리를 버리신 것이 아니라 우리가 너무나 오랜 세월 하나님을 버려 왔구나"라는 고백을 하게 됩니다.

출애굽한 이스라엘 백성들은 이후에 시내산에서 하나님과 언약을 체결했습니다. 그 언약의 핵심 내용이 무엇이었습니까? "이제 하나님만을 우리의 유일한 왕으로 섬기겠습니다", "하나님께만 충성하겠습니다", "당신만을 믿겠습니다"라는 다짐이었습니다. 그러나 이스라엘의 역사는 하나님만을 믿지 못한 실패의 역사입니다. 하나님을 거역한 배반의 역사입니다. 우상숭배의 역사라고도 할 수 있습니다. 저는 그동안 구약 강의를 통해 그런 사실을 많이 강조했습니다. 우상숭배는 하나님을 저버리고 다른 신을 섬기는 것이 아니라 하나님만을 온전히 믿지 못하는 것을 말합니다. 바꿔 얘기하자면 하나님과 다른 신을 겸하여 섬기는 행위가 바로 우상숭배입니다.

이스라엘은 바빌로니아에 포로로 끌려간 다음에야 비로소 깨달습니다. 자신들이 너무나 오랜 세월 우상숭배의 삶을 살아왔음을, 하나님만을 믿지 못하고 하나님과 다른 신을 겸하여 섬겨 왔음을, 오랜 세월 하나님을 배반하며 살아왔음을 말입니다. 즉 하나님이 그들을 저버리신 것이 아니라 그들이 수백 년의 세월 동안 하나님을 저버렸다는 사실을 깨달았습니다. 그래서 이스라엘이 다시 깨달은 중요한 개념이 언약입니다. 바로 시내산 언약입니다. 그 언약을 통해서 하나님은 이스라엘의 왕이 되겠다고 약속하셨고 이스라엘은 하나님만을 섬기는 하나님의 백성이 되겠다고 약속했습니다. 이스라엘이 하나님께 온전히 순종하면 복을 받고, 불순종하면 심판을 받고 벌을 받는다는 것이 시내산 언약의 중요한 내용이었습니다.

그렇다면 바빌로니아 포로기는 복을 받는 시기입니까, 하나님께 매를 맞는 시기입니까? 매를 맞는 시기입니다. 심판을 받는 시기입니다. 언약에 근거하여 이스라엘의 상황을 보게 되면 왜 지금 이스라엘은 하나님께 매를 맞고 있습니까? 하나님께 불순종했기 때문입니다. 불순종의 결과 지금 바빌로니아를 통해서 이스라엘을 심판하시는 하나님의 매를 맞고 있다는 사실을 남유다 백성이 깨달은 겁니다. 그런데 놀라운 사실은 매를 맞는 이 심판의 시간을 통해 그들이 새로운 희망을 품게 되었다는 점입니다. 이들은 자신들이 하나님과 체결했던 언약이 여전히 유효하다는 사실을 깨달았습니다.

"불순종하면 하나님의 심판을 받는다"라는 신명기 신학에 근거해서 현재 그들은 하나님께 매를 맞고 있습니다. 이것은 여전히 하나님과 자신들이 체결했던 언약이 유효하다는 사실을 보여 주는 증거입니다. 하나님과의 관계가 완전히 단절된 것이 아니라 하나님과 체결한 언약이 여전히 유효하다는 사실을 포로기 백성들은 깨닫게 된 겁니다.

그러면 이 심판의 매로부터 회복하기 위해서는 무엇을 해야 할까요? 순종하면 복을 받을 수 있습니다. 그래서 언약이 여전히 유효하다는 사실을 깨닫고 나서 바빌로니아에 포로로 끌려간 사람들은 하나님께 온전히 순종하기 위해 하나님의 말씀을 집대성하기 시작합니다. 그래서 구전으로 내려오거나 파편적으로 전해져 오던 말씀들을 수집해 지금 우리가 가지고 있는 것과 같은 모세오경이라는 토라를 완성합니다. 어디에서요? 바빌로니아 포로지에서입니다. 어떻게 보면 바빌로니아에 포로로 끌려간 다음에서야 이스라엘은 반성하게 되었습니다. 포로지의 땅에서 그들은 회개합니다. "우리가 오랜 세월 하나님을 저버렸구나, 그래서 하나님께 심판의 매를 맞게 되었구나", "그러면 어떻게 회복될 수 있는가", "다시 언약으로 돌아가야 한다"라고 생각한 것입니다.

언약으로 돌아간다는 말은 무슨 뜻일까요? 오직 하나님만을 섬기는 하나님의 백성이 되는 것입니다. 그런데 하나님만을 제대로 섬기기 위해서는 하나님이 원하시는 바가 무엇인지를 명확히 알아야 합니다. 그래서 하나님의 말씀을 수집하기 시작합니다. 그리고 "이것이 바로 하나님이 우리에게 주신 말씀이다"라고 주장하면서 바빌로니아 포로 시기에 창세기부터 신명기까지의 토라, 즉 오경이라고 불리는 성경을 확정합니다. 그리고 최종적으로 말씀만 완성한 것이 아니라 이것을 백성에게 가르치기 시작합니다. 그래서 율법 교육이 강조되기 시작했을 때가 바로 바빌로니아 포로기입니다.

페르시아 제국

주전 605년 바빌로니아에 끌려간 남유다 백성 가운데 다니엘과 세 친구가 있었습니다. 주전 597년 끌려간 사람들 중에는 여호야긴왕과 에스겔 선지자가 있었습니다. 바빌로니아가 천년만년 고대 근동을 재패할 것 같았지만, 주전 539년 페르시아가 바빌로니아를 멸망시킵니다. 결국 주전 539년부터 이스라엘은 페르시아의 지배를 받게 되었습니다.

바빌로니아를 무너뜨린 페르시아의 왕은 고레스입니다. 고레스는 바빌로니아를 멸망시키고 나서 칙령을 발표합니다. 그 칙령의 주된 내용은 바빌로니아에 의해서 포로로 끌려온 이방 백성에게 그들이 원한다면 고국으로 돌아가도 좋다는 것입니다. 이것이 '고레스 칙령'입니다. 이것 덕분에 바빌로니아에 포로로 잡혀갔던 많은 남유다 백성이 다시 가나안 땅으로 돌아옵니다. 그때 돌아온 사람 중 대표적 인물이 스룹바벨, 학개, 스가랴입니다. 이 사람들이 1차 귀환 세력입니다. 그 다음에 주전 458년에 에스라, 그다음에 주전 445년에 느헤미야가 돌아옵니다. 이들이 가나안 땅으로 돌아온 대표적 인물들입니다.

페르시아가 이스라엘을 다스릴 때 취한 정책에는 우리가 기억해야 할 중요한 특징이 있습니다. 그 가운데 가장 중요한 한 가지 특징은, 페르시아 제국의 변방을 강화하는 정책을 펼쳤다는 점입니다. 위에서 말한 것처럼, 바빌로니아는 주전 605년에 다니엘과 세 친구를 끌고 갔죠. 그리고 주전 597년에 여호야긴왕과 에스겔 같은 고위층 사람들을 끌고 갔습니다. 바빌로니아가 남유다를 멸망시킬 때 남유다의 모든 백성을 포로로 잡아가지는 않았습니다. 학자들마다 조금씩 주장이 다르지만, 적게 잡으면 남유다 인구의 약 5퍼센트, 아주 많게 잡으면 남유다 인구의 20퍼센트 정도가 포로로 끌려갔다고 봅니다. 이 말은 남유다가 바빌로니아에 멸망했을 때 대다수의 남유다 백성은 여전히 가나안 땅에 계속 거주했다는 뜻입니다.

적게는 5퍼센트, 많게는 20퍼센트의 남유다 백성이 바빌로니아에 포로로 끌려갔습니다. 이때 끌려간 사람들의 공통적인 특징이 있습니다. 그것은 끌려간 사람들이 정치, 경제, 종교적으로 기득권 세력이라는 점입니다. 힘 있는 사람들입니다. 각 분야의 엘리트들, 전문가들이 포로로 끌려갔습니다. 바빌로니아는 좀 똑똑하다 싶은 사람들을 다 포로로 끌고 간 겁니다. 어떻게 보면 구심점을 다 없애 버린 것입니다.

왜 이렇게 했을지 생각해 보세요. 제국의 식민 지배를 받는 사람들의 유일한 꿈과 소망이 무엇이었겠습니까? 독립이죠. 해방이죠. 이런 독립과 해방을 가능하도록 만들려면 똑똑한 사람이 구심점이 돼서 함께 힘을 모아 제국에 저항하는 운동을 펼쳐야 합니다. 그런데 바빌로니아는 똑똑한 사람들을 다 제국의 중앙으로 끌고 간 겁니다. 그러니까 남아 있는 사람 중에는 제국에 저항할 만한 구심점이 없었습니다. 페르시아는 바로 이 점을 이용했습니다. 한마디로 바빌로니아 제국은 중앙은 엄청나게 강력했는데 변방이 약했던 겁니다. 그래서 페르시아는 바빌로니아를 무너뜨린 다음에 제국의 변방을 강화하는 전략을 실행합니다.

페르시아 제국은 오늘날의 이란, 바빌로니아 제국은 오늘날의 이라크에 해당합니다. 이란과 가나안 땅은 거의 1,400-1,500킬로미터나 떨어진 먼 곳에 있는 나라입니다. 페르시아 입장에서 제국의 가장 중요한 변방이 바로 가나안 땅입니다. 왜 그럴까요? 가나안 땅이 어디와 맞닿아 있습니까? 이집트입니다. 당시 페르시아 제국에 맞설 수 있는 유일한 나라가 이집트였습니다. 그 이집트와 경계가 맞닿아 있는 곳이 바로 가나안 땅입니다. 페르시아 입장에서는 이 지역이 친페르시아 입장을 가져야만 제국이 안정을 누릴 수 있습니다. 그래서 고레스왕은 이스라엘에게 그들만의 종교생활과 문화생활을 마음껏 누릴 수 있도록 허용합니다.

고레스가 발표하는 칙령의 내용을 살펴볼까요? "너희가 가나안 땅에 돌아간 다음에 야훼 하나님을 위한 성전을 재건해도 좋다. 그 성전을 재건하는 데 필요한 비용은 페르시아 왕실에서 다 지원해 주겠다." 엄청난 특혜입니다. 페르시아가 이렇게 이스라엘에게 특혜를 준 까닭은 페르시아 제국의 가장 중요한 변방이 가나안 지역이었기 때문입니다. 이집트와 경계가 맞닿은 이 지역이 이집트로 경도되지 않고 친페르시아화되는 것이 페르시아 제국의 안정에 매우 중요했기 때문입니다. 그래서 페르시아는 이스라엘이 원하는 종교생활과 문화생활을 마음껏 누릴 수 있도록 허용합니다. 그러나 왕을 세우지는 못하게 합니다.

그래서 이 시기에 보이는 또 다른 중요한 특징이 있습니다. 바빌로니아에 포로로 끌려간 이후부터 오랜 세월 이스라엘 역사에는 왕이 등장하지 않는다는 사실입니다. 왕을 세우지 못하게 만들었다는 말은 곧 정치 공동체가 되지 못하게 만들었다는 뜻입니다. 그 대신 왕의 역할을 수행한 사람이 바로 제사장입니다. 이런 체제를 보통 신정국가 체제라고 부릅니다. 제사장 그룹이 왕의 역할을 한 겁니다. 제사장들이 이스라엘 백성을 다스린 겁니다. 이것은 간접 통치라 얘기할 수 있습니다. 제국이 직접 이스라엘을 다스리지 않고 제사장이라는 중간 매개자를 통해서 이스라엘을 다스린 겁니다.

페르시아가 무엇을 요구했을까요? 조공과 세금만 잘 바치면 됩니다. 그리고 제국에 저항만 하지 않으면 이스라엘에게 종교생활과 문화생활을 마음껏 누리도록 허용해 줍니다. 이것이 바로 페르시아 제국이 이스라엘에 대해서 취했던 핵심적인 지배 정책입니다.

헬라 제국

페르시아 제국을 멸망시킨 나라가 헬라 제국입니다. 바로 알렉산드로스 대왕이 페르시아 제국을 무너뜨렸습니다. 주전 331년부터 이스라엘은 헬라 제국의 지배를 받습니다. 알렉산드로스도 이스라엘을 간접적으로 통치합니다. 이스라엘의 종교와 문화생활을 그대로 허용해 줍니다. 헬라 제국에 매년 조공과 세금만 잘 납부하면 이스라엘의 내정과 관련해서는 자율권을 허용해 줍니다. 누가 이스라엘을 다스리도록 했을까요? 바로 제사장 그룹입니다.

그러나 알렉산드로스는 서른세 살의 젊은 나이에 죽게 됩니다. 그러면서 거대한 헬라 제국이 네 개로 나뉩니다. 그중 이스라엘 역사와 관련된 중요한 두 나라가 있습니다. 하나가 이집트를 중심으로 한 프톨레마이오스 왕조이고, 다른 하나가 시리아를 중심으로 한 셀레우코스 왕조입니다. 주전 301년부터는 이집트를 중심으로 한 프톨레마이오스 왕조가 이스라엘을 다스립니다. 그리고 주전 198년부터는 시리아를 중심으로 한 셀레우코스 왕조가 이스라엘을 다스립니다.

중요한 사실은 프톨레마이오스 왕조가 이스라엘을 다스릴 때 많은 유대인이 이집트로 이주했다는 것입니다. 그런데 이집트로 이주했던 유대인 후손들의 경우, 시간이 지날수록 히브리어를 모르는 이들이 많아집니다. 구약성경은 히브리어로 기록되어 있는데, 유대인 후손들이 히브리어를 모르는 상황이 된 겁니다. 그래서 이집트에 살고 있는 유대인들, 특별히 알렉산드리아에 살고 있으면서 히브리어를 모르는 유대인들을 위해서 히브리어 성경을 헬라어로 번역합니다. 그것이 바로 70인경입니다. 이 프톨레마이오스 왕조 때부터 70인경이라는 성경이 번역되기 시작합니다.

원래 유대인이 가진 성경은 히브리어 성경 하나였습니다. 이 히브리어 성경을 다른 언어로 번역한 최초의 번역 성경이 바로 70인경입니다. 이 성경이 만들어지는 과정에서 몇 가지 중요한 변화가 일어났습니다. 첫째가 무엇입니까? 원래 히브리어 성경에는 책의 제목이 없었습니다. 그런데 70인경으로 성경을 번역하면서 창세기, 출애굽기, 레위기처럼 책의 제목이 만들어집니다. 둘째, 히브리어 성경은 성경을 세 개의 장르로 이해했습니다. 바로 토라, 예언서, 성문서입니다. 이 세 장르가 모두 거룩한 하나님의 말씀이지만 그중에서도 가장 거룩한 말씀은 토라이고, 그다음은 예언서, 그다음은 성문서로 이해했습니다.

그리고 유대인들은 성경을 어떻게 배치했습니까? 가장 거룩한 말씀을 앞부분에 배치했습니다. 토라가 제일 먼저 나오고 그다음에 예언서, 제일 마지막에 성문서가 나옵니다. 그런데 70인경으로 성경을 번역하면서 책을 새롭게 배치합니다. 태초의 창조부터 주전 400년경의 말라기까지 시간적 순서에 따라 성경을 재배치합니다. 태초의 창조, 족장 시대, 출애굽, 사사 시대, 통일 이스라엘, 남북 분열 왕국, 바빌로니아 포로기, 포로기 이후 이런 식으로 시간적 순서에 따라 구약을 재배치한 성경이 70인경입니다. 그리고 성경을 네 개의 장르로 나누었습니다. 창세기부터 신명기까지는 토라, 여호수아부터 에스더까지는 역사서, 욥기부터 아가까지는 시가서, 이사야부터 말라기까지는 예언서, 이렇게 성경을 네 개의 장르로 나누었습니다. 70인경으로 성경을 번역하면서 책의 배치가 달라지고 장르에 대한 구분도 달라지고 책의 제목이 만들어졌습니다. 프톨레마이오스 왕조 때 이 일이 시작된 겁니다.

그러다가 우리가 기억해야 할 중요한 사건이 벌어집니다. 주전 198년부터는 셀레우코스 왕조가 이스라엘을 다스리기 시작합니다. 페르시아, 알렉산드로스, 프톨레마이오스 왕조까지는 제국이 이스라엘을 직접 통치하지 않고 간접 통치를 했습니다. 누구를 통해서 간접 통치를 했습니까? 바로 제사장입니다. 그럼 무엇만 지키면 됩니까? 제국이 부과한 조공만 잘 바치고 세금만 잘 납부하면 이스라엘은 자유로운 종교 생활과 문화생활을 누릴 수 있습니다. 이것이 바로 간접 통치의 핵심입니다.

그런데 셀레우코스 왕조가 이스라엘을 다스리는 시기부터 간접 통치가 직접 통치로 바뀝니다. 여기서 기억해야 할 대표적 인물이 있습니다. 바로 안티오쿠스 에피파네스 4세라는 인물입니다. 지난번에 구약을 공부하면서, 다니엘서의 중요한 배경을 말씀드렸던 걸 기억하십니까? 그 시대적 배경이 바로 주전 2세기 안티오쿠스 에피파네스 4세의 통치 시대였습니다. 이름이 참 길죠. 인류 역사 가운데 이름이 긴 사람들은 대부분 다 나쁜 놈들이라고 생각하면 됩니다. 그 이유가 궁금하시죠? 원래 이 사람의 이름은 안티오쿠스 4세였습니다. 그런데 스스로 자신의 이름에 에피파네스라는 이름을 덧붙였습니다. '에피파네스'는 '신이 나타났다'라는 뜻입니다. 누가 신이라는 겁니까? 그 자신입니다. 얼마나 오만합니까?

안티오쿠스 에피파네스 4세는 이스라엘을 헬라화하려는 정책을 시도했습니다. 이스라엘을 헬라화한다는 말은 이스라엘의 정체성을 파괴한다는 뜻입니다. 예를 들어, 이제 더 이상 안식일 준수를 못 하게 합니다. 성전 예배를 못 하게 합니다. 할례를 받지 못하게 합니다. 성경 두루마리도 소지하지 못하게 합니다. 한마디로 이스라엘의 정체성을 파괴하는 겁니다. 그러면서 헬레니즘 문화를 도입해 이스라엘을 또 하나의 헬라 제국으로 만들려고 한 겁니다.

그동안 이스라엘을 다스린 모든 제국이 간접 통치를 했는데 이 안티오쿠스 에피파네스 4세부터는 이스라엘을 직접 통치하려고 한 겁니다. 이런 직접 통치에 대해 이스라엘 모두가 저항했습니다. 그중에서도 가장 크게 저항한 세력이 어떤 이들이었을까요? 바로 제사장들입니다. 왜 제사장들이 반발했을까요? 남유다가 바빌로니아에 멸망한 이후에 다윗 왕조의 통치는 끝장이 났습니다. 그다음에 들어선 페르시아는 간접 통치를 시작했습니다. 그러나 이스라엘에 왕이 세워지는 것만큼은 허용하지 않았습니다. 그들이 왕 대신 이스라엘을 다스리게 한 세력이 바로 제사장들입니다.

이 사실을 기억해야 합니다. 오랜 세월 이스라엘은 앗시리아나 바빌로니아나 페르시아나 헬라의 식민 지배를 받았지만 정작 백성들은 제국의 식민 지배를 받고 있다는 느낌을 전혀 받지 못했습니다. 왜 그럴까요? 이스라엘의 가장 중요한 정체성은 야훼 하나님만을 믿는 신앙 공동체라는 사실에 있습니다. 제국들이 간접 통치를 할 때는 이스라엘의 정체성을 지킬 수 있었습니다. 그들이 하나님을 믿는 데 아무런 문제가 없었던 것입니다.

그런데 이스라엘이 언제 제국에 저항합니까? 야훼 하나님을 믿지 못하게 할 때 저항합니다. 조공을 바치고 세금을 내는 것은 이스라엘 왕이 다스릴 때도 하는 일상적인 일이었습니다. 그러니까 이방의 제국이 이스라엘을 다스릴 때 왜 그토록 오랜 세월 이스라엘은 한 번도 저항운동을 벌이지 않았는가 이해할 수 있습니다. 제국들이 이스라엘의 종교생활과 문화생활을 자유롭게 할 수 있도록 허용해 주었기 때문에 이스라엘은 저항하지 않은 겁니다. 그리고 왕의 자리를 대신 차지한 사람들이 제사장들이었습니다.

그런데 안티오쿠스 에피파네스 4세가 직접 통치를 시작하면서 이스라엘의 종교와 문화의 정체성을 없애기 시작합니다. 그리고 이방의 문화를 그대로 이식하려고 합니다. 한마디로 이스라엘의 정체성을 공격하기 시작한 겁니다. 이때 오랜 시간 기득권을 누려 왔던 제사장들이 들고일어납니다. 가장 대표적인 저항운동이 마카베오 항쟁입니다. 다음에는 마카베오 항쟁부터 신약 시대 역사를 함께 보겠습니다.

지금까지 나눈 이야기를 정리해 보겠습니다. 이스라엘은 700년 이상 5대 제국의 식민 지배를 받았습니다. 앗시리아, 바빌로니아, 페르시아, 헬라 제국의 식민 지배를 받았습니다. 무엇보다 셀레우코스 왕조가 등장하기 전까지 이스라엘은 간접 통치를 받았습니다. 그러다가 안티오쿠스 에피파네스 4세 때부터 직접 통치를 받게 되었고, 그 결과 최초의 저항운동이 일어나는데, 이것이 바로 마카베오 항쟁입니다.

마카베오와 하스모니아 왕조

마카베오는 '망치'라는 뜻으로 유다의 별명입니다. 망치처럼 시리아 군인들을 박살 낸다고 해서 사람들이 유다에게 이 별명을 붙여 주었습니다. 그 유다의 아버지가 맛다디아라는 사람입니다. 안티오쿠스 4세는 이스라엘을 헬라화하려고 마을마다 시리아의 군인들을 보내서 유대인들에게 제우스 신을 예배하게 만들었습니다. 돼지로 제물을 바치고 그 돼지를 강제로 먹게 했습니다. 그렇게 시리아의 제사장과 군인들이 모데인 지방에 왔을 때, 그 모데인 지방의 제사장이 맛다디아였습니다. 이때 맛다디아가 칼을 뽑습니다. 그는 "하나님을 위하는 자는 나와 함께하라!"고 외치면서 셀레우코스 왕조에 저항운동을 펼치게 됩니다.

맛다디아를 중심으로 저항운동을 펼쳤던 그룹을 '하시딤Hasidim'이라고 부릅니다. 하시딤은 '경건한 자들'이라는 뜻인데, 이 하시딤이 나중에 에세네파와 바리새파로 나뉩니다. 셀레우코스 왕조에 대한 저항운동을 펼친 맛다디아의 세 번째 아들이 바로 유다입니다. 가장 용맹스러운 아들로 알려진 이 유다 마카베오가 전쟁 중에 죽게 됩니다. 그리고 유다를 계승했던 사람이 요나단이었고 요나단을 계승했던 이가 시몬입니다. 시몬이 활약했던 시기는 주전 142년인데, 이들은 셀레우코스 왕조의 지배를 받지 않는 유대 독립 정부를 구성합니다. 이것이 하스모니아Hasmonean 왕조입니다. 즉 시므온 지파가 살았던 땅 헤스몬(수 15:27)에서 일어난 왕조라는 뜻입니다.

앗시리아, 바빌로니아, 페르시아, 헬라, 이 네 제국의 통치를 수백 년 동안 받아 온 이스라엘이 드디어 주전 142년에 독립 정부를 만들었습니다. 이때부터 다시 왕이 등장하게 됩니다. 이 왕조를 하스모니아 왕조라고 부릅니다. 주전 142년에 시작되어서 주전 63년 로마에게 멸망당하기 전까지 약 80년 동안 존속했던 유대인 자치 정부입니다.

마카베오 항쟁 때 가장 열심히 동참했던 사람들이 바로 하시딤이라고 했잖아요. 경건한 자들, 이 하시딤은 하스모니아 왕조에 대해 매우 큰 기대를 가졌습니다. 정말 야훼 하나님만을 섬기는 멋진 통치를 할 거라고 기대했습니다. 그런데 하스모니아의 왕들은 왕과 대제사장직을 겸하게 됩니다. 쉽게 얘기하면 정치권력과 종교권력을 모조리 독점하려 한 겁니다.

그런데 생각해 보세요. 율법에 따르면 누가 대제사장이 되어야 합니까? 레위 지파 가운데 아론의 후손들입니다. 그런데 마카베오, 즉 맛다디아의 집안은 아론의 후손이 아닙니다. 그들은 대제사장이 될 수 없는 사람들입니다. 그런데 하스모니아 왕조가 정치권력뿐 아니라 종교권력으로서 대제사장직까지도 독점하는 것을 보면서 하시딤은 실망합니다.

믿었던 하스모니아 왕조가 여호와의 율법을 어기고 정치권력과 종교권력을 독점하는 것을 보면서, 하시딤은 하스모니아 왕조에 등을 돌립니다. 그러면서 하시딤이 두 개의 그룹으로 분열하게 됩니다. 하나의 그룹은 에세네파입니다. 이들 대부분이 제사장과 그 가족으로서 변방으로 이주해 자신들만의 거룩한 공동체를 이루려고 했던 사람들입니다. 또 한 그룹은 바리새파입니다. 그들은 레위인들이 아닌 평신도로서 이스라엘 곳곳에 흩어져서 회당을 중심으로 율법을 철저하게 순종하는 운동을 펼칩니다. 정리하자면, 마카베오 항쟁을 가장 열심히 도왔던 하시딤이 하스모니아 왕조가 등장한 이후에 두 개의 그룹으로 나뉘었습니다. 한 그룹이 제사장을 중심으로 한 에세네파이고, 또 한 그룹이 비레위인들, 즉 평신도 지도자들을 중심으로 한 바리새파입니다.

하스모니아 왕조에 대해 우리가 기억해야 할 사건이 있습니다. 히르카누스 1세가 하스모니아 왕조의 왕이었을 때 이두매라는 지방을 정복한 다음에 그곳에 살고 있던 에돔 사람들을 강제로 이스라엘 백성으로 만듭니다. 원래 에돔은 요단 동편에 있는 이방 나라입니다. 그런데 아라비아 사람들이 에돔을 공격했을 때 남유다 땅으로 피신 온 에돔 사람들이 있습니다. 이들은 집성촌을 이루며 살았는데 그곳이 바로 이두매였습니다. 그리고 오랜 세월 남유다는 이 에돔 사람들이 이두매에 거주하는 것을 허용해 주었습니다. 그런데 히르카누스왕이 그 이두매 지역에 살고 있던 에돔 사람들을 강제로 이스라엘 백성으로 만들어 버린 겁니다. 할례를 받게 하고 야훼 하나님을 믿게 만들었습니다.

그런데 아이러니하게도 이두매 사람의 후손 가운데 하나가 바로 헤롯입니다. 나중에 로마제국이 유대를 통치하게 되었을 때 로마는 헤롯 집안이 이스라엘을 다스릴 수 있도록 허용해 줍니다. 놀라운 역설이 일어난 것입니다. 유대인들이 이스라엘 땅에 살고 있던 에돔 사람들을 강제로 이스라엘 백성으로 편입시켰는데 불과 몇십 년이 지나지 않아서 그 에돔의 후손이 이스라엘을 다스리게 된 것입니다.

로마의 지원을 받아 헤롯 집안이 이스라엘을 다스리게 되었으니 이스라엘 입장에서 그 사실을 어떻게 받아들였겠습니까? 우리 식대로 설명하자면 대한민국과 일본처럼, 이스라엘과 에돔은 원래 사이가 좋지 않았습니다. 그런데 에돔 사람인 헤롯 집안의 통치를 받는 지경이 되었으니 이스라엘 사람들이 얼마나 기분이 나빴겠습니까? 헤롯 집안도 이스라엘 사람들이 자기들의 통치를 좋아하지 않는다는 사실을 잘 알고 있었습니다. 그래서 헤롯 대왕은 성전을 엄청나게 증축합니다.

정리하자면, 마카베오 항쟁 이후에 하스모니아 왕조가 세워졌는데, 하스모니아 왕조는 하나님이 원하시는 정치를 시행하지 않고 정치권력과 종교권력을 독점해 버렸습니다. 그 모습을 보면서 그들을 지지했던 하시딤이 두 개의 그룹으로 나뉘었는데 하나가 에세네파이고 하나가 바리새파입니다. 그러다가 주전 63년에 로마가 하스모니아 왕조를 정복합니다. 이때부터 이스라엘은 로마의 식민지가 됩니다. 로마는 전통적으로 그 지역 출신 사람을 하나 뽑아서 그 지역을 다스리도록 했습니다. 이때 안토니우스의 절대적인 신뢰를 받았던 헤롯이 이스라엘을 다스릴 자로 선택됩니다. 이때부터 헤롯 집안은 이스라엘을 백 년에 걸쳐서 다스립니다. 원래 에돔 사람이었던 헤롯 집안은 히르카누스 1세 때 강제로 이스라엘 사람이 되었습니다. 그런데 로마 황제에게 엄청난 뇌물을 바치면서 헤롯 집안은 이스라엘을 다스릴 수 있는 정치권력을 획득하게 된 것입니다.

이 집안에서 가장 유명한 사람이 바로 헤롯 대왕입니다. 이 헤롯 대왕은 주전 37년부터 주전 4년까지 통치했습니다. 마태복음이나 누가복음에 나오는 예수님 탄생 이야기에는 헤롯 대왕의 이야기가 나옵니다. 예수님이 탄생하실 당시 이스라엘을 다스렸던 사람이 바로 헤롯 대왕입니다.

재미있는 사실은 예수님의 탄생이 인류 역사의 시간을 나누는 기점으로 활용된다는 점입니다. 예수님의 탄생 이전을 주전BC이라고 말하고, 탄생 이후를 주후AD라고 말하죠. 이 BC는 '예수님의 탄생 이전 Before Christ'을 뜻하는 말의 약어이고 주후AD라는 말은 라틴어로 '주님의 해Anno Domini'를 의미하는 약어입니다. 우리는 이 주전과 주후를 기점으로 세계 역사를 이해합니다. 그 주전과 주후를 나누는 중간에 무엇이 있습니까? 예수님의 탄생이 있다고 보는 겁니다.

그렇다면 주전과 주후 사이의 어느 시점에 예수님은 탄생하신 걸까요? 0년 또는 1년이어야 맞지 않을까요? 그런데 많은 신학자는 예수님의 탄생 시점을 주전 4년 이전으로 봅니다. 왜 그럴까요? 헤롯 대왕이 죽었을 때가 주전 4년이기 때문입니다. 성경에서는 예수님이 태어나실 때 이스라엘을 다스린 사람을 헤롯 대왕이라고 말합니다. 헤롯 대왕이 주전 4년에 죽었으니까 아무리 늦어도 주전 4년보다 예수님이 일찍 태어나셔야 두 사람의 기록이 겹칠 수 있습니다. 그렇다면 왜 이렇게 연대 계산을 잘못하게 된 걸까요? 예수님의 탄생을 기점으로 주전과 주후를 나눈 때가 바로 주후 5세기입니다. 로마의 수도원장이 예수님의 탄생을 기점으로 주전과 주후를 나누었는데, 중간에 몇 년을 놓친 겁니다.

많은 신학자는 예수님의 탄생 시점을 주전 4년 이전으로 봅니다. 일반적으로는 주전 4년경에 예수님이 탄생하셨다고 봅니다. 그리고 서른 살 정도에 공생애를 시작하셨으니까 주후 26년 또는 27년에 공생애를 시작하셨고, 3년간의 공생애를 계산해 보면 예수님의 십자가 죽음, 부활, 승천은 주후 30년경의 사건이 됩니다. 이것이 보통 예수님의 일생과 관련해서 신학자들이 주장하는 연도입니다.

　헤롯 대왕이 주전 4년에 죽은 다음에 이스라엘은 헤롯의 세 아들이 분할 통치하게 됩니다. 유대 지방은 아켈라오가 다스리고 갈릴리 지방은 헤롯 안디바가 다스리고 요단 동편 지방은 헤롯 빌립이 다스립니다. 헤롯 대왕 때까지는 한 사람이 이스라엘 전체를 다스렸다면 헤롯 대왕이 죽은 다음에는 그의 아들들이 분봉왕이 되어 다스립니다. 이 분봉왕이 어떤 의미죠? 4분의 1의 영토를 다스리는 왕을 분봉왕이라고 합니다.

　여기서 중요한 사람이 아켈라오입니다. 이 아켈라오는 주전 4년부터 주후 6년까지 10년간 통치했는데 완전히 폭군이자 독재자였습니다. 유대와 사마리아 지방에 있는 사람들은 아켈라오의 통치를 매우 싫어했습니다. 결국 유대인들의 고소로 로마는 이 아켈라오를 폐위시키고 주후 6년부터는 유대와 사마리아 땅에 총독을 파견해 직접 다스리게 합니다. 그래서 파견된 총독 가운데 한 명이 예수님이 공생애를 사시던 무렵의 빌라도입니다.

　여기서 알아 두어야 할 사실은 엄밀히 말하자면 빌라도는 유대의 총독이 아니라는 점입니다. 로마제국은 식민지를 다스릴 때 중요한 도시에는 총독을 세우고, 중요하지 않은 도시에는 지방 행정 장관을 세웠습니다. 그런데 이스라엘에는 총독이 없었습니다. 엄밀한 의미에서 빌라도는 총독이 아니라 지방 행정 장관입니다. 그것을 어떻게 알 수 있을까요? 시리아 땅에는 로마가 임명한 총독이 있었는데 그가 관리 감독을 하는 지방 가운데 하나가 유대 땅이었습니다. 시리아에 있던 총독은 주후 36년에 빌라도를 해임합니다. 한번 생각해 보십시오. 시리아에도 총독이 있고 유대 땅에도 총독이 있다면 어떻게 시리아의 총독이 유대 땅의 총독을 해임할 수 있습니까? 말이 안 되죠. 엄밀한 의미에서 빌라도는 총독이 아니라 시리아 총독의 관리 감독을 받는 지방 행정 장관이었습니다. 그래서 주후 6년부터 지방 행정 장관을 통해 로마가 이 유대 땅을 다스렸다고 이해할 수 있습니다.

지방 행정 장관을 파송하면서 로마는 지방 행정 장관이 대제사장을 임명하도록 만듭니다. 그리고 대제사장의 의복을 지방 행정 장관이 보관하도록 만듭니다. 그래서 어떤 일이 벌어집니까? 헤롯 집안이 이스라엘을 다스린 100년 동안 대제사장의 평균 임기는 5년이었습니다. 이것은 굉장히 놀라운 일입니다. 원래 대제사장은 종신직입니다. A라는 대제사장이 평생 다스리다가 이 사람이 죽고 나면 새로운 대제사장을 임명하는 것이 관례였습니다.

그런데 복음서를 자세히 읽어 보면 '대제사장들'이라는 복수 표현이 나옵니다. 왜 복수의 대제사장이 존재하게 된 걸까요? 로마 총독에게 뇌물을 많이 갖다 바친 사람들이 대제사장으로 임명된 겁니다. 예를 들어, A라는 사람이 로마 총독에게 10억의 뇌물을 바칩니다. 그래서 대제사장으로 임명되었습니다. 그런데 어떤 사람이 20억의 뇌물을 바치게 되면 금방 교체되는 겁니다. 뇌물을 갖다 바쳐서 대제사장이 되었다고 하더라도 죽을 때까지 대제사장직이 보장되는 것은 아닙니다. 이 직을 계속 지켜 내기 위해서는 끊임없이 뇌물을 바쳐야 되는 겁니다. 한번 생각해 보십시오. 20억 갖다 바쳐서 대제사장이 되었는데 언제 잘릴지 모르고, 계속 뇌물을 갖다 바쳐야 한다면 대제사장으로 봉직할 때 무엇에 관심이 집중되겠습니까? 최소한 내가 뇌물로 갖다 바친 것 이상을 회수하고 싶은 것이 보통 인간의 마음 아니겠습니까? 내가 뇌물로 갖다 바친 것 이상을 회수하려면 결국 무엇을 해야 합니까? 이때부터 성전이 소위 강도의 소굴이 되는 겁니다. 성전에 모인 돈을 가지고 대부업을 하게 되고 제물로 사용되는 짐승들을 매우 비싼 가격으로 사람들에게 판매하는 일이 벌어졌습니다.

그래서 나중에 예수님이 성전을 뒤집어엎는 성전 정화 사건을 일으키십니다. 만민의 기도하는 집이 되어야 할 성전이 강도의 소굴이 되었다고 하셨을 때 이것은 그냥 상징적 언어가 아니고 실제 현상에 대한 언급임을 기억해야 합니다. 당시 예루살렘 성전은 강도의 소굴이었습니다. 어떻게 하면 사람들의 돈을 갈취해 낼 수 있을까, 어떻게 하면 제물을 좀 더 비싼 가격에 판매할 수 있을까, 어떻게 대부업을 통해 좀 더 많은 이득을 획득할 수 있을까, 온통 그 생각에만 집중했습니다. 한마디로 예루살렘 성전은 하나님의 이름을 종교 브랜드로 사용해서 종교 사업을 하는 곳으로 타락했습니다. 이런 배경 가운데 예수님의 성전 정화 사건과 성전에 대한 비판적인 메시지가 나온 것입니다.

사도행전에 나오는 아그립바 1세와 아그립바 2세는 모두 헤롯 집안의 후손들입니다. 앞에서 말씀드렸다시피 로마가 이스라엘을 다스리기 시작하면서 헤롯 집안은 로마를 대신해 이스라엘을 다스렸습니다.

그런데 66년에 유대 땅에 있던 로마의 총독, 정확히는 지방 행정 장관이었던 플로루스라는 사람이 성전에 있는 돈에 손을 댑니다. 성전에 있는 보물들을 약탈한 겁니다. 여기에 대해서 유대 백성이 들고일어납니다. 이스라엘은 주전 63년부터 로마의 지배를 받았는데, 120년이 지난 시점에서야 이스라엘 땅에 거주하는 모든 사람이 힘을 모아서 로마와 전쟁을 벌인 것입니다. 이것이 바로 주후 66년에 일어난 유대 전쟁입니다. 이 전쟁은 주후 73년까지 계속됩니다. 70년에 성전이 무너지면서 이스라엘은 사실상 전쟁에서 패배했습니다. 이때 약 1천 명의 유대인들이 헤롯의 별궁이었던 맛사다라는 요새로 피신해서 3년 동안 로마군과 대치합니다. 맛사다 요새에 있던 1천여 명의 사람들이 집단 자살하면서 유대 전쟁은 끝납니다.

66년부터 70년, 좀 길게 보면 73년까지 지속된 유대 전쟁이 중요한 까닭은, 유대 전쟁이 끝나고 나서 중요한 변화가 일어났기 때문입니다. 첫째, 70년에 예루살렘 성전이 무너지면서 사두개파가 몰락합니다. 성전이 존재할 때까지는 사두개파가 이스라엘의 종교권력을 장악했습니다. 사두개파를 구성하는 사람들 대부분은 제사장들입니다. 이 사람들이 주로 사역하는 현장이 예루살렘 성전입니다. 예루살렘 성전을 중심으로 사역했던 사두개파가 오랜 세월 유대교의 가장 핵심적인 지도 세력이었습니다. 그런데 주후 70년에 성전이 무너지게 됩니다. 성전이 무너졌다는 말은 사두개파가 사역할 장소가 사라졌다는 말입니다. 그러면서 이제 유대교 안에서 중심 권력이 사두개파로부터 바리새파에게로 넘어가게 됩니다.

둘째, 66년에 유대 전쟁이 일어나면서 이스라엘 땅에 살고 있는 모든 유대인이 로마와 전쟁하기 위해 힘을 모읍니다. 그런데 유대인이면서 유대 전쟁에 유일하게 동참하지 않았던 그룹이 있습니다. 바로 유대 기독교인들입니다. 유대 기독교인들이 유대 전쟁에 동참하지 않은 이유가 있었습니다. 전쟁이 일어나기 전에 성령께서 유대 기독교인들에게 계시로 이렇게 말씀하셨다는 겁니다. "너희는 이번 전쟁에 참여하지 말고 요단 동편 땅에 펠라라는 지방으로 이주해라." 이 계시의 말씀처럼 전쟁이 일어나기 전에 유대 기독교인들은 펠라라는 지방으로 이주합니다.

당시 유대 전쟁에 에세네파까지 동참합니다. 에세네파가 어떤 사람들입니까? 자신들만의 거룩한 공동체를 만들기 위해서 사해 근처로 물러난 사람들이었습니다. 그런데 이 사람들까지도 함께 힘을 모은 전쟁이 바로 주후 66년에 일어난 유대 전쟁입니다. 이스라엘 땅에 있는 모든 유대인들이 힘을 모아서 로마와 한판 전쟁을 벌인 겁니다. 그런데 유대인임에도 불구하고 이 전쟁에 참여하지 않았다면 유대인들 입장에서는 매국노라는 말이 됩니다. 민족 반역자인 겁니다. 유일하게 그 전쟁에 참여하지 않았던 사람들이 바로 유대인이면서도 예수를 믿는 기독교인들이었습니다. 이 사람들은 펠라로 이주했습니다. 그래서 유대 전쟁이 끝난 이후에 유대교에서는 예수를 믿는 유대인들의 회당 출입을 금지합니다. 그리고 유대인이면서 예수를 믿는 기독교인들을 이단으로 정죄합니다. 그래서 유대 전쟁 이후부터 유대교와 기독교는 완전히 분리됩니다.

유대인 종교 그룹

이제 예수님 당시 유대교의 종교 그룹에 관해서 이야기하고자 합니다. 당시 대표적인 종교 그룹으로는 바리새파, 사두개파, 열심당, 에세네파가 있습니다. 이 사람들은 단순히 종교 그룹일 뿐만 아니라 오늘날로 이야기하자면 더불어민주당이나 국민의힘이나 정의당과 같은 정당이라고도 볼 수 있습니다. 바리새파나 사두개파 같은 사람들을 단순히 종교인들의 모임으로만 이해하시면 안 되고 이것 자체가 하나의 정치 정당이었다는 사실을 기억하셔야 합니다.

이스라엘은 야훼 하나님만을 믿는 종교 공동체입니다. 그렇다면 어떤 사람이 이스라엘의 지도자 역할을 했을까요? 바로 종교 지도자들입니다. 오늘날의 국회라고 할 수 있는 산헤드린에는 72명의 회원이 있습니다. 사두개파나 바리새파, 율법학자나 장로들이 바로 산헤드린의 회원이 됩니다. 이 사람들이 이스라엘의 중요한 현안들을 논의하고 집행했습니다. 바리새파나 사두개파 사람들이 단순히 종교 지도자일 뿐만 아니라 정치 지도자였다는 사실을 기억하셔야 합니다. 토라는 단순히 종교법일 뿐만 아니라 이스라엘 사람들에게는 사회법입니다. 그 자체가 헌법입니다.

이제 예수님 당시에 이스라엘 공동체를 다스렸던 종교 지도자이자 동시에 정치 지도자였던 이 네 그룹에 대한 이야기를 나누려고 합니다.

에세네파

먼저 에세네파입니다. 앞에서 잠깐 설명드렸지만 에세네파는 하시딤에서 나왔습니다. 마카베오 항쟁 때 맛다디아 집안을 도와주었던 중요한 그룹이 있었습니다. 이 사람들이 바로 '경건한 자들'로 불린 하시딤입니다. 하나님만을 위하는 거룩한 백성이 되기를 소망하는 자들이 하시딤이라는 그룹을 형성해서 마카베오 항쟁을 도왔습니다. 그래서 결국 하스모니아 왕조가 탄생합니다. 이 하시딤 그룹은 어렵게 세워진 하스모니아 왕조가 하나님이 원하시는 아름다운 정치를 할 거라고 기대했습니다. 그런데 정치권력과 종교권력을 독점한 하스모니아의 왕이 타락하고 부패한 정치를 하는 모습을 보고 크게 실망합니다.

그 실망했던 그룹 가운데 특별히 제사장을 중심으로 사해 근처로 물러나 하나님을 위한 거룩한 삶을 추구하려 했던 이 그룹을 에세네파라고 합니다. 에세네파의 가장 중요한 특징은 금욕주의입니다. 이들은 예루살렘 성전의 타락과 부패에 대해서 매우 강력하게 비판했습니다. 그들은 타락한 예루살렘 성전에서 바치는 예배를 하나님은 열납하지 않으신다고 보았습니다. 그러면서 사해 근처의 쿰란이라는 지방을 중심으로 자신들만의 거룩한 공동체를 만듭니다. 에세네파를 쿰란 공동체라고 부르는 이유입니다.

재미있는 사실은 이 사해 근처, 특히 쿰란 지역을 중심으로 1947년부터 엄청나게 많은 사본들이 발견되었다는 겁니다. 10년의 세월 동안 굉장히 많은 동굴에서 성경을 필사한 사본들이 발견되었습니다. 이것을 사해 사본이라고 부릅니다. 이 사해 사본을 쓴 사람들이 바로 에세네파입니다. 이 사람들은 예루살렘 성전의 타락과 부패에 대해 비판했습니다. 자신들만이라도 거룩한 공동체를 만들어서 하나님이 원하시는 아름다운 삶을 실천하려 했습니다. 이 사람들은 대부분 금욕주의자였습니다. 그러다 보니 성생활이나 결혼에 대해서 터부시하는 경향이 있습니다. 그래서 독신을 지향했습니다. 독신을 지향하다 보니까 결국 운동 자체가 지속되기 어려워졌습니다. 그래서 이들은 제사장 가문에서 태어난 고아들을 입양해 그들을 양육함으로써 이 운동을 지속해 나가려 했습니다.

그래서 학자들은 세례 요한에 대해 이런 주장을 많이 합니다. 누가복음 1장 80절에 세례 요한이 이스라엘 공동체에 나타나기 전까지 빈 들에 있었다는 말씀이 나옵니다. 세례 요한은 낙타털 옷을 입고 제대로 된 음식도 먹지 않으며, 매우 금욕적인 식생활을 합니다. 세례 요한의 아버지였던 사가랴와 어머니였던 엘리사벳은 나이가 매우 많았습니다. 늦은 나이에 세례 요한을 낳았습니다. 그래서 세례 요한은 어린 나이에 부모를 잃었을 가능성이 높습니다. 그렇다면 홀로 남은 세례 요한을 누가 키웠을까요? 아마도 에세네파가 세례 요한을 입양해서 양육하지 않았을까요? 그래서 학자들은 세례 요한이 이스라엘 공동체 앞에 나타나기 전까지 있었다는 빈 들이 사해 근처의 광야라고 해석합니다. 메뚜기와 석청을 먹는 식생활이나 금욕적인 세례 요한의 삶의 방식은 에세네파의 방식과 매우 유사합니다. 그래서 세례 요한과 에세네파 사이의 유사성을 말하는 학자들이 매우 많습니다. 당시 에세네파에는 최대 4천 명 정도의 회원이 있었을 것으로 추측합니다. 이 사람들은 노동과 성경 필사를 주로 했습니다. 에세네파를 이룬 주된 구성원들은 제사장들이었습니다.

바리새파

여기에 반하는 사람들이 바리새파입니다. 하시딤 그룹 가운데 제사장들은 주로 에세네파가 되었고 레위인이 아니었던 사람들, 오늘날로 말하자면 평신도 가운데 율법에 철저하게 순종하려고 하는 이들, 곧 율법의 생활화 운동을 지향했던 사람들이 바리새파입니다. '바리새'라는 말은 '구별되었다'는 뜻입니다. 세상의 주류 문화와 구별되어서 하나님께만 속한 자들입니다. 예수님 당시에 바리새파는 전국적으로 약 6천 명가량의 회원이 있었습니다. 바리새파는 지방에 있는 회당을 중심으로 사역했습니다.

보통 이 바리새파를 사두개파와 자주 비교합니다. 사두개파는 주로 제사장들입니다. 사두개파는 자신들이 사독의 후손임을 내세웠습니다. 사독이 누구입니까? 다윗 시대에 예루살렘 성전에서 사역했던 대제사장의 이름입니다. 그래서 사독의 후손인 사두개파 사람들은 제사장의 후손이라는 자부심이 있었습니다. 사두개파가 주로 사역했던 현장은 예루살렘 성전입니다. 바리새파는 레위 지파가 아니라 비레위인들로, 이들은 성전이 아니라 지방의 회당에서 사역한 사람들입니다.

주후 70년에 성전이 무너지면서 사두개파가 몰락합니다. 성전이 존재할 때까지는 성전을 중심으로 사역했던 사두개파가 유대교의 중심 권력을 장악했습니다. 그런데 성전이 무너지니까 사역할 현장이 사라지고 자연스레 사두개파는 종교권력을 상실하게 됩니다. 그 종교권력을 누가 쥐게 되었을까요? 성전이 무너지고 나서 유대교는 어떻게 존속합니까? 지방의 회당을 중심으로 존속합니다. 그 지방의 회당을 중심으로 사역했던 사람들이 누굽니까? 바리새파입니다. 그래서 주후 70년 이후부터는 유대교의 중심 권력이 사두개파에서 바리새파로 넘어갑니다.

바리새파를 떠올릴 때 기억해야 할 중요한 사실이 몇 가지 있습니다. 첫째 비레위인이라는 것, 둘째 율법의 생활화 운동을 펼쳤다는 것입니다. 하시딤 그룹에서 에세네파는 주로 제사장들, 바리새파는 주로 비레위인입니다. 에세네파가 하나님이 기뻐하실 수 있는 아름다운 공동체를 만들고자 사해 근처로 물러났다면, 바리새파는 이스라엘 지방 곳곳에 회당을 세우고, 이스라엘 백성에게 율법을 철저히 가르쳤고, 그들이 율법에 철저히 순종할 수 있도록 율법의 생활화 운동을 펼쳤습니다.

그리고 바리새파는 사두개파 사람들과도 중요한 차이가 있습니다. 사두개인들은 오경만 정경으로 믿었습니다. 토라만 하나님의 말씀으로 인정했습니다. 그런데 바리새인들은 토라뿐 아니라 예언서, 성문서, 구전 율법까지 다 하나님의 말씀으로 인정했습니다. 이 구전 율법은 복음서에서 "장로들의 유전"으로 표현되어 있습니다.

구전 율법에 대해 유대인들은 이런 식으로 생각했습니다. 토라인 창세기부터 신명기까지는 하나님이 원하시는 바가 무엇인지 잘 나와 있습니다. 그런데 우리가 궁금한 모든 것에 대해 하나님의 뜻이 무엇인지는 상세히 나오지 않습니다. 총론의 맥락에서 큰 틀로는 하나님의 뜻이 무엇인지 토라에 잘 나와 있지만 구체적인 일상의 세부적 사항에 대해서는 하나님의 뜻이 무엇인지 상세히 나오지 않는다는 말입니다. 그래서 유대인들은 하나님이 모세에게 기록된 율법도 주셨고, 그다음에 구전으로 율법도 주셨다고 생각했습니다. 그런데 이 율법은 기록하기에 너무 방대합니다. 그래서 기록된 율법은 토라를 통해서 계승되었고, 말씀으로 주신 율법은 입에서 입으로 유전되었다고 생각했습니다. 구전 율법에는 구체적인 일상에서의 행위와 관련된 내용이 많습니다. 예를 들어 안식일을 거룩하게 지키려면 어떻게 해야 하는가를 다 기록하려면 너무 길어집니다. 이것을 다 기록할 수는 없고 한 문장으로 "안식일을 거룩하게 지켜라"라고 기록한 다음, 안식일을 거룩하게 지킨다는 의미에 대해 입에서 입으로 하나님의 뜻을 알려 주셨다는 겁니다. 이 구전 율법은 '장로들의 유전'으로 번역되어 있습니다. 주후 200년경이 되면 이 방대한 구전 율법을 기록합니다. 이것을 '미쉬나 Mishnah'라고 합니다. 바리새인들은 토라뿐만 아니라 예언서, 성문서, 심지어 구전 율법까지를 모두 하나님의 말씀으로 인정합니다.

사두개파

사두개파는 오직 토라만을 하나님의 말씀으로 인정합니다. 이것이 사두개파와 바리새파의 가장 중요한 차이입니다. 여기에서 많은 차이가 발생합니다. 중요한 것은 교리의 차이입니다. 창세기부터 신명기까지의 오경, 토라만을 하나님의 말씀이라 주장했던 사두개인들은 내세를 믿지 않았습니다. 그들은 영도, 심판도, 천사의 존재도 믿지 않았습니다. 오경에 내세, 심판, 부활과 같은 얘기들이 거의 나오지 않기 때문입니다. 오경만을 하나님의 말씀으로 인정했던 사두개파는 이런 교리들을 인정하지 않았습니다. 반면에 오경뿐만 아니라 예언서와 성문서와 구전 율법까지 하나님의 말씀으로 인정했던 바리새인들은 내세를 믿습니다. 그들은 심판, 부활, 영을 믿었습니다.

사두개파와 바리새파는 그 외에 몇 가지 중요한 차이가 있습니다. 첫째 사역의 현장이 다릅니다. 사두개파는 성전에서, 바리새인들은 지역에 있는 회당에서 사역합니다. 그다음에 사두개파는 주로 제사장 그룹, 즉 종교 귀족 그룹이었던 반면에 바리새인들은 비레위인, 즉 평민들입니다. 사두개파는 어떻게 생계를 유지합니까? 이스라엘 백성이 바쳤던 십일조를 받아서 생계를 유지합니다. 그런데 바리새파는 십일조를 받을 수 없습니다. 레위인이 아니기 때문입니다. 그래서 바리새인들은 스스로 노동해서 생계를 유지했습니다. 그 바리새파 가운데 대표적 인물이 바로 바울입니다. 바울은 베냐민 지파의 후손으로, 비레위인입니다. 사역을 한다고 십일조를 받아서 생활할 수 없었기 때문에 대다수 바리새인들은 생계를 유지하기 위해 노동을 했습니다.

오랜 세월 사두개파는 유대교의 중심 권력을 장악했습니다. 예루살렘 성전이 유대교의 중심이었기 때문입니다. 그런데 주후 70년에 그 성전이 무너집니다. 그 결과 유대교의 중심 권력이 사두개파에서 바리새파로 넘어가게 됩니다. 여기서 꼭 기억해야 할 중요한 내용이 있습니다. 구약에는 내세에 대한 언급이 거의 안 나온다는 사실입니다. 부활에 대해서는 다니엘 12장 2절에 한 번 나옵니다. 사후세계에 대해서 구약은 별로 언급하지 않습니다. 사후세계에 대한 언급, 부활, 하나님의 나라가 얼마나 멋지고 아름다운지에 대한 언급이 거의 없습니다.

사두개파가 천년 가까이 유대교의 권력을 장악했는데 그때 토라와 예언서가 정경이 되었습니다. 토라가 정경이 된 것은 주전 400년경이고, 예언서가 정경이 된 것은 주전 200년경입니다. 이 과정을 이끈 유대교의 중심 권력은 사두개파였습니다. 사두개파는 부활과 내세와 천사와 영을 믿지 않습니다. 그래서 토라와 예언서에는 사후세계에 대한 언급이 거의 안 나옵니다. 그런데 주후 70년에 예루살렘 성전이 무너지면서 사두개파가 몰락하고 예루살렘의 중심 권력, 유대교의 중심 권력이 바리새파로 넘어갑니다. 그 바리새인들을 중심으로 해서 성문서를 하나님의 말씀으로 확정했을 때가 주후 90년입니다. 성문서인 다니엘서에는 부활에 대한 언급이 나옵니다. 구약에 사후세계나 부활에 대한 언급이 별로 나오지 않는 이유는 오랜 세월 유대교의 중심 권력을 사후세계를 믿지 않는 사두개인들이 장악했기 때문입니다.

열심당

그리고 기억해야 할 또 다른 종교 그룹이 바로 열심당입니다. 열심당을 한마디로 표현하자면 무장 독립운동을 했던 세력입니다. 이들은 일제강점기 때 해방을 쟁취하기 위해서 항일 무장 독립운동을 했던 사람들과 비슷합니다. 의열단이나 북로군정서에 소속된 사람들이라고 생각하면 됩니다. 이들은 로마의 압제로부터 벗어나기 위해서 힘을 키워야 한다고 주장했으며, 실제로 무장 독립운동을 했던 사람들입니다. 이 열심당을 로마는 강도라고 불렀습니다. 예수님이 나중에 십자가에서 돌아가실 때 좌우에 강도가 달립니다. 그들을 길거리에서 돈을 빼앗는 강도로 이해하시면 안 됩니다. 그 강도를 '레스타이lestai'라고 하는데, 바로 열심당원을 말합니다. 로마를 상대로 독립운동을 펼친 열심당원들을 예수님의 좌우에 매달아 죽인 겁니다.

예수님의 열두 제자 가운데에도 열심당 출신이 한 명 있습니다. 누굽니까? 젤롯당 출신의 시몬이라는 사람입니다. 열심당원은 로마제국에 무력 저항을 하기도 하지만 매국노들을 암살하기도 했습니다. 그 암살 대상 영순위가 로마에 빌붙어서 이스라엘 동족을 괴롭혔던 세리들입니다. 복음서에서 세리는 홀로 다니지 않고 항상 군인들과 함께 다닙니다. 군인들과 함께 다니지 않으면 어떤 유대인이 자기를 죽일지 모르기 때문입니다.

열심당원들은 세리를 많이 암살했는데, 예수 공동체 안에는 젤롯당 출신의 시몬도 있고 세리 출신의 마태도 있었습니다. 시몬이 마태를 세상에서 만났다면 어떤 일이 벌어졌을까요? 시몬은 마태를 죽이기 위해 쫓아다니고, 마태는 죽지 않기 위해서 도망 다녔겠죠. 쫓고 쫓기는 관계가 되었을 것입니다. 그런데 이들이 예수로 인해서 한 몸 된 공동체를 일궈 낸 겁니다. 이것이 예수 공동체의 가장 중요한 특징 가운데 하나였습니다. 도저히 함께할 수 없는 사람들이 예수로 인해서 한 몸 된 공동체가 된 겁니다.

이것은 또한 오늘 교회의 특징이 되어야 합니다. 교회는 어떤 곳입니까? 예수가 아니었다면 도저히 만날 수 없는 사람들, 세상이 쌓아 놓은 높은 담 때문에 하나가 될 수 없는 사람들이 예수를 믿는 신앙 안에서 하나 됨을 경험하는 것이 바로 예수 공동체의 특징입니다.

신약의 장르와 배치

신약성경은 모두 27권입니다. 이들을 장르로 나누면 네 개로 나눌 수 있습니다. 첫째 마태, 마가, 누가, 요한의 복음서가 있습니다. 둘째 역사서인 사도행전이 있습니다. 셋째 21권의 서신서인데, 이 서신서는 많게는 세 개로, 적게는 두 개로 나눌 수 있습니다. 바울 서신과 공동 서신과 요한 서신입니다. 넷째 한 권의 묵시록, 바로 요한계시록입니다.

신약성경 27권 가운데 복음서가 먼저 기록되고, 사도행전과 서신들이 그다음에 기록되고, 가장 마지막에 요한계시록이 기록됐을 거라고 흔히 생각하는데, 전혀 그렇지 않습니다. 신약성경은 쓰인 순서대로 배치된 것이 아닙니다. 바울 서신은 신약성경 가운데 가장 먼저 기록된 것으로 여겨집니다. 우리는 보통 21권의 서신 가운데 13권을 사도 바울이 썼다고 봅니다. 로마서부터 빌레몬서까지 사도 바울이 썼다고 보는 것이죠. 사도 바울은 주후 64년에 네로 황제 때 순교합니다. 그러면 바울이 썼다고 생각되는 모든 서신은 아무리 늦어도 64년 이전에는 기록되어야 합니다. 그런데 마태, 마가, 누가, 요한 가운데 가장 먼저 기록된 복음서가 마가복음입니다. 학자들은 마가복음을 주후 70년경에 기록되었다고 봅니다. 마태복음과 누가복음은 주후 80년경, 요한복음은 주후 90년경에 기록되었다고 봅니다. 가장 먼저 기록된 마가복음조차 사도 바울의 순교 6년 뒤에 기록되었습니다. 그러니까 마태복음부터 요한계시록까지 성경은 쓰인 순서가 아니라 장르에 의해서 배치된 겁니다.

구약성경은 히브리어로 기록되었습니다. 유대인의 히브리어 성경은 성경을 세 장르로 나누었습니다. 유대인들은 보통 성경을 성막에 빗대서 이해했습니다. 성막은 하나님의 임재가 있는 거룩한 장소입니다. 성막은 크게 뜰과 성소와 지성소, 이렇게 세 구역으로 구성됩니다. 이 모두가 거룩한 장소이지만 이 세 곳 가운데 가장 거룩한 장소가 어디입니까? 지성소입니다. 그다음이 성소이고 그다음이 뜰입니다. 토라와 예언서와 성문서가 다 거룩한 하나님의 말씀입니다. 그 가운데 가장 거룩한 하나님의 말씀은 무엇입니까? 토라입니다. 그다음은 예언서, 그다음 거룩한 말씀이 성문서입니다. 유대인들은 가장 거룩한 지성소와 토라를 연결하고, 그다음 성소와 예언서를 연결하고, 마지막으로 뜰과 성문서를 연결했습니다. 유대인들이 가진 히브리어 성경은 토라, 예언서, 성문서의 순서로 되어 있습니다. 제일 먼저 나오는 성경이 창세기이고 제일 마지막에 나오는 성경이 역대기입니다. 유대인들의 이해에 따르면 역대기는 성문서입니다. 창세기의 별명은 '족보의 책'이고 역대상 1-9장은 이스라엘 열두 지파의 족보 이야기입니다. 유대인들이 성경을 어떻게 배치했습니까? 족보로 시작해서 족보로 마무리한 겁니다. 이것을 수미상관 구조라고 합니다.

그런데 주전 3세기부터 이 히브리어 성경을 헬라어로 번역하기 시작했습니다. 이것을 뭐라고 했습니까? 70인경입니다. 70인경으로 성경을 번역하면서 몇 가지 수정이 가해졌습니다. 첫째 책의 제목이 만들어졌고, 두 번째 태초의 창조부터 주전 400년경의 말라기까지 시간적 순서에 따라 성경을 재배치했습니다. 세 번째가 중요한데, 성경을 네 장르로 나누었습니다. 창세기부터 신명기까지를 오경(토라), 여호수아부터 에스더까지를 역사서, 욥기부터 아가까지를 시가서, 이사야부터 말라기까지를 예언서라고 한 겁니다. 신약성경은 이 70인경의 장르 순서를 그대로 따라 배치했습니다.

이 점을 염두에 두어야 합니다. 주후 1세기경, 스데반을 비롯한 대부분의 초대 교인들이 읽었던 구약은 히브리어로 기록된 구약이 아니라 헬라어로 번역된 구약성경입니다. 당연히 초대 교인들에게는 이 70인경이 매우 익숙했습니다. 나중에 마태복음부터 요한계시록까지 27권을 정경으로 확정하면서 정확하게 70인경의 장르 배치 순서를 따라 한 겁니다. 만일 쓰인 시기에 따라 배치했다면 바울 서신이 제일 앞에 와야 합니다.

70인경에 제일 먼저 무엇이 배치되어 있습니까? '토라*Torah*'입니다. 창세기부터 신명기까지를 기록한 토라가 무엇을 다루고 있습니까? 하나님의 구원 사건인 출애굽과 하나님의 말씀인 십계명과 율법을 다룹니다. 하나님이신 예수 그리스도의 구원 사건과 예수 그리스도의 말씀을 모아 놓은 것이 무엇입니까? 복음서입니다. 구약에서 토라 다음에는 무엇이 나오죠? 여호수아부터 에스더까지 역사서가 나옵니다. 27권의 신약 가운데 유일한 역사서가 무엇입니까? 교회가 어떻게 시작되었는지, 이방 세계에 어떻게 복음이 전파되었는지, 초대교회의 역사를 다루고 있는 본문이 무엇입니까? 사도행전입니다. 그래서 토라 다음에 역사서가 나오는 것처럼, 복음서 다음에 초대교회의 역사인 사도행전을 배치한 겁니다. 구약에서 역사서 다음에는 시가서가 나옵니다. 욥기부터 아가까지 시가서입니다. 이 시가서에 대응하는 것이 21권의 서신서입니다. 그래서 바울 서신, 공동 서신, 요한 서신이라는 서신서가 나온 겁니다. 그리고 70인경의 제일 마지막에 뭐가 나옵니까? 이사야부터 말라기까지 예언서가 나옵니다. 이 예언서에 대응하는 것이 바로 요한계시록입니다. 이를 정리하면 아래와 같습니다.

- 구약성경: 토라 → 역사서 → 시가서 → 예언서
- 신약성경: 복음서 → 사도행전 → 서신서 → 요한계시록

지금 우리가 가진 신약성경은 철저하게 70인경의 장르 배치 순서를 그대로 따라가고 있음을 다시 한번 기억해야 합니다.

신약의 확정

복음서는 마태, 마가, 누가, 요한, 이렇게 네 권이 있습니다. 그 가운데 마태, 마가, 누가복음을 공관복음이라 합니다. 마태, 마가, 누가 이 세 권의 공관복음과 요한복음은 조금 성격이 다릅니다. 공관복음은 예수님의 인성을 강조하지만, 요한복음은 예수님의 신성을 강조합니다. 공관복음에서는 우리와 똑같은 인간이었던 예수 그리스도가 하나님의 아들로 고백된 과정을 강조합니다. 반면 요한복음에서는 예수님이 태초부터 하나님이심을 인정합니다. 그 하나님이신 예수 그리스도가 어떻게 우리와 똑같은 인간이 되셨는가를 다룹니다.

공관복음과 요한복음은 방향성이 다릅니다. 공관복음을 보면 예수님의 공생애는 짧으면 몇 개월, 길면 1년입니다. 그런데 요한복음에서 다룬 예수님의 공생애는 3년 정도입니다. 그 사실을 어떻게 알 수 있냐면 예수님이 유월절을 지키기 위해서 예루살렘에 올라간 이야기가 세 번 정도 나오기 때문입니다. 학자들은 예수님이 매년 한 번씩 올라간 것으로 보고 예수님의 공생애를 3년으로 봅니다. 공관복음에서 예수님이 주로 사역하는 현장은 갈릴리입니다. 요한복음에서 예수님의 주요 사역지는 예루살렘, 유대 땅입니다. 이런 식으로 공관복음과 요한복음은 몇 가지 면에서 차이가 있습니다.

세계 교회 역사에서 한국 교회만이 가진 매우 독특한 역사가 있습니다. 외국 선교사가 입국해 활동하기 전에 이미 우리 언어로 기록된 성경과 세례받은 사람 수십 명이 있었으며, 이들 스스로 교회를 세웠다는 점입니다. 이것이 전 세계 기독교 역사에서 한국 교회만이 가진 유일무이한 특징입니다. 재미있는 점은 우리나라 사람들이 제일 먼저 번역한 한글 성경이 누가복음입니다. 누가복음에는 '이방인의 복음', '가난한 자의 복음', '여인들의 복음', '약자의 복음' 등 여러 별명이 있습니다. 누가복음을 한마디로 이야기하자면 '약자들의 복음'입니다. 1970년대까지는 한국 교회가 약자들의 복음인 누가복음을 많이 강조했습니다.

그런데 1980년 이후부터는 사복음서 가운데 요한복음을 중시합니다. 오늘날 한국 교회는 요한복음 전성시대입니다. 요한복음은 매우 추상적인 표현이 많고 예수님의 신성을 강조합니다. 공관복음은 예수님의 인성을 강조합니다. 예수님은 제자들에게 "나를 따르라"라고 말씀하십니다. 우리와 똑같은 인간이었던 예수 그리스도는 죽기까지 하나님께 순종하는 그 길을 걸으셨습니다. 그리고 제자들에게 "너희는 나를 따르라"라고 말씀하셨습니다. 공관복음을 읽으면 예수 그리스도의 그 길을 따라가야 하는 부담이 생깁니다. 그런데 요한복음은 예수님의 신성을 강조합니다. 예수님은 신이었기 때문에 모든 일을 다 하실 수 있었습니다. 우리는 요한복음을 읽으며 그저 예수님을 찬양하고 경배하면 됩니다. 따라야 될 부담이 별로 없습니다. 한국 교회는

1980년 이후로 공관복음의 메시지보다는 하나님으로서의 예수 그리스도를 강조하고 있습니다. 저는 균형이 필요하다고 봅니다. 예수님의 인성을 강조하는 공관복음과 예수님의 신성을 강조하는 요한복음에 대한 균형 잡힌 강조가 필요합니다. 예수님은 우리가 경배하고 찬양해야 할 대상임과 동시에 따라 걸어가야 할 모델입니다. 우리는 예수님이 가신 길을 따라 걷는 그리스도의 제자로 부름받았음을 기억해야 합니다.

역사서인 사도행전은 성령을 받은 주의 제자들이 행한 놀라운 일들을 기록하고 있습니다. 성령의 감화 감동과 성령 충만함을 받았던 사람들이 어떻게 세상을 변화시켰는지를 보여 줍니다.

그다음 21개의 서신서 중에 바울이 쓴 편지를 '바울 서신'이라고 합니다. 바울 서신의 수신자는 대다수가 특정 교회와 개인입니다. 그런데 공동 서신이 있습니다. 야고보서, 베드로전후서를 '공동 서신'이라고 부릅니다. 하나님의 백성 누가 읽어도 상관없는, 보편적 수신자를 대상으로 하는 서신서가 공동 서신입니다. 그리고 요한이 보낸 편지를 '요한 서신'이라고 부릅니다.

이렇게 총 21권의 서신서가 있는데 서신서는 서신서답게 읽는 편이 가장 좋습니다. 서신서답게 읽는다는 것은 무슨 뜻일까요? 집에 편지가 왔을 때 편지를 읽는 가장 일반적인 방식이 뭘까요? 처음부터 끝까지 쭉 읽는 겁니다. 아무리 길어도 편지는 끊어 읽으면 안 됩니다. 편지의 분량이 A4 다섯 장이라고 해서 "아, 편지가 너무 길다. 하루에 한 장씩 5일 동안 읽어야지"라고 말하는 사람이 있습니까? 거의 없을 겁니다. 처음부터 끝까지 쭉 읽어야 발신자가 이 편지를 보낸 의도를 정확하게 포착할 수 있습니다. 그래서 바울 서신, 공동 서신, 요한 서신을 읽을 때는 서신을 읽는 방식으로 읽어야 합니다. 처음부터 끝까지 쭉 읽어야 합니다. 예를 들어 로마서가 16장까지 있는데, 하루에 한 장씩 16일 동안 끊어 읽으면 안 됩니다. 한 시간 정도 시간을 확보하고 1장부터 16장까지를 쭉 읽어야 로마 교회에 편지를 보낸 바울의 의도와 강조하고자 했던 점을 정확히 파악할 수 있습니다. 서신은 서신처럼 읽어야 합니다.

제일 마지막에 배치된 성경은 묵시록인 요한계시록입니다. 묵시는 구약에서 봤던 예언서와는 세 가지 정도 중요한 차이가 있습니다. 첫째, 예언서는 청중의 반응이 중요합니다. 심판을 경고하는 그 순간에도 회개를 촉구합니다. 그런데 묵시는 청중의 반응이 중요하지 않습니다. 이미 모든 것이 다 결정되어 있기 때문입니다. 둘째, 예언은 하나님의 말씀에 근거해 이 땅의 잘못된 정치, 경제, 사회 문화, 종교를 변화시키는 데 목적이 있습니다. 정치가들이 하나님이 기대하시는 아름다운 정치를 시행하지 않을 때, 하나님은 예언자를 통해서 그들을 책망하십니다. 회개를 촉구하시는 겁니다. 이것이 예언입니다.

그런데 잘못된 것을 하나둘 고쳐서 해결할 상황이 아니라면 어떻게 해야 할까요? 지금의 하늘과 땅, 지금의 세계 전체를 교체해야 합니다. 이렇게 비유할 수 있습니다. 집에 있는 청소기에 어떤 부품이 고장 났다고 생각해 보십시오. 그때 부품을 교체해서 청소기를 사용할 수 있다면 이것이 예언입니다. 그런데 부품 몇 개 고쳐서 해결될 문제가 아닌 경우도 있습니다. 아예 청소기 자체를 완전히 교체하는 것이 묵시입니다. 예언이 부분적인 교정에 목적이 있다면 묵시는 전면적인 교체에 목적이 있습니다. 셋째, 예언은 인간 예언자를 통해 주로 선포됩니다. 묵시는 천사와 같은 천상의 존재를 통해 전달됩니다.

이처럼 예언과 묵시는 중요한 차이를 갖습니다. 요한계시록은 예언이 아니라 묵시에 해당된다는 사실을 기억해 주십시오.

신약성경은 21세기에 기록된 문서가 아닙니다. 주후 1세기 또는 2세기에 기록된 문서입니다. 우리와는 약 2천 년 정도의 시간적 간격이 있습니다. 복음서가 기록된 시점이 고대사회라면 우리가 살아가는 지금은 현대사회라 할 수 있는데, 고대사회와 현대사회는 각각 매우 중요한 특징이 있습니다. 고대사회는 의미를 중시하는 사회였습니다. 현대사회는 사실을 중시합니다. 예를 들어 이런 겁니다. 복음서에는 예수님이 거라사라는 지방에 가셨을 때 군대 귀신 들린 사람을 만나는 이야기가 나옵니다. 그때 예수님이 만났던 군대 귀신 들린 사람은 한 사람일까요, 두 사람일까요? 예수님이 나귀를 타고 예루살렘에 입성하십니다. 그때 예수님이 끌고 가셨던 나귀는 한 마리일까요, 두 마리일까요? 예수님이 돌아가신 뒤 아리마대 사람 요셉은 예수님을 동굴 무덤에 안치했습니다. 여인들이 예수님의 몸에 향품을 바르기 위해서 그 무덤에 갔는데 예수님은 그 무덤에 안 계셨습니다. 여인들은 그 무덤에서 예수님을 만나지 못하고 다른 존재를 만납니다. 그때 만났던 존재는 천사인가요, 청년인가요? 한 명인가요, 두 명인가요? 마가복음은 예수님이 거라사 지방에서 만난 군대 귀신 들린 사람이 한 명이라고 말하고, 마태복음은 두 명이라고 말합니다. 마태복음은 예수님이 예루살렘에 입성할 때 끌고 가셨던 나귀가 두 마리라고 말합니다. 마가복음은 한 마리라고 말합니다. 빈 무덤에서 여인들이 만났던 존재에 대해서는 마태, 마가, 누가, 요한이 다 다르게 기록합니다.

사실을 중시하는 현대인은 이 차이 때문에 골머리를 앓는 겁니다. 이처럼 소위 팩트를 중시하는 것은 근대 이후의 세계관입니다. 그 전에 살았던 사람들은 팩트, 사실보다도 의미를 중시했습니다. 쉽게 얘기하면 한 마리가 되었건 두 마리가 되었건 예수님이 나귀를 타셨다는 점이 중요한 겁니다. 나귀는 평화를 상징하는 동물입니다. 반면에 말은 전쟁을 상징하는 동물입니다. 예수님은 예루살렘에 입성할 때 말을 타지 않고, 평화를 상징하는 나귀를 타셨습니다. 이것이 이 기록이 강조하는 바입니다. 그다음에 강조하는 바는 무덤이 비어 있었다는 점입니다. 예수를 무덤에서 만나지 못했다는 것이 강조점입니다. 이처럼 고대사회는 의미를 중시했고 현대사회는 사실을 중시합니다. 강조점이 다릅니다. 결국 사실을 중시하는 관점에서 복음서를 읽다 보면 계속 이런 의문이 생길 수밖에 없습니다. 복음서마다 똑같은 사건에 대한 기술이 조금씩 다른데, 도대체 군대 귀신 들린 사람이 한 명인지, 두 명인지 알 수 없는 겁니다. 여인들이 만났던 존재가 천사인지 청년인지, 한 명인지 두 명인지 헷갈립니다. 예수님이 타신 나귀가 한 마리인지 두 마리인지 계속 질문하게 됩니다.

그렇다면 교회는 왜 이토록 상이한 성경의 기술들을 그대로 내버려두었을까요? 왜 이것을 인위적으로 편집하고 수정하지 않았을까요? 그것은 옛날 사람들에게는 전혀 문제가 되지 않았기 때문입니다. 그들에게는 사실이 아니라 의미가 중요했기 때문입니다. 만약 21세기에 복음서가 기록되었다면 아마 철저하게 사실 중심으로 일치하는 기록을 남겼을 겁니다. 그런데 고대사회에는 그것이 별로 중요하지 않았습니다. 고대사회는 사실보다는 의미를 중시하는 세계관이 더 강했습니다. 그래서 옛날에 쓰인 복음서와 역사서를 우리의 맥락에서 해석하는 것은 위험합니다. 도리어 고대사회 관점에서 복음서나 역사서나 서신서나 묵시록을 이해할 필요가 있습니다.

한편 마태복음부터 요한계시록까지 신약 27권이 정경으로 확정된 배경에는 주후 2세기 초반 초대교회를 어지럽힌 한 인물이 있습니다. 바로 마르키온Marcion입니다. 마르키온은 지중해를 중심으로 선박업을 했던 사람입니다. 오늘날로 얘기하자면 나름 큰 기업을 일군 회장님 평신도 지도자입니다. 평신도 지도자였던 마르키온은 구약의 유대인들이 믿었던 하나님과 예수가 아버지라고 말했던 하나님이 다른 분이라는 주장을 펼쳤습니다. 마르키온은 철저하게 반유대주의자였습니다. 그래서 유대인들이 주인공이었던 구약을 싫어했습니다. 그리고 유대인들만을 사랑하는 것처럼 보이는 구약의 하나님을 싫어했습니다. 그런데 신약에 있는 예수가 아버지라 부른 그 하나님은 유대인들만의 하나님이 아니라 유대인과 이방인 모두를 자기 백성으로 삼으시는 하나님이라고 주장했습니다. 구약의 하나님과 신약의 하나님이 다르다는 겁니다. 구약의 하나님은 유대인을 편드는 하나님, 신약의 하나님은 세계 만민의 하나님, 구약의 하나님은 전쟁의 하나님, 신약의 하나님은 사랑의 하나님, 이런 식으로 구약의 하나님과 신약의 하나님을 철저하게 구분했습니다.

그뿐이 아닙니다. 2세기 초반에 초기 교회가 존경했던 사도 가운데 가장 이방인과 친화적인 사도가 누구죠? 바울입니다. 마태, 마가, 누가, 요한의 사복음서 가운데 가장 이방인을 위한 복음서는 무엇입니까? 누가복음입니다. 반유대주의자였던 마르키온은 누가복음과 10권의 바울 서신만이 진짜 하나님의 말씀이라고 주장했습니다. 그 당시만 하더라도 대다수 초기 교회는 구약에 있는 말씀만을 하나님의 말씀으로 받아들였고 읽었습니다. 그런데 마르키온이 2세기 초반에 선제공격을 가한 겁니다. 우리가 정말 받아들여야 할 하나님의 말씀은 유대인들이 가졌던 성경이 아니라 누가복음과 10권의 바울 서신이라고 말입니다. 마르키온에 대한 반박으로 초기 교회는 하나님의 계시의 말씀을 수집하기 시작했습니다. 그리고 최종적으로 주후 397년에 정경을 확정했습니다. 그래서 마태복음부터 요한계시록까지 27권이 오늘의 신약 정경으로 확정된 겁니다.

2부 복음서

공관복음과 요한복음은 어떻게 다른가

요즘은 글을 쓰는 작업이 별로 어렵지 않습니다. 컴퓨터 자판을 두드리면 글씨가 나오고 출력하면 자신이 썼던 내용에 대해서 문자화된 틀을 확보할 수 있습니다. 그러나 고대사회에서는 글을 쓰는 작업이 쉽지 않았습니다. 예수님 당시에 이스라엘 공동체에는 다른 나라보다 글을 아는 사람들이 조금 많은 편이었는데, 고대 근동 사회에서 일반적으로 100명 가운데 다섯 명, 많아야 열 명 정도만 글을 읽거나 쓸 수 있었습니다. 그래서 옛날에는 글을 안다는 것이 권력이었습니다. 글을 쓰는 작업이 쉽지 않은 것은 일단 글을 아는 사람이 많지 않았고, 글을 쓰기 위해서 잉크나 파피루스나 양피지 같은, 글을 쓰는 재료도 매우 고가였기 때문입니다.

그렇다면 복음서를 기술한 마태, 마가, 누가, 요한은 고가의 비용을 지불하면서 누구를 대상으로 복음서를 썼을까요? 이것을 질문할 필요가 있습니다. 누가복음은 아주 선명합니다. 데오빌로라는 각하에게 그 복음서를 헌정했습니다. 데오빌로는 개인의 이름일 수도 있지만, '데오'와 '빌로'를 나누어 보면 '신을 사랑하는 자'라는 말입니다. 데오빌로라는 문구로 볼 때, 하나님을 사랑했던 일단의 무리에게 보낸 글로도 볼 수 있습니다. 그래서 마태, 마가, 누가, 요한이 사복음서를 기술한 당시, 수신자가 누구였을까, 누구에게 읽으라고 방대한 분량의 복음서를 기술했을까에 대해 신학자들은 보통 이렇게 얘기합니다. 마태복음을 받아 읽었던 사람들을 마태 공동체, 마가복음을 받아 읽었던 사람들을 마가 공동체, 요한복음을 받아 읽었던 사람들을 요한 공동체라 합니다. 쉽게 이렇게 얘기할 수 있습니다. 마태는 마태 공동체가 읽을 것을 염두에 두면서 마태복음을 썼다고 얘기할 수 있습니다. 이 네 개의 복음서 가운데 가장 먼저 쓰인 것이 마가복음입니다. 주후 70년경입니다. 그다음 마태복음과 누가복음이 주후 80년경 그리고 요한복음이 주후 90년경 쓰였다고 봅니다.

그래서 신학자들은 이렇게 해석합니다. 예를 들어 마태복음 안에 있는 어떤 내용이 마가복음에도 있거나, 마태복음과 마가복음에 공통된 내용이 있다고 할 때, 이것은 10년 후에 기록된 마태복음이 마가복음을 참고했을 거라고 보는 겁니다. 마가복음이 마태복음을 참고할 수는 없습니다. 왜냐하면 마가복음이 마태복음보다 먼저 쓰였기 때문입니다.

두 번째, 마가복음보다 10년 늦게 쓰인 마태복음과 누가복음이 서로 다른 곳에서 쓰였는데 마가복음에 없는 내용이 마태복음과 누가복음에는 기록된 경우가 있습니다. 이런 경우는 마태와 누가가 마가복음을 참고했을 수는 없습니다. 마가복음에는 그런 내용이 없으니까요. 참 놀라운 것은, 비슷한 시기에 서로 다른 지역에서 기술된 마태복음과 누가복음에, 마가복음에는 없는 내용이 똑같이 들어 있는 경우가 많다는 겁니다. 예를 들자면 무엇입니까? 마태복음에는 예수님의 산상설교가 있고 누가복음에는 평지설교가 있습니다. 마태복음에도 예수님의 주기도문이 나오고 누가복음에도 예수님의 주기도문이 나옵니다. 그런데 마가복음에는 이런 내용이 나오지 않습니다. 그러니까 이런 질문이 나옵니다. "마가복음에는 없는 내용인데 서로 다른 지역에서 비슷한 시기에 쓰인 마태복음과 누가복음에 공통으로 기록된 내용이 있더라. 어떻게 마태와 누가가 이것을 함께 기록할 수 있었지?" 여기서 신학자들은 이런 추측을 하는 겁니다. 마태복음과 누가복음에만 나오는 공통된 이야기는 대다수가 예수님의 말씀입니다. 산상설교, 평지설교는 모두 예수님의 말씀입니다. 그러니까 예수님의 말씀이 마가복음에는 안 나오는데 비슷한 시기에 쓰인 마태와 누가복음에는 나온다는 겁니다. 그래서 학자들은 당시 초대교회 안에 예수님의 말씀만 따로 모아 놓은 어떤 문서가 있지 않았을까 하고 추측합니다. 이것을 학자들은 'Q'라고 합니다. 그 예수님의 말씀만 따로 모아 놓은 Q라는 자료를 마태와 누가가 참고하지 않았을까 하고 해석합니다.

그리고 마태복음에만 나오는 내용이 있습니다. 이를 '마태 특수 자료', 누가복음에만 나오는 내용은 '누가 특수 자료'라고 합니다. 그런 의미에서 마태복음은 28장까지 있는데, 크게 세 개로 구성되어 있다고 보면 됩니다. 첫째 마가복음에 있는 내용이 일부 있습니다. 마태와 마가복음에 공통으로 나오는 내용은 마태복음이 마가복음을 참고했다고 보는 겁니다. 그러니까 마가복음의 내용이 일부 있고 두 번째가 마가복음에는 없고 마태와 누가복음에만 나오는 내용이 있는데 대다수가 예수님의 말씀입니다. 그래서 예수님의 말씀만 모아 놓은 Q라는 텍스트를 참고했을 거라고 봅니다. 그러니까 마가복음과 Q, 그다음에 다른 복음서에는 안 나오고 마태복음에만 나오는 내용이 있습니다. 이를 '마태 특수 자료'라고 합니다. 그래서 마태복음은 크게 마가복음, Q, 마태 특수자료, 세 부분으로 되어 있습니다.

그러면 누가복음은 어떻게 구성되어 있겠습니까? 마가복음, Q, 누가 특수 자료입니다. 예를 들어 선한 사마리아인 이야기, 돌아온 탕자의 이야기는 누가복음에만 나옵니다. 이런 것들을 '누가 특수 자료'라고 합니다. 그래서 사복음서 가운데 가장 먼저 쓰인 것은 마가복음이고, 다음에 쓰인 복음서들은 최초의 복음서인 마가복음을 참고했을 것이고, 예수님의 말씀만 따로 모아 놓은 'Q'라는 자료가 있었을 것이고 다른 복음서에는 나오지 않는 자기 복음서에만 나오는 특수한 말씀이 있었을 거라고 봅니다. 그래서 이 세 가지가 결합되어서 지금의 마태복음이나 누가복음이나 요한복음이 만들어졌을 것으로 봅니다.

마태복음은 예수 그리스도가 유대인들이 오랫동안 기다렸던 메시아이고 이스라엘의 참된 왕이심을 강조합니다. 유대인들이 가장 중요하게 생각하는 것이 토라 아닙니까? 토라를 보통 '오경'이라고 말합니다. 창세기부터 신명기까지를 오경, 다섯 개의 두루마리라고 이야기하는데, 마태복음은 유대인들이 강조하는 오경에 맞대응해서 예수 그리스도의 말씀을 다섯 개로 모아 놓았습니다. 산상설교, 천국의 비유 이런 식으로 예수님의 말씀을 다섯 개로 모아 놓았는데 이것을 마태오경이라고 합니다. 그래서 마태복음은 크게 마태오경, 즉 예수님의 설교 다섯 개와 일곱 이야기로 구성되어 있습니다. 마태복음에서 예수님은 제2의 출애굽 사건을 일으키는 지도자입니다. 예수는 제2의 모세입니다. 그리고 우리에게 하나님 나라의 참된 구원을 가져다주시는 분이 예수 그리스도라는 점을 끊임없이 강조합니다. 두 군데 구절을 찾아보겠습니다. 하나가 마태복음 4장 23절입니다.

> **마태복음 4:23** 예수께서 온 갈릴리에 두루 다니사 그들의 회당에서 가르치시며 천국 복음을 전파하시며 백성 중의 모든 병과 모든 약한 것을 고치시니.

여기 "그들의 회당"이라는 말이 나옵니다. 원래 초대교회는 유대교라는 우산 안에 존재했습니다. 예수가 메시아라는 고백만 달랐지 유대인들이 오랫동안 견지해 왔던 할례, 성전 제사, 안식일 법 등을 다 그대로 지켰습니다. 그래서 초대교회는 성전에 모이기를 힘썼습니다. 그런데 23절에서 "그들의 회당"이라고 이야기합니다. "그들의 회당"이라는 말은 유대교와 교회가 갈라섰다는 겁니다. 그러니까 이전에는 회당은 우리 것이었습니다. 성전도 우리 것이었습니다. 성전에 모이기를 힘쓰고 회당에 모이기를 힘썼는데 이제는 회당을 "그들의 회당"이라고 말합니다. 주후 66년부터 있었던 유대 전쟁 이후에 초대교회와 유대교는 완전히 갈라섭니다. 유대교는 초대교회를 이단으로 규정합니다. 회당 출입 금지령을 선포합니다. 마태복음이 언제쯤 쓰였다고요? 주후 80년경입니다. 그러니까 주후 80년경은 이미 유대교와 초대교회가 분리된 이후입니다. 그래서 마태복음에서는 회당을 "우리의 회당"이 아니라 "그들의 회당"이라고 말하는 겁니다. 유대교의 회당인 겁니다. 이런 표현을 통해서 마태복음이 언제쯤 쓰인 것인지 알 수 있습니다.

또 하나 중요한 말씀이 6장 12절입니다.

마태복음 6:12   우리가 우리에게 죄지은 자를 사하여 준 것같이 우리 죄를
사하여 주시옵고.

이 말씀은 우리가 잘 아는 주기도문의 내용입니다. "우리가 우리에
게 죄지은 자를 사하여 준 것같이 우리 죄를 사하여 주시옵고." 이렇
게 되어 있습니다. 그런데 우리가 가지고 있는 성경을 보면 "우리가 우
리에게 죄지은 자를"에서 '죄'라는 단어에 각주 표시가 되어 있습니다.
각주를 따라 쭉 내려가 보면 헬라어로 "빚진 자를 탕감하여 준 것같이
우리의 빚도 탕감하여 주시옵고"라고 되어 있습니다. 이것을 잘 보십
시오. 성경을 읽을 때 가끔 어떤 단어에 각주 표시가 있고 내려가 보면
이런 설명이 나오는 경우가 있습니다. 이것은 각주에 있는 내용을 본
문과 바꾸어도 상관이 없다는 겁니다. 똑같다는 겁니다. 그런데 위에
는 "죄지은 자를 사하여 준 것같이"라고 되어 있고 밑에는 "빚진 자를
탕감하여 준 것같이"라고 되어 있습니다. 죄와 빚이라는 전혀 다른 단
어가 사용되고 있습니다.

복음서를 읽을 때 정말 주목해야 할 점 하나가 있습니다. 마태, 마
가, 누가, 요한복음은 어떤 언어로 기록되었습니까? 헬라어로 기록되
었습니다. 마태복음부터 요한계시록까지 신약의 27권은 다 헬라어로
기록되었습니다. 초대교회 당시 대부분의 교회가 헬라어를 사용하던
지역에 존재했기 때문입니다. 데살로니가 교회, 에베소 교회, 고린도

교회가 모두 그렇지 않습니까? 예를 들어 로마 지역을 중심으로 교회가 많이 생겼다면 아마 신약성경은 라틴어로 기록되었을 겁니다. 그런데 마태복음부터 요한계시록까지 27권이 다 헬라어로 기록된 이유는 당시 초대교회 대부분이 헬라어를 사용하던 지역에 있었기 때문입니다. 그러니까 예루살렘이라는 가나안 땅을 제외하고는 대부분의 튀르키예 지역을 중심으로 하는 소아시아, 그다음에 알렉산드리아, 그리스 대부분의 지역은 헬라어를 사용했습니다. 그렇게 헬라어를 사용하던 지역에 교회가 많이 생겼기 때문에 마태복음부터 요한계시록까지 헬라어로 기록된 겁니다. 그래서 마태, 마가, 누가, 요한복음도 헬라어로 기록되었습니다.

그런데 예수님이 사람들에게 선포하신 산상설교를 상상해 보십시오. 예수님이 산에 올라가서 사람들에게 말씀을 선포하실 때 헬라어로 말씀하셨나요? 예수님이 헬라어로 말씀하신 것을 누군가가 녹음하고 몇십 년이 지난 뒤 녹취해서 마태복음을 기록한 건가요? 전혀 그렇지 않습니다. 복음서 자체가 1차 번역이라는 사실을 기억해야 합니다. 예수님은 이 땅에서 아람어를 사용하셨습니다. 갈릴리에 있는 모든 사람은 다 아람어를 썼습니다. 심지어 예루살렘에 있는 사람들도 히브리어가 아니라 아람어를 썼습니다. 우리는 이스라엘 사람들은 당연히 히브리어를 썼을 거라고 쉽게 생각합니다. 그런데 이스라엘 사람들에게 히브리어는 조선 시대의 한문과 똑같은 겁니다. 조선 시대 대다수 사람은 한글을 사용했습니다. 지식층에서만 한문을 사용했습니다. 그와 마찬가지입니다. 이스라엘 공동체에서 일상의 언어는 아람어였습니다. 왜 아람어를 사용했을까요? 이스라엘이 5대 제국의 식민 지배를 받았다고 말씀드렸습니다. 로마가 이스라엘을 다스리기 전에 어디의 지배를 받았습니까? 셀레우코스 왕조입니다. 그전에는 페르시아입니다. 셀레우코스 왕조와 페르시아의 공용어가 바로 아람어입니다. 그래서 제국의 지배를 받는 동안 이스라엘 사람들은 자연스럽게 아람어를 사용했습니다. 이스라엘 사람들은 히브리어를 썼을 거라고 생각하겠지만 아닙니다. 히브리어는 식자층만이 알고 있는 문자언어였습니다. 일상에서는 대부분의 이스라엘 사람들이 아람어를 사용했습니다. 그래서 예수님도 아람어로 말씀하신 겁니다.

그러니까 생각해 보십시오. 예수님의 말씀을 모아 놓은 것이 산상설교와 하나님 나라의 비유들인데 예수님이 사용하신 말씀을 그대로 풀어 놓은 것이 아닙니다. 예수님은 아람어로 말씀하셨는데 복음서는 헬라어로 기록되었습니다. 그러니까 헬라어로 기록된 복음서 자체가 1차 번역서라는 겁니다. 여기서 문제가 벌어지는 겁니다. 흔히 번역을 반역이라고 합니다. A나라의 언어를 B나라의 언어로 바꾸려고 할 때 가장 온전한 번역이 이루어지려면 A나라 사람들이 가진 언어 체계와 B나라 사람들이 가진 언어 체계가 일대일로 상응 관계를 이뤄야 합니다. 그렇지 않으면 매끄러운 번역이 이루어지기가 매우 어렵습니다. 예를 들자면 헬라어는 매우 추상적이고 관념적인 용어가 많습니다. 라틴어는 매우 실용적이고 실제적입니다. 그러니까 헬라어를 라틴어로 번역하려면 참 어렵습니다. 전 세계 어느 나라의 언어도 언어의 체계가 완벽하게 똑같은 나라는 없습니다. 예를 들어, 우리나라는 친인척에 대한 언어 표현이 매우 구체적이고 방대한 편입니다. 그런데 히브리어만 하더라도 한 단어로 할머니와 어머니를 함께 표현합니다. 한 단어로 아버지와 할아버지를 함께 씁니다. 한 단어로 아들도 되고 손자도 되고 후손도 됩니다. 즉 문맥에 따라서 이것이 아들인지, 손자인지, 후손인지를 정확하게 가려 내야 한다는 뜻입니다. 정확한 의미를 파악하기가 참으로 어렵습니다. 그러니까 A나라 언어를 B나라 언어로 번역할 때 가장 유사하고 의미가 통하는 것을 선택하는 경우들이 매우 많습니다.

복음서는 예수님이 하셨던 아람어 말씀을 헬라어로 번역한 겁니다. 그래서 복음서에는 헬라어로 번역하기 어려운 단어는 아람어 원어를 그대로 쓰고 있는 경우도 있습니다. 무엇입니까? '달리다굼talitha kum', '에바다ephphatha'가 아람어입니다. 이것을 헬라어로 번역하지 않고 예수님이 쓰신 고유한 음성을 그대로 기록한 겁니다. 주기도문도 마찬가지입니다. 예수님은 산에서 주기도문을 가르쳐 주실 때 아람어로 말씀하셨습니다. 그런데 마태는 이것을 헬라어로 기록했습니다. 이때 아람어와 헬라어가 일대일의 상응 관계가 된다면 이상적이겠지만 그렇지 않습니다. 예를 들어 아람어의 '호바boba'라는 단어는 '죄'라는 의미도 있고 '빚'이라는 의미도 있습니다. 학자들은 예수님이 분명히 호바라는 단어를 사용했을 거라고 생각합니다. 그런데 헬라어에는 '죄'라는 단어도 있고 '빚'이라는 단어도 있지만, 죄와 빚 두 가지 의미를 함께 담고 있는 단어가 없습니다.

여기서 문제가 벌어집니다. 예수님은 분명히 죄의 의미, 빚의 의미를 다 포괄해 '호바'라는 단어를 사용하셨을 텐데 헬라어로는 이 두 가지 의미를 다 포괄하는 단어가 없으니까 죄로 번역하든지 빚으로 번역하든지 둘 중의 하나를 선택해야 하는 겁니다. 그래서 어떤 사본에는 빚, 어떤 사본에는 죄로 번역합니다. 그래서 영어 성경의 경우에도 어떤 영어 성경은 죄로 번역하고 어떤 영어 성경은 빚으로 번역합니다. 물론 빚으로 번역한 영어 성경이 훨씬 많습니다.

그런데 우리 한글 번역 성경은 대다수가 죄로 번역했습니다. 그래서 6장 12절이 이렇게 되어 있는 겁니다. "우리가 우리에게 죄지은 자를 사하여 준 것같이 우리의 죄를 사하여 주시옵고." '호바'라는 단어는 죄나 빚, 두 가지 의미가 있는데 이것을 죄로 번역했을 때 여기서 말하는 '우리'는 누가 되는 걸까요? "우리가 우리에게 죄지은 자를 용서해 준 것처럼"의 뜻이 되면 우리는 피해자가 됩니다. 우리에게 죄지은 자를 용서해 주는 거니까 피해자가 되는 겁니다. 우리에게 죄를 범한 자는 가해자가 되는 겁니다. 우리가 하는 주기도문의 의미대로 풀어 보자면 이렇게 되는 겁니다. "내가 누군가에게 피해를 당했는데 내가 그 가해자를 먼저 용서해 준 것처럼 내가 하나님께 저지른 모든 죄도 용서해 주세요." 이렇게 해석되는 겁니다.

그래서 실제 이런 식의 해석을 통해서 성폭력을 당한 여인에게 이런 적용을 하는 겁니다. "아무리 그 사람이 밉고 죽이고 싶겠지만, 당신이 그 사람의 죄를 먼저 용서해야 합니다. 당신도 하나님께 죄를 범하지 않았습니까? 당신이 그 사람을 용서해 줘야만 당신도 하나님께 죄 용서를 받을 수 있는 겁니다." 이런 식으로 자주 적용합니다. 1980년 광주에서 많은 사람이 정권에 의해 학살당했을 때 광주의 일부 목회자들이 그런 식의 이야기를 합니다. "전두환과 노태우가 너무너무 밉겠지만 그들의 죄를 용서해야 당신들도 하나님으로부터 죄 용서를 받을 수 있습니다." 한글 번역 성경에 근거해서 누군가에게 피해를 입은 약자들에게 이런 식의 적용을 한 겁니다. "당신은 너무 싫겠지만 그들의 죄를 당신이 먼저 용서해야 당신의 죄도 용서받을 수 있습니다."

그런데 여기 나와 있는 '호바'라는 단어를 빚으로 번역하면 어떤 일이 벌어집니까? 각주에 나온 것처럼 "우리가 우리에게 빚진 자의 빚을 탕감해 준 것처럼 우리가 하나님께 진 빚도 탕감해 주옵소서"라고 풀이되는 겁니다. 그러면 여기서 우리는 누가 됩니까? 우리에게 빚진 자의 빚을 탕감해 준 채권자입니다. 우리에게 빚진 자는 채무자가 되는 겁니다. 바꿔 얘기하자면 강자가 되는 겁니다. 참 놀라운 변화가 일어납니다. '호바'라는 단어를 죄로 번역하면 우리는 약자와 피해자가 되고, '호바'라는 단어를 빚으로 번역하면 우리는 강자와 채권자가 됩니다. 저는 어떤 단어를 선택해도 상관없다고 봅니다. 두 가지 의미가 다 있다고 봅니다. 그런데 우리 한글 번역 성경은 죄로만 번역한 결과, 우리를 약자와 피해자로만 해석하고 적용하고 있습니다. 그래서 이 말씀을 근거로 해서 도리어 피해를 입은 약자들에게 "당신이 먼저 그 사람을 용서해야 합니다"라고 압박하는 말씀으로 적용해 왔습니다. 이제는 한국 교회가 여기 나온 이 단어를 죄로만 번역하지 말고 '빚'으로도 번역해야 한다고 봅니다. 그래서 이 시대의 강자들, 더 많이 배운 사람들, 힘 있는 사람들, 부유한 사람들에게 "당신이 먼저 약한 자들을 품어야 합니다. 그들에게 긍휼을 베풀어야 합니다. 그럴 때 하나님께로부터 당신도 긍휼을 받을 수 있습니다"라고 말할 수 있어야 합니다. 이런 식으로 '호바'라는 단어의 의미를 조금 더 풍성하게 바꿔 냈으면 좋겠다는 간절한 소망이 있습니다.

한편 누가복음은 여러 별명이 있습니다. 이후에 사도행전을 공부할 때 누가복음 이야기를 잠깐 할 텐데 누가복음은 이방인의 복음, 여인의 복음, 가난한 자들의 복음, 기도 복음, 성령 복음 등 매우 다양한 별명이 있습니다. 어떻게 보면 가난한 자들이 가장 사랑하는 본문이 누가복음입니다. 이방인들이 가장 사랑했던 복음이 누가복음입니다. 특별히 누가복음에서 이방인의 대표로 나오는 사람들이 바로 사마리아 사람들입니다.

누가복음을 살펴볼 때 기억해야 할 사항이 있습니다. 이스라엘은 크게 세 지역으로 나눌 수 있는데, 남쪽의 유다 지방, 중앙의 사마리아, 북쪽의 갈릴리입니다. 넓게 보면 같은 이스라엘 사람이지만 남쪽에 있는 유다 사람들이 제1국민입니다. 이곳 사람들이 1등 국민이고 북쪽의 갈릴리 사람들이 2등 국민입니다. 중앙의 사마리아 사람들이 3등 국민입니다. 그래서 1등 국민인 유다 사람들하고 2등 국민인 갈릴리 사람들이 함께 힘을 모아서 3등 국민인 사마리아 사람들을 이방인 취급했습니다. 그것이 당시 이스라엘의 일반적인 모습입니다.

그런데 누가복음에는 사마리아 사람들을 우호적으로 기술하고 있는 내용이 많이 나옵니다. 예를 들어 선한 사마리아 이야기, 열 명의 나병 환자가 치유받았는데 사마리아 사람만 와서 감사를 표하는 내용이 대표적입니다. 누가복음은 사마리아 사람들에 대해서 계속해서 우호적인 기술을 많이 합니다. 누가복음에서 사마리아 사람들을 우호적으로 기술하는 중요한 이유가 있습니다. 누가복음은 이방인을 위한 복음인데 누가복음에서 말하는 이방인의 대표가 누구였을까요? 바로 유대 사람들에게 이방인 취급을 받았던 사마리아 사람들이라는 겁니다. 누가복음에서는 예수님의 재림 신앙을 세계 선교 신학으로 전환해 강조하고 있습니다. 초대교회는 주님이 곧 재림할 것이라는 기대를 품었는데 그들이 기다리던 때에 주님의 재림은 임하지 않았습니다. 그때 교회는 고민하고 질문하기 시작했습니다. 재림이 지연되는 상황 속에서 교회는 무엇을 해야 하는가? 왜 하나님은 재림을 연기하시는가? 이런 질문에 답하면서, 결국 한 사람이라도 더 하나님의 백성으로 삼는 것이 하나님의 뜻이라는 세계 선교 신학이 나오게 된 것입니다. 그래서 누가복음과 사도행전을 누가행전이라고 말하기도 합니다. 하나님의 복음이 왜 확장되어야 하는지 그것을 누가복음과 사도행전을 통해서 잘 설명하고 있습니다. 이 부분은 사도행전을 공부할 때 좀 더 자세히 언급하겠습니다.

그런데 요한복음은 공관복음인 마태, 마가, 누가복음과 다릅니다. 우리와 똑같은 인간인 예수 그리스도가 어떻게 주와 그리스도가 되셨는가를 말하고 있는 것이 공관복음이라면, 요한복음에서 예수님은 태초부터 하나님이십니다. 우리와 질적으로 다르십니다. 그런데 그 하나님인 예수님이 우리와 똑같은 인간이 되셨음을 강조하는 본문이 요한복음입니다.

특별히 요한복음을 읽을 때 주목해야 할 점이 있습니다. 예수 그리스도의 사건이 일어난 지역은 가나안 땅입니다. 소위 팔레스타인 땅입니다. 가나안 땅에서 일어났던 예수 사건을 헬레니즘적 세계관을 가진 이방인들에게 설명해 내려고 하는 본문이 요한복음입니다. 우리가 전도하려고 할 때 전도가 가능하려면 내가 하는 말을 상대방이 알아들을 수 있어야 합니다. 세계관이 다르거나 사용하고 있는 개념이나 단어의 의미가 다르면 소통이 쉽지 않습니다. 복음을 이방 지역에 전파할 때 가장 큰 문제가 예수 그리스도의 사건이 가나안 땅, 팔레스타인 땅에서 일어났다는 겁니다. 유대적인 세계관 안에서 일어난 겁니다. 이것을 이방 땅에 전하려고 하는데, 이방 사람들이 가진 세계관은 헬레니즘적 세계관입니다. 이스라엘에 존재했던 세계관을 뭐라고 합니까? 헤브라이즘입니다. 즉 헤브라이즘 세계관에서 일어난 예수 사건을 헬레니즘적 세계관을 가진 사람들에게 어떻게 설명할 수 있을까 고민하게 된 겁니다. 그래서 요한복음에는 위와 아래, 빛과 어둠, 하늘과 땅, 참과 거짓 이런 식의 이분법적인 용어들이 많이 사용됩니다. 왜냐하면 이런 이분법적인 용어가 전형적인 헬레니즘 사고의 핵심이기 때문입니다. 여기서 주의해야 할 점은 이런 이분법적인 사고가 원래 성경이 말하고자 하는 핵심은 아니라는 겁니다. 성경이 말하고자 하는 것은 통전적인 사고입니다. 일원론적인 사고입니다.

그런데 왜 요한복음에는 참과 거짓, 빛과 어둠, 하늘과 땅, 생명과 죽음과 같은 식의 이원론적인 용어가 많이 사용된 걸까요? 요한복음은 헬레니즘적 세계관을 가진 사람들에게 예수 사건과 예수의 복음을 설명하려고 했습니다. 그들이 이해하고 있는 세계관의 틀 안에서 그들이 알고 있는 단어와 개념을 사용해 예수의 복음을 증거하는 것이 요한복음의 목적입니다. 그래서 요한복음에 이런 이분법적인 용어, 이원론적인 용어들이 많이 사용된 것을 보면서 기독교를 이원론적인 신앙이라고 이해하시면 안 됩니다. 이런 이원론적인 세계관을 가진 사람들에게 주님의 복음을 전하기 위해서 그들에게 익숙하고, 그들이 잘 알고 있는 단어와 개념을 사용해 복음을 설명하고 있다는 사실을 기억해야 합니다.

한마디로 요한복음에서 말하는 핵심은 우리가 정말 붙잡아야 할 참된 생명과 지식을 예수 그리스도께서 하늘로부터 이 땅으로 가져오셨다는 겁니다. 그것을 붙잡을 때만 우리는 참된 생명을 얻을 수 있다는 구조로 가는 것이 바로 요한복음입니다. 특히 요한복음에서 반복되어 나오는 표현 가운데 하나가 예수님이 자신을 설명할 때 사용하시는 '에고 에이미*ego eimi*' 라는 표현입니다. 예를 들어, "나는 선한 목자다", "나는 생명이다", "나는 길이다"라는 식의 표현을 많이 쓰십니다. 그런데 이 '에고 에이미'라는 것은 출애굽기 3장 14절에 나온 하나님의 대답을 헬라어식으로 표현한 것입니다. 출애굽기 3장 13절에서 모세가 히브리인들에게 하나님을 어떻게 소개할지 묻지요. "그들이 내게 묻기를 그의 이름이 무엇이냐 하리니 내가 무엇이라고 그들에게 말하리이까?" 그때 14절에서 하나님이 이렇게 말씀하십니다. 한글 번역에는 "나는 스스로 있는 자니라"라고 되어 있는데 히브리어로 보면 "예흐에 아셰르 예흐에*Eheyeh asher Eheyeh*"라는 말입니다. 이 "예흐에 아셰르 예흐에"라는 말을 헬라어로 바꾸면 '에고 에이미'입니다. 히브리어 성경을 헬라어로 번역한 것이 70인경입니다.

출애굽기 3:14   하나님이 모세에게 이르시되 나는 스스로 있는 자이니라.

70인경에서 출애굽기 3장 14절을 보면 하나님이 자기를 '에고 에이미'라고 말씀하십니다. 요한복음에서 예수님은 자기를 "나는 ○○○이다"라고 할 때 '에고 에이미'라는 표현을 쓰는데, 이 '에고 에이미'라는 표현은 누가 사용하는 표현입니까? 출애굽기 3장에서 하나님이 사용하시던 표현입니다. 그러니까 이 '에고 에이미'라는 표현을 잘 아는 사람들에게는 이 말을 하는 예수가 출애굽기 3장에서 모세에게 말씀하신 그 하나님이라는 사실을 알 수 있습니다. 구약의 하나님이 지금의 예수 그리스도라는 겁니다. 예수가 바로 하나님이라는 겁니다. 이 '에고 에이미'라는 표현을 통해서 "예수야말로 하나님이시다"라는 사실을 끊임없이 요한복음이 강조하고 있습니다.

> 요한복음 9:22　그 부모가 이렇게 말한 것은 이미 유대인들이 누구든지 예수를 그리스도로 시인하는 자는 출교하기로 결의하였으므로 그들을 무서워함이러라.

또 하나 요한복음 9장 22절에서 '출교'라는 표현이 나옵니다. 이것도 앞에 설명한 마태복음의 "그들의 회당"이라는 말과 같은 겁니다. 주후 70년 이후에 유대교회와 초대교회가 완전히 갈라섰다고 말씀드렸습니다. 그러면서 유대교는 초대교회에 가담하는 자들을 회당에서 출교했습니다. 그래서 요한복음에서 '출교'라는 단어가 사용된 것을 보면 70년 이후에 유대교회와 초대교회가 갈라선 상황을 배경으로 하고 있다는 사실을 알 수 있습니다.

예수님의 탄생

마태, 마가, 누가, 요한 네 개의 복음서 가운데 가장 먼저 쓰인 것은 마가복음입니다. 제일 짧기도 하고 가장 권위 있는 복음서입니다. 그런데 마가복음에는 예수님의 탄생 이야기가 나오지 않습니다. 탄생 이야기는 마태복음과 누가복음에만 나옵니다. 먼저 예수님의 탄생 이야기부터 살펴보겠습니다.

마태복음과 누가복음에는 예수님의 탄생에 관한 상이한 이야기가 나옵니다. 예를 들어 마태복음을 보면 예수님은 아버지인 요셉과 어머니인 마리아 사이에 베들레헴에서 태어나십니다. 이들은 천사의 명령을 받아 이집트로 피신했다가 헤롯 대왕이 죽었다는 이야기를 듣고서 고향인 베들레헴으로 돌아오려고 합니다. 그러나 헤롯보다 더 잔인한 폭군 아켈라오가 다스린다는 이야기를 듣고 갈릴리 나사렛 지방으로 이주합니다. 누가복음에서 요셉과 마리아가 사는 곳은 갈릴리 나사렛 지방입니다. 그런데 로마 황제의 호적 등록 명령에 따라 본적지인 베들레헴으로 왔다가 그곳에서 아기 예수를 낳게 됩니다. 그런데 집이 없어서 아기 예수를 구유에 누이게 됩니다. 이게 마태복음과 누가복음이 예수님의 탄생에 관해 말하고 있는 내용입니다. 마태복음은 예수님이 탄생하고 나서 동방박사가 와서 경배하고, 누가복음에서는 예수님이 탄생하신 이후에 목자들이 와서 경배합니다.

크리스마스 전날 성탄 연극을 할 때 우리는 종종 이 두 내용을 섞어서 연극을 했습니다. 예를 들어 갈릴리 지방에 있다가 베들레헴에 호적 조사를 하러 가고, 그곳에서 아기 예수를 낳아 구유에 누이고 그다음에 동방박사와 목자가 와서 아기 예수께 경배합니다. 마태복음과 누가복음의 이야기가 조금씩 섞인 것이죠.

마태복음과 누가복음이 예수님의 탄생에 대해 조금 다른 이야기를 하는 것을 보면서 왜 복음서가 네 개나 있을까 생각해야 합니다. 네 개의 복음서가 똑같은 이야기를 군이 각각 쓸 필요가 없습니다. 그런데 마태, 마가, 누가, 요한이 쓴 이야기는 예수님에 대한 강조점이 조금씩 다릅니다. 예를 들어 마태복음의 경우, 예수님은 유대인의 왕으로 탄생하셨습니다. 유대인이 오랜 세월 기다렸던 메시아가 예수라는 점을 강조하는 본문이 마태복음입니다. 누가복음은 하나님이신 예수가 모든 것을 내려놓고 이 땅의 가장 낮고 낮은 인간의 모습으로 오셨다는 사실을 이야기합니다. 누가복음은 예수님이 한없이 자기를 겸손하게 낮추신 분임을 강조하고 있습니다. 마태복음에서는 예수님이 유대인의 왕으로 태어나셨기 때문에 마리아는 집에서 출산합니다. 유대인의 왕으로 나신 예수님을 누가 경배합니까? 외국의 사절인 동방박사들이 경배합니다. 그 왕을 만나러 나올 때 무엇을 준비합니까? 황금과 몰약처럼 값비싼 예물을 준비하죠. 그런데 누가복음에서는 자기를 한없이 낮추어 인간의 모습으로 이 땅에 오신 예수님을 강조합니다. 누가 예수님의 탄생을 경배합니까? 당시 인간 취급도 받지 못했던 목자들이 경배합니다.

우리 한국 교회는 목자 하면 매우 우호적이고 친근한 느낌을 많이 갖고 있습니다. 하지만 당시 이스라엘 공동체에서 목자는 인간 취급을 받지 못했습니다. 시편 23편에 "여호와는 나의 목자시니"라는 말씀 때문에 우리는 하나님을 목자, 왠지 기대고 싶고 의지할 수 있는 분으로 많이 생각하죠. 그런데 시편 23편에서 시인은 자기를 양에 비유한 겁니다. 양에게 목자는 절대적인 의존의 대상입니다.

그런데 이스라엘 공동체라는 인간 사회에서 목자들은 인간 취급받지 못했던 가장 밑바닥 존재입니다. 왜 목자들이 당시 인간 취급을 받지 못했을까요? 목자라는 존재는 몇 가지 개념과 동의어로 취급되었습니다. 첫째 목자는 노숙인입니다. 목자는 동성애자입니다. 목자는 수간자입니다. 목자는 도둑놈입니다. 목자는 스파이입니다.

　왜 그렇게 목자에 대해 부정적 인식이 많았을까요? 이스라엘 땅에서 목자는 그냥 아침에 양과 염소를 끌고 나갔다가 저녁에 다시 집으로 들어오는 직업이 아닙니다. 이스라엘은 지중해성 기후입니다. 그래서 10월 중순부터 3월 중순까지 비가 많이 내립니다. 이것을 우기라 합니다. 이 우기 때는 목자들이 양과 염소를 끌고 유목을 하지 않습니다. 우기 때 비가 많이 내리면 풀이 자랍니다. 3월 중순부터는 소위 건기가 시작되는데 건기가 시작될 때 목자들은 양과 염소를 끌고 풀을 따라 계속 이동합니다. 그래서 목자가 양과 염소를 끌고 풀을 따라 이동하는 기간이 거의 6-7개월이 됩니다. 그렇게 오랜 기간 바깥에서 생활하기 때문에 목자를 노숙인이라고 취급합니다. 당연히 몰골이 말이 아니겠죠. 요즘도 중동에 가면 베두인족을 만날 수 있습니다. 나이를 물어보면 마흔 살이라고 합니다. 그런데 저보다 훨씬 늙어 보입니다. 베두인족들이 나이에 비해 그렇게 늙어 보이는 이유는 그들이 들판 생활을 하기 때문입니다. 뙤약볕에 계속 노출되어 있고 잠자리도 들판에서 해결하다 보니까 매우 나이 들어 보입니다. 그래서 목자 하면 노숙인인 겁니다.

　이 6-7개월 동안 바깥 생활을 하면서 남성 목자들이 성욕을 해결하는 방식이 두 가지 있습니다. 같은 남성 목자들에게 성욕을 해소하면 동성애가 되고, 양과 염소와 같은 짐승에게 해소하면 수간이 됩니다. 그래서 구약에서 "동성애자나 수간자들을 돌로 쳐 죽여라"라고 말할 때, 이것은 어떻게 보면 당시의 유목민들을 1차 타깃으로 삼은 겁니다.

그리고 왜 목자를 도둑놈이라 여겼을까요? 목자들은 풀을 찾아 이동하면서 양과 염소에게 풀을 먹이는데, 사실 그 풀은 자기 풀이 아닙니다. 다른 사람의 풀을 먹이니까 도둑놈인 겁니다. 또 목자는 풀을 따라 계속 이동합니다. 지난달에는 에돔에 있다가, 이번 달은 모압 지방으로 올라오고, 다음 달에는 요단강 건너서 이스라엘로 건너오는 식입니다. 이런 목자를 정치권력자들이 자주 활용했습니다. 에돔 땅에 있다가 모압 땅에 넘어오게 되면 모압의 권력자들이 목자를 부릅니다. 그리고 에돔의 정세에 관한 정보를 목자를 통해서 얻습니다. 한마디로 목자는 스파이가 되는 겁니다. 모압 사람들은 목자에게 에돔에 관한 정보를 듣지만 이 목자가 다른 나라로 넘어가면 자기 나라에 대한 정보를 알려 주지 않겠습니까. 한마디로 신뢰할 수 없는 사람인 겁니다. 그래서 목자의 말을 그다지 믿지 않습니다. 그만큼 인간이지만 인간다운 대접을 받지 못했던 대표적 밑바닥 인생이 바로 목자입니다.

그런데 누가복음에서 자기를 한없이 낮추신 예수 그리스도, 그래서 이 땅에 태어나실 때도 집에 누이지 못하고 구유에 누여야 했던 그 예수 그리스도를 누가 경배합니까? 인간 취급받지 못했던 목자들이 와서 경배합니다. 이스라엘의 왕으로 태어나심을 강조하는 마태복음에서는 이방의 동방박사들이 예수 그리스도께 귀한 예물을 바치면서까지 경배하고, 자기를 낮추어 이 땅에 한없이 겸손한 모습으로 오신 예수 그리스도를 강조하는 누가복음에서는 당시 인간 취급받지 못했던 목자들이 예수를 경배합니다. 이것이 마태복음과 누가복음의 중요한 차이입니다. 왜 이런 차이가 생기냐면 마태복음과 누가복음이 강조하는 바가 다르기 때문입니다.

세례 요한의 사역

마가복음에는 예수의 출생과 관련된 이야기가 없습니다. 마가복음은 예수의 공생애를 중심으로 기술되는데 희한하게도 세례 요한의 사역으로 시작됩니다. 세례 요한 하면 예수 그리스도의 사역을 본격적으로 예비한 사람이라는 이미지가 강합니다. 세례 요한이 이 땅에 와서 행한 가장 중요한 사역이 바로 회개의 물세례를 시행한 겁니다. 당시 유대인들이 물세례를 받는다는 것은 매우 낯선 일이었습니다.

원래 유대인들은 물세례를 받지 않았습니다. 정결 예식으로 물을 거니는 의식은 행했지만 물세례를 받지는 않았습니다. 물세례는 누가 받는 겁니까? 이방인들이 유대교로 개종할 때 치러야 할 세 가지 예식이 있었는데 그 가운데 하나가 물세례였습니다. 왜 유대인들은 물세례를 받지 않았을까요? 여기서 이야기하는 물세례는 사실 엄밀한 의미로 물에 완전히 잠겼다가 올라오는 침례입니다. 우리가 생각하는 세례는 물을 뿌리는 것이잖아요. 그런데 세례 요한이 베푼 것은 물을 뿌리는 세례라기보다는 물에 온몸이 잠겼다가 다시 올라오는 침례입니다. 침례는 무엇을 상징하죠? 물에 잠긴다는 것은 하나님과 무관했던 우리의 옛 삶을 죽인다는 의미가 있습니다. 물에서 다시 올라온다는 것은 하나님 안에서 새로운 삶이 시작되었다는 뜻입니다.

왜 유대인들은 이런 침례를 받지 않았나요? 유대인들은 태어날 때부터 하나님의 백성이라는 자의식이 있었습니다. 하나님과 관계 맺는 자라는 자의식이 있었습니다. 침례나 세례는 누가 받는 겁니까? 하나님과 무관한 삶을 살았던 이방인들이 이제는 하나님의 백성이 되겠다고 할 때 받는 것이 바로 세례와 침례였습니다. 유대인들에게는 낯선 겁니다. 그런데 세례 요한은 이것을 유대인들에게 받으라고 한 겁니다. 한마디로 세례 요한은 무엇을 강조한 겁니까? 이스라엘 백성에게 "당신들은 하나님의 백성이라는 정체성을 갖고 있지만, 실제로는 하나님과 무관한 삶을 살고 있다"라고 말한 겁니다. 하나님과 무관하게 살고 있는 삶을 청산하고 회개하고 이제 하나님의 백성으로 새로운 걸음을 내딛으라는 의미에서 세례 요한은 유대인들에게 회개의 물세례를 베푼 겁니다.

잘 생각해 보십시오. 세례 요한이 베풀었던 회개의 물세례는 유대인 율법에 근거해 보면 말도 안 되는 행동입니다. 왜 말도 안 되는 행동이냐면 세례 요한은 회개의 물세례를 통해서 사람들의 죄를 사해 주었습니다. 죄 사함을 얻게 하는 세례였습니다. 그런데 토라를 보면 죄를 범한 하나님의 백성이 하나님께 죄 용서를 받으려면 무엇을 해야 하죠? 제사를 드려야 합니다. 제물을 바쳐야 합니다. 나의 죄를 대신해 양이나 염소나 소나 비둘기를 하나님께 제물로 바쳐야 합니다. 이 동물을 바칠 만한 재력이 없으면 곡식을 하나님께 제물로 바쳐야 합니다. 그러니까 우리가 죄 사함을 받을 수 있도록 만든 은혜의 장치가 바로 이 제사 제도였습니다. 우리가 하나님만을 믿겠다고 언약을 체결했는데 그 언약을 제대로 지키지 못하면 언약을 체결했던 사람은 죽임을 당합니다. 그것이 원래 언약의 내용입니다. 그런데 내가 죄를 범했는데 하나님이 나를 죽이지 않고 나 대신 짐승이 죽임당하도록 허락해 주셨습니다. 이 제사 제도 자체가 하나님의 은총이며 선물이라는 점을 기억해야 합니다.

그런데 세례 요한은 그런 짐승을 바치지 않고도 죄를 사함받을 수 있다고 말하는 겁니다. 어떻게요? 죄 사함을 얻게 하는 회개의 물세례를 받으라는 겁니다. 이것 자체가 토라에는 없는 내용입니다. 그러니까 예루살렘 성전에서는 세례 요한을 이단이라고 공격하는 겁니다. 토라에 있지도 않은 내용을 주장하고, 많은 사람에게 그런 내용을 시행하고 있으니까 토라에 근거해 볼 때 이단이다, 잘못된 행동을 하고 있다고 세례 요한을 공격하는 겁니다.

그런데 중요한 것은 세례 요한이 죄 사함을 얻게 하는 회개의 물세례를 베풀었을 때 많은 이스라엘 백성이 세례 요한에게 몰려갔다는 겁니다. 그리고 예루살렘 성전 권력과 세례 요한이 갈등할 때 예수님은 세례 요한에게 가서 물세례를 받으셨습니다. 세례 요한이 옳다고 인정하신 것입니다.

왜 예수님은 세례 요한이 옳다고 인정하셨을까요?

우리는 매주 예배를 드립니다. 하나님께 기도하고 찬양하죠. 그리고 하나님께 회개도 합니다. 예배나 찬양이나 기도나 회개, 이 모든 것에는 형식이 있고 그것의 본질이 있습니다. 형식과 본질 이 두 개를 다 잘 갖추는 것이 중요합니다. 그런데 만약 본질과 형식 가운데 하나를 선택하라면 우리는 본질을 선택해야 합니다.

회개의 본질이 무엇입니까? 우리가 하나님께 회개한다는 말의 본질은 뭡니까? 한 세 가지를 생각해 볼 수 있습니다. 회개의 본질은 내가 저질렀던 잘못된 행동에 대해 통회 자복하는 마음입니다. 그다음에 우리가 죄를 범하면 나 때문에 누군가가 상처를 받습니다. 피해를 입습니다. 무엇이 회개의 본질입니까? 나로 말미암아 피해 입고 상처받은 사람들에 대한 미안한 마음, 그 피해를 보상하고 배상하고자 하는 마음이 바로 회개의 본질입니다. 세 번째는 다시는 이런 죄를 범하지 않겠다는 다짐과 결단, 이것이 회개의 본질입니다.

이런 회개의 본질을 감싸 안는 형식이 무엇입니까? 그게 바로 대속 제사입니다. 대속 제사가 의미를 갖추려면 이런 회개의 본질을 그 안에 담고 있어야 합니다. 그런데 시간이 지날수록 이스라엘 공동체 안에서 벌어지게 된 일을 잘 보십시오. 토라에 근거해 보면 죄를 범한 사람이 죄 용서를 받을 수 있는 유일한 길은 대속 제물입니다. 제사를 드려야 합니다. 그런데 시간이 지남에 따라 회개의 본질은 전혀 갖추지 않으면서 형식만 갖추는 사람이 생겨나기 시작한 겁니다. 자기가 범한 죄에 대해 통회 자복하는 마음도 없고 자기 때문에 손해나 피해를 입은 사람에 대해 미안해하는 마음, 그 피해에 대해 배상과 보상을 하겠다는 마음이 전혀 없고, 다시는 이런 죄를 범하지 않겠다는 다짐과 결단도 전혀 없이 짐승만 하나님께 제물로 바치면 회개했다고 인정받는 겁니다. 본질을 갖추지 않아도 형식을 갖추는 사람은 자기 죄에 대해서 회개를 했다, 그래서 하나님께 용서를 받았다고 인정받는 겁니다.

그런데 반대의 경우도 있습니다. 회개의 본질을 다 갖추었는데 짐승을 살 만한 경제력이 없는 겁니다. 본질은 갖추었지만 형식을 구비하지 못했습니다. 이런 사람은 주위 사람에게 어떤 평가를 받습니까? 회개하지 않는 나쁜 사람, 이런 식으로 낙인이 찍히는 겁니다. 이것을 이용한 사람들이 바로 예루살렘 종교권력자들입니다.

혜롯 집안이 이스라엘을 다스린 100년 동안 대제사장의 평균 임기가 5년이었습니다. 원래 대제사장은 종신직입니다. 죽을 때까지 그 사역을 할 수 있는 겁니다. 그리고 A라는 대제사장이 죽고 나면 새로운 대제사장이 세워지는 겁니다. 그런데 복음서에서 예수님을 죽인 사람들의 목록에 "장로들과 대제사장들과 서기관들"이라는 표현이 나옵니다. 대제사장이 복수로 되어 있습니다. 실제 혜롯 집안이 이스라엘을 다스린 100년 동안 대제사장의 평균 임기가 5년이었습니다. 5년마다 물갈이를 한 겁니다. 어떤 사람으로 물갈이를 한 겁니까? 총독이나 혜롯 대왕에게 뇌물을 많이 갖다 바친 사람들을 대제사장으로 임명한 겁니다. 이들은 대제사장이라는 자리를 얻기 위해서 10억, 20억의 뇌물을 갖다 바쳤습니다. 그런데 나보다 누가 더 많은 뇌물을 바치면 언제 잘릴지 모릅니다. 그러니까 한 번 대제사장이 되었다고 해서 안심할 수 있는 것이 아니라 끊임없이 뇌물을 바쳐야 합니다.

20-30억 뇌물을 바쳐서 대제사장이 된 사람이 봉직하는 동안 모든 관심이 어디에 집중되겠습니까? 갖다 바친 이상을 회수해야 되지 않겠습니까? 그러니까 이 대제사장들은 그때부터 하나님의 이름을 내걸고 돈벌이에 혈안이 됩니다. 이들의 돈벌이 수단 가운데 하나가 성전에 있는 돈들을 이용하는 것이었습니다. 사람들이 낸 헌금이나 십일조를 가지고 고리대금업을 하기 시작한 겁니다. 두 번째가 사람들이 죄용서를 받기 위해서 바치는 제물을 비싼 가격에 판매하기 시작했습니

다. 시장에 가면 10만 원에 살 수 있는 양을 20-30만 원에 파는 겁니다. 그런데 안 살 수 있습니까? 시장에서 양을 사 오면 부정하다고 말합니다. 아시다시피 아무 짐승이나 제물이 되는 것은 아닙니다. 제사장이 정결하다고 인정하는 동물만 제물이 될 수 있습니다. 사람들이 자기 집에서 기르는 짐승이나 시장에서 산 짐승을 가져오면 제사장들이 다 부정하다고 합니다. 그리고 성전에서 판매하는 짐승들은 정결하다고 합니다. 그러면서 제사를 드리는 사람들의 편의를 도모한다는 명목하에 성전에서 이 제물들을 판매하기 시작합니다. 평소에는 감람산에서, 그리고 유월절 같은 명절에는 감람산과 이방인의 뜰에서 짐승들을 판매했습니다. 거기에 엄청나게 비싼 가격을 매겼습니다. 그런데 안 살 수가 없는 겁니다. 한마디로 당시 성전이 종교 사업을 한 겁니다.

예수님이 나중에 그 예루살렘 성전에 들어가서 성전을 뒤집어엎잖아요. 그리고 뭐라고 하십니까? "만민이 기도하는 집이 되어야 될 성전이 강도의 소굴이 되었다"라고 하십니다. 한마디로 이야기하자면 사람들의 돈을 강탈하는 강도들의 본부가 되었다는 겁니다. 이것은 추상적인 이야기가 아닙니다. 당시 예루살렘 성전 권력자들의 모습을 가장 정확하게 지적하신 겁니다. 이것이 바로 예수님 당시의 이스라엘 공동체의 모습이었습니다. 토라에 근거하면 죄를 용서받기 위해서는 동물 속죄를 바쳐야 하는데, 이것을 이용해 예루살렘 성전은 비싼 가격에 짐승을 팔면서 자기들의 이권 챙기기에 혈안이 되어 있었습니다. 이때 세례 요한이라는 사람이 혜성처럼 등장해서 형식을 파괴한 겁니다. 동물 속죄가 아니라 자기 죄를 진정으로 뉘우치고 회개하는 사람에게만 죄를 사하는 물세례를 준 겁니다. 세례 요한은 한마디로 형식은 파괴하고 회개의 본질을 회복한 겁니다. 그래서 엄청나게 많은 사람이 세례 요한에게 몰려갑니다.

세례 요한에게 어떤 사람들이 몰려갔을까요? 예루살렘 성전의 타락과 부패에 염증을 느끼고 분노한 사람들이 몰려갔겠죠. 또 하나, 회개의 본질은 갖추고 있지만 짐승을 살 만한 경제적 여유가 없던 사람들, 그래서 회개할 줄도 모르는 죄인이라고 끊임없이 낙인찍혔던 사람들이 세례 요한에게 몰려갔습니다. 엄청나게 많은 사람이 세례 요한에게 몰려가면 성전 입장에서는 어떻게 반응할까요? 예루살렘 성전의 수입은 반 토막 나게 됩니다. 그러니 예루살렘 성전은 세례 요한을 좋아할 수 없습니다.

그런데 이렇게 말할 수 있습니까? 세례 요한 때문에 장사가 안 된다고 할 수는 없는 겁니다. 그러니까 예루살렘 성전은 세례 요한을 뭐라고 공격했겠습니까? 세례 요한은 반율법주의자라고 공격합니다. 왜 반율법주의자입니까? 율법에 근거하면 죄를 사함받는 유일한 길은 동물 속죄입니다. 그런데 세례 요한은 동물 속죄가 아니라 회개만 하면 죄 사함을 얻을 수 있다면서 물세례를 베풀었으니까 종교 지도자들의 관점으로 보면 형식을 파괴한 겁니다. 그래서 예루살렘 성전 권력자들과 세례 요한 사이에 갈등이 첨예해졌을 때 예수님은 세례 요한을 찾아가십니다. 그리고 세례 요한이 옳다고 인정하십니다.

나중에 세례 요한이 헤롯 안디바에 의해서 죽임당하는데 당시 이스라엘의 많은 사람이 세례 요한을 예언자라고 생각했습니다. 그런데 헤롯 안디바가 세례 요한을 죽일 수 있었던 것은 예루살렘 성전 권력자들이 헤롯 안디바의 행동을 지지해 주었기 때문입니다. 세례 요한을 죽인 사람은 헤롯 안디바지만 거기에는 예루살렘 종교권력자들의 묵인과 협력이 있었습니다. 한마디로 헤롯 안디바라는 정치권력자와 예루살렘 종교권력자들의 협력을 통해서 세례 요한은 죽임을 당한 겁니다.

이 세례 요한의 죽음은 누구의 죽음을 암시합니까? 예수 그리스도의 죽음을 암시하고 있습니다. 나중에 예수님이 어떻게 죽임을 당합니까? 본디오 빌라도라는 정치권력자와 예루살렘 종교권력자들의 협력을 통해 죽임을 당하십니다. 그래서 세례 요한의 죽음은 예수 그리스도의 죽음의 복선입니다. 예루살렘 종교권력자들은 왜 그렇게 세례 요한을 싫어했을까요? 한마디로 자기들이 행하고 있던 종교 사업을 세례 요한이 방해한 겁니다. 세례 요한을 책망한 중요한 명목은 반율법주의자였다는 것입니다. 세례 요한은 회개의 형식을 파괴했습니다. 그런데 세례 요한은 무엇을 회복한 겁니까? 회개의 본질을 회복한 겁니다. 그것을 하나님인 예수 그리스도는 인정하신 겁니다.

예수님의 공생애 사역

공관복음을 보면 예수님은 본격적인 사역에 나서기 전에 사탄으로부터 시험을 받는데, 이 시험을 단호하게 물리치십니다. 사탄이 요청하는 메시아가 아니라 죽기까지 하나님께 온전히 순종하고 복종하는 메시아가 되실 것을 시험을 통해 보여 주십니다.

예수님의 공생애 관련해서 하나 염두에 두어야 할 사실이 있습니다.

많은 한국 교인들은 예수님의 열두 제자가 예수님보다 조금 더 나이가 많다고 생각합니다. 예수님이 서른 살 즈음에 공생애를 시작하셨으니까 '청년 예수'라는 표현을 자주 씁니다. 그리고 예수님의 열두 제자는 털이 수북한 중년 정도의 나이일 거라고 흔히 생각합니다.

누가복음 3:23 예수께서 가르치심을 시작하실 때에 삼십 세쯤 되시니라.

누가복음 3장 23절에서 예수님이 30세 즈음에 공생애를 시작했다는 말이 나옵니다. 정확히 30세가 아니라 30세 즈음이라는 표현입니다. 30세라고 예수님이 자기 나이를 말씀하신 것이 아니라 사람들이 예수를 그렇게 평가한 겁니다. "30세쯤 되었겠지"라고 말한 겁니다. 예수님과 열두 제자 가운데 누가 더 나이가 많았을까요? 우리가 영화에서 본 예수님은 매우 얼굴이 깨끗한 모습이고 베드로와 열두 제자들은 털이 수북한 중년 아저씨들입니다. 그래서 열두 제자가 예수님보다 나이가 훨씬 많을 거라고 생각하는 분들이 은근히 많습니다.

그런데 마태복음 17장 24-27절을 보면 성전세를 거두는 사람이 베드로에게 이런 질문을 합니다. "너희 예수는 성전 싫어하니까 성전세 안 내지?" 베드로가 "내신다"라고 답변하고 집으로 들어옵니다. 그때 예수님이 이렇게 말씀하십니다. "아들이 아버지에게 세금을 내느냐, 안 내느냐?" 그러나 "저희가 오해하지 않도록 네가 바다에 나가서 낚시를 던지면 물고기 한 마리가 잡힐 것이다. 그 물고기의 입을 열면 한 세겔이 있을 것이다. 그 한 세겔을 나와 너를 위하여 내라." 성전세는 20세 이상의 유대 남성들이 내는 세금입니다. 얼마냐면 반 세겔입니다. 예수님이 베드로에게 물고기 입에서 얻게 될 텐데 한 세겔을 "나와 너를 위해서 내라"라는 말씀을 하십니다. 예수님과 열두 제자 총 열세 명이죠. 그 열세 명 가운데 성전세를 내야 할 사람은 예수님과 베드로 밖에 없다는 사실을 알 수 있습니다. 실제 복음서에서 베드로는 장모가 있다는 표현이 계속 나옵니다. 베드로는 결혼한 기혼자라는 사실을 알 수 있습니다. 여기서 우리는 복음서가 쓰인 1세기 맥락에서 유대인의 나이를 이해할 필요가 있습니다.

> **마태복음 17:24-27** 가버나움에 이르니 반 세겔 받는 자들이 베드로에게 나아와 이르되 "너의 선생은 반 세겔을 내지 아니하느냐?" 이르되 "내신다" 하고 집에 들어가니 예수께서 먼저 이르시되 "시몬아 네 생각은 어떠하냐. 세상 임금들이 누구에게 관세와 국세를 받느냐 자기 아들에게냐 타인에게냐?" 베드로가 이르되 "타인에게니이다" 예수께서 이르시되 "그렇다면 아들들은 세를 면하리라. 그러나 우리가 그들이 실족하지 않게 하기 위하여 네가 바다에 가서 낚시를 던져 먼저 오르는 고기를 가져 입을 열면 돈 한 세겔을 얻을 것이니 가져다가 나와 너를 위하여 주라" 하시니라.

요즘 우리나라의 남자들은 보통 33-35세 정도에 결혼을 많이 하고 여성들도 평균적으로 30-32세에 결혼합니다. 그런데 조선 시대를 상상해 보십시오. 조선 시대 남성과 여성들이 몇 살 정도에 결혼했을까요? 마리아가 아기 예수를 잉태했을 때가 몇 살이었을까요? 당시 이스라엘 남성과 여성은 몇 살 정도에 결혼했을까요? 당시 유대 남성들은 보통 18-22세 사이에 많이 결혼했습니다. 유대 여성들은 12-14세 사이에 결혼을 많이 했습니다. 이것은 이스라엘만의 사정이 아니었습니다. 고대 근동 대부분의 나라에서 당시 여성들은 초경할 즈음이 결혼 연령이었습니다. 복음서에서 예수님이 야이로의 열두 살 난 딸을 살리시는 장면이 나오는데, 이것은 우리가 생각하는 초등학교 5학년이 아닙니다. 당시 열두 살 여자아이는 결혼을 앞둔 처녀라는 말입니다. 마리아가 아기 예수를 잉태했을 때가 12-13세 정도입니다. 그래서 주후 1세기에 엄마와 첫아이의 나이 차이가 15세를 거의 넘지 않습니다. 당시 유대 남성들은 보통 18-22세 사이에 결혼하고 20세 이상의 유대 남성들이 내는 세금이 성전세입니다. 마태복음 17장 24-27절에 따르면 예수님과 열두 제자 가운데 성전세를 낼 수 있는 사람은 예수님과 베드로밖에 없었습니다. 학자들은 보통 이렇게 얘기합니다. 예수님이 서른 살 정도 되었을 때 바울은 25세, 베드로는 21-22세, 나머지 모든 제자들은 10대 후반이었을 거라고 추측합니다.

요한복음을 보면 "예수께서 사랑하시는 그 제자"라는 표현이 나옵니다. 이것을 보고 많은 사람은 요한복음을 쓴 요한이라고 해석하고, 그 요한은 15세 정도였을 거라고 봅니다. 그러니까 우리가 생각하는 것처럼 예수님이 청년이고 나머지 제자들은 중년의 아저씨가 아니라 예수님이 제자들보다 월등히 나이가 많으셨다는 사실을 알 수 있습니다.

주후 1세기 유대 남성들의 평균수명이 마흔이 채 안 됩니다. 그러니까 예수님이 결혼하셨다면 공생애를 시작한 30세 즈음이면 통상적으로 결혼을 앞둔 딸이 있을 나이입니다. 예수님 당시에 30세는 오늘날로 비교하자면 66세 정도 되는 겁니다. 결코 청년의 나이가 아닙니다. 성경을 이해할 때 주후 1세기의 배경, 즉 그 당시 사람들이 몇 살 정도에 결혼했는지를 염두에 둘 필요가 있습니다. 예수님이 30세 즈음에 사역을 시작하셨다는 말은 매우 나이가 들어서야 공생애 사역을 하셨다는 뜻입니다. 그 시대의 30세가 오늘날로 따졌을 때 몇 살 즈음인지 총체적인 배경을 이해하라고 이런 말씀을 드렸습니다. 다음에는 마가복음에 대한 내용을 계속해서 살펴보겠습니다.

먹기를 탐하고 마시기를 즐기는 자

예수님이 이 땅에 오셔서 하나님 나라의 사역을 행하실 때 예수님은 하나님이 명하셨던 말씀의 본질을 회복하려 하셨습니다. 당시 사람들은 율법의 형식에 많이 집착했습니다. 예를 들어 안식일 법의 경우, 안식일을 어떻게 거룩하게 지킬 것인가에 대해서 바리새인들은 39가지의 법을 만들어서 사람들을 그 안식일 법으로 옭아매었습니다. 예수님은 뭐라고 말씀하십니까? "사람들이 안식일을 위해 존재하는 것이 아니라 안식일이 사람을 위해 존재한다"라고 말하면서 이 안식일의 본질을 회복하려 하셨습니다. 형식에 집착했던 종교 지도자들과 본질을 강조했던 예수님은 계속 충돌할 수밖에 없었습니다.

마가복음 2:27   안식일이 사람을 위하여 있는 것이요 사람이 안식일을 위하여 있는 것이 아니니.

사람들이 점점 예수님에게 호응을 보이고 몰려드니까 종교 지도자들은 예수님을 공격하기 시작합니다. 특히 세 가지 방식으로 공격했습니다. 첫째 "바알세불이 지폈다"라고 공격했습니다. 바알세불은 블레셋 사람들이 섬겼던 파리의 신입니다. 이스라엘 사람과 블레셋 사람들은 한국 사람과 일본 사람들처럼 사이가 좋지 않습니다. 그런데 예수가 그 이방 귀신의 도움을 받아서 사역을 한다는 겁니다. 전형적인 색깔론입니다. 바알세불에 지펴서 사역한다고 공격하니까 친인척들이 예수님의 사역을 방해하려 합니다. 예수님의 사역을 중단시키려고 합니다. 그때 예수님이 너무나 단호하게 말씀하시죠. "누가 내 어머니이며 동생들이냐? 하나님의 뜻대로 행하는 자가 내 어머니이고 형제다." 사역을 중단시키려 하는 친인척들에게 매우 단호하게 대응하시는 예수님의 모습을 볼 수 있습니다.

두 번째로 종교 지도자들이 예수를 공격했던 가장 핵심적인 내용 가운데 하나는 당시 유대인들이 기대했던 경건의 모습과 예수님의 삶이 너무 멀다는 겁니다. 어떻게 보면 우리 한국 교인들의 기대와도 조금 안 맞습니다. 누가복음 7장 33-34절에는 당시 이스라엘 사람들이 세례 요한과 예수님에 대해 내린 평가가 나옵니다. 세례 요한은 먹지도 않고 마시지도 않는 사람입니다. 세례 요한의 취미가 금식이고 특기가 단식입니다. 세례 요한은 거의 안 먹습니다. 어떤 사람은 "세례 요한은 인간이 아니야, 초인적인 존재야"라고 세례 요한을 우러러보고 또 어떤 사람은 "틀림없이 귀신 들린 거야" 하면서 세례 요한을 비하합니다. 그런데 예수님은 세례 요한과 180도 다릅니다. 사람들은 예수님을 향해 "먹기를 탐하고 마시기를 즐기는 자"라고 얘기합니다. 그것이 예수님의 별명입니다. 먹기를 탐하고 마시기를 즐기는 사람입니다. 이것이 우리 한국 교인들과 조금 안 맞습니다. 한국 교회는 청교도적인 신앙생활이 강한 편입니다. 그래서 하나님의 백성이라면 금주, 금연, 춤추지 않고 오락을 즐기지 않는 것을 매우 강조하는 편입니다. 그런데 복음서를 보면 예수님은 사람들과 먹고 마시는 잔치를 많이 누리십니다.

> 누가복음 7:33-34 세례 요한이 와서 떡도 먹지 아니하며 포도주도 마시지 아니하매 너희 말이 귀신이 들렸다 하더니 인자는 와서 먹고 마시매 너희 말이 보라 먹기를 탐하고 포도주를 즐기는 사람이요 세리와 죄인의 친구로다 하니.

왜 예수님은 그렇게 잔치를 많이 누리셨을까요? 예수님은 이 땅에서 하나님 나라로 사람들을 초대하신 겁니다. 하나님 나라의 백성이 되라고 사람들을 초대했는데 예수님은 하나님의 나라가 어떤 곳인지 말씀만 하신 것이 아니라 그 하나님의 나라가 얼마나 행복하고 즐거운 곳인지를 동영상으로 보여 주신 겁니다. 그동안 쌓인 담들이 허물어지는 자리가 잔치 아닙니까? 알지 못하는 나그네에게도 따뜻한 밥 한 끼 대접하는 것이 잔치 아닙니까? 예수님은 하나님 나라가 얼마나 즐겁고 행복하고 유쾌한 곳인가를 말씀만 하신 것이 아니라 실제 잔치를 누리면서 사람들에게 경험하게 하신 겁니다. 그래서 복음서를 보면 예수님이 먹고 마시는 이야기가 매우 많이 나옵니다.

실제 예수님의 이적 가운데 상당수가 먹는 것과 연관되어 있습니다. 오병이어 기적이라든가, 칠병이어 기적도 다 먹는 것과 관련 있습니다. 여기서 먹고 마심은 하나 됨, 잔치, 막힌 담이 허물어짐, 서로에게 환대함의 의미가 있습니다. 그런데 이것이 당시 유대인들이 갖고 있었던 경건의 모습과는 거리가 멀었던 것입니다. 먹기를 탐하고 마시기를 즐겼던 예수님의 모습은 당시 사람들이 생각했던 경건한 모습과는 거리가 멉니다. 당시 사람들은 어떤 사람을 경건하다고 생각합니까? 세례 요한 같은 사람입니다. 이런 인식 때문에 예수님은 왠지 경건과 거리가 멀다, 율법을 준수하지 않는다, 안식일 법도 위반하고 정결법도 위반하고 성전도 존중하지 않는다는 비판을 받았습니다.

지난번에 예수님 당시 이스라엘 공동체 안에 네 개의 주요한 종교 그룹이 있다고 말씀드렸습니다. 이 종교 그룹은 종교 그룹임과 동시에 정치 정당이라고도 말씀드렸죠. 사두개파, 바리새파, 에세네파, 열심당이 있다고 했습니다.

사두개파는 예루살렘 성전을 중심으로 사역했던 사람들로 제사장 중심입니다. 제사장과 귀족들이 주로 사두개파를 형성했습니다. 제사장들로 구성된 또 하나의 그룹이 에세네파입니다. 에세네파 역시 제사장들로 구성되었는데 예루살렘 성전의 타락에 대해서 분노한 사람들입니다. 예루살렘 성전에서 드리는 예배는 하나님께 열납되지 않는다고 여기고, 사해 근처로 가서 자신들만의 거룩한 공동체를 만들어 하나님이 기뻐하시는 신앙의 삶을 살기로 결단한 사람들이 바로 에세네파입니다. 사두개파와 에세네파의 공통점은 무엇입니까? 제사장 중심이라는 겁니다.

이들과는 달리 레위인이 아니었던 평신도 중심의 신앙 공동체가 어딥니까? 바리새파입니다. 사두개인들이 성전을 중심으로 사역했다면 바리새파는 지방의 회당을 중심으로 사역했습니다. 이들은 자기 직업을 가지고 시간을 내서 율법을 공부합니다. 그리고 율법을 사람들에게 열심히 가르칩니다. 그리고 일상의 삶 속에서 그 율법을 순종하는 삶을 살아 내려고 결단한 사람들입니다. 대단한 사람들입니다.

또 하나가 열심당입니다. 열심당은 무장 독립운동을 통해서 로마의 압제로부터 이스라엘을 해방시키고자 했던 사람들입니다. 우리 성경에는 젤롯당이라 되어 있습니다. 사두개파, 에세네파, 바리새파, 열심당 이 네 그룹은 좋아하는 성경 본문이나 주장하는 교리적인 내용이 조금씩 다릅니다.

재밌는 점은 이 네 그룹이 예수님과의 관계 속에서는 하나가 되었다는 겁니다. 이 네 그룹을 하나로 만들었던 가장 중요한 공통분모는 "하나님의 백성다운 삶이 무엇인가?"라는 주제였습니다. 사두개파나 에세네파나 바리새파나 열심당은 "하나님의 백성다운 삶은 거룩한 삶이다"라고 믿었습니다. 여기서 네 개의 종교 그룹은 하나가 됩니다. 그러면 다음 질문은 "하나님이 원하시는 거룩한 삶이라는 것은 어떤 삶일까?"이겠죠.

여기서 가장 강조되는 본문이 구약의 레위기입니다. 이스라엘 부모들은 자녀가 태어나 만 5세가 되면 자녀에게 히브리어를 가르칩니다. 그리고 가장 먼저 읽게 하는 성경 본문이 레위기입니다. 왜 레위기를 가장 먼저 읽게 합니까? 레위기는 1장부터 16장까지는 우리가 어떻게 하나님께 제사를 드릴 것인가, 오늘날로 얘기하자면 어떻게 하나님께 예배를 드릴 것인가를 다루고 있습니다. 그리고 레위기 17장부터 27장은 하나님이 원하시는 거룩한 삶은 무엇인가를 다룹니다. 이스라엘 부모가 자녀에게 가장 먼저 레위기를 읽히는 이유가 무엇일까요? 하나님이 원하시는 거룩한 삶을 어떻게 살아야 하는지, 하나님이 원하시는 거룩한 삶이 무엇인지를 레위기를 통해서 배우게 하기 위해서입니다.

> 레위기 11:45 나는 너희의 하나님이 되려고 너희를 애굽 땅에서 인도하여 낸 여호와라 내가 거룩하니 너희도 거룩할지어다.

이스라엘 공동체 안에 있었던 네 개의 종교 정파는 하나님의 백성다움을 거룩함에서 찾았습니다. 여기서 거룩하다는 것은 무슨 뜻입니까? 구별되었다는 겁니다. 무엇으로부터 구별되는 겁니까? 이방으로부터 구별되는 겁니다. 이 레위기가 말하는 거룩은 단절과 분리의 거룩입니다. 건강한 사람은 병든 사람과 구분되어야 합니다. 거룩한 사람은 부정한 사람과 구분되어야 합니다. 이런 단절과 분리를 통해 자신의 거룩을 지켜 내는 것이 가장 중요합니다. 이스라엘 공동체 안의 네 종교 정파가 가장 중요하게 붙잡은 말씀이 "내가 거룩하니 너희도 거룩하라"입니다. 그런데 예수님은 하나님의 백성다운 정체성을 자비로움에서 찾으십니다. 누가복음 6장 36절에서 예수님께서 이렇게 말씀하십니다. "아버지의 자비하심같이 너희도 자비로운 자가 되라"라고 말씀하십니다. 이스라엘 공동체 안에 존재했던 네 종교 그룹과 예수님의 가장 중요한 차이는 하나님의 백성다움이라는 말에 대한 해석입니다. 그 당시 일반적인 종교 그룹에서는 "하나님의 백성다움은 거룩함"이다, 거룩함은 곧 "부정하고 병든 모든 것로부터의 단절과 분리이다"라고 주장했습니다. 반면에 예수님은 하나님의 백성다움을 자비로움에서 찾은 겁니다. 자비로움은 무엇을 말합니까? 나보다 연약한 자에 대해서 긍휼을 베푸는 것입니다.

누가복음 6:36　　너희 아버지의 자비로우심같이 너희도 자비로운 자가 되라.

　　예를 하나 들겠습니다. 복음서를 보면 예수님과 바리새인 사이에 끊임없는 충돌이 나옵니다. 바리새인은 어떤 사람들입니까? 원래 하시딤이라는 그룹에서 나왔습니다. 하시딤은 마카베오 항쟁 때 마카베오 집안을 열심히 도왔던 그룹입니다. 그 하시딤이 하스모니아 왕조의 타락과 부패에 분노하면서 에세네파와 바리새파로 나뉘었습니다. 바리새파는 뭘 한 겁니까? 지방으로 흩어져서 지방에 회당을 세우고 열심히 율법을 공부해서 사람들에게 율법을 가르쳤습니다. 그리고 율법에 순종하는 삶을 살아 내도록 만든 겁니다. 구약 이스라엘 역사를 보면 주전 8세기 앗시리아로부터 시작해서 바빌로니아, 페르시아, 헬라, 로마 이 5대 제국으로부터 700년 이상 식민 지배를 받았습니다. 700년 동안 식민 지배를 받으면서 점점 해방과 독립에 대한 열망이 커졌습니다. 그런데 현실을 보니까 자기들의 힘으로는 이 거대한 제국과 맞서 싸워서 해방과 독립을 맛볼 가능성이 전혀 없는 겁니다.
　　그래서 점점 이스라엘은 하나님의 은혜로 이 땅에 메시아가 오시면 로마의 압제로부터 해방될 수 있을 거라는 간절한 열망을 품게 되었습니다. 이스라엘 백성이 기대한 메시아상이 무엇입니까? 정치·군사적인 메시아입니다. 하나님이 그런 메시아를 이스라엘 공동체에 보내주셔야 하는데 이 엄청난 하나님의 선물을 받으려면 이스라엘이 무엇을 해야 할 것인가? 여기서 바리새인들은 이런 생각을 하는 겁니다. 하나님이 원하시는 모습을 100이라고 했을 때 지금 이스라엘의 현실은 40도 안 되는 수준입니다. 그들은 하나님의 말씀인 율법에 별로 관심이 없습니다. 율법을 일상 속에서 제대로 준수하지 않는 겁니다. 바리새인들은 이런 생각을 합니다. '우리가 하나님께 좀 더 순종하게 되면, 그래서 이스라엘 백성의 평균 순종 점수가 60점이 넘으면 하나님이 우리 이스라엘 공동체에 메시아를 보내실 텐데. 그리고 메시아가 오시면 로마의 압제로부터 이스라엘이 해방될 수 있을 텐데.' 그래서 바리새인들이 뭘 한 겁니까? 평균 순종 점수를 높이기 위해서 사람들에게 열심히 율법을 가르쳐 율법에 순종하도록 만들고, 순종하지 않는 사람들을 강하게 책망했습니다. 그렇게 바리새인들의 열심으로 평균 순종 점수가 50점까지 올라간 겁니다.

　그런데 아직도 부족합니다. 여기서 바리새인들이 선택한 것이 있습니다. 평균 점수를 지나치게 깎아 먹는 사람들을 이스라엘 공동체 바깥으로 내쫓은 겁니다. 그렇게 내쫓긴 가장 대표적인 사람들이 바로 세리와 창기입니다. 세리와 창기에게는 회당 출입도 금지하고 그들의 헌금도 받지 않았습니다. 그 말은 그들이 이제 이스라엘 백성이 아니라는 뜻입니다.

　예를 들어 보겠습니다. 예전에 일제 고사라는 시험이 있었습니다.

전국의 모든 초중고가 같은 날 동일한 시험을 치르는 겁니다. 그래서 일제 고사를 앞두고 학교마다 비상이 걸렸습니다. 전국의 모든 학교가 동일한 날에 동일한 시험을 치르고 며칠 지나면 학교별 평균 점수가 나오겠죠. 그러면 바로 뭐가 나옵니까. 전국의 학교 순위가 나옵니다. 평균이 가장 높은 학교가 1등이 되고 가장 낮은 학교가 꼴등이 되는 겁니다. 실제로 뉴스에 이런 사건이 보도되었습니다. 시험을 앞두고 선생님들이 반에서 평균을 많이 깎아 먹는 학생들에게 "내일 시험 볼 때 학교 안 와도 된다"라고 얘기한 겁니다. 학생들이 교실에 앉아서 시험지에 자기 이름 쓰는 순간 이 학생의 점수도 평균 점수에 포함됩니다. 그런데 이 학생이 시험을 치르지 않으면 평균에 포함되지 않습니다. 학교마다 이런 비상 상황에서 학교의 순위를 높이기 위해서 내린 처방 가운데 하나가 평균 점수를 지나치게 깎아 먹는 학생들은 오지 말라고 권한 겁니다. 바리새인들이 선택했던 방식이 바로 그런 겁니다. 평균 점수를 지나치게 깎아 먹는 사람들을 바리새인들은 공동체 바깥으로 내쫓았습니다. 그래서 선생님이 내일 안 와도 된다고 해서 그 학생들이 집에 머문 겁니다. 그런데 예수님은 집에 있는 그 학생들의 집을 스타렉스로 쭉 돌면서 타라고 권하신 겁니다. 그래서 학생들을 다 차에 태우고 학교까지 가서 각 반에 들여보내 준 뒤 시험 보라고 얘기하신 겁니다. 그러니까 바리새인들 입장에서 예수님이 좋을 리가 없습니다. 평균 점수를 깎아 먹어서 이스라엘 공동체에서 내쫓긴 사람들의 재활과 복구를 예수님은 도와주시려 했습니다. 그들에게 다시 자비로운 손길을 내미셨습니다. 이런 것들을 바리새인들이 좋아할 리 없습니다.

그래서 복음서에서 가장 중요하게 주목해야 할 점이 있습니다. 당시 이스라엘에 존재하던 네 종교 그룹과 예수님 사이에 매우 중요한 차이가 있다는 것입니다. 당시 이스라엘 공동체 안의 네 종교 그룹인 사두개파, 에세네파, 바리새파, 열심당을 하나 되게 만들었던 공통분모가 있습니다. 그것은 하나님 백성다움의 가장 중요한 특징을 거룩에서 찾았다는 점입니다. 그 거룩은 부정하고 병든 모든 것으로부터의 단절과 분리였습니다. 그런데 예수님은 하나님 백성다움의 가장 중요한 정체성을 자비로움에서 찾았고 이스라엘 공동체 바깥으로 밀려난 사람들을 다시 하나님의 백성으로 복구해 주셨습니다. 이것이 예수님이 행하신 사역의 중요한 핵심입니다. 그것이 예수님이 계속 바리새인과 충돌을 일으켰던 중요한 지점입니다.

예수님의 비유

복음서에서 예수님은 무리와 제자들이 함께 있을 때는 비유로만 말씀하십니다. 그리고 무리가 빠지고 제자들만 남았을 때 그 비유를 해석해 주십니다. 청중들이 알아듣기 쉽게 하기 위해서 예수님이 비유로 말씀하셨다고 생각하는 사람들이 종종 있는데 전혀 그렇지 않습니다. 비유는 알아듣기 쉬운 말이 절대 아닙니다. 그래서 예수님도 비유로 말씀하시고 나서 항상 마지막에 "들을 귀 있는 자는 들으라"라고 말씀하십니다. 비유는 들을 귀 있는 자만 들을 수 있는 말씀입니다. 히브리어에서 '듣는다'라는 말은 '순종한다'라는 말과 같은 의미입니다. 비유는 순종하고자 하는 자들만이 이해할 수 있습니다.

그러면 왜 예수님은 무리와 제자들이 함께 있을 때는 비유로만 말씀하셨을까요? 예수님 주위에는 항상 두 부류의 사람들이 있었습니다. 하나가 무리이고 또 하나가 제자들입니다. 무리는 어떤 사람들입니까? 예수님의 주위에 항상 있습니다. 예수를 통해서 자신이 기대하는 어떤 이익을 얻고 싶기 때문입니다. 병의 치유를 얻고도 싶고 먹을거리를 제공받고도 싶습니다. 그런데 정작 예수를 따르고자 하는 마음은 전혀 없습니다. 반대로 제자는 어떤 사람입니까. 예수를 통해서 자신의 이익을 추구하는 사람들이 아니라 예수의 말씀을 경청함으로써 예수를 따르고자 하고 그 말씀에 온전히 순종하고자 하는 자들입니다. 예수 주위에 많은 사람이 모여 있었는데 사실 대다수는 무리였습니다. 순종하고자 하는 마음이 없는 무리에게 예수님은 비유로만 말씀하시고 예수를 따르고자 하는 제자들에게는 그 비유를 해석해 주십니다.

복음서에서 특별히 중요한 현장이 가이사랴 빌립보라는 지역입니다. 가이사랴 빌립보에서 예수님은 제자들에게 이런 질문을 하십니다. "사람들이 나를 누구라 생각하느냐?" 사람들의 여론을 물으십니다. 제자들이 이런저런 대답을 합니다. 그리고 예수님이 제자들에게 이런 질문을 합니다. "그러면 사람들의 여론 말고 너희와 함께 먹고 자고 사역을 했던 나에 대해서 너희는 누구라고 생각하느냐?" 자신을 가장 가까이에서 지켜봤던 제자들이 그분을 어떻게 이해하고 있는지 제자들의 의견을 물으십니다. 그때 베드로가 제자들을 대표해서 이렇게 대답합니다. "주는 그리스도시요 하나님의 아들이십니다." 영어로 이야기하자면 "You are THE Christ"입니다. "당신은 그 그리스도이십니다"라는 말입니다. 여기서 이 '그리스도'라는 말 앞에 정관사가 쓰였다는 점이 중요합니다. 정관사를 언제 사용하죠? 말하는 사람이나 듣는 사람이나 누구나 알고 있는 대상을 지칭할 때 정관사를 씁니다. 베드로가 제자들을 대표해서 말하고 있는 바는, "당신이야말로 말하는 나나 내 말을 듣고 있는 당신이나 이 자리에 있는 사람들 그 누구나 알고 있는 바로 그 메시아입니다"라는 뜻입니다. 히브리어 '메시아'가 헬라어로는 '그리스도'입니다. '기름부음 받은 자'라는 말입니다. 어떤 사람이 기름부음 받습니까? 왕이나 제사장이나 예언자 같은 사람들입니다. 하나님의 지상 대리자들이 기름부음을 받습니다. 따라서 베드로의 말은 "당신은 우리 유대인들이 수백 년 동안 기다리고 소망했던 바로 그 메시아입니다"라는 뜻입니다. 이때만 하더라도 제자들이 일반 유대인들의 메시아상을 뛰어넘지 못했음을 알 수 있습니다.

그러면 당시 일반적인 유대인들은 어떤 메시아상을 갖고 있었을까요? 아까도 말씀드렸지만 이스라엘은 역사적으로 700년 동안 5대 제국의 식민 지배를 받았습니다. 수탈이 깊어질수록 이스라엘 백성의 해방과 독립에 대한 열망도 간절해졌습니다. 이스라엘 사람들이 꿈꾼 메시아는 이스라엘을 정치·군사적으로 해방시켜 줄 수 있는 존재, 해방시켜 줄 뿐만 아니라 이스라엘을 세계 만방 위에 우뚝 세워 줄 수 있는 존재, 그래서 이제는 다른 나라의 지배를 받는 것이 아니라 세계 만민을 다스리게 해 줄 존재였습니다. 그들 자신이 바로 그런 메시아의 나라가 되기를 이스라엘 사람들은 꿈꾸고 소망했습니다.

그런데 베드로가 제자들을 대표해서 바로 그 말을 하는 겁니다. "당신은 우리 유대인들이 수백 년 동안 기다리고 소망했던 바로 그 정치·군사적인 메시아입니다." 이것은 베드로만의 생각이 아니었습니다. 복음서를 보면 야고보와 요한이 다른 제자들 몰래 예수님께 다가와서 뭐라고 얘기합니까? "당신이 나중에 세상을 호령하는 황제가 될 때 우리 한 사람은 우의정에, 한 사람은 좌의정에 앉혀 주십시오." 심지어 마태복음에서는 야고보와 요한의 어머니가 직접 와서 치맛바람을 날리면서 자리 청탁을 하는 내용이 나옵니다. 그 이야기를 듣고 나머지 제자들은 분노합니다. 왜요? 야고보와 요한이 선제적인 행동을 취했기 때문입니다. 예수님이 "예루살렘에 올라가자"라고 했을 때 예수님의 뒤를 따르던 제자들이 했던 중요한 토론의 주제가 뭐였죠? "누가 크냐"라는 주제로 토론하잖아요. '누가 크냐'라는 것은 쉽게 이야기하자면 제자들 사이에서 서열을 정하자는 말입니다. 왜 서열을 정하는 것이 중요합니까? 당시 유대인들은 메시아가 예루살렘에 입성함으로써 예루살렘에 있는 로마 주둔군을 무찌르고 로마로부터 이스라엘을 해방시키고 나서 그 메시아가 천하만국을 다스리는 황제가 될 것이라고 기대했습니다. 메시아가 황제가 되어 천하만국을 다스릴 때, 제자들의 서열에 따라서 가장 강력한 제자가 메소포타미아를 다스리고 그다음 제자가 이집트를 다스리고 그다음 제자가 시리아를 다스리게 되는 겁니다. 그러니까 제자들 사이에 서열을 정하는 것은 매우 중요한 문제입니다. 복음서를 보면 예수님의 십자가 죽음 전까지 제자들이 갖고 있는 메시아상은 일반적인 유대인들이 갖고 있던 메시아상과 별반 다르지 않았다는 것을 알 수 있습니다.

베드로의 이 이야기를 듣고 예수님은 처음으로 자기가 어떤 메시아인지를 알려 주십니다. 메시아라는 사실은 맞혔지만 어떤 메시아인지는 완전히 틀린 겁니다. 예수님이 메시아라는 사실을 맞힌 것만 해도 대단합니다. 왜냐하면 당시 바리새인들이 주장했던 메시아상에 근거할 때 예수님을 메시아로 고백하는 것만도 대단한 통찰이기 때문입니다. 바리새인들은 메시아가 이 땅에 오시면 율법을 철저하게 준수할거라고 주장했습니다.

그런데 예수님은 이 땅에 오셔서 안식일 법이나 정결법의 본질을 강조했지 형식을 준수하지 않았습니다. 그러니까 일반 유대인들이 생각했던 그런 메시아상과는 거리가 멀었습니다. 경건한 메시아가 아니었습니다. 잔치를 즐기는 메시아였습니다. 그러니까 예수님이 메시아라는 사실을 알아본 것만으로도 대단한 겁니다. 그런데 어떤 메시아인가는 완전히 틀렸습니다. 예수님은 이스라엘을 정치·군사적으로 해방시키는 그런 메시아가 아니라 세계 만민의 죄를 해결해 주는, 세계 만민을 하나님의 백성 삼아 주시는 메시아로 이 땅에 오셨습니다. 베드로의 답변을 듣고 나서 예수님은 자기가 어떤 메시아인지 처음으로 알려 주십니다. 그리고 자기의 십자가 고난과 죽음에 대해서도 처음으로 제자들에게 알려 주십니다. 그 이야기를 듣고 베드로는 흥분합니다. 이 베드로의 흥분은 열두 제자의 흥분을 대표하는 겁니다. 한마디로 그렇게 죽으실 수 없다는 겁니다. 예수님이 그렇게 죽으면 안 된다는 겁니다. 그때 예수님이 마가복음 8장에서 뭐라고 얘기하십니까? "하나님의 일을 생각하지 아니하고 사람의 일만 붙잡고 있다." 한마디로 얘기하자면 자기들이 원하는 욕망을 이루어 줄 메시아로만 예수님을 오해하고 있다는 겁니다.

복음서에서 예수님이 예루살렘에 올라갈 때 제자들은 열심히 예수님을 따라갑니다. 예수님은 앞서 걸어가시고 제자들은 예수님을 따라갑니다. 제자들이 예수님을 잘 따르고 있다는 생각이 듭니다. 그런데 제자들에게 예수님은 궁극적인 목적이 아니었습니다. 예수님이 만약 따름의 궁극적인 목적과 목표였다면 예수님이 어디에 있건 제자들은 예수님을 따라가야겠죠. 그런데 우리가 알다시피 예수님이 나중에 십자가에 달리실 때 제자들은 어디에 있었습니까? 예수님과 함께 그 수난의 현장에 있었던 제자들이 누구입니까? 거의 없습니다. 다 예수님을 부인하고 배반하고 떠났습니다. 십자가의 죽음 전까지만 하더라도 제자들은 예수님을 따르면 정치적인 권력을 쥘 수 있을 거라고 생각했습니다. 그것이 그들이 예수님을 따른 가장 중요한 이유였습니다. 예수님이 천하만국을 호령하는 황제가 되는 순간, 경제적인 풍요를 누릴 수 있을 거라고 생각했습니다. 이런 것들을 얻게 해 주는 중요한 도구와 수단으로 예수를 생각한 겁니다. 그런데 예수를 아무리 열심히 따른다고 하더라도 자기들이 기대하는 정치적인 권력, 경제적 풍요로움, 사회적 명망을 얻을 수 없다고 생각한 순간, 제자들은 단호하게 예수를 떠나고 부인하고 버립니다.

> 마가복음 8:33-34 예수께서 돌이키사 제자들을 보시며 베드로를 꾸짖어 이르시되 사탄아 내 뒤로 물러가라 네가 하나님의 일을 생각하지 아니하고 도리어 사람의 일을 생각하는도다 하시고 무리와 제자들을 불러 이르시되 누구든지 나를 따라오려거든 자기를 부인하고 자기 십자가를 지고 나를 따를 것이니라.

제자들의 이런 모습을 복음서는 그대로 보여 줍니다. 특히 마가복음은 제자들의 실패를 끊임없이 말해 주는데 그럼으로써 오늘 우리 그리스도인들에게 어떤 질문을 던지는 거죠? 예수를 믿는다고 고백하는데, 우리는 정말 우리의 궁극적인 목적과 목표로서 예수를 믿고 있는가? 우리 인생의 목적과 목표로서 예수를 따르고 있는 것인가? 아니면 예수 믿으면 구원받는다니까, 예수 믿으면 병을 나을 수 있다니까, 예수 믿으면 복 받을 수 있다니까 예수를 붙잡고 있는 것은 아닌가? 바로 이것을 묻고 있는 것입니다.

제자들이 실패했던 중요한 이유는 예수를 목적과 목표가 아닌 도구와 수단으로 이용하고자 했기 때문입니다. 그 결과, 자기들이 기대했던 것을 얻을 수 없다고 생각한 순간, 제자들은 단호하게 예수님에게 등을 돌렸습니다. 오늘 우리는 과연 예수님을 목적으로서, 요한복음 14장이 말하는 것처럼 예수가 길과 진리와 생명이기 때문에 예수를 붙잡고 있습니까? 아니면 혹시 예수를 믿으면 얻을 수 있다고 생각하는 부수적인 것들 때문에 붙잡고 있는 것은 아닙니까? 마가복음에서 보여 주고 있는 제자들의 실패는 바로 이런 진지한 질문들을 우리에게 던지고 있습니다. 사복음서 가운데 마가복음은 제자들의 실패를 가장 잘 보여 줍니다. 그것을 통해서 우리는 반면교사를 삼아야 합니다. 혹여 우리에게도 하나님을 진짜 믿는 것이 아니라 하나님의 능력을 이용하려고만 하는 마음이 있는 건 아닌지, 결국 나를 위해서 하나님을 믿고 있는 것은 아닌지 진지한 성찰을 해 볼 수 있으면 좋겠습니다.

예수님의 십자가 처형

율법의 본질, 하나님의 말씀의 본질을 붙잡고 죽기까지 하나님께 순종하고자 했던 예수 그리스도와 하나님을 이용해 부귀영화를 추구하고자 했던 종교 지도자들은 끊임없이 충돌할 수밖에 없었습니다. 어떻게 보면 예수님의 사역은 종교 지도자들의 민낯, 그들이 얼마나 타락하고 부패한 존재인지를 너무나 선명하게 보여 주었다고 할 수 있습니다. 결과적으로 정치권력과 종교권력이 힘을 합쳐 예수님을 죽이게 됩니다. 이때 종교권력자들이 이용한 말씀이 신명기 21장 23절 말씀입니다. 예수님은 십자가에 달려 죽으셨습니다. 나중에 사도행전 7장에서 스데반은 돌에 맞아 죽습니다.

신명기 21:23 그 시체를 나무 위에 밤새도록 두지 말고 그날에 장사하여 네 하나님 여호와께서 네게 기업으로 주시는 땅을 더럽히지 말라. 나무에 달린 자는 하나님께 저주를 받았음이니라.

복음서를 보면 종교권력자들이 예수님을 죽이기로 하고 빌라도에게 예수를 십자가에 매달아 죽일 것을 계속 압박합니다. 처음에는 빌라도가 예수님을 풀어 주려고 합니다. 그런데 계속되는 유대인들의 압박에 어쩔 수 없이 예수님을 십자가에 매달아 죽이도록 허용하고 손을 씻으면서 "나는 이 사건에 죄가 없다. 이 모든 죄를 너희가 떠안아라"라고 말합니다. 유대 종교권력자들은 당시 산헤드린에서 예수님을 불경죄, 성전 모독죄, 율법 파괴죄 등등으로 엮어 충분히 처형할 수 있었습니다. 그런데 산헤드린은 예수님을 직접 죽이지 않고 이방의 권력자였던 빌라도의 손을 빌려서 십자가에 매달아 죽이고자 합니다. 여기에는 매우 중요한 의도가 있습니다. 예수님을 가장 손쉽게 죽이는 방법은 투석형입니다. 산헤드린에서 예수님에게 사형을 언도하고 성 밖으로 끌고 나가서 돌로 쳐 죽이는 방법이 가장 쉽습니다.

그런데 이렇게 예수님을 죽이면 어떤 일이 벌어질까요? 그동안 예수님이 뭐라고 말씀하셨죠? 예루살렘 성전이 하나님을 브랜드로 이용해서 얼마나 종교 사업을 하고 있는가를 폭로하셨죠. 예루살렘 성전에 있는 사람들이 진짜 하나님을 경외하는 것이 아니라 하나님을 이용해서 종교 사업을 하는 장사꾼들임을 폭로하셨습니다. 성전이 강도의 소굴이라는 점을 폭로하셨습니다. 그런 예수님을 죽이면 예루살렘 성전에 대해 반감을 가진 사람들이 들고일어날 가능성이 큽니다. 쉽게 얘기하자면 예수님 한 명은 처형할 수 있지만 예수님을 죽인 다음에 후폭풍이 만만치 않은 겁니다. 그래서 이 사람들은 예수님을 제거함과 동시에 예수를 추종하는 모든 사람들도 잠잠케 만들 방법을 고민한 겁니다. 그때 그들의 눈에 포착된 말씀이 신명기 21장 23절 말씀입니다. "나무에 달린 자는 하나님께 저주를 받았음이니라"라는 말씀입니다.

원래 이스라엘에는 살아 있는 사람을 나무에 매달아 죽이는 사형법이 없었습니다. 그렇다면 이 말씀이 의미하는 바가 무엇입니까? 공동체에 매우 큰 죄를 범한 사람을 먼저 죽입니다. 주로 투석형으로 죽입니다. 그다음에 이 사람의 시체를 해가 지기 전까지 성문 앞에 매달아 놓는 겁니다. 그래서 이 사람이 하나님께 저주받아 죽었다는 사실을 공동체의 모든 사람에게 보여 주는 증거로 삼는 겁니다. 그런데 나중에 페르시아 제국에서 십자가라는 사형 틀이 만들어집니다. 살아 있는 사람을 잔인하게 오랜 시간 나무에 매달아 죽이는 형이었습니다. 그것이 로마 시대까지 이어진 겁니다. 그런데 이 십자가가 공교롭게도 나무입니다. 나무에 매달아 죽이는 겁니다. 이것을 유대 종교권력자들이 이용하려 한 겁니다. 그래서 예수가 나무에 매달려 죽게 되면, 예수는 누가 죽인 겁니까? 하나님이 죽이신 겁니다. 무엇 때문에요? 하나님께 저주받아 죽은 겁니다. 그러면 사람들이 질문하겠죠. "왜 예수가 하나님께 저주받아 죽었습니까?" 그럴 때 당시의 유대교 관점에서는 설명할 내용이 너무 많은 겁니다. 왜 예수는 하나님께 저주받았을까? 첫째, 하나님의 집인 성전에서 난동을 부렸죠. 둘째, 하나님의 말씀인 율법, 그 가운데에서도 안식일 법, 정결법을 끊임없이 위반했죠. 그리고 너무나 부정한 사마리아 사람과 어울렸죠. 이방 땅을 들락날락했죠. 이런 것들도 하나님의 심기를 건드렸다고 말할 수 있습니다. 셋째, 하나님이 기대하신 거룩한 사람의 모습과 너무 다른 삶을 살았습니다. 넷째, 불경하게도 하나님을 아버지라고 불렀다는 겁니다. 그래서 당시 유대교 안에 있는 신앙적인 내용에 근거했을 때 예수님은 하나님께 참으로 불경한 일을 행했고, 너무나 참람한 말을 많이 했고, 그 결과 하나님께 저주받아 죽었다고 주장할 수 있는 내용이 많았습니다. 그래서 유대 종교권력자들은 예수님만 제거하는 것이 아니라 예수님을 추종하는 사람들을 한순간에 제압할 방법을 선택한 것입니다. 그게 뭡니까? 예수는 하나님께 저주받아 죽었다고 주장하며, 나무 십자가에 예수를 매달아 죽이고자 했습니다. 그러기 위해서는 정치권력자인 빌라도의 손을 빌릴 필요가 있었던 겁니다. 결과적으로 종교 지도자의 의

도대로 예수님은 나무 십자가에 매달려 죽임을 당하셨습니다. 이것을 우리는 십자가 죽음이라고 말합니다.

십자가를 우리가 언급할 때마다 꼭 기억해야 할 중요한 내용이 있습니다. 십자가 사건의 가장 중요한 의미는 하나님을 가장 사랑하는 것처럼 보이는 사람들이 하나님의 이름으로 하나님을 죽인 사건이라는 것입니다. 누가 예수를 십자가에 매달아 죽였습니까? 하나님을 가장 사랑하는 것처럼 보이는 장로들과 대제사장들과 서기관들입니다. 어떤 죄목으로 죽인 겁니까? 하나님께 저주받아 죽었어, 하나님께 참람한 말을 많이 했어, 너무나 불경스러운 행동을 많이 했어. 결과적으로 누구를 죽였습니까? 하나님을 죽인 겁니다. 출애굽기 32장에 나오는 것처럼 이스라엘 백성은 금송아지 우상을 만들어 하나님을 떠난 것이 아닙니다. 자신들을 출애굽시켜 주신 하나님을 기념하기 위해서, 그 하나님을 경배하기 위해서 만들었던 것이 금송아지였습니다. 의도는 좋았습니다. 그런데 이것이 왜 문제가 됩니까? 시내산 언약에서 하나님은 십계명을 주면서 그분이 진정 원하는 것을 알려 주셨습니다. 그 가운데 하나가 무엇입니까? "너희를 위해서 어떤 형상도 만들지 말라"라고 하셨습니다. 이스라엘이 아무리 좋은 의도를 가졌다고 하더라도 그들이 금송아지를 만든 행동 자체가 하나님의 말씀을 위반한 것입니다. 그런 맥락에서 우리가 하나님을 위해서 하는 많은 행위가 정말 하나님이 원하시는 궁극적인 뜻인지 진지하게 성찰하고 돌아볼 필요가 있습니다. 그런 의미에서 십자가의 죽음을 다시 한번 잘 음미할 필요가 있습니다. 누가 예수님을 죽였습니까? 하나님을 가장 사랑하는 것처럼 보이는 사람들이었습니다. 누구의 이름으로? 거짓 하나님의 이름으로, 자기들이 알고 있는 잘못된 하나님의 뜻으로. 누구를 죽인 겁니까? 하나님을 죽인 겁니다. 그리고 하나님을 죽이는 그 사건에서 신명기 21장 23절의 하나님의 말씀을 인용했습니다.

이 땅의 정치권력과 종교권력의 야합으로 예수님은 십자가에 달려 죽임을 당하셨습니다. 이제 끝난 것처럼 보입니다. 어떻게 보면 여기까지만 이야기하면 인류 역사 가운데 등장했던 위대한 혁명가들의 죽음과 비슷합니다. 혁명가들은 그 시대의 타락에 대해 분노하면서 깃발을 들고 "나를 따르라" 하면서 사람들을 모읍니다. 그리고 기득권 체제에 저항합니다. 그러다 결국 기득권 체제에 의해서 죽임을 당합니다. 예수의 죽음도 역사에 등장했던 다른 혁명가의 모습과 비슷합니다.

그런데 보십시오. 역사에서는 이 운동을 이끌었던 구심, 지도자가 죽음을 맞이하면 그 운동은 사그라듭니다. 그런데 기독교 신앙은 이때부터 놀라운 차별성을 드러냅니다. 예수님이 죽었습니다. 이제 모든 것이 끝났다고 생각한 그 순간에 제자들이 너무나 담대해지는 겁니다. 예수님이 살아 계실 때는 그분과 한편이라고 하는 사실에 대한 두려움 때문에 그분을 부인하고 떠났던 제자들이 예수님이 돌아가신 다음에는 전혀 다른 사람으로 변화한 겁니다. 그리고 전혀 다른 사람으로 변화된 제자들이 이구동성으로 했던 말이 있습니다. "우리는 부활한 예수를 만났다"라는 말입니다. 여기에 예수 사건의 놀라운 특징이 있습니다. 이 땅의 정치권력과 이 땅의 타락한 종교권력이 힘을 모아서 예수님을 죽였습니다. "너 같은 인간은 죽어야 돼"라면서 십자가에 못 박아 죽였습니다. 이것이 세상이 그분에게 내린 마지막 판단입니다.

그런데 이 세상의 판단을 하나님은 뒤집어엎으셨습니다. 세상의 판단을 뒤집은 하나님의 판단이 무엇입니까? 바로 부활 사건입니다. 이 땅의 불의한 정치권력과 거짓된 종교권력은 예수님을 죽였지만 하나님은 그분을 다시 살려 주셨습니다. 세상의 판단을 뒤집는 하나님의 판단이 여기에 나오는 겁니다. 십자가와 부활을 생각할 때 가장 먼저 생각해야 할 것이 있습니다. 세상의 판단과 하나님의 판단은 다를 수 있다는 겁니다. 그렇다면 우리는 어떤 판단을 더 주목해야겠습니까? 세상의 판단에서 승리하는 자가 되길 원하십니까, 아니면 하나님의 판단에서 합격하는 인생이 되길 원하십니까? 세상의 판단에서 실패한다고 하더라도 하나님의 판단에서 승리하는 자가 되어야겠죠. 그 대표적인 모델이 누구입니까? 바로 예수 그리스도입니다. 예수님은 우리에게 자신의 길을 따르라고 요청하셨습니다. 세상의 판단에 승리하는 자가 아니라 하나님의 판단에서 승리하는 자가 되라고 말씀하십니다.

예수님의 부활

하나님은 죽은 예수를 다시 살리셨습니다. 부활하신 예수님은 제자들을 만나셨습니다. 그 부활한 예수를 만나고 나서 제자들은 완전히 변화된 존재가 되었습니다. 더 이상 죽음을 두려워하지 않습니다. 하나님의 판단에 모든 것을 의지하면서 정말 힘 있는 인생을 살아갑니다. 그래서 시간이 지남에 따라 더 많은 사람이 예수님의 부활을 믿게됩니다.

그래서 당시 로마나 유대교에서 이 예수의 부활을 잠재우기 위해서 반박 논리를 만들어 냈습니다. 그 가운데 대표적인 두 가지가 시체 도난설과 예수 기절설입니다. 제자들이 자꾸 예수가 부활했다고 주장하면서 그 부활의 중요한 증거로 무덤이 비어 있다는 점을 제시하자 꺼내 든 대응 카드입니다. 시체 도난설은 사실 예수가 부활한 것이 아니라 한밤중에 제자들이 떼로 몰려와서 로마 군병들을 몰아내고 예수의 시체를 훔쳐 갔다는 것입니다. 그래 놓고는 예수가 부활했다고 거짓말하고 있다는 주장이 소위 시체 도난설입니다.

또 하나가 뭡니까? 예수 기절설입니다. 복음서에서 예수님은 매우 허약한 분으로 묘사됩니다. 예수님이 허약했다는 점을 어떻게 알 수 있습니까? 십자가에 달리는 죄수는 보통 자기가 지게 될 십자가의 가로목을 끌고 올라갑니다. 그런데 예수님은 이 십자가의 가로목을 지고 올라가지 못하셨습니다. 누가 대신 십자가의 가로목을 지고 올라갔죠? 구레네 사람 시몬입니다. 십자가에 죄수들을 매달아 죽이는 가장 중요한 이유는 사람들에게 십자가에 달려 죽어 가는 고통스러운 과정을 보게 만듦으로써 로마에 저항하지 못하게 만들기 위해서입니다. 보통 십자가에 매달리면 짧으면 하루 이틀, 좀 긴 사람들은 3일까지 버티다 죽습니다. 그런데 예수님은 여섯 시간 만에 십자가에서 운명하셨습니다. 매우 빨리 돌아가셨다는 점을 알 수 있습니다. 마가복음 15장에서 아리마대 사람 요셉이 빌라도에게 와서 예수의 시체를 달라고 요청합니다. 그때 빌라도가 "벌써 죽었냐?"고 묻습니다. 한마디로 예수님이 매우 허약했다는 사실을 알 수 있습니다. 이 예수 기절설은 바로 그런 맥락에서 나온 주장입니다. 그 허약했던 예수가 십자가에서 있는 힘 없는 힘을 다 짜내서 고함을 질렀다는 겁니다. "엘리 엘리 라마 사박다니"라고 외치면서 기절했다는 겁니다. 그런데 로마 군병들이 예수님이 돌아가신 줄 알고 아리마대 사람 요셉이 마련한 무덤에 누일 수 있도록 허락했다는 겁니다. 아시다시피 중동은 매우 덥습니다. 그런데 우리의 무더운 여름보다 중동이 훨씬 생활하기 편합니다. 왜냐하면 습기가 없기 때문입니다. 습기가 없다 보니까 동굴이나 나무 그늘 아래에 가면 매우 시원합니다. 그래서 기절한 예수님을 동굴에 마련된 무덤에 눕혔는데, 몇 시간 후에 예수님이 다시 깨어났다는 겁니다. 그 다음부터는 미스터리입니다. 깨어난 예수님이 성인 여섯 명 정도가 굴려야만 움직이는, 무덤을 막고 있던 돌을 홀로 밀어 열고 군병들과 육박전을 치른 다음에 제자들에게 모습을 보였다는 겁니다. 제자들은 그런 예수님을 어떻게 생각하는 겁니까? 죽었던 예수가 다시 살아났다고 착각했다는 겁니다. 그런데 사실 예수는 죽었다가 살아난 것이 아니라 기절했다가 다시 깨어났다, 이것이 로마와 유대교가 예수의 부활 주장에 반박하기 위해서 만들어 낸 예수 기절설입니다.

제자들의 말처럼 "예수가 죽었다가 다시 부활하셨다"라는 주장과 로마와 유대교가 만들어 낸 "죽었다가 부활한 것이 아니라 제자들이 시체를 훔쳐 갔다"라는 시체 도난설, "죽었다가 부활한 것이 아니라 기절했다가 다시 깨어났다"라는 예수 기절설, 이 상반된 주장 가운데 어떤 주장이 훨씬 더 이성적이고 합리적입니까? 시체 도난설과 예수 기절설이 더 그럴듯하지 않습니까? 그런데 참 놀라운 일이 벌어집니다. 시간이 지남에 따라 점점 더 많은 사람이 예수님이 죽었다가 부활했다는 메시지에 귀를 기울이게 되었습니다.

이유가 뭘까요? 우리는 매년 사순절도 지키고 부활 주일도 지킵니다. 때로는 지역의 교회가 함께 모여서 부활절 새벽에 예배도 함께 드립니다. 우리는 그렇게 열심을 다해서 부활절을 지키지만 정작 대한민국 사회는 예수님이 부활하셨다는 메시지를 손톱만큼도 신뢰하지 않습니다. 귀를 기울여 경청하지 않습니다.

그런데 초대교회는 어떻게 시간이 지날수록 예수가 부활했다는 메시지를 점점 더 많은 사람들이 믿게 만들었을까요? 예수의 부활을 입증할 길은 딱 하나밖에 없습니다. 부활한 예수를 만나지 못했더라면 도저히 살아 낼 수 없는 삶을 제자들이 살아 냈기 때문입니다. 사람들은 그들을 보며 예수 부활을 신뢰하게 된 겁니다. 얼마나 힘 있게 외쳤냐는 점은 중요하지 않습니다. 부활한 예수를 만나지 못했더라면 도저히 살아 낼 수 없는 삶을 제자들이 살아 낸 겁니다. 대표적인 인물이 누구죠? 베드로입니다. 복음서에서 베드로는 예수님이 재판받으실 때 예수님과 한편인 사실이 발각되면 자기도 죽임당할까 봐 세 번이나 예수를 모른다고 부인했습니다. 어떻게 보면 베드로는 우리와 똑같은 전형적인 소시민입니다. 죽음에 대한 두려움과 공포 때문에 예수님과의 관계를 부인하고 배반한 존재입니다. 이런 베드로가 사도행전에서는 전혀 다른 인물이 됩니다. 대제사장이 베드로에게 "한 번만 더 예수가 부활했다는 말을 하면 가만두지 않겠다"라고 말합니다. 이전의 베드로였다면 벌벌 떨면서 아마 각서를 썼을 것입니다. 다시는 부활을 말하지 않겠다고 썼을 것입니다. 그런데 사도행전 4장에서 베드로는 "다시는 예수 부활을 말하지 말라"는 대제사장에게 도리어 큰 소리로 이렇게 저항합니다. "하나님의 말씀을 듣는 것과 당신의 말씀을 듣는 것 가운데 뭐가 옳은지 얘기해 보라"고 하면서 도리어 대제사장을 훈계합니다. 사람이 바뀌었습니다.

사도행전 4:18-19 그들을 불러 경고하여 "도무지 예수의 이름으로 말하지
도 말고 가르치지도 말라" 하니 베드로와 요한이 대답하
여 이르되 "하나님 앞에서 너희의 말을 듣는 것이 하나님
의 말씀을 듣는 것보다 옳은가 판단하라."

사도행전 2장에서 초대교회의 구성원들이 완전히 새사람으로 바뀝
니다. 성령이 임하자 내 것을 기꺼이 우리의 것으로 내놓습니다. 일반
사람의 특징이 무엇입니까? 내 것을 철저히 지켜 내려고 하고 남의 것
도 내 것으로 빼앗으려는 경향이 일반 사람들의 이기적이고 죄악된 모
습 아닙니까? 그런데 사도행전 2장과 4장을 보면 초대 교인들은 나의
것을 우리의 것으로 기꺼이 내놓습니다. 사람이 완전히 바뀐 겁니다.
그리고 이렇게 변화된 사람들이 이구동성으로 했던 말이 "우리는 부
활한 예수를 만났다"라는 겁니다.

오늘날도 마찬가지입니다. 예수가 부활하셨음을 입증할 수 있는 유
일한 길, 진짜 예수의 부활의 진실성을 드러낼 수 있는 유일한 길은 뭡
니까? 부활한 예수를 만나지 못했더라면 도저히 살아 낼 수 없는 삶을
이 땅의 그리스도인들과 교회가 살아 낼 때만 예수가 부활했다는 것을
그리고 부활한 예수를 이들이 만났다는 사실을 사람들은 신뢰할 수 있
습니다. 오늘 우리 한국 교회에는 이런 믿음의 모습이 정말 절실하게
요청되고 있다는 생각이 듭니다.

하나님 나라를 선포한 복음서

복음서에서 가장 중요한 단어를 하나 꼽는다면 '하나님 나라'입니다. 예수님이 이 땅에 와서 제일 먼저 선포하신 말씀이 무엇입니까? "하나님의 나라가 가까이 왔다"라는 겁니다. "회개하고 복음을 믿으라"라는 겁니다. 하나님 나라에서 '나라'는 명사도 되고 동사도 됩니다. 하나님 나라가 동사가 될 때는 '다스린다', '통치한다'라는 뜻이 있습니다. 즉 "어디가 하나님 나라입니까?" "뭐가 하나님 나라입니까?"라고 물을 때 하나님 나라는 하나님이 다스리시는 곳입니다. 하나님이 통치한다는 말은 무슨 뜻입니까? 하나님이 원하시는 바가 아름답게 구현된다는 말입니다. 하나님이 원하시는 바가 일상 속에서 이루어지는 곳이 하나님 나라입니다. 우리 하나님은 믿는 자들의 가정이 하나님 나라가 되기를 원하십니다. 믿는 자들의 모임인 교회가 하나님 나라가 되기를 원하십니다. 하나님이 원하시는 바가 아름답게 일상 속에서 구현되는 그 하나님 나라로 하나님은 사람들을 초대하셨습니다.

우리가 하나님의 통치를 받는 하나님의 백성이 되려면 반드시 통과해야 할 과정이 있습니다. 그게 바로 회개입니다. 회개는 헬라어로 '메타노이아metanoia'라고 하는데 '메타meta'는 '바꾼다'라는 말이고 '노이아noia'라는 말은 '인식', '관점'이라는 말입니다. 회개는 인식과 관점을 변화시키는 겁니다. 어떻게요? 세상이 우리에게 심어 놓은 세계관, 세상이 우리에게 심어 놓은 가치관을 하나님의 말씀으로 변화시키는 겁니다.

예를 들자면 그리스와 로마 사회에서는 노예들을 부려 먹는 것을 당연하게 생각했습니다. 그리고 노예들을 마음껏 부려 먹기 위해서 노예를 우리와 똑같은 인간이 아니라 일만 하는 기계, 사람의 말만 하는 짐승이라고 규정했습니다. 그래야만 노예들을 마음껏 부려 먹는 것에 대해 미안한 마음을 갖지 않죠. 노예는 일만 하는 기계이기 때문에 1년 365일 내내 일을 시켜도 상관이 없습니다. 말을 하는 짐승이기 때문에 말을 듣지 않았을 경우에는 폭력을 행사하는 것이 당연합니다. 이것이 그리스 로마 사회가 노예를 부려 먹기 위해 만들어 낸 노예에 대한 인식이었습니다. 그런데 기독교 신앙은 노예를 뭐라고 얘기합니까? 노예는 하나님의 형상대로 지음받은 존귀한 존재이며, 주인이나 종이나 그리스도 안에 하나 된 존재라고 말합니다. 기독교 복음은 우리에게 새로운 가치관을 알려 주고 있는 겁니다. 노예가 바로 자신과 평등한 존재라는 사실을 우리에게 알려 줍니다. 인식이 바뀝니다. 노예라는 존재에 대한 인식이 바뀌면 노예를 대하는 모습이 바뀌겠죠. 이것을 총칭해서 회개라고 이야기합니다.

회개는 인식의 전환에서 출발해 삶의 변화까지 총칭하는 말입니다. 우리가 태어나서 이 땅에 살면서 가진 가치판단의 기준, 세계관, 물질관, 인생관 등은 대부분 세상이 우리에게 심어 놓은 겁니다. 부모님이 우리에게 심어 놓은 것이고 미디어가 우리에게 심어 놓은 것이고 이 땅의 교육이 우리에게 심어 놓은 겁니다. 세상이 우리에게 심어 놓은 세계관과 가치관을 하나님의 말씀에 근거해 다시 한번 점검해야 합니다. 이것이 하나님의 뜻과 일치하는가를 물어야 합니다. 일치하는 것은 우리가 붙잡을 수 있지만, 하나님의 뜻과 배치된다면 기꺼이 그것들을 내던지고 하나님의 말씀을 중심으로 우리의 가치관을 새롭게 해야 합니다. 이 모든 과정을 뭐라고 합니까? 회개라고 합니다. 복음을 믿는다는 말은 복음을 살아 내는 겁니다. 복음을 살아 낸다는 것은 바꿔 얘기하자면 하나님 나라 백성의 삶을 살아가는 겁니다.

요즘은 드문 일이지만, 한국 교회 초기에는 사경회를 많이 했습니다. 대표적인 게 1907년의 평양 대부흥 운동입니다. 평양 대부흥 운동 하면 무슨 부흥회를 생각하기 쉽지만 평양 대부흥 운동의 핵심은 사경회였습니다. 오늘날 많은 사람이 한국 교회의 몰락에 대해 안타까워합니다. 한국 교회의 타락에 대해 안타까워합니다. 저는 한국 교회가 타락하고 부패한 가장 중요한 요인은 말씀으로부터 멀어졌기 때문이라고 봅니다. 교회 오는 사람은 많아졌습니다. 예배는 참 뜨겁습니다. 찬양도 참 뜨겁습니다. 그런데 하나님을 믿는다면서도 하나님의 말씀에 대한 열정과 사모하는 마음이 너무 없습니다. 정말 안타까운 점은 손을 들고 하나님을 두 시간, 세 시간 찬양할 수 있는 사람들도 성경을 30분 읽으라고 하면 못 읽는다는 겁니다. 어떤 문제가 있는 겁니까? 하나님을 찬양하면서 자신의 종교적 감성을 발산하는 것은 기뻐하고 즐거워하면서도 자신이 찬양하는 하나님이 어떤 분이신가에 대해서는 관심과 열정이 없습니다. 자신이 경배하고 있는 하나님, 그분의 뜻을 알고자 하는 열망이 없습니다.

그런데 한국 교회 초기에는 그러지 않았습니다. 2주, 한 달 시간을 정해 놓고 하나님의 말씀을 아는 일에 열심을 다했습니다. 이것을 사경회라고 합니다. 평양 대부흥 운동, 우리나라의 놀라운 부흥 운동은 다 성경을 열심히 공부하는 일에서부터 출발했습니다. 그런데 점점 한국 교회가 수적으로 성장하면서 이것저것 프로그램은 많이 도입하고 있지만, 가장 중요한 것, 즉 하나님의 말씀에 대해 사모하는 마음, 하나님의 뜻을 알고자 하는 열망이 점점 식고 있습니다. 이런저런 이벤트는 많은데, 가장 중요한 말씀에 대한 배움이 점점 약해지고 있는 것이 오늘 한국 교회의 안타까운 현실입니다. 한국 교회가 새로워지려면 말씀으로 돌아가야 합니다. 하나님이 주신 말씀을 제대로 알아야 합니다. 그다음 중요한 요소가 있습니다. 머리로만 말씀을 아는 것으로 끝나지 않고 이 말씀을 손과 발을 통해서, 즉 삶을 통해서 살아 내야 합니다. 그런 의미에서 저는 우리 한국 교회 초기에 정말 중요한 전통을 다시 계승할 필요가 있다고 봅니다.

그 가운데 하나가 바로 신앙 토론회입니다. 우리 한국 교회에서 사경회를 할 때 오후에 한 시간씩 했던 중요한 순서가 있습니다. 사경회는 2주, 한 달 동안 온종일 말씀을 공부하는 겁니다. 말씀을 계속 배우는 겁니다. 그런데 말씀을 배우는 데서 끝나는 것이 아니라 오후에 한 시간씩은 말씀을 배우는 교인들이 함께 모여서 구체적인 일상의 삶 속에서 하나님의 백성답게 어떻게 살 수 있을까를 토론했습니다.

예를 들자면 황해도에 감바위 교회라는 곳이 있었는데, 거기서는 이런 이슈를 가지고 토론을 했습니다. 하나님이 원하시는 남편과 아내의 모습은 어떤 것일까에 대해서 토론한 겁니다. 그리고 두 가지를 결정했습니다. 하나님이 원하시는 남편과 아내의 모습은 첫째 상호 존대를 하는 것이라고 결정했습니다. 조선 사회에서는 남자들은 여자에게 하대했고 여자들은 남자에게 존대했습니다. 그런데 하나님의 말씀을 배워 보니까 기존의 관습이 하나님의 뜻과는 맞지 않았습니다. 우리 하나님은 남편과 아내가 상호 존대하길 원하신다는 점을 깨달았습니다.

둘째, 하나님은 남편과 아내가 식사를 할 때 겸상을 하길 원하신다는 점을 깨달았습니다. 조선 시대에는 남자들은 다 독상을 받았습니다. 할아버지, 아버지, 아들 모두 독상이었습니다. 그런데 여인들이 어디서 밥을 먹는지는 아무도 관심을 갖지 않았습니다. 이것이 조선의 질서였고 문화였습니다. 그런데 사람들이 하나님을 믿겠다고 다짐하고 말씀을 배워 보니까 그런 관습이 하나님의 뜻과는 맞지 않는 겁니다. 하나님은 남편과 아내가 식사할 때 상호 겸상을 하길 원하신다는 점을 깨달았습니다. 그리고 그것을 일상의 삶 속에서 순종한 겁니다. 지켜낸 겁니다. 내가 하나님의 백성이라는 것을 일요일에 성경, 찬송 들고 교회 가는 모습으로 증거한 것이 아니라 구체적인 일상의 삶 속에서 아내를 존귀하게 대하고 식사할 때마다 남편과 아내가 겸상하는 모습을 통해서 증거했습니다. 얼마나 놀라운 일입니까? 나는 더 이상 조선의 가치, 조선의 질서, 조선의 문화를 추종하는 조선의 백성이 아니라 하나님의 말씀에 순종하는 하나님의 백성이라는 것을 증거한 겁니다. 로마서 12장 1절의 말씀처럼 몸을 통해서, 삶을 통해서 하나님께 예배를 드린 겁니다.

로마서 12:1   그러므로 형제들아 내가 하나님의 모든 자비하심으로 너희를 권하노니 너희 몸을 하나님이 기뻐하시는 거룩한 산 제물로 드리라 이는 너희가 드릴 영적 예배니라.

저는 이러한 변화가 한국 교회가 가야 할 개혁의 방향이라고 봅니다. 이러한 변화를 위해서는 하나님의 뜻이 어디에 있는가를 제대로 배워야 합니다. 교인들이 함께 모여서, 또는 가정 단위에서, 구역 단위에서, 교회 공동체 단위에서 이 시대에 하나님이 원하시는 삶이 무엇인지 끊임없이 고민하고 함께 논의하고 토론해야 합니다. 그리고 토론의 마지막에는 함께 이것을 지켜 내자고 약속하고 서로가 그것을 잘 지켜 낼 수 있도록 응원하고 지지해 주어야 합니다. 그리하여 우리는 이 대한민국 사회를 지배하고 있는 이기심과 탐욕과 욕망에 지배받는 자가 아니라 하나님의 말씀에 온전히 순종하고 하나님의 통치 안에 거하는 하나님의 백성이라는 사실을 일상의 삶을 통해서 증거할 수 있어야 합니다. 그러기 위해서는 세상으로부터 형성되었던 가치관과 세계관이 말씀으로 전환되어야 합니다. 그리고 하나님이 원하시는 바를 제대로 앎으로써 구체적인 삶 속에서 그것을 살아 내야 합니다. 그것이야말로 하나님이 기뻐하시는 하나님 나라 백성의 삶입니다. 우리가 거하는 가정과 직장과 사회와 교회 공동체 안에서 하나님의 뜻이 온전히 우리의 삶을 통해서 아름답게 구현되고 그런 일들이 더욱더 확장되기를 간절히 소망합니다.

3부 사도행전

행전이란 무엇인가

사도행전의 주제를 한 문장으로 말하자면 성령을 받은 사도들이 천하를 어지럽힌 선교 여행기라고 할 수 있습니다. 사도들이 천하만국에 나가서 주의 복음을 증거했을 때 그 복음에 반대했던 사람들은 사도들을 가리켜 "천하를 어지럽게 하던 이 사람들"이라고 표현했습니다(행 17:6). 당시 로마 사회는 노예제 사회였습니다. 철저하게 가부장적 사회였는데 사도들이 선포했던 복음의 메시지는 신분제나 가부장제에 대한 저항의 메시지를 담고 있었습니다. 남자는 하늘이고 여자는 땅이라고 여기던 사회, 남자가 여자를 지배하는 것을 당연하게 생각하고 주인이 노예를 지배하는 것을 당연하게 생각했던 그 시대의 가치에 대해 문제를 제기한 겁니다. 그래서 남자든 여자든, 주인이든 종이든 간에 모두가 하나님 앞에서 평등한 존재이고 존귀한 존재라는 사도들의 메시지는 그 당시 사람들에게는 천하를 어지럽히는 행동으로 보였습니다. 그래서 복음을 반대한 사람들이 사도들의 전도 여행에 대해서 뭐라고 문제 제기했습니까? 천하를 어지럽히는 행동이라 했습니다. 그래서 사도행전은 성령을 받은 사도들이 천하를 어지럽힌 선교 여행의 기록입니다.

사도행전 1:8 오직 성령이 너희에게 임하시면 너희가 권능을 받고 예루
살렘과 온 유대와 사마리아와 땅끝까지 이르러 내 증인이
되리라.

사도행전 전체에서 가장 중요한 구절이 바로 1장 8절입니다. 여기
에서 '땅끝'은 로마를 가리킵니다. 총 28장까지 있는 사도행전은 주의
성령이 임했을 때 예루살렘과 유대와 사마리아와 땅끝까지 이르러 주
의 사도들이 어떻게 주님의 증인 역할을 했는지 보여 줍니다.

사도행전은 전반부에 중요한 인물이 있고 후반부에 중요한 인물이
있습니다. 1-12장에서 가장 중요한 인물은 베드로, 13-28장에서 가장
중요한 인물은 바울입니다. 그래서 두 인물을 통해서 주의 복음이 어
떻게 확장되었는가를 잘 보여 줍니다.

사도행전은 누가복음과 하나의 짝으로 보기도 합니다. 누가복음과
사도행전을 줄여서 '누가행전'이라 말합니다. 누가복음과 사도행전을
짝으로 볼 수 있는 가장 중요한 이유는 글을 쓴 사람과 글을 받는 사람
이 동일하기 때문입니다. 누가복음과 사도행전 모두 누가가 썼습니다.
수신자가 누구입니까? 데오빌로라는 사람입니다. 쓴 사람과 받는 사
람이 동일하고 누가복음과 사도행전은 하나의 이야기로 연결되어 있
습니다. 누가복음 제일 마지막과 사도행전 앞부분의 이야기가 이어지
고 있습니다. 누가복음의 경우에는 예수님의 탄생부터 승천까지 예수
님이 행하고 선포하신 여러 가지 사역과 말씀들이 기록되어 있고 사

도행전은 예수님이 승천하신 이후에 주의 성령이 임하고 나서 이 땅에 교회가 세워지고 성령을 받은 사도들이 천하만국을 다니면서 어떻게 복음을 확장했는지 말해 줍니다. 이 누가복음과 사도행전을 구약에서 열왕기상과 열왕기하, 혹은 역대상과 역대하처럼 이해하시면 됩니다. 원래 하나의 이야기인데 분량이 너무 길어서 나뉜 것입니다.

사도행전은 신약에 있는 27권의 본문 가운데 유일하게 역사서 장르입니다. 그래서 초기 기독교의 역사를 이해하는 데 가장 중요한 본문이 바로 사도행전입니다. 교회가 이 땅에 어떻게 세워졌는지, 여러 이방 땅에 어떻게 복음이 전파되었는지, 이방 땅에 교회가 어떻게 건설되었는지를 알려 주는 본문입니다. 초대교회 역사에 대해서 우리에게 매우 중요한 자료를 제공해 주는 성경인 겁니다.

신약의 마태복음부터 요한계시록까지 27개의 본문이 있는데 마태복음부터 요한계시록까지의 본문 배치는 70인경의 장르 배치 순서를 그대로 따라 하고 있습니다. 마태복음이 제일 먼저 나오고 요한계시록이 제일 마지막에 나오니까 마태복음이 제일 먼저 쓰이고 요한계시록이 제일 마지막에 쓰인 것이 아닐까 하고 생각하는 분이 가끔 있는데 그렇지 않습니다. 신약의 27권 가운데 시기적으로 가장 먼저 쓰인 성경은 바울 서신입니다. 사도 바울은 64년 네로 황제에 의해서 순교당했다고 전해집니다. 제일 먼저 쓰인 복음서가 마가복음입니다. 주후 70년경에 쓰였습니다. 그리고 10년 후에 쓰인 마태복음과 누가복음이 있습니다. 그리고 10년 후에 쓰인 요한복음이 있습니다. 마가복음이 주후 70년경, 마태복음과 누가복음이 주후 80년경 그리고 요한복음을 주후 90년경에 쓰였다고 여겨집니다. 쓰인 순서로 따지자면 바울 서신이 가장 먼저 쓰였고 그다음이 복음서입니다.

그런데 왜 복음서가 제일 먼저 나오고 그다음에 역사서인 사도행전이 나오고 그다음에 21개의 서신이 나오고 제일 마지막에 요한계시록이 나올까요? 이것은 70인경의 장르 배치 순서를 그대로 따라 했기 때문입니다. 창세기부터 말라기까지 39권의 구약이 어떻게 네 개의 장르로 나뉘었습니까? 창세기부터 신명기까지를 토라라고 말하죠. 그다음에 여호수아부터 에스더까지를 역사서라고 합니다. 그리고 욥기부터 아가까지를 시가서라고 합니다. 그다음에 이사야부터 말라기까지를 예언서라 말합니다. 구약을 크게 네 개의 장르로 나눈 것이 70인경입니다.

유대인들은 구약을 세 개의 장르로 나누었습니다. 토라*Torah*는 율법서입니다. 그다음에 느비임*Nebiim*은 예언서입니다. 크투빔*Ketubim*은 성문서입니다. 히브리인들의 성경에서 제일 먼저 나오는 본문이 창세기이고 제일 마지막 본문이 역대기입니다. 유대인들의 성경 구분법에 따르면 역대기는 성문서에 해당합니다. 그런데 주전 3세기부터 히브리어 성경을 헬라어로 번역하기 시작합니다. 이것을 '70인경'이라 합니다. 히브리어 성경을 70인경으로 번역하면서 성경을 네 개의 장르로 구분한 겁니다. 창세기부터 신명기까지를 토라, 여호수아부터 에스더까지를 역사서, 욥기부터 아가까지를 시가서, 이사야부터 말라기까지를 예언서 이렇게 네 개의 장르로 구분한 겁니다.

신약성경은 이 70인경의 장르 배치 순서를 그대로 따라 했습니다. 70인경에 근거해 보면 제일 먼저 뭐가 나왔죠? 토라가 나옵니다. 창세기부터 신명기까지의 토라에는 어떤 내용이 있습니까? 하나님의 구원 사건인 출애굽이 있고 그다음에 하나님의 말씀인 십계명과 율법이 기록되어 있습니다. 이처럼 토라에는 하나님의 구원 사건과 하나님의 말씀이 기록되어 있습니다. 하나님이신 예수 그리스도의 구원 사건과 예수 그리스도의 말씀이 기록된 본문이 뭡니까? 복음서입니다. 구약에서 토라가 제일 먼저 나오니까 신약에서는 복음서를 제일 앞에 배치한 겁니다. 토라 다음에 어떤 장르가 있었죠? 여호수아부터 에스더까지의 역사서가 있습니다. 신약성경 가운데 유일한 역사서가 뭐였습니까? 사도행전입니다. 그래서 복음서 다음에 사도행전, 역사서를 배치한 겁니다. 역사서 다음에 뭐가 나왔습니까? 욥기부터 아가까지는 시가서입니다. 이 시가서에 대응하는 것이 바로 21개의 서신서입니다. 바울이 쓴 편지를 바울 서신, 그다음에 예루살렘 교회의 지도자들이 쓴 편지를 공동 서신, 그다음에 요한이 쓴 편지를 요한 서신이라고 합니다. 서신이 총 21권이 있습니다. 구약 시가서에 대응하는 것이 신약의 서신서입니다. 그다음에 70인경의 제일 마지막에 나오는 장르가 무엇입니까? 이사야부터 말라기까지의 예언서입니다. 이 예언서에 대응하는 것이 바로 요한계시록입니다. 그래서 지금 우리가 가진 신약성경을 장르로 보면 복음서, 역사서, 서신서, 요한계시록이 있습니다. 네 개의 복음서, 한 개의 역사서, 21개의 서신서, 한 개의 묵시록입니다. 총 27권의 신약이 있는 겁니다. 사도행전이 복음서 다음에, 서신서 앞에 배치된 까닭은 70인경의 장르 배치 순서를 따라 하기 때문이고, 신약 27권 가운데 유일한 역사서가 바로 사도행전임을 기억하면 좋겠습니다.

교회의 탄생

초대교회는 대내외적으로 중요한 신학적인 대립에 직면합니다. 먼저 초대교회가 외적으로 경험했던 신학적인 대립은 유대교와의 갈등입니다. 초대교회와 유대교가 갈등했던 이유는 크게 네 가지가 있습니다. 유대교로부터 핍박받을 수밖에 없고, 나아가 결국 유대교로부터 분리될 수밖에 없는 네 가지의 신학적인 차이가 있었던 겁니다.

유대 교회와 초대교회의 가장 중요한 신학적 차이는 첫째 구약성경을 바라보는 관점, 즉 구약성경에 대한 해석의 차이입니다. 가장 중요한 점은 메시아에 대한 이해의 차이입니다. 유대인들이 소망하고 기대했던 메시아는 어떤 메시아였습니까? 정치·군사적인 메시아입니다. 구약 시대 이스라엘은 5대 제국에 의해서 700년 이상 식민 지배를 받았습니다. 앗시리아, 바빌로니아, 페르시아, 헬라, 로마입니다. 식민 지배의 기간이 길어지면 길어질수록 이스라엘 백성은 어떤 메시아를 꿈꿨습니까? 자신들을 식민 지배로부터 해방해 주는 메시아, 그리고 이스라엘을 세계만방 위에 우뚝 세워 주는 메시아, 천하만국을 다스리는 황제와 같은 메시아를 꿈꿨습니다. 고난받고 죽임당하는 메시아를 유대인들은 한 번도 상상해 본 적이 없습니다.

그런데 초대교회는 메시아를 어떤 메시아로 고백했습니까? 자신의 백성을 찾아오셨지만 자기 백성에게 환영받지 못하고 도리어 미움당하고 박해를 받고 죽임당한 메시아였습니다. 예를 들어 이사야 53장에 고난받는 어린양에 대한 이야기가 나옵니다. 이사야 53장을 유대인들은 수백 년 동안 읽으면서도 그 고난받는 어린양이 메시아에 대한 예언이라고 한 번도 생각해 본 적이 없습니다. 왜냐하면 유대인들이 가진 메시아상에 근거해 보면 고난받는 메시아, 매를 맞는 메시아, 죽임당하는 메시아는 있을 수 없는 이야기이기 때문입니다. 그런데 초대교회는 이사야 53장에 나오는 고난받는 어린양이 바로 메시아에 대한 예언이라고 고백한 겁니다. 왜요? 예수 사건을 경험했기 때문입니다. 그래서 똑같은 구약을 읽음에도 불구하고 구약성경을 바라보는 관점과 구약성경에 대한 해석이 초대교회와 유대교 사이에 점점 갈라지기 시작한 겁니다.

유대교로부터 초대교회가 갈라서게 된 두 번째 이유는 여성에 대한 이해의 차이입니다. 유대교는 철저하게 남성 중심의 종교입니다. 예를 들어 성전, 회당 모든 것이 남성 중심입니다. 성전의 가장 중요한 예배 장소는 남성들만 들어갈 수 있습니다. 여인들은 어디에 있어야 합니까? 여인의 뜰에 머물러야 합니다. 여인이 여인의 뜰에 머무르지 않고 남성들이 모여 있는 메인 예배실에 출입하게 되면 돌에 맞아 죽을 수도 있습니다. 회당 예배도 마찬가지입니다. 가장 중요한 예배의 공간에는 남성들만 참여할 수 있습니다. 여성들은 커튼 뒤에 있거나 2층으로 올라가야 합니다. 철저하게 남성 중심의 종교, 이것이 바로 유대교입니다. 그래서 유대교 안에서는 하나님의 말씀인 토라를 누구만 배울 수 있습니까? 남성들만 배울 수 있습니다. 여성들은 아버지를 통해 듣거나 남편을 통해서 들을 수 있지만 랍비를 통해 여성들이 직접 말씀을 듣는다는 것은 있을 수 없는 이야기였습니다. 유대교는 철저하게 남성 중심의 종교입니다.

그런데 초대교회는 뭘 주장했습니까? 갈라디아서 3장 28절에 나오는 것처럼 남자나 여자나 그리스도 안에서 하나라고 주장했습니다. 마가의 다락방에는 120명이 모였는데 남성과 여성들이 함께했습니다. 초대교회에서 매우 위대한 사역을 감당했던 여성 지도자들이 많이 나옵니다. 한마디로 얘기하자면 초대교회에서는 여성들도 하나님 앞에 남성과 동등한 존재, 존귀한 존재, 하나님의 말씀을 들을 수 있고 하나님 나라를 위해서 사역할 수 있는 존재로 여기며, 여성의 위상을 엄청나게 격상했습니다. 여성이 남성과 동등한 존재임을 강조했던 초대교회는 남성 중심의 종교인 유대교와 갈라설 수밖에 없었던 겁니다.

> 갈라디아서 3:28 너희는 유대인이나 헬라인이나 종이나 자유인이나 남자나 여자나 다 그리스도 예수 안에서 하나이니라.

초대교회가 유대교와 갈등한 세 번째 신학적 차이는 성전에 대한 관점입니다. 유대교는 철저히 성전 중심의 종교입니다. 하나님은 어디 계십니까? 성전에 계십니다. 성전을 뭐라고 생각했습니까? 하나님의 집이라 생각했습니다. 그런데 초대교회는 어떻습니까? 성전에 가야만 하나님을 만날 수 있다? 아닙니다.

> 마태복음 18:20 두세 사람이 내 이름으로 모인 곳에는 나도 그들 중에 있느니라.

주의 이름으로 두세 사람이 모인 곳에 주님이 함께하십니다. 성전에 가야만 하나님을 만날 수 있는 것이 아니라 주님의 백성이 어디에 있건 간에 그들이 함께 모인 그곳에 주님이 함께하십니다. 쉽게 얘기하자면 모세가 광야에서 만들었던 성막의 신학이 초대교회에서 다시 회복된 겁니다. 성막과 성전을 구분할 때 성막의 가장 중요한 특징이 뭡니까? 이동식 성소라는 겁니다. 백성이 있는 곳에 하나님이 함께하시는 겁니다. 성전은 고정식 건물입니다. 성전이 건축되고 나서부터 사람들의 뇌리에 어떤 생각이 지배합니까? 성전은 하나님의 집이다, 하나님을 만나기 위해서는 성전에 가야 한다는 것입니다. 여기서 결국 이원론적인 신학이 강화되는 겁니다. 하나님을 만나기 위해서는 성전에 가야 합니다. 성전에 하나님이 계시는 겁니다. 따라서 성전이 아닌 곳에서는 하나님을 만날 수 없다는 이원론적인 신학이 이스라엘 공동체 안에 강화되기 시작합니다. 이런 유대교와 달리 초대교회는 주의 이름으로 두세 사람이 모인 곳에 주님이 함께하신다는 믿음을 갖고 있었습니다. 대다수 초대교회가 가정을 중심으로 모임을 가졌던 이유가 여기에 있습니다.

초대교회와 유대교의 네 번째 신학적 차이는 하나님에 관한 인식입니다. 유대교는 한 분 하나님을 믿는 종교입니다. 우리가 흔히 얘기하는 성부 하나님만이 하나님인 겁니다. 그런데 초대교회는 성부 하나님만이 아니라 이 땅에 인간의 몸으로 오신 성자 하나님 그리고 오순절에 역사한 성령 하나님이 모두 하나님이시라는 삼위일체의 신학을 고백했습니다.

이처럼 초대교회는 유대교라는 외부와의 관계 속에서 신학적인 갈등을 경험했을 뿐만 아니라, 초대교회 안에서도 신학적 갈등을 경험했습니다. 가장 중요한 이슈는 율법을 어떻게 바라볼 것인가, 율법 중에서도 할례, 음식 정결법, 절기 준수와 같은 제의법을 우리가 준수해야 하는가, 준수하지 않아도 되는가였습니다. 이런 이슈와 관련해서 초대 교회는 오랜 시간 갈등했습니다. 여기서 예루살렘 교회는 보수적 입장을 견지했습니다. 우리가 주의 성령을 통해서 믿음 가운데 하나님의 백성이 되었지만, 여전히 오랜 세월 하나님의 백성이 지켜 왔던 할례, 음식 정결법, 절기까지 모두 준수해야 한다는 것이 예루살렘 교회의 입장이었습니다.

그런데 초대교회 당시에 이 예루살렘 교회가 90퍼센트 이상의 힘을 가지고 있었습니다. 예루살렘 교회의 최고 지도자가 누구입니까? 야고보입니다. 이런 예루살렘 교회와 정반대의 입장을 견지한 이가 사도 바울입니다. 바울은 뭘 주장합니까? 예수 그리스도를 믿음으로써 우리가 하나님의 백성이 되는 것이기 때문에 유대인들이 오랜 세월 지켜 왔던 할례, 음식 정결법, 절기 준수와 같은 것들을 이방의 기독교인들에게 강요해서는 안 된다는 겁니다. 믿음이 가장 중요하니, 그들에게 율법과 제의를 강요하지 말자고 주장한 사람이 바울입니다. 예루살렘 교회와 가장 대척점에 있던 사람이 바로 바울입니다. 이것 때문에 바울은 예루살렘 교회로부터 오랜 시간 율법 폐기론자라는 비판을 받았습니다.

처음에는 예루살렘 교회와 같은 입장을 가지고 있다가 나중에는 바울과 같은 입장으로 변한 사람이 있습니다. 그가 바로 베드로입니다. 처음에는 베드로도 예루살렘 교회와 동일한 입장을 가지고 있었습니다. 그러다가 고넬료 사건을 경험하고 나서(행 10장), 다시 말해 할례를 받지 않고 음식 정결법을 지키지 않은 이방인 고넬료와 그 집안사람들이 예수 그리스도를 믿음으로 말미암아 유대인이 경험했던 똑같은 성령을 받는 것을 보면서 깨달음을 얻습니다. 하나님의 은혜로 성령을 받는 것은 겉모습에 달리지 않았다는 겁니다. 여기서 겉모습이라는 것은 어떤 민족인지, 할례를 받았는지 받지 않았는지, 음식 정결법을 지키는지 지키지 않는지와 같은 인간에게 부여된 어떤 조건을 말합니다. 인간의 조건이나 규정에 따라서 주의 성령이 임하거나 임하지 않는 것이 아니라는 이야기입니다. 오순절에 성령 강림을 경험했던 사람들은(행 2장) 할례받은 사람들이었습니다. 그런데 고넬료와 그의 집안(행 10장)에 성령이 임했을 때 이들은 어떤 사람들입니까? 할례 받지 않은 이방인들이었습니다. 즉 할례를 받았는지 받지 않았는지 여부가 성령 강림에 결정적인 기준이 되지 않는다는 겁니다. 뭐가 중요한 겁니까? 할례가 아니라 예수 그리스도를 메시아로 고백하느냐 그렇지 않느냐가 가장 중요하다는 점을 바울은 주장한 겁니다.

그런데 예루살렘 교회는 예수를 믿는 것도 중요하지만 아브라함 때부터 하나님의 백성이 오랜 세월 지켜 왔던 할례를 받아야 한다, 음식 정결법을 지켜야 한다, 절기를 신실하게 준수해야 한다는 입장을 견지했던 겁니다. 초대교회 안에서 예루살렘 교회가 가장 중요한 발언권을 갖고 있었고 예루살렘 교회와 대척점에 있던 사람이 사도 바울입니다. 그 중간에서 처음에는 예루살렘 교회 편을 들다가 나중에는 사도 바울의 입장으로 선회한 사람이 베드로입니다. 결과적으로 베드로는 예루살렘 교회에서 점점 밀려납니다. 나중에 베드로는 로마에 가서 사역하게 됩니다. 그래서 초대교회에서는 외적으로는 유대교와 신학적 갈등이 있었을 뿐 아니라, 교회 공동체 안에서는 율법, 그 가운데 제의법을

여전히 준수해야 하는지 여부의 문제를 두고 다양한 신학적 목소리가
있었습니다.

성령이 임하시면(행 1장)

사도행전 1장 1절에는 데오빌로라는 수신자의 이름이 나옵니다. 이
데오빌로에 대해 두 가지 입장이 있습니다. 하나는 '데오빌로'라는 이
름을 가진 개인이라는 입장이 있고 또 하나는 데오빌로가 신앙 공동체
를 지칭하는 것이라는 주장이 있습니다. 왜냐하면 이 데오빌로라는 이
름을 나누어 보면 '데오'는 신을 가리키고 '빌로'는 사랑을 뜻합니다.
즉 데오빌로는 '신을 사랑하는 자', '하나님을 사랑하는 자'라는 뜻이
있습니다. 그래서 누가가 보낸 이 편지의 수신자는 데오빌로라는 이름
을 가진 개인일 수도 있고 하나님을 사랑하는 자들의 모임, 즉 일종의
공동체일 수도 있습니다. 두 가지로 다 해석을 합니다.

> 사도행전 1:6 그들이 모였을 때에 예수께 여쭈어 이르되 주께서 이스라
> 엘 나라를 회복하심이 이때니이까 하니.

주님이 승천하기 전까지 제자들의 유일한 관심은 무엇입니까? 그들
의 관심은 유대 민족 중심적 사고에 머물러 있습니다. 그들은 "700년
동안 식민 지배를 받았던 이스라엘이 주권을 회복할 때가 이때입니
까?"라고 질문하는 것입니다. 그런데 이 질문에 대해 예수님은 이렇게

답하십니다.

사도행전 1:8　　오직 성령이 너희에게 임하시면 너희가 권능을 받고 예루살렘과 온 유대와 사마리아와 땅끝까지 이르러 내 증인이 되리라 하시니라.

　　유대 민족 중심적 사고에 머물러 있던 제자들에게 "너희는 유대인만을 위한 사도가 아니라 사마리아와 땅끝까지 예수의 증인이 되어야 할 사람들이다"라고 제자들의 사명을 일깨워 주고 계신 겁니다. 성령이 그들에게 임하시면 결과적으로 어떤 일이 일어납니까? 예수의 증인이 됩니다. 그것이 중요합니다. 성령 하나님은 성부 하나님과 성자 하나님이 그분의 백성인 우리를 위해서 보내 주시는 선물입니다. 성령은 진리의 영입니다. 성령은 성부의 영이고 성자의 영입니다.

　　성부 하나님과 성자 하나님은 성령 하나님을 통해서 그분의 백성된 우리를 돕기 원하시는데 무엇을 돕기 원하십니까? 크게 두 가지가 중요합니다. 먼저 성령 하나님을 통해서 하나님의 말씀을 깨닫고 하나님의 말씀을 기억나도록 도와주십니다(요 14:26). 삶의 중요한 순간마다 하나님의 뜻이 무엇인지에 대해 우리는 너무나 간절히 알기를 원합니다. 그때 성령 하나님을 통해서 하나님의 뜻이 어디에 있는지를 깨우쳐 주십니다. 그 하나님의 말씀이 어떤 의미가 있는지 온전히 가르쳐 주고 깨우쳐 주시는 분이 바로 성령 하나님입니다. 그리고 우리가 하나님의 말씀을 깨닫게 되면 그다음에 우리에게 어떤 열망이 생깁니까? 깨달은 말씀 따라 하나님께 온전히 순종하고자 하는 마음이 생깁니다. 이때 우리가 하나님께 순종하려고 하면 할수록 깨닫게 되는 사실이 있습니다. 순종하고자 하는 마음은 이렇게 큰데 우리의 능력은 너무나 부족하고 우리의 의지가 너무나 박약하다는 사실입니다.

이때 하나님께 온전히 순종하고자 하는 우리를 도우시는 분이 성령 하나님입니다. 이것을 제대로 설명해 주는 말씀이 에스겔 36장 26-27절, 로마서 8장 4절 말씀입니다.

> 에스겔 36:26-37　또 새 영을 너희 속에 두고 새 마음을 너희에게 주되 너희 육신에서 굳은 마음을 제거하고 부드러운 마음을 줄 것이며 또 내 영을 너희 속에 두어 너희로 내 율례를 행하게 하리니 너희가 내 규례를 지켜 행할지라.

> 로마서 8:4　　　육신을 따르지 않고 그 영을 따라 행하는 우리에게 율법의 요구가 이루어지게 하려 하심이니라.

즉 성령 하나님은 그분의 백성 된 우리를 도우시는 하나님이신데, 주로 무엇을 도와주십니까? 첫째 말씀을 깨닫도록 도우시고, 둘째 깨달은 말씀에 따라 하나님께 온전히 순종할 수 있도록 도우십니다. 어떤 사람이 성령의 도우심을 경험할 가능성이 크겠습니까? 성령은 우리가 말씀을 깨닫도록 도와주니까 하나님의 말씀을 열망하는 자들이 그분의 도우심을 경험할 가능성이 크겠죠. 성령은 우리의 순종을 도와주는 분이니까 하나님께 온전히 순종하고자 하는 자가 성령의 도우심을 경험할 가능성이 큰 겁니다. 그래서 진정한 성령 충만은 곧 말씀 충만이고 순종 충만인 것입니다. 하나님의 말씀으로, 하나님에 대한 순종의 열망으로 충만한 자가 결국은 예루살렘과 온 유대와 사마리아와 땅끝까지 이르러서 예수의 증인이 됩니다. 즉 하나님이 우리에게 성령의 능력을 부어 주시는 가장 중요한 목적은 우리 한 사람 한 사람이 삶의 모든 현장에서 예수의 증인으로 살아가도록 하기 위해서입니다. 그러니까 우리가 정말 성령 충만하게 되면 일상의 삶에서 예수의 증인으로 살아갈 수밖에 없는 겁니다.

사도행전 1:15 모인 무리의 수가 약 백이십 명이나 되더라.

마가의 다락방에 모였던 사람들이 120명입니다. 120이라는 숫자를 나누면 12×10입니다. 12는 이스라엘 열두 지파를 상징하는 숫자입니다. 그리고 여기 10이라는 숫자에는 또 다른 의미가 있습니다. 유대인이 지역에 회당을 세울 때 회당을 세우기 위한 조건이 있습니다. 20세 이상의 남성 열 명이 있을 때 회당을 세울 수 있습니다. 유대인들의 사고 속에는 한 지역이 말씀으로 온전해지기 위해서는 20세 이상의 남성 열 명이 필요하다고 본 겁니다. 그래서 초대교회에 120명의 문도가 모여 있었다는 것은 새로운 이스라엘을 형성할 수 있는 열두 지파, 그다음에 지파당 열 명, 즉 회당을 대신할 교회 공동체를 세울 온전한 숫자가 모여 있었다는 의미입니다. 그래서 열두 지파×10, 총 120명의 새로운 이스라엘을 세울 수 있는 초대교회 교인들이 마가의 다락방에 모여서 주님이 약속하신 성령이 임하기를 사모한 것, 이것이 바로 1장의 말씀입니다.

성령의 강림(행 2장)

공생애 사역을 하시는 예수님을 제자들은 너무나 잘못 이해하고 있었습니다. 당시 평범한 유대인들처럼, 예수님을 유대 민족을 정치적으로 구원해 줄 정치·군사적 메시아로 이해하고 있었습니다. 예수님이 십자가에 달려 돌아가시고 나서 부활한 이후에도 제자들은 여전히 낙담하는 모습을 보입니다. 그런데 제자들이 완전히 새로운 사람으로 변화한 결정적인 사건이 일어나는데 그게 바로 오순절 성령 강림 사건입니다. 오순절 성령 강림 사건이 어떻게 제자들을 새로운 존재로 환골탈태시켰는가를 이해하기 위해서는 요한복음 16장 7절의 말씀을 살펴볼 필요가 있습니다.

요한복음 16:7 그러나 내가 너희에게 실상을 말하노니 내가 떠나가는 것이 너희에게 유익이라 내가 떠나가지 아니하면 보혜사가 너희에게로 오시지 아니할 것이요 가면 내가 그를 너희에게로 보내리니.

예수님이 제자들에게 "내가 아버지에게 돌아가야 한다"라고 말씀하셨을 때 제자들은 매우 낙담했습니다. 지금까지 예수님을 중심으로 제자들이 하나 된 공동체를 일궈 왔죠. 그런데 그 구심이었던 예수님이 떠난다고 할 때 제자들이 얼마나 불안했겠습니까. 마치 아버지가 없는 고아처럼 힘들 수밖에 없을 겁니다. 그런데 예수님은 자신이 떠나가는 것이 그들에게 유익하다고 말씀하십니다. 예수님이 아버지에게로 돌아가면 성부 하나님과 온 우주를 통치하시면서 그들을 위해 성령을 보내 주겠다는 겁니다. 성령이 그들에게 임하면 그들이 새로운 힘을 얻고 세계만방에 예수 그리스도의 증인이 될 것이라고 말씀하셨습니다. 그런데 정말 예수님이 승천하시고 나서 오순절에 예수님이 약속하신 성령이 임한 겁니다.

이 성령 강림이 가능하려면 무엇이 선결되어야 합니까? 예수님이 원래 계셨던 아버지의 품으로 돌아가시고, 성부 하나님과 온 우주를 통치하셔야 합니다. 그 온 우주를 통치하시는 사역 가운데 하나가 바로 제자들을 위해서 성령을 보내 주시는 겁니다. 즉 성령이 임하셨다는 말은 예수님이 말씀하신 모든 것이 하나하나 완성되었다는 뜻이기도 합니다.

그러니까 제자들은 무엇을 확신하게 되었습니까? 예수가 하나님께 참람한 말을 하고 불경한 행동을 하고 성전에서 난동을 부려서 지금 지옥에서 하나님의 심판을 받고 있다는 것이 지금까지 유대인들의 주장이었습니다. 그런데 그렇지 않다는 겁니다. 유대인들이 깨닫지 못했지만 예수는 태초부터 계셨던 하나님이고 하나님과 함께 온 우주 만물을 통치하시다가 우리를 구원하기 위해서 인간의 몸을 입고 이 땅에 오셨다, 당신의 백성을 찾아오셨다, 그런데 당신의 백성이 그 예수 그리스도를 온전히 알아보지 못했다, 예수를 환영하기보다는 도리어 예수를 십자가에 못 박아 죽였다, 그런데 성부 하나님이 죽임당한 예수를 다시 부활시키셨고 예수 그리스도는 원래 계셨던 하나님의 자리로 돌아가셔서 성부 하나님과 함께 지금 온 우주를 통치하고 계신다는 사실을 깨달았습니다. 그리고 온 우주 만물을 통치하시는 사역 가운데 하나가 바로 당신의 백성을 위해서 성령을 파송하신 것임을 알았습니다. 즉 성령 파송 사건을 통해서 제자들은 예수님이 말씀하셨던 그동안 이해할 수 없었던 모든 것이 진실이고 진리이고 참이라는 사실을 깨닫게 된 겁니다. 이때부터 제자들은 용기백배하게 됩니다. 뭘 확신하게 된 거죠? 예수야말로 태초부터 하나님이셨다, 지금도 성부 하나님과 더불어서 온 우주 만물을 통치하고 계신다는 강한 확신을 갖게된 겁니다. 그래서 이 성령 강림 사건이 그토록 중요한 겁니다.

제자들은 오순절에 주님이 약속하신 성령의 임재를 경험합니다. 그리스도의 십자가와 부활 사건이 있은 뒤, 예수님은 40일 동안 제자들과 함께하면서 하나님 나라를 제자들에게 가르치셨습니다. 그리고 제자들이 보는 앞에서 예수님이 승천하시고 나서 오순절에 주의 성령이 임했습니다. 시간적으로 보면 예수님이 승천하시고 나서 10일 후에 주님이 약속하셨던 성령이 제자들에게 임했다는 점을 알 수 있습니다.

주의 성령이 임했을 때 놀라운 일이 일어납니다. 마가의 다락방, 또는 성전에 모여 있던 초대 교인들에게 방언의 역사가 일어난 겁니다. 여기 나오는 방언은 나중에 고린도전서 14장에서 말하는 방언과는 조금 다른 방언입니다. 구체적으로 얘기하자면 한 지역에서 사용되는 언어, 이것을 초대 교인들이 구사하게 된 겁니다. 예수님의 대다수 제자들은 갈릴리 사람들이었습니다. 그런데 오순절에 성령이 그들에게 임했을 때 여러 지역의 언어들을 말하기 시작합니다. 그래서 다양한 지역에서 온 사람들이 방언을 하는 이 초대 교인들을 보면서 깜짝 놀랍니다. 갈릴리 사람들이 자기 지역의 언어를 구사하는 겁니다. 그 언어를 배워 본 적도 없는데 말입니다. 그래서 여기 나오는 방언은 구체적인 한 지역의 언어를 가리키고 이후에 고린도전서 14장에 나오는 방언은 기도 시간에 행하는 알아들을 수 없는 의성어를 가리킵니다. 그래서 신약성경에서 말하는 방언에는 두 종류가 있습니다. 구체적인 한 지역의 언어로서의 방언과 알아들을 수 없는 의성어로서의 방언이 있습니다.

> **마태복음 28:19-20** 그러므로 너희는 가서 모든 민족을 제자로 삼아 아버지와 아들과 성령의 이름으로 세례를 베풀고 내가 너희에게 분부한 모든 것을 가르쳐 지키게 하라 볼지어다 내가 세상 끝날까지 너희와 항상 함께 있으리라 하시니라.

한번 생각해 보십시오. 성령이 임했을 때 왜 초대 교인들이 방언을 하게 되었을까요? 어떻게 한 지역의 언어를 구사하게 되었을까요? 당시 다양한 지역에서 온 사람들은 방언을 하는 초대 교인들을 통해서 자기의 언어로 주의 복음을 듣게 된 겁니다.

성령이 임재했을 때 왜 방언이라는 은사를 초대 교인들이 행하게 되었을까요? 이것은 예수님이 승천하시면서 제자들에게 주셨던 마지막 사명과 연관이 있습니다. 마태복음 28장 끝부분에서 예수님은 이 땅에 남아 있는 제자들에게 중요한 사명을 주십니다. 이것을 지상명령이라고 합니다. 예수님이 어떤 사명을 주셨습니까? "너희는 가서 모든 족속으로 제자를 삼아라." 이제 제자들은 누구를 만나야 합니까? 모든 족속을 만나야 합니다. 유대인들만을 위한 제자가 아니라 모든 족속을 위한 제자가 되어야 하는 것입니다. 하나님이 창조하신 모든 땅을 찾아가서 모든 사람에게 하나님의 복음을 선포해야 할 사명, 그런 중요한 사명을 초대교회가 위임받은 겁니다.

모든 족속을 찾아가서 하나님 나라의 복음을 선포할 때 가장 큰 난관이 무엇입니까? 바로 언어의 장벽입니다. 언어의 장벽을 한순간에 해결해 준 것이 바로 오순절 성령 강림 사건을 통한 방언의 역사입니다. 그래서 초대 교인들은 한 번도 다른 지방의 언어를 배운 적이 없지만, 다른 지방 출신 사람들이 이해할 수 있는 그 지역의 언어를 구사함으로써 하나님 나라의 복음, 예수의 메시아 되심을 선포한 것입니다. 그리고 그것을 들었던 사람들 가운데 많은 사람이, 제자들이 선포한 방언을 통해서 하나님 나라 복음에 아멘으로 응답했습니다. 그럼으로써 이방 지역에도 하나님 나라의 복음을 믿는 예수의 제자들이 생겨나게 된 겁니다. 그것이 바로 2장에 나오는 오순절 성령 강림 사건, 그것을 통한 방언 역사의 매우 중요한 의미입니다.

베드로의 행적(행 3-4장)

사도행전 앞부분에서 주목해야 할 인물이 베드로 사도입니다. 1장에서 베드로는 가룟 유다가 예수를 배반한 사건에 대해서 시편을 인용해 설명해 낼 뿐 아니라, 맛디아라는 새로운 사도를 뽑는 일에도 매우 주도적인 역할을 감당합니다. 그다음에 사도행전 2장에서 주의 성령이 임했을 때 이 놀라운 사건에 대해서 베드로는 요엘서에 나온 말씀을 인용하면서 어떤 의미가 있는지를 설명해 냅니다. 또한 3-4장에서는 유대인들 앞에서 매우 놀라운 메시지를 선포하기도 하고 대제사장 앞에서 너무나 담대한 자로 변화된 모습을 보여 줍니다. 한마디로 초대교회는 예수가 부활하셨다, 예수야말로 하나님이 약속하신 메시아라는 메시지를 끊임없이 선포했습니다. 예수의 부활을 점점 많은 사람이 믿을 수밖에 없었던 이유가 있습니다. 예수님의 부활을 경험했던 사람들이 이전과 전혀 다른 존재로 변화된 겁니다.

베드로가 어떤 사람이었습니까? 죽음에 대한 두려움 때문에 3년이나 함께했던 예수님을 모른다고 세 번이나 부인했던 전형적인 소시민 아닙니까? 그런데 부활한 예수님을 만난 이후에 베드로는 너무나 새로운 존재로 변화되었습니다. 새로운 존재로 변화된 베드로가 예수는 부활하셨고 그 부활한 예수를 우리가 만났다고 말했을 때 점점 더 많은 사람이 믿을 수밖에 없었습니다.

그런 의미에서 우리가 예수님의 부활을 증거할 유일한 길이 무엇일까요? 부활한 예수를 만나지 못했더라면 도저히 살아 낼 수 없는 삶을 살아 낼 때, 부활한 예수를 만난 삶의 증거가 우리에게 있을 때, 그때 사람들은 예수 부활의 메시지를 경청할 수밖에 없고 신뢰할 수밖에 없는 겁니다. 오늘날 교회가 예수가 부활했다고 아무리 힘 있게 외친들 세상의 많은 사람은 그 메시지를 신뢰하지 않습니다. 예수가 부활했다는 메시지는 넘쳐나지만 부활한 예수를 만난 삶의 증거가 우리에게서 잘 보이지 않기 때문입니다. 부활한 예수를 만났다고 하면서도, 예수의 부활을 믿는다고 하면서도 너무나 많은 신앙인이 세속의 가치에 집착하고 있습니다. 이때 예수 부활을 경험했다, 나는 부활한 예수를 믿는다고 외치는 우리의 주장을 어느 누가 신뢰할 수 있겠습니까?

사도행전 2장과 4장에는 점점 더 많은 사람이 예수의 부활을 신뢰할 수밖에 없었고 성령이 제자들에게 임했다는 사실을 신뢰할 수밖에 없었던 중요한 이유가 나옵니다. 주의 성령이 임한 이후에 사람들은 자기의 소유를 자기만의 것으로 주장하지 않습니다. 주의 성령이 임한 다음에 사람들의 이기심이 눈 녹듯 사라져 버립니다. 어떤 고백이 나온 겁니까? "내가 소유한 모든 것은 나의 것이 아니라 하나님의 것이다. 하나님이 원하시는 바를 위해서 사용해야 할 하나님의 것이다"라고 주장합니다. 그러면서 자기 소유를 기꺼이 하나님의 백성을 위해서 우리의 것으로 내놓는 겁니다. 쉽게 얘기하자면 신앙 안에서의 한 가족이 탄생한 겁니다.

교회는 어떤 곳입니까? 신앙 안에서 한 가족이 된 곳이 교회 아닙니까? 아버지와 어머니가 힘들게 돈을 벌어 왔을 때 아버지와 어머니는 그들이 벌어 온 돈으로 자녀들을 위해서 소비하는 것을 아깝게 생각하지 않습니다. 가족들을 위해 사용하는 것은 아깝지 않습니다. 그런 일이 일어나는 곳이 바로 교회입니다. 바꿔 얘기하자면 진짜 예수로 말미암아 혈육을 뛰어넘고 민족을 뛰어넘어서 예수를 통해 모인 모든 사람이 이제 한 가족이 된 겁니다. 어떻게 이것이 가능해진 겁니까? 성령이 그들에게 임했기 때문입니다.

성령이 우리에게 임하게 되면 몇 시간 기도하고 몇 시간 방언한다고 흔히 생각합니다. 이것이 우리에게 임한 성령의 가장 중요한 역사는 아닙니다. 진짜 성령의 역사는 우리의 관계에서 이기심으로부터 우리를 해방시키는 겁니다. 예수로 인해 만난 사람들을 신앙 안에서 가족으로 고백하게 되고 정말 가족 됨을 누리는 겁니다. 이것이 우리에게 성령이 임한 정말 중요한 증거입니다. 이것이 진정으로 성령 충만한 공동체의 특징입니다. 이것이 성경이 말하는 매우 중요한 메시지입니다. 그래서 이 사도행전 앞부분에서 베드로가 정말 새로운 존재로 변화된 겁니다. 부활한 예수를 만난 증거가 그의 삶을 통해서 나타난 겁니다. 오늘 우리에게도 부활한 예수를 만난 삶의 증거, 성령이 우리에게 내주하시는 삶의 증거가 아름답게 구현되기를 바라는 소망을 품게 됩니다.

사도행전 앞부분에서 베드로는 정말 구약성경에 대해서 너무나 해박한 박사처럼 보입니다. 중요한 사건을 경험할 때마다 그 말씀을 구약에 있는 말씀을 통해서 설명합니다. 그래서 우리가 흔히 생각하는 것처럼 베드로는 무식한 사람이 아닙니다. 베드로는 구약 말씀에 대해 너무나 해박한 지식을 가진 사람입니다. 당시에 말씀에 대해 이렇게 해박한 사람은 율법학자 아니면 서기관 아니면 바리새인입니다. 사도행전 10장에서 베드로는 어렸을 때부터 정결법을 철저하게 준수했다고 합니다. 그래서 어떤 사람들은 베드로가 정통 바리새인이었을 것이라고도 봅니다. 말씀에 대해 너무나 해박하고 정결법을 철저하게 준수했기 때문입니다. 그래서 중요한 사건이 있을 때마다 예수 그리스도의 빈자리를 너무나 잘 메웠던 사람이 베드로입니다. 주님이 승천하신 이후에 주님 없이 남은 제자들의 구심 역할을 베드로가 너무나 잘 감당해 주었습니다.

주의 성령이 임했을 때가 오순절인데 이 오순절은 맥추절이라고도 하고 칠칠절이라고도 합니다. 맥추의 열매를 하나님께 바치는 날이 바로 맥추절 또는 오순절, 칠칠절인데, 중간기 시대의 유대인들은 하나님과의 언약 관계를 갱신하는 날로 오순절을 지켰습니다. 그 오순절에 주의 성령이 초대교회에 임한 겁니다.

성령이 임했을 때 초대 교인들이 모인 장소에 대해 크게 두 가지 주장이 있습니다. 하나는 마가의 다락방에 모여 있었을 거라는 주장, 또 하나는 솔로몬의 행각 같은 성전의 어느 공간에 모여 있었을 거라는 주장입니다. 흔히 초대 교인들이 모였던 곳은 마가의 다락방이고, 마가의 다락방에 그들이 모였을 때 주의 성령이 그들에게 임했을 거라고 생각합니다. 한편으로는 초대 교인들이 방언을 할 때 세계 각지로부터 온 사람들이 방언하는 제자들의 모습을 목격했다는 기록 때문에 성전의 어느 한 장소였을 거라는 주장도 설득력이 있습니다. 마가의 다락방처럼 어느 집에 있었다면 그런 장면을 목격하기는 어려울 테니까요. 그래서 성전의 어떤 열린 공간에 초대 교인들이 모여 있을 때 목격한 것이 아닐까 생각하는 것입니다. 왜냐하면 초대교회 교인들은 성전에 모이기를 여전히 힘썼습니다. 그들이 열린 공간에 모여 있을 때 주의 성령이 그들에게 임했고, 그 결과 그들이 방언을 했고, 그 방언을 하는 장면을 세계 각지로부터 예루살렘 성전을 찾아온 사람들이 목격한 것이 아닐까 하고 추측하게 됩니다. 사도행전 2장의 맥락에서 보면, 제자들이 어느 개인의 집에 모여 있었을 때 성령이 임해 방언을 하게 되었다면 그 장면을 세계 각지에서 찾아온 사람들이 어떻게 볼 수 있었을까 의문을 갖게 됩니다. 그보다는 그들이 성전에 모여 있을 때 방언을 한 것이 아닐까, 그래서 세계 각지에서 찾아온 사람들이 초대 교인들이 방언하는 장면을 목격한 것이 아닐까 하는 주장이 힘을 얻게 된 겁니다.

구약 시대에도 성령이 임했던 일들이 있습니다. 특히 사사기를 보면 하나님의 영이 특정한 사사에게 임하는 일이 종종 일어납니다. 구약 시대에도 성령이 역사하셨습니다. 구약 시대에 성령의 역사는 개인에게 임했거나 부분적으로 임했거나 잠정적으로 임하는 경우가 많았습니다. 그러니까 주의 성령이 어떤 개인에게 임했다고 해서 계속해서 그 개인에게 주의 성령이 역사했던 것은 아닙니다.

그런데 오순절 성령 강림은 구약과 달리 보편적으로 그곳에 있던 하나님의 사람 모두에게 임했다는 점이 가장 중요한 특징입니다. 주의 성령이 임하고 나서 베드로가 오순절 설교를 하고 그다음에 성령의 충만함 가운데 초대 교인들은 개인의 이기심을 뛰어넘어서 물질을 유무상통하는 아름다운 공동체를 탄생시킵니다. 그 이야기가 2장에 나옵니다.

그다음에 3-8장까지에서는 초대교회가 유대교로부터 어떻게 분리하게 되었는가, 그 이유와 역사적인 과정을 설명하고 있습니다. 초대교회가 처음부터 유대교로부터 나오려고 한 것이 아닙니다. 앞에서 이야기한 것처럼 초대교회는 성전에 모이기를 힘썼고 유대인들이 지켜왔던 할례, 음식 정결법, 절기 등을 철저하게 준수했습니다. 그럼에도 결국은 초대교회와 유대교는 분리되었습니다.

이 분리를 통해서 우리가 알 수 있는 사실이 있습니다. 교회사 2천 년의 역사를 보면 내부 개혁이 성공하는 경우는 거의 없습니다. 한마디로 이야기하자면 기존의 종교 체제가 잘못되고 타락하고 부패했을 때 문제의식을 느낀 사람들이 개혁하려고 시도합니다. 그럴 때 그 내부 개혁이 성공한 역사가 2천 년 교회 역사 가운데 거의 존재하지 않습니다.

그래서 원래 초대교회도 유대교 안에 머물려고 했지만 결국은 유대교로부터 나올 수밖에 없었습니다. 루터, 칼뱅, 츠빙글리 같은 종교 개혁가들도 처음부터 가톨릭에서 나오려고 한 것이 아닙니다. 결과적으로 가톨릭은 기존의 체제와 기존의 교리를 사수하려 했습니다. 결국 가톨릭으로부터 개신교회가 나올 수밖에 없었던 겁니다. 그래서 새 포도주가 되길 원했던 사람들은 결국 새 부대를 만들었습니다. 그것이 바로 교회사 2천 년의 현상이라는 사실을 볼 수 있습니다. 3-8장까지는 초대교회가 유대교로부터 어떻게 분리하게 되었는지 그 배경과 역사적인 과정을 보여 줍니다.

사도행전 3:6　　베드로가 이르되 은과 금은 내게 없거니와 내게 있는 이것을 네게 주노니 나사렛 예수 그리스도의 이름으로 일어나 걸으라 하고.

3장 앞부분에서 베드로와 요한이 성전에 기도하러 올라갔다가 구걸하고 있는 지체 장애인을 만나는 사건에서 베드로의 그 유명한 말이 나옵니다. 지체 장애인은 베드로에게 돈을 기대했습니다. 그런데 베드로와 요한은 뭐라고 말합니까? "은과 금은 내게 없지만 내게 있는 것으로 네게 주겠다"라면서 예수 그리스도의 이름으로 지체 장애인을 치유합니다. 초대교회가 힘이 있었던 가장 중요한 이유가 있습니다. 은과 금은 없었지만 초대교회에는 예수의 이름이 있었습니다. 예수에 대한 참된 믿음이 있었습니다. 그런데 너무나 안타깝게도 교회사 2천 년의 역사를 보면 교회에 은과 금은 넘쳤지만 예수의 이름을 점점 상실

했습니다. 그것이 안타깝게도 우리가 인정할 수밖에 없는 교회사 2천
년의 역사임을 기억해야 합니다. 어떤 사람들은 이렇게 주장하기도 합
니다. 교회가 예수의 이름도 갖고 있고 은과 금도 소유하면 얼마나 좋
을까? 그런데 그러면 참 좋겠지만 교회가 은과 금을 소유하게 되는 순
간, 은과 금에 집착하는 순간, 예수의 이름, 예수의 능력, 예수에 대한
온전한 순종은 상실할 가능성이 큽니다. 지체 장애인을 치유한 다음에
베드로는 솔로몬의 행각에서 설교합니다.

> **사도행전 3:17** 형제들아 너희가 알지 못하여서 그리하였으며 너희 관리들
> 도 그리한 줄 아노라.

무엇을 그리했다는 겁니까? 예수 그리스도를 십자가에 못 박아 죽
였다는 겁니다. 이것이 얼마나 무서운 역설입니까? 얼마나 오랜 세월
유대인들은 메시아가 자기들을 찾아오기를 소망했습니까? 그런데 정
작 메시아가 자기들을 찾아왔을 때 대다수 유대인들은 예수가 메시아
이심을 알아보지 못했습니다. 하나님이 자기들을 찾아왔지만 그 하나
님을 환영하지 않았습니다. 마침내 그 예수에 대해 어떤 사건을 저질
렀습니까? 십자가에 못 박아 죽였습니다. 십자가 사건은 하나님을 가
장 사랑하는 것처럼 보였던 율법학자, 장로, 대제사장과 같은 사람들,
하나님을 가장 사랑하는 것처럼 보이는 사람들이 하나님의 이름으로
하나님을 죽인 사건입니다. 얼마나 역설입니까? 입만 열었다 하면 "하
나님 사랑해요", "하나님께 영광을 돌립시다", "하나님께 순종합시다"
라고 말했던 사람들이 정작 하나님이 자기들을 찾아왔을 때 하나님의

심방과 방문을 알아보지 못합니다. 심지어 자기들이 알고 있는 잘못된 하나님의 상 때문에 진짜 하나님을 죽여 버립니다. 그것을 베드로는 "너희가 알지 못하여서 무지해서"라고 말합니다.

그래서 하나님의 뜻을 제대로 알지 못하는 것이 얼마나 무서울 일인지 두려운 마음을 가져야 합니다. 말씀에 대한 온전한 이해와 깨달음, 분별력이 얼마나 중요합니까? 하나님의 뜻을 제대로 알지 못하게 되면 하나님을 사랑한다는 미명 가운데 하나님이 가장 싫어하시는 일을 열심을 다해 할 수 있는 겁니다. 그 대표적 인물이 누굽니까? 이후에 우리가 보게 될 사도 바울입니다. 왜 사도 바울이 초대교회를 박해하는 일에 열심을 다했습니까? 바울 입장에서는 그것이 바로 하나님을 기쁘시게 하는 일이라는 확신이 있었기 때문입니다. 그런데 다마스커스 도상에서 예수님을 통해서 어떤 깨우침을 받게 된 거죠? "사울아, 사울아 네가 왜 나를 핍박하느냐?" 자기 딴에는 하나님을 위해서 수고하고 헌신한다고 생각했는데 하나님을 통해 들려온 이야기는 무엇입니까? "왜 네가 나를 괴롭히느냐?" 이때 사도 바울이 얼마나 충격을 받았겠습니까? 그러니까 우리가 하나님을 사랑하는 것도 매우 중요하고 하나님을 위해 헌신하는 것도 매우 중요하지만, 이런 하나님을 위한 우리의 열정과 하나님을 위한 우리의 헌신은 참된 분별력 위에 있을 때만 의미가 있다는 사실을 꼭 기억해야 합니다.

구약의 예언서를 보면 하나님께 순종하지 않는 자기 백성을 향한 하나님의 가장 엄중한 심판은 영적 인지 능력을 붕괴시키는 겁니다. 이 점을 잘 기억해야 합니다. 우리가 하나님께 순종하고자 하지 않으면 하나님의 말씀을 들을 수가 없습니다. 그리고 오랜 세월 하나님의 말씀을 듣지 못하면 말씀의 기근에 시달리게 됩니다. 말씀의 기근에 시달리게 되면 무엇이 하나님의 뜻인지에 대한 분별력을 상실합니다. 그렇게 분별력을 상실하게 되면 나에게 유리한 것, 나의 유익에 부합하는 것들을 마치 하나님의 뜻처럼 붙잡게 됩니다. 그러면서 내가 상상하고 내가 만들어 낸 하나님의 뜻을 형성합니다. 그리고 그 하나님을 열심히 섬깁니다. 그 결과 진짜 하나님이 찾아오셨을 때 자신이 그동안 만들어 낸 가짜 하나님에 대한 이해를 가지고 진짜 하나님을 거부합니다. 이것이 바로 구약 이스라엘의 역사입니다. 그런 의미에서 분별력을 갖추는 것이 너무 중요한 일입니다. 베드로는 "너희의 영적 인지력이 붕괴된 결과, 결국 너희가 알고 있는 잘못된 하나님의 뜻을 가지고 진짜 하나님을 십자가에 못 박아 죽였다"라는 겁니다. 그러면서 회개하고 예수가 메시아 되심을 믿으라는 겁니다. 그 예수에 대한 참된 믿음을 통하여 하나님의 구원을 받으라는 겁니다. 이것을 담대하게 외친 결과 사도들은 산헤드린 공회의 재판을 받습니다.

사도행전 4:19-20 베드로와 요한이 대답하여 이르되 하나님 앞에서 너희의 말을 듣는 것이 하나님의 말씀을 듣는 것보다 옳은가 판단하라 우리는 보고 들은 것을 말하지 아니할 수 없다 하니.

베드로가 재판받는 이야기에서(행 4장) 베드로가 정말 과거의 베드로가 아니라는 사실을 확실히 알 수 있습니다. 그는 더 이상 죽음을 두려워하지 않습니다. 대제사장 앞에서 전혀 주눅 들어 있지 않습니다. 대제사장이 베드로에게 이런 협박을 합니다. "한 번만 더 예수가 부활했다는 이야기를 하면 가만두지 않겠다." 이전의 베드로였다면 벌벌 떨면서 "다시는 예수 부활을 선포하지 않겠습니다"라고 각서라도 썼을 겁니다. 그런데 4장을 보면, 베드로는 도리어 대제사장을 훈계합니다. "내가 하나님의 말씀을 듣는 것과 당신의 말을 듣는 것 가운데 뭐가 옳은지 말해 보라" 하면서 대제사장을 훈계하고 그다음에 "예수 그리스도만이 우리의 유일한 구원자이시다"라는 사실을 4장 12절에서 너무나 용기 있게 선포합니다. 완전히 새로워진 베드로의 모습을 볼수 있습니다.

그런데 변화된 베드로가 끊임없이 강조하는 것이 뭡니까? "우리는 부활한 예수를 만났다"라는 점입니다. 초대 교인들에게 임한 주의 성령의 역사를 통해서 베드로를 포함한 모든 초대 교인들은 예수 그리스도가 성부 하나님과 더불어 온 우주 만물을 통치하시는 참 하나님임을 확신하게 된 겁니다. 그래서 세상의 평가, 세상의 시선이 아니라 하나님의 판단에만 집중하면서 하나님 나라를 위해서 온 존재를 다 바치게된 겁니다.

4장 36-37절을 보면 바나바라는 중요한 인물이 등장합니다. 바나바는 어떤 사람입니까? 구브로 출신의 레위인입니다. 한마디로 디아스포라 유대인인데 레위 족속입니다. 바나바는 유대교 본산이라고 할수 있는 예루살렘과도 아주 가까운 사람이고 디아스포라이기 때문에 이방 세계에 대한 이해도 해박한 사람입니다. 이 바나바가 자신이 소유하고 있던 밭을 팔았습니다. 그 값을 가지고 사도들의 발 앞에 헌금을 바쳤습니다. 아마 이것 때문에 초대교회로부터 바나바는 더 존경을 받았겠죠. 박수를 받았겠죠. 이것을 보고 시기한 사람이 있습니다. 그

시기의 결과, 죽임을 당한 부부가 있습니다. 그들이 바로 아나니아와 삽비라 부부입니다.

초대교회에 일어난 사건들(행 5-6장)

바나바는 자신의 소유를 초대교회에 헌금해 초대교회 많은 교인들의 존경과 사랑을 받았을 것입니다. 그다음에 나오는 사건이 아나니아와 삽비라 부부 사건입니다. 우리가 아나니아와 삽비라 부부 사건을 보면서 먼저 기억해야 할 점이 있습니다. 초대교회에서 자기 땅이나 집을 가진 사람들이 의무적으로 그것을 팔아서 교회에 헌납할 필요는 없었다는 것입니다. 그리고 재산을 가진 모든 사람이 자기의 모든 재산을 바쳐야 되는 것도 아니라는 사실을 기억하는 게 중요합니다. 예를 들어, 아나니아 삽비라 부부에게 자신들의 땅이 있었고, 그 땅을 팔아서 그 가운데 일부를 바친다고 하더라도 전혀 문제가 되지 않습니다. 5장에서 아나니아 삽비라 부부는 땅을 팔고 일부를 바칩니다. 그런데 사도에게는 자신들이 마치 땅을 판 전부를 바친 것처럼 헌신을 과장합니다. 그러니까 아나니아와 삽비라 부부의 문제는 전체를 내지 않았다는 것이 아닙니다. 그들에게 전체를 내야 할 의무가 있던 것이 아닙니다. 일부를 내도 전혀 문제가 되지 않습니다. 그 일부만 낸다고 해도 그것으로 초대교회의 얼마나 많은 사람이 유익을 누렸겠습니까? 그런데 아나니나와 삽비라 부부는 50만큼의 헌신을 했는데 교회에는 100 정도의 헌신을 한 것처럼 자기들의 헌신을 과장한 겁니다. 그다음에 "정말 그러하냐?"는 질문을 받고도 거짓말을 했습니다. 사도를 속였을 뿐만 아니라 자기 자신을 속이고 무엇보다 하나님을 속인 겁니다. 그것 때문에 아나니아와 삽비라 부부가 하나님의 심판을 받는 이야기가 5장에 나옵니다.

하나님이 한 남자와 한 여자를 부부로 삼았을 때 기대하신 모습이 무엇입니까? 서로가 서로에게 돕는 배필이 되기를 기대하셨습니다. 창세기 2장 18절에 따르면 하나님은 "사람이 혼자 사는 것이 좋지 아니하니 내가 그를 위하여 돕는 배필을 지으리라"라고 하시면서 돕는 배필을 창조하셨습니다. 여기서 '돕는 배필'이라는 단어는 "반대하며 돕는다"라는 의미를 갖고 있습니다. 이 단어 자체가 "사람은 그릇 생각할 수 있는 존재"라는 의미를 담고 있습니다. 잘못된 행동을 할 수 있는 겁니다. 누군가 잘못된 생각을 하고 있다면, 이 사람을 진짜 돕는 것이 무엇이겠습니까? 이 잘못된 생각이 현실이 되지 않도록 반대하는 겁니다. 아나니아와 삽비라 가운데 누가 먼저 이야기했는지는 알 수 없습니다. 아마 두 사람 가운데 누군가가 먼저 이런 얘기를 했을 겁니다. "여보, 우리가 땅을 판 가격 전부를 바치는 게 너무 아깝지 않아? 일부만 내고 베드로 사도가 물어보면 다 냈다고 말합시다"라고 누군가가 먼저 솔깃한 제안을 했을 때 진정한 돕는 배필이라면 그 제안을 반대해야죠. "그것은 하나님을 속이는 일이에요. 우리가 행하는 일거수일투족을 하나님이 다 주목하고 계신데 그런 거짓말은 하나님을 속이는 행위이고 사도를 속이는 것이고, 무엇보다 우리 자신을 속이는 일이잖아요." 이렇게 주장하면서 첫 번째 제안을 반대함으로써 이 사람을 진짜 도왔어야 하는데 안타깝게도 아나니아와 삽비라 부부는 둘

다 욕망의 지배를 받아 한마음이 된 겁니다. 자기들의 마음을 속였고 사도와 교회 공동체를 속였고 무엇보다 우리를 주목하고 계신 하나님을 속였습니다. 그 결과 아나니아와 삽비라 부부 모두가 하나님의 심판을 받았습니다.

한편 성령의 임재 이후에 아름다운 걸음을 내디뎠던 초대교회는 예상치 못한 상황에 맞닥뜨립니다(행 6장). 오순절 주의 성령이 임하고 나서, 초대교회의 신앙인들은 자신만을 위한 자기중심주의나 이기심에서 벗어나 자유를 누렸습니다. 그리고 그리스도로 인해 한 가족이 된 이들을 위해 기꺼이 자신의 것을 내놓았습니다. 그런데 이 초대교회는 소비 공동체였지, 생산 공동체는 아니었습니다. 자기 땅이나 집이 있던 사람들이 자기 재산을 처분한 다음에 교회 공동체에 헌납하면, 각 사람의 필요에 따라 소비하는 구조였습니다. 시간이 지나면서 가진 사람들은 자신의 것을 내놓았기 때문에 가진 것이 줄어드는 게 이치에 맞겠죠. 그런데 초대 교인들은 점점 늘어났습니다. 늘어난 교인들이 필요로 하는 것은 점점 많아집니다. 그러니까 재화는 점점 줄고 사람들의 필요는 점점 많아진 겁니다. 모든 필요를 다 충족시키기 어렵게 된 것입니다. 만약 초대교회가 소비만 하는 곳이 아니라 소비한 만큼 생산하는 공동체였다면 이런 초대교회 모습이 조금 더 지속될 가능성이 있습니다. 그런데 예루살렘 초대교회는 소비 공동체라는 한계가 있었습니다. 재화는 점점 줄어들고 사람들의 필요는 더욱더 확장되었습니다. 재화는 한정되어 있고 공동체의 도움을 받으려는 과부들은 많다 보니까 유대 사도들이 팔이 안으로 굽어 버리는 일이 발생합니다. 과부들 가운데 유대파 과부들도 있고 헬라파 과부들도 있는데 결국 제한

된 자원으로 자기와 같은 유대파 과부들에게만 구제하는 일들이 벌어진 겁니다. 결국 자연스럽게 헬라파 사람들의 불만이 고조된 겁니다.

당시 예루살렘 공동체 안에는 크게 두 부류의 사람이 있었습니다. 하나가 본토 유대인들이고 또 하나가 디아스포라 유대인들입니다. 본토 유대인이란 팔레스타인 땅에서 태어나고 거기서 성장한 사람들로서 이들은 보통 아람어를 사용했습니다. 그런데 디아스포라 유대인들은 유대인이지만 팔레스타인 땅이 아니라 그리스 로마 세계에서 태어나, 그 지역에서 살았습니다. 그러다 어느 시점에 예루살렘으로 왔습니다. 이들은 헬라어를 주로 사용했습니다. 같은 유대인이지만 정통 유대인들, 팔레스타인에서 태어났던 본토 유대인들과 디아스포라 유대인들은 언어가 다릅니다. 언어가 다르다는 말은 소통이 쉽지 않다는 겁니다. 아마 이것 때문에 같은 언어를 사용하는 사람들끼리 모이는 문화가 형성되었을 가능성이 큽니다. 그 결과 과부들을 구제하는 문제에서도 결국은 본토 유대 과부들만 챙기는 문제가 발생했고, 이로 인해 디아스포라 유대 과부들이 불만을 제기하는 상황이 벌어진 것입니다.

사도행전 6:2   열두 사도가 모든 제자를 불러 이르되 우리가 하나님의 말씀을 제쳐 놓고 접대를 일삼는 것이 마땅하지 아니하다.

초대교회 안에서 문제가 벌어졌는데, 이 문제에 대해서 사도들은 이 모든 것이 자기 책임이라고 주장합니다. 사도들은 자기 책임을 추궁하는 자세를 취하고 있습니다. 사람과 사람 사이에 갈등이 벌어질 때 이 갈등이 장기화하는 이유가 있습니다. 갈등이 벌어질 때 대부분의 사람은 이 갈등과 문제의 원인이 상대방에게 있다고 비난합니다. 그러니까 보통 타자의 책임을 추궁합니다. 그런데 사도들은 어떤 문제가 벌어졌을 때 자기 책임을 추궁하는 자세를 취할 정도로 성숙했던 겁니다. 하나님의 말씀에 집중해야 할 자신들이 접대에 몰두하면서 이런 문제가 벌어졌다고 판단한 사도들은 이 문제를 원만하게 해결할 일꾼들을 뽑습니다. 그렇게 해서 뽑힌 사람들이 우리가 잘 아는 일곱 집사입니다.

일곱 집사들은 행정적인 일만 담당한 것이 아니라 말씀을 선포하기도 했습니다. 그것을 잘 보여 주는 예가 스데반과 빌립입니다. 스데반은 유대인 앞에서 구약을 꿰뚫는 명설교를 합니다(행 7장). 빌립은 가사로 내려가는 길에서 에티오피아 내시를 전도하고 가이사랴에서도 주의 복음을 증거합니다(행 8장).

일곱 명의 집사 가운데 스데반과 빌립만 봐도, 단순히 교회 안에서 구제와 관련된 행정적 사무만을 맡은 것이 아니라 때로는 말씀을 선포하고 때로는 치유 사역을 담당하기도 했습니다. 일곱 명의 집사들은 모두 헬라식 이름을 갖고 있습니다. 예수님의 열두 제자가 히브리인들을 대표하는 사람들이라면 여기 나온 일곱 집사는 헬라파 유대인을 대표하는 사람들입니다. 그러니까 아람어를 사용하는 사람들에게 복음을 증거할 때는 열두 제자들이 그 사역을 감당하고 헬라어를 사용하는 사람들에게 복음을 전파할 때는 여기 나오는 일곱 집사가 주의 복음을 증거하는 일에 앞장섰다는 사실을 알 수 있습니다. 앞서 사도들은 자신들은 오로지 기도와 말씀 사역에 힘쓰겠다고 이야기했습니다.

그래서 오늘날 교회 개혁을 꿈꾸는 많은 분이 이 구절에 영감을 받아서, 목회자들은 기도와 말씀 연구와 선포에만 집중해야 하고, 교회 행정은 집사들과 평신도들이 전담해야 한다고 주장합니다. 여기 6장 4절과 관련해 우리가 꼭 기억해야 할 사항이 있습니다. 오늘날 목회자들이 기도와 말씀 사역에만 전념하겠다고 했을 때 말씀 사역의 대상은 주로 그리스도인입니다. 예수를 믿기로 결심한 사람들에게 말씀을 가르치는 겁니다. 그런데 초대교회 당시에 왜 사도들이 "우리는 기도와 말씀 선포하는 일에 집중하겠다"라고 했을까요? 이 당시에 말씀 선포라는 것은 예수를 믿겠다고 다짐하고 결단한 신앙인들에게만 이루어지는 일이 아닙니다. 사도행전 앞부분을 보면 베드로가 누구를 대상으로 말씀을 선포합니까? 믿지 않는 불신자들, 초대교회에 대해 의심 어린 눈초리를 보내는 정통 유대인들, 이런 사람들을 대상으로 말씀을 선포합니다. 초대교회 당시에 말씀 선포는 교회 공동체 안에 있는 신자들을 대상으로만 이루어진 것이 아니라 교회 공동체 바깥에 있는 불신자들, 초대교회에 대해서 의심의 눈초리를 보내는 사람들, 적대자들, 심지어 재판관들 앞에서도 이루어졌습니다. 그리고 말씀 선포의 결과 죽임을 당하기도 합니다. 그 대표적인 사람이 바로 7장에 나오는 스데반입니다. 6장 4절에서 사도들은 기도와 말씀 선포, 일곱 집사들은 구제의 일을 전담하도록 역할을 분담하는데 여기서 기도와 말씀 선포의 의미는 목숨을 걸어야 하는 큰일이라는 겁니다. 다른 사람에게는 좀 더 어렵고 힘든 일을 맡기고 자신은 조금 더 수월한 일을 하고 싶어 하는 것이 보통 인간의 죄 된 본성입니다. 그런데 이 열두 사도는 얼마나 성령 충만했습니까? 목숨을 걸어야 할 중대한 일, 정말 힘들고 어려운 일은 자신들이 감당하겠다는 겁니다. 이 말씀을 통해서 초대교회가 정말 성령 충만한 공동체였음을 알 수 있습니다. 이것이 바로 하나님이 기대하셨던 거룩한 공동체의 모습입니다.

하나님은 출애굽한 이스라엘이 어떤 공동체가 되길 기대하신 겁니까? 제사장 나라입니다. 제사장 나라는 제사장이 다스리는 나라라는 의미입니다. 이스라엘은 상호 평등한 공동체가 아니었습니다. 이스라엘도 위계가 있었습니다. 그런데 이스라엘의 위계는 다른 나라의 위계와는 다릅니다. 다른 나라는 위에 있는 자들이 밑에 있는 자들을 지배하고 때로는 억압하고 착취하고 빼앗는 군림하는 위계입니다. 그런데 이스라엘은 어떤 위계입니까? 가장 위에 있는 사람들이 하나님의 백성답게 사는 삶이 무엇인지 몸소 보여 주는 위계입니다. 이것을 거룩의 위계질서 사회라고 합니다. 하나님의 백성다운 거룩한 삶이 무엇인지, 하나님이 진짜 원하시는 순종의 삶이 무엇인지를 가장 위에 있는 사람들이 보여 주는 겁니다. 대제사장, 제사장, 레위인, 일반 이스라엘 백성, 이스라엘의 종과 노예들, 이방인들의 위계가 있는데 아래 있는 사람들은 위에 있는 사람들의 신앙을 보고 모방하고 따라 합니다. 이것을 가정으로 제한하면 아버지, 어머니, 자녀로 구성된 가정에서 그 자녀들은 어머니, 아버지의 신앙의 모습을 보고 모방하고 따라 하는 겁니다. 그런 의미에서 모든 이 땅의 부모들은 신앙의 선생으로 부름 받은 겁니다. 이것이 바로 하나님이 기대하신 거룩의 위계질서 사회의 모습입니다. 이런 아름다운 모습이 드러난 곳이 초대교회 당시의 예루살렘 교회였습니다.

성령이 충만한 공동체 안에서도 문제는 일어날 수 있습니다. 그런데 중요한 점은 문제가 있다는 것이 아니라 그 문제를 해결하는 방식입니다. 그 문제를 어떤 식으로 해결하는지에 따라서 그 공동체가 정말 성령 충만한 이들이었는가 그렇지 않은가를 알 수 있습니다. 예루살렘교회 안에서 일어났던 문제와 관련해서 사도들은 자기 책임을 추궁하는 자세를 가지고 이 문제를 해결하려고 했고 문제를 제기했던 사람들에게 이 문제를 해결할 모든 권한을 위임하고 그다음에 목숨을 걸어야할 힘들고 어려운 일들은 자신들이 전담하고자 했습니다. 이 아름다운 거룩의 위계질서의 모습을 6장에서 볼 수 있습니다.

스데반과 빌립(행 7-8장)

7장에는 스데반의 반성전 설교와 최초의 순교자로서 스데반의 순교 이야기가 나옵니다. 7장에는 구약성경의 중요한 내용이 다 압축되어 있습니다. 혹시 구약성경을 읽고 싶은데 시간은 없고 분량이 많은 구약이 부담스러운 분들에게 중요한 팁을 하나 드리면 사도행전 7장의 스데반의 설교를 두세 번 꼼꼼하게 읽으라는 겁니다. 그러면 구약을 일독한 효과가 있습니다. 그만큼 스데반의 설교는 구약을 관통하는 중요한 내용들을 다 압축한 명설교입니다. 스데반은 구약을 아주 많이 읽어서 토라와 예언서에 나오는 모든 이야기를 압축하고 있습니다. 문제는 스데반의 설교가 끝난 다음에 일어납니다. 스데반의 설교를 들은 유대인들은 분노합니다. 흥분합니다. 그리고 스데반을 돌로 쳐 죽입니다.

왜 그랬을까요? 스데반 설교의 가장 중요한 내용은 성전이라는 건물 안에 하나님이 계시지 않는다는 겁니다. 한마디로 성전이라는 건물 안에 하나님을 모실 수 없다는 게 그의 논지인데, 이것을 압축하면 반성전 설교라고 할 수 있습니다. 스데반 메시지의 가장 중요한 내용이 7장 48절입니다. "그러나 지극히 높으신 이는 손으로 지은 곳에 계시지 아니하[신다.]" 이것이 스데반 설교의 핵심입니다. 이 설교 때문에 유대인들이 흥분하고 분노합니다. 결국 스데반을 돌로 쳐 죽입니다.

> **열왕기상 8:27** 하나님이 참으로 땅에 거하시리이까 하늘과 하늘들의 하늘이라도 주를 용납하지 못하겠거든 하물며 내가 건축한 이 성전이오리이까.

한번 생각해 보십시오. 당시 모든 유대인은 예루살렘 성전이 하나님의 집이라고 생각했습니다. 그 성전에 하나님을 모시고 있다고 생각했습니다. 그래서 하나님을 만나고 싶다면 예루살렘 성전에 가야 한다고 생각했습니다. 그런데 스데반은 성전에 하나님을 모실 수 없다고 이야기하는 겁니다. 오늘날에도 이런 얘기를 들으면 한국 교인들은 조금 충격받을 수 있습니다. 여전히 교회에 가야 하나님을 만날 수 있다고 생각하시는 분들이 많이 있습니다. 그런데 2천 년 전에 스데반은 이 건물로서의 교회당이 하나님의 집이 아니라고 이야기한 겁니다. 이 교회당이라는 건물 안에 하나님을 모실 수 없다는 겁니다. 한번 생각해 보세요. 만약 성전이라는 건물 안에 하나님을 모실 수 있다면 하나님이 더 크십니까, 아니면 하나님을 모시고 있는 성전이 더 큰 겁니까? 성전이 더 크죠. 성전에 하나님을 모실 수 있으니까요. 열왕기상 8장에서 예루살렘 성전을 건축한 뒤 솔로몬이 성전 봉헌 기도를 드리는 장면이 나옵니다. 열왕기상 8장 27절에서 솔로몬은 이렇게 말합니다. "내가 하나님을 위해서 성전을 지었지만, 이 성전 안에 하나님을 모실 수 없다. 심지어 하늘과 하늘들의 하늘이라도 하나님을 모실 수 없다." 왜 그렇습니까? 우리 하나님은 성전보다 크신 분이고 하나님이 창조하신 하늘과 하늘들의 하늘보다 크신 분이기 때문입니다. 솔로몬은 하나님께 무엇을 간구합니까? 하나님을 여기 모시겠다는 것이 아니라 하나님의 이름만이라도 내가 건축한 이 성전에 허락해 달라는 겁니다. 그 하나님의 이름에 의지해 우리가 성전에서 기도하겠다는 겁니다. 이것이 솔로몬이 주장했던 내용입니다.

그 솔로몬의 봉헌 기도 내용을 그대로 반복한 사람이 스데반입니다. 그런데 스데반은 열왕기상 8장 27절에 나오는 솔로몬의 기도 내용을 그대로 반복한 결과 성전 모독죄로 죽임을 당합니다. 어떤 일이 벌어진 거죠? 솔로몬이 성전을 건축하고 스데반까지 약 천 년의 시간이 지나면서 이스라엘 공동체 안에 성전 신학이 강조되기 시작한 겁니다.

성전 신학이 무엇입니까? 성전은 하나님의 집이다, 하나님을 만나기 위해서는 성전에 가야 한다는 겁니다. 이런 식의 성전 신학이 강조되기 시작한 겁니다. 참 안타깝게도 스데반은 솔로몬이 한 이야기를 그대로 반복했음에도 불구하고 솔로몬 시대에서 천 년이 지난 이후에 이스라엘 공동체 안에 강화된 성전 신학 때문에 죽임을 당합니다. 성전을 모욕했다는 미명 아래 돌로 쳐 죽임을 당하면서 초대 교인들 가운데 최초의 순교자가 되었습니다. 이 스데반을 죽이는 재판을 주관한 사람이 바로 사도 바울입니다(7:58). 7장에서 스데반의 설교와 죽음에 대해 자세하게 기록한 것은 사도 바울이라는 인물을 소개하기 위한 하나의 복선이기도 합니다. 스데반을 죽인 재판의 주관자가 누구였냐면 바로 사도 바울이었고, 이 스데반의 죽음으로 인해 특별히 초대교회의 디아스포라 유대 기독교인들은 성전과 율법에 대해서 매우 비판적인 입장을 견지하고 있다는 사실이 드러났습니다. 이로 인해서 유대교에서 디아스포라 유대 기독교인들은 핍박을 받게 되었고, 8장에서 많은 디아스포라 유대 기독교인들이 예루살렘을 떠나서 다양한 지역으로 도피하는 결과를 불러일으킵니다.

8장에서 유대교의 박해로 인해 많은 사람이 흩어지게 됩니다. 그런데 그 덕분에 주의 복음이 다양한 지역으로 확장되는 놀라운 결과가 일어납니다. "주의 성령이 너희에게 임하시면 예루살렘과 온 유대와 사마리아와 땅끝까지 이르러 내 증인이 되리라"(행 1:8). 예수님이 이런 말씀을 하셨을 때 사도들은 무엇을 기대했겠습니까? 성령이 우리에게 임하기만 하면 처음에는 예루살렘, 그다음은 유대, 그다음은 사마리아 그리고 땅끝까지 주의 복음이 확장되리라. 대다수 초대 교인들은 아마 개선장군식 승승장구의 걸음을 기대했을 것입니다. 이것은 사람들이 기대하는 방식입니다. 그런데 하나님의 계획은 우리의 기대와 달랐습니다. 하나님의 계획은 어떤 겁니까? 유대교의 박해 때문에 예루살렘에 있던 디아스포라 유대 기독교인들이 도피할 수밖에 없었습니다. 그들은 목숨을 부지하기 위해서 도망쳤습니다. 그런데 도망친 그곳이 선교지가 된 겁니다. 거기서 만난 사람들이 선교 대상이 된 겁니다. 그래서 그 땅에 복음이 선포된 겁니다. 그래서 주의 복음이 점점 더 확장된 겁니다. 사람들은 오늘은 서울, 내일은 한반도 그리고 모레는 전 세계,

이런 식으로 마치 도장 깨기처럼 확장되리라 기대했지만, 하나님의 계획은 초대 교인들이 도피자의 모습으로 도망친 바로 그곳을 선교지로 삼는 것이었습니다. 그곳에서 만난 사람들에게 주의 복음을 전파하면서 그 땅에 하나님의 공동체를 세워 가는 것이었습니다. 우리의 계획과 하나님의 계획이 얼마나 다를 수 있는가를 잘 보여 주는 본문이 바로 사도행전 8장 말씀입니다.

> **사도행전 8:3** 사울이 교회를 잔멸할새 각 집에 들어가 남녀를 끌어다가 옥에 넘기니라.

사울이라는 인물이 등장합니다. 사도행전 후반부에서 계속 사도 바울을 볼 텐데 사도 바울의 인생 전체를 간단하게 설명하자면 열정과 헌신의 사람입니다. 그런데 바울의 인생에서 매우 중요한 전환점이 있습니다. 그것이 바로 다마스커스 도상 사건입니다. 사도 바울은 다마스커스 도상 이전에도 다마스커스 도상 이후에도 열정과 헌신의 사람이었습니다.

그런데 문제는 뭡니까? 다마스커스 도상 이전에는 열정과 헌신이 있었지만, 분별이 없었습니다. 하나님이 진정 원하시는 것이 무엇인지를 깨닫지 못했습니다. 다마스커스 도상 이전에는 분별없는 열심이었습니다. 다마스커스 도상에서 예수 그리스도를 만난 이후에 사도 바울은 분별을 갖춘 자가 되었고, 그 이후 바울의 모든 행적은 분별 있는 열심의 삶이었습니다.

열심과 헌신 이전에 정말 중요한 점은 하나님의 뜻이 무엇인가에 대한 분별을 갖추는 것입니다. 우리가 바울처럼 열정과 헌신을 갖는 것도 중요하지만 때로는 분별없는 열심이 하나님의 마음도 아프게 만들고 너무나 많은 사람을 괴롭힐 수 있습니다. 그래서 열정과 헌신이 빛나기 위해서는 하나님의 뜻이 무엇인가에 대한 제대로 된 분별을 갖추는 것이 필요합니다. 우리가 말씀을 공부하는 가장 중요한 이유가 무엇입니까? 하나님의 뜻이 무엇인지에 대한 분별을 갖추기 위함 아닙니까? 우리의 열정과 헌신이 분별이라는 토대 위에서 아름답게 꽃 피우기를 기대합니다.

그리고 8장에는 빌립에 의해서 사마리아 땅에 복음이 전파되고 에티오피아의 내시를 통해서 아프리카 땅에 복음이 선포되는 아름다운 이야기가 나옵니다. 빌립이라는 사람이 왜 사마리아로 도망쳤습니까? 당시 정통 유대인들은 사마리아 땅을 매우 부정한 땅으로 보았습니다. 그래서 빌립이 사마리아 땅으로 들어가는 것은 마치 유대인들이 쉽게 들어올 수 없는 도피성으로 도망친 것과 같습니다. 사마리아 땅에 들어가서 사마리아 사람들에게 주의 복음을 전파하고, 그 가운데 마술사 시몬이 돈을 주고 성령을 사려고 한 것 때문에 사도들에게 책망받는 이야기가 8장에 나옵니다. 여러 번 강조했지만 하나님이 우리에게 성령을 주시는 목적은 말씀을 깨닫게 하고 말씀에 온전히 순종할 수 있도록 자기 백성을 돕기 위해서입니다. 그런데 그것을 알지 못하고 마술사 시몬은 다른 사람 위에 군림하기 위해서 돈을 주고서라도 성령을 사려고 했습니다. 그것 때문에 사도들에게 책망을 받습니다. 그다음에 26-40절에는 빌립을 통해서 에티오피아 내시가 주의 복음을 듣고 세례받는 이야기가 나옵니다. 에티오피아 내시가 예루살렘에서 제사를 지내고 본국으로 돌아가던 길에 빌립을 만납니다.

어떻게 이 에티오피아 사람이 예루살렘 성전에 와서 제사를 지내게 되었을까요? 성경에 나오지는 않지만, 사람들에게 널리 알려진 중요한 전설이 있습니다. 그게 바로 메넬리크 전설입니다. 열왕기상에는 솔로몬이 스바 여왕을 만나는 이야기가 나옵니다. 이 메넬리크 전설에 따르면, 솔로몬과 스바 여왕은 하룻밤 잠자리를 갖게 되었고 스바 여왕이 솔로몬의 아이를 잉태한 가운데 자기 나라로 갔다는 겁니다. 그리고 아이를 낳았는데, 태어난 아이의 이름이 메넬리크였습니다. 장성한 다음에 자기 아버지를 찾아 이스라엘 땅에 온 메넬리크는 솔로몬을 만나게 되었고, 솔로몬과의 만남을 통해서 야훼 신앙을 접하게 되었습니다. 그는 본국으로 돌아갈 때 언약궤를 가지고 돌아갔습니다. 이후 에티오피아를 다스리게 되자 메넬리크는 야훼 신앙을 국교로 선포했고 그때부터 에티오피아는 모든 사람이 다 야훼 하나님을 믿게 되었다는 것이 전설의 내용입니다.

에티오피아의 내시는 국가의 고위 관료입니다. 재정을 담당하는 사람입니다. 메넬리크 전설에 따르면 이 사람이 야훼 신앙을 가지고 있었기 때문에 예루살렘에 와서 예배를 드리는 장면은 낯설지 않습니다. 그런데 중요한 점은 유대교 신앙 안에 머물러 있던 이 사람이 빌립과의 만남을 통해서 이제는 예수 그리스도를 믿게 된 겁니다. 유대교에서 초대교회로 개종한 겁니다. 세례를 받게 된 겁니다. 예수를 믿는 자가 되어 자기 나라로 돌아가게 된 겁니다. 고국으로 돌아간 후 이 사람은 여전히 유대교 신앙 안에 머물러 있던 사람들에게 하나님이 약속하신 메시아가 왔다고 전파했을 것이고 훨씬 더 많은 사람이 예수 그리스도에 대한 신앙을 갖게 되었을 것입니다.

참 놀라운 사실은 에티오피아가 세계 역사 가운데 두 번째로 기독교를 국교로 선포한 나라라는 겁니다. 주후 301년에 아르메니아가 최초로 기독교를 국교로 선포했고 에티오피아가 주후 331년에 기독교를 국교로 선포했습니다. 로마제국에서 기독교가 국교가 된 때가 주후 392년입니다. 로마보다도 60년 앞서 에티오피아가 기독교를 국교로 선포했는데 그 첫 기독교인이 바로 사도행전 8장에 나오는 에티오피아의 내시였습니다. 그는 재정을 담당하던 고위 관료로, 빌립을 통해 주의 복음을 들었습니다. 그가 자기 나라로 돌아가서 여전히 유대교 신앙 안에 머물러 있던 사람들을 초대 교인으로 전도했음을 짐작할 수 있습니다.

사도 바울의 회심(행 9장)

기독교 역사에서 가장 중요한 회심 사건은 아마도 사도 바울의 회심일 겁니다. 바울의 인생을 관통하는 몇 가지 단어를 꼽자면 열정과 헌신, 열심이라 할 수 있습니다. 바울의 인생을 전반부와 후반부로 나누는 터닝 포인트가 바로 다마스커스 도상 사건입니다. 다마스커스 도상 이전까지 바울의 열정과 헌신은 대단했습니다. 다마스커스 도상 이후에도 바울의 열정과 헌신은 대단했습니다. 그런데 다마스커스 도상 이전의 바울의 열정과 헌신은 분별없는 열심, 분별없는 열정이었습니다. 자기 딴에는 하나님을 위해서 수고하고 애쓰고 있었습니다. 자기가 하는 모든 일이 하나님께 기쁨이 되고 영광이 될 것이라고 생각했지만 사실 바울의 그 열정과 헌신은 하나님의 마음을 너무나 아프시게 했습니다. 다마스커스 도상의 사건은 자신의 열정과 헌신이 도리어 하나님의 마음을 아프시게 했다는 깨달음을 준 사건이었습니다. 그러니 얼마나 충격을 받았겠습니까? 하늘로부터 들려온 바울에 대한 평가는 무엇입니까? "네가 나를 핍박하고 있다, 네가 나를 괴롭히고 있다." 이런 얘기를 들었을 때 사도 바울이 얼마나 큰 충격을 받았겠습니까. 참 감사한 일은 바울이 다마스커스 사건을 통해서 지금까지 자기의 걸음에 대해 진지하게 다시 성찰했고 자기의 인생을 뒤바꿨다는 점입니다.

이것이 참 중요합니다. 우리 인생에도 바울 같은 회심 사건들이 있다고 봅니다. 내 나름대로는 하나님을 위해 수고하고 애쓴다고 생각해 왔는데, 사실은 이것이 하나님의 뜻에 부합하지 않는다는 걸, 하나님께도 기쁨과 영광이 되지 않는다는 걸 깨닫는 중요한 사건들이 있습니다. 그런데 많은 경우, 그런 사건이 있어도 깨닫지 못하거나 돌이키지 못합니다. 그런데 바울이 위대하다고 할 수 있는 이유는 그가 온전히 그 사건을 부여안았고, 그 사건을 통해서 하나님이 진정 원하시는 대로 자신의 존재를 변화시켜 냈기 때문입니다.

바울은 오랜 세월 초대 교인들을 핍박했습니다. 스데반을 죽인 재판을 주관했던 사람도 사도 바울이었습니다. 왜 사도 바울은 초대 교인들을 핍박했을까요? 바울은 가말리엘 문하에서 정통 율법 교육을 배운 사람입니다. 하나님의 말씀인 신명기 21장 23절에 어떤 말씀이 있습니까? "나무에 달린 자는 하나님께 저주를 받았음이라." 이 신명기 21장 23절의 말씀에 근거해 바울은 나무에 매달려 죽은 예수가 하나님께 저주받아 죽었다고 확신했을 겁니다. 당시 유대교 교육에 근거해 보면 예수가 하나님께 저주받아 죽었다고 말할 수 있는 근거가 매우 많습니다. 첫째 예수는 하나님의 집인 성전에서 난동을 부렸습니다. 둘째 예수는 하나님을 자기 아버지라고 불경한 말을 했습니다. 셋째 예수는 하나님이 명하신 안식일 법이나 음식 정결법을 대놓고 위반했습니다. 넷째 예수는 정통 유대인들이 만나기를 꺼리는 사마리아 사람들을 만났고, 부정한 사마리아 땅을 아무렇지도 않게 관통했습니다. 이런 여러 가지를 생각했을 때 예수는 하나님이 보내신 메시아일 수 없다는 겁니다. 하나님께 참람하고 불경한 말과 행동을 했던 예수가 하나님께 저주받아 죽었음을 모든 유대인은 수긍할 수밖에 없었습니다. 그런데 그 예수가 죽은 다음에 예수 운동이 사그라들기는커녕 도리어 점점 더 많은 사람이 예수의 길을 따르겠다고 불같이 일어났습니다. 당시 유대교 교육을 받은 바울은 얼마나 이런 상황이 안타까웠겠습니까. 예수가 하나님께 불경하고 참람한 말을 한 것 때문에 하나님께 저주받아 죽었는데 그 하나님께 저주받아 죽은 예수의 길을 너무나 많은 유대인이 따르는 것을 보면서 바울 입장에서는 무척 안타까웠을 것입니다. 그래서 이 사람들을 다시 정통 유대교로 돌이키기 위해서 때로는 핍박도 하고 박해도 하면서 열정과 헌신을 다했던 겁니다.

　그런데 이 다마스커스 사건을 통해서 무엇을 깨달았습니까? 자기가 하고 있는 모든 일이 사실은 하나님의 마음을 아프시게 하고, 하나님께 저주받아 죽었다고 확신했던 예수가 하나님이 약속하신 메시아이며 하나님이라는 사실을 깨달았습니다. 그렇게 바울은 매우 혼란스러운 회심의 시간을 보내게 됩니다.

앞으로 쭉 보게 될 사도 바울에 대해서 몇 가지 기본적인 사항을 이해하셨으면 좋겠습니다. 원래 사도 바울의 이름은 사울인데 다마스커스 도상 사건을 경험하고 나서 이름을 바울로 개명했다고 생각하는 분이 의외로 많이 계십니다. 마치 아브람이 아브라함이 되고 사래가 사라가 되고 야곱이 이스라엘이 된 것처럼 말입니다. 사실은 그렇지 않습니다. 성경을 다 뒤져 보아도 사울이 바울로 개명했다는 말씀은 없습니다. 유일하게 우리가 찾아볼 수 있는 말씀은 이 구절입니다.

사도행전 13:9 바울이라고 하는 사울이 성령이 충만하여.

이 구절 외에 다른 언급은 없습니다. 많은 사람이 이 말씀을 근거로 해서 "봐라, 바울이라고 하는 사울이라고 하지 않았냐. 이것은 사울이 바울이 된 것이다"라고 주장합니다. 이와 비슷한 사례가 있습니다.

사도행전 12:12 마가라 하는 요한의 어머니.

마가라 하는 요한이라면, 요한이 마가가 된 것입니까? 그렇지 않습니다. 사도 바울은 디아스포라 유대인이었다는 점을 기억해야 합니다. 디아스포라 유대인은 혈통은 유대인이지만 팔레스타인 땅에 살지 않았던 사람입니다. 요즘 식으로 말하자면 교포입니다. 당시의 디아스포라 유대인들은 보통 두 개의 이름을 갖고 있었습니다. 유대인으로서 이름 하나, 그리고 자기가 태어난 그리스 로마식 이름 하나입니다. 사울이라는 이름은 베냐민 지파 남성들이 가장 선호한 이름입니다. 왜 그렇습니까? 이스라엘 역사를 보면 이스라엘 역사에 등장한 최초의 왕이 누구였죠? 사울입니다. 사울이 어느 지파죠? 베냐민 지파입니다. 사도 바울도 베냐민 지파입니다. 그래서 아마도 부모가 베냐민 지파가 가장 선호했던 사울이라는 이름을 그에게 지어 준 것 같습니다. 그런데 바울이 태어난 곳은 팔레스타인 본토가 아닙니다. 바울은 길리기아 다소 지방에서 태어났습니다. 그리스 로마 지방입니다. 이방 땅입니다. 그래서 그리스 로마 지역에서 태어난 사도 바울은 어렸을 때부터 바울이라는 그리스 로마식 이름을 갖게 된 겁니다. 그러니까 사울이 바울이 된 것이 아니라, 다른 디아스포라 유대인들처럼 태어났을 때부터 정통 유대식 이름과 그리스 로마식 이름, 이렇게 두 개의 이름을 다 가지고 있는 겁니다.

"사울이 바울 된 것은 다마스커스 도상에서였다"라는 표현은 성경 어디에도 존재하지 않습니다. 사도 바울은 디아스포라 유대인으로서, 유대식 이름 사울과 그리스 로마식 이름 바울이라는 두 개의 이름을 가진 사람이었습니다.

다마스커스 도상 사건을 경험하면서 사도 바울은 이런 고민을 많이 했습니다. "왜 하나님이 나 같은 사람을 단칼에 심판하지 않으시고 도리어 나를 선택해 하나님 나라를 위해서 사용하시는가?" 그렇지 않겠습니까? 그동안 사도 바울이 해 온 일이 무엇이었습니까? 하나님 나라 백성을 잡아 가두고 죽이는 일에 앞장선 거잖아요. 하나님의 마음을 너무나 아프게 한 거잖아요. 그런데 그와 같은 자를 하나님이 단칼에 심판하지 않으시고 도리어 구원하셔서 하나님 나라의 확장을 위해서 사용하시는 것에 대해 바울은 많은 고민을 했을 겁니다. 왜 하나님이 나를 선택하셨는가, 언제부터 하나님이 나를 선택하셨는가, 이런 질문을 실존적으로 할 수밖에 없었을 것입니다. 바울 서신을 보면 하나님이 그를 언제부터 선택하셨는가와 관련하여 고백이 점점 더 깊어집니다. 바울은 처음에는 하나님이 다마스커스 도상에서 그를 부르셨다고 생각했습니다. 그러다가 초기 바울 서신의 하나인 갈라디아서 1장 15절에서는 다마스커스 도상이 아니라 어머니의 모태에서부터 이미 그를 선택하셨다고 고백합니다. 나중에는 후기 옥중 서신 가운데 하나인 에베소서 1장 4절에서 창세 전에 이미 하나님은 그를 선택하셨다고 기록합니다. "하나님이 나를 선택하셨다"라는 시점이 점점 깊어지고 있습니다. 하나님과의 관계가 깊어지면 깊어질수록 그 시점도 앞당겨집니다. 처음에는 다마스커스 도상에서 하나님이 자신을 부르셨다고 고백했던 사도 바울이 "그렇지 않아, 이미 어머니의 모태에서부터 하나님은 나를 부르셨어"라고 말합니다. 그리고 하나님과의 관계가 더욱더 깊어졌을 때는 "이미 창세 전부터 하나님이 나를 선택하시고 자기 백성으로 부르셨다"라는 고백을 합니다.

그러면 왜 나를 부르셨는가. 여기에 대해서도 바울은 심사숙고합니다. "왜 나 같은 사람을 하나님이 단칼에 심판하지 않으시고 도리어 갱생시키셔서 하나님 나라의 복음을 전파하는 자로 사용하시는가? 나를 구원하시는 목적이 무엇인가?" 그 깊은 고민 가운데 바울이 구원의 목적을 깨닫고 말했던 내용이 두 구절에 담겨 있습니다. 하나가 로마서 1장 14절이고 또 하나가 고린도전서 9장 16절입니다.

로마서 1:14   헬라인이나 야만인이나 지혜 있는 자나 어리석은 자에게

다 내가 빚진 자라.

고린도전서 9:16 내가 복음을 전할지라도 자랑할 것이 없음은 내가 부득불
할 일임이라. 만일 복음을 전하지 아니하면 내게 화가 있을
것이로다.

로마서 1장 14절에서 "내가 모든 자에게 빚을 졌다"라고 말합니다. 한마디로 표현하자면 구원의 빚을 지고 있다는 겁니다. 그다음에 고린도전서 9장 16절을 보십시오. 너무나 중요한 말씀이 나옵니다. "내가 복음을 전할지라도 자랑할 것이 없음은 내가 부득불 할 일임이라 만일 복음을 전하지 아니하면 내게 화가 있을 것이로다." 이 말씀이 어떤 의미입니까? 사람들은 "우리 바울 선생님 정말 대단하시다. 그 힘들고 어려운 모든 난관을 극복하시고 1차, 2차, 3차 전도 여행을 감당하셨다"라고 막 박수를 보냅니다. 그런데 사도 바울은 뭐라고 얘기하고 있냐면 그 일은 자신이 박수받을 일이 아니라는 겁니다. 이것은 부득불 해야 하는 일이라는 겁니다. '부득불不得不'이라는 말이 무슨 뜻입니까? '어쩔 수 없이', '마지못해'라는 말입니다. 그러면서 "내가 이것을 하지 않으면 내게 화가 있을 것"이라고 말합니다. 바꿔 얘기하자면 그가 이것을 끊임없이 신실하게 감당하는 중요한 이유는 화가 자신에게 미치지 않게 하기 위해서라는 것입니다. 도대체 이 말이 무슨 말이죠? 짧게만 설명드리면 바울은 오랜 세월 왜 하나님이 자신을 구원하셨는가에 대해서 심사숙고합니다.

보통 우리 한국 교인들에게 이런 질문을 해 보세요. "하나님이 당신

을 구원하셨음을 믿습니까?" 그러면 대다수 한국 교인들은 "아멘" 하고 고백합니다. 그다음 질문을 해 보세요. "그렇다면 왜 하나님은 당신을 구원하셨습니까?" 그러면 대부분의 신앙인은 "저를 사랑하셔서요"라고 대답합니다. 또 질문해 보세요. "하나님은 당신을 왜 사랑하십니까?"라고 하면 "저를 구원하시기 위해서요"라고 답합니다. 다시 "하나님은 당신을 왜 구원하십니까?"라고 물으면 "저를 사랑하셔서요"라고 답변합니다. 제가 이런 임상 실험을 정말 많이 해 봤습니다. 대다수 한국의 그리스도인들은 하나님이 나를 사랑하신다, 하나님이 나를 구원하셨다는 분명한 확신을 갖고 있습니다. 문제는 나라는 존재를 뛰어넘지 못한다는 겁니다. 마치 구약 시대의 이스라엘 백성과 같습니다. 하나님이 이스라엘을 선민으로 부르신 건 맞습니다. 이스라엘은 선민으로 부름받았습니다. 선택받았습니다. 그런데 하나님이 이스라엘을 왜 선민으로 부르셨죠? 이스라엘만 사랑하기 위해서요? 이스라엘만 구원하려고요? 아닙니다. 하나님이 이스라엘을 선민으로 부르신 목적은 이스라엘을 먼저 선택하시고 이스라엘을 하나님이 원하시는 거룩한 백성으로 만드셔서, 거룩한 백성 이스라엘을 통해 세계 만민을 하나님 앞으로 견인해 오기를 기대하신 겁니다. 이스라엘은 어떤 선민으로 부름받은 겁니까? 만민을 위한 선민으로 부름받은 겁니다. 그런데 이스라엘은 이것을 망각합니다. 만민을 위한 선민이라는 사실을 망각하고 이스라엘은 어떤 신앙을 주창했습니까? 배타적 선민사상입니다. 한마디로 선민으로 부름받은 우리 이스라엘은 하나님의 은혜와 복을 받고 선민으로 부름받지 못한 이방 백성에게는 하나님의 심판과 저주가 임한다, 이것이 소위 배타적 선민사상입니다.

이스라엘(유대인)은 하나님을 독점하려 했습니다. 그런데 안타깝게도 대다수 한국의 그리스도인들이 실패한 구약의 이스라엘 백성과 비슷한 사고를 많이 합니다. 하나님이 나를 구원하셨다, 하나님이 나를 사랑하신다는 확신은 분명한데 왜 하나님이 나를 구원하셨는가, 왜 하나님이 나를 선택하셨는가, 여기에서 '나'라는 존재를 뛰어넘지 못합니다. 이것을 뛰어넘은 사람이 누구냐면 사도 바울입니다. 바울이 얼마나 오랜 세월 동안 이런 질문을 했겠습니까. 왜 하나님이 나를 심판하지 않으시고 도리어 나를 사용해 하나님 나라의 복음을 전파하게 하시는가, 하나님이 나를 구원하시고 나를 선택하신 목적이 무엇인가. 여기서 바울은 이런 대답을 못 하겠죠. "하나님이 왜 나를 선택하셨는가?"에 "나를 사랑하시니까"라고 자동적으로 답하지 못하는 겁니다. 왜냐하면 바울은 지금까지 죄인 중의 괴수 같은 행동을 해 온 겁니다. 하나님의 백성을 핍박하고 그들을 박해하고 죽이는 일에 앞장선 겁니다. 그래서 "하나님이 나를 사랑해 구원하셨다"라고 말할 수 없는 겁니다. 바울은 왜 하나님이 나를 구원하셨는가를 끊임없이 고민합니다. 그러면서 바울이 깨달은 것이 뭐냐면 이런 겁니다. 여기에 하나님이 계십니다. 저쪽 흑암의 권세 가운데 이방인들이 있습니다. 하나님은 이 흑암의 권세 가운데 있는 이방인들을 당신의 백성으로 삼고 싶어 하십니다. 이것이 가능하려면 누군가가 이 흑암의 권세 가운데 있는 자들에게 하나님의 애끓는 사랑과 자비를 전달해 줘야 합니다. 매개자가 필요한 겁니다. 그 매개자로 자신이 선택되었다고 바울은 깨닫게 된 겁니다. 즉 하나님과 흑암의 권세 가운데 있는 이방 백성의 중간 매개자로 자기가 선택되었다는 겁니다. 만약 흑암의 권세 가운데 있는 이방인들에 대한 하나님의 애끓는 사랑과 자비하심이 없었다면 자기가 선택받을 수 있었겠습니까? 없는 겁니다. 그러니까 바울은 이 사람들 때문에 내가 하나님의 선택을 받았다, 이들에게 내가 구원의 빚을 지고 있다고 보는 겁니다. 그런데 바울이 만약 1-3차 전도 여행을 하고 나서 하나님께 이렇게 말한다고 생각해 보십시오. "하나님 저 할 만큼 했습니다, 나 이제 못 해"라면서 안 하겠다고 빠지면 이 흑암의 권세 가운데 있는 자들을 당신의 백성 삼고자 하는 하나님의 원대한 계획이 좌절되나요? 만약 바울이 안 하겠다고 하면 하나님이 바울에게 끊임없이 물어보시겠죠. "야 바울 너 정말 안 할 거야?" 그때 바울이 "저 이제 힘들어서 못 하겠어요"라고 한다고 해 보죠. 그래서 바울이 정말 안 하게 되면 하나님은 바울이 떠난 그 자리에 새로운 사람을 세워 놓으시겠죠. 그러면 이 사람도 결국 흑암의 권세 가운데 있는 이들 때문에 하나님의 선택을 받게 되는 겁니다. 바울이 "내가 이것을 하지 않으면 내게 화가 임한다"라는 것은 이 사람들 때문에 자기가 선택을 받았고 이 사람들 때문에 하나님의 구원을 받았는데 자기가 거기서 빠지면 결국 자기의 구원만 상실할 뿐 하나님의 원대한 계획이 손상되는 것은 아니라는 겁니다. 자기만 손해를 보는 겁니다. 이것을 바울은 뭐라고 얘기합니까? "자기에게 화가 임한다"라고 한 겁니다. 그런 화가 임하지 않도록 하나님이 자기를 부르시는 그 순간까지 하나님이 맡기신 사명에 열과 성을 다했던 사람이 사도 바울입니다. 그래서 이 9장의 다마스커스 사건을 통해서 바울은 하나님이 자기를 선택하신 이유와 목적, 그 때와 시기에 대한 깊은 고민을 시작하게 되었고 시간이 지나면 지날수록 왜 하나님이 나를 구원하셨는가, 나는 누구에게 구원의 빚을 지고 있는가 하는 점을 깨닫게 된 것입니다. 그래서 한국의 그리스도인들도 하나님이 나를 구원하셨다, 하나님이 나를 사랑하신다에서만 끝날 것이 아니라 내가 누구에게 구원의 빚을 지고 있는가에 대한 진지한 질문들을 해 보고 그 구원의 빚을 갚기 위해 열과 성을 다하는 신앙으로 도약할 수 있었으면 좋겠다는 생각이 듭니다.

9장 후반부에서 사도 바울은 회심했는데 바울이 회심한 이후에 유대교는 바울을 배신자로 낙인찍고 죽이려고 안달합니다. 문제는 초대교회 안에서도 사도 바울의 회심을 두 팔 벌려 환영하지 못했다는 것입니다. 왜냐하면 바울의 과거 전력 때문입니다. 바울이 지금까지 뭐 했던 사람입니까? 초대 교인들을 잡아 가두고 핍박하고 죽였던 사람입니다. 그런데 갑자기 바울이 "나 예수 만났어, 회심했어, 나도 이제 그리스도인이야" 이렇게 얘기했을 때 "환영합니다"라고 두 팔 벌려 환영하지 못했습니다. 정말 이 사람이 예수님을 제대로 만난 거 맞나, 바울의 회심을 검증하는 시간이 초대 교인들에게도 필요했습니다. 왜냐하면 바울이 회심했다고 말하고 나서 초대교회 모임에 들어왔다고 생각해 보십시오. 그리고 이 지역 저 지역 돌아다니면서 사람들이 여기에서 모이는구나, 이런 사람들이 모이는구나, 이런 정보들을 취합한 다음에 갑자기 어느 날 이 모두를 일망타진하면 어떻게 되겠습니까. 그러니까 초대 교인들도 바울의 회심의 진정성을 확인하는 시간이 필요했던 겁니다. 참 감사한 것은 사도 바울이 유대교로부터 죽음의 위협에 시달리고 초대교회도 회심한 바울을 두 팔 벌려 환영하지 않았던 이 힘들고 어려웠던 순간, 바울은 하나님만을 바라보면서 자기에게 맡겨진 사명에 신실하게 임했다는 것입니다. 이것이 너무 아름답고 감사한 일인 겁니다. 이때 외로운 섬처럼 혼자 있었던 사도 바울을 예루살렘의 사도들과 연결해 준 중요한 인물이 등장합니다. 그가 바나바입니다.

이방인을 향하여(행 10-11장)

10장은 베드로의 세계관이 전환되는 또 하나의 중요한 사건입니다. 예수님이 승천하시면서 이 땅에 남아 있는 제자들에게 매우 중요한 사명을 주셨습니다. 그게 무엇입니까? 모든 족속을 제자 삼으라는 겁니다. 세계 만민을 찾아가서 주의 복음을 전하라는 겁니다. 그런데 이 사명을 감당하기 위해서는 열두 사도와 주의 제자들이 극복해야 하는 매우 중요한 난관이 있었습니다. 열두 사도와 주의 제자들 대부분이 정통 유대인들이었습니다. 유대교 신앙에 철저한 사람들이었습니다. 그 유대교 신앙 가운데 하나가 뭐냐면 정결법입니다. 정결법 가운데 하나가 뭡니까? 정결한 자들은 부정한 자들과 어울리면 안 된다는 겁니다. 정결한 자와 부정한 자가 어울리면 부정한 자의 안 좋은 기운이 정결한 자를 오염시킨다고 생각했습니다. 이것이 소위 구약에서 말하는 거룩의 핵심입니다. 그런 의미에서 보자면 구약의 거룩은 매우 연약합니다. 힘이 없는 거룩입니다. 나의 거룩함이 부정한 것을 거룩하게 만들어 내는 것이 아니라 다른 누군가의 부정함이 섞여 그 부정함에 내가 압도당할 수밖에 없는, 연약한 거룩입니다. 이런 상황에서 나의 거룩함을 지켜 내려면 무엇을 해야 하는 겁니까? 부정한 모든 것과 거리를 두는 단절과 분리가 이루어져야 합니다. 이것이 소위 구약이 말하는 거룩의 한계입니다.

그런데 예수님이 승천하시면서 이 땅에 남아 있던 제자들에게 너무나 중요한 사명을 주셨습니다. 그게 뭡니까? 모든 민족으로 예수 그리스도의 제자가 되게 하라는 겁니다. 그들에게 하나님 나라의 복음을 선포하라는 겁니다. 예수님이 맡기신 이 사명을 감당하려면 이방 땅에 가야 합니다. 이방인들을 만나야 합니다. 여기에서 그들의 발목을 잡는 난관이 무엇입니까? 바로 정결법입니다. 어떻게 정결한 유대인이 부정한 이방인들과 만날 수 있는가? 그들과 교제할 수 있는가? 어떻게 정결한 유대인이 부정한 이방 땅을 밟을 수 있는가? 이것이 해결되지 않으면 예수님이 맡기신 사명을 초대교회가 신실하게 감당하기는 어려웠던 것입니다.

베드로를 비롯한 초대 교인이 신학적인 한계를 뛰어넘도록 하는 사건, 세계관을 전환하는 사건을 열두 사도의 대표라고 할 수 있는 베드로에게 허락하신 겁니다. 그게 바로 사도행전 10장에 나와 있습니다. 먼저 환상 가운데 부정한 음식이 담긴 보자기가 하늘에서 내려옵니다. 주님이 베드로에게 이렇게 말씀하십니다. "잡아 먹으라." 레위기 11장과 신명기 14장에 근거해 보면 음식 정결법에 따라 하나님의 백성이 먹을 수 있는 짐승과 먹어서는 안 될 짐승이 구별되어 있습니다. 그런데 예수님은 그 부정한 짐승을 먹으라고 합니다. 그런데 베드로가 뭐라고 합니까. "주여, 그럴 수 없나이다." 심지어 베드로가 이렇게 얘기합니다. "내가 어려서부터 이 부정한 음식을 먹지 않았습니다." 바꿔얘기하자면 정결법을 철저하게 지켰다는 겁니다. 앞에서 말씀드린 것처럼 베드로는 정통 바리새인이었을 가능성이 매우 큽니다. 왜냐하면 성경에 대해 매우 해박한 지식을 갖고 있으며 정결법을 철저하게 지킨 사람입니다. 그런데 예수님이 뭐라 하십니까. "내가 정결하다고 한 것을 왜 너는 부정하다고 하느냐."

이 환상이 끝난 다음에 고넬료라는 이방인이 보낸 사람이 베드로를 만나러 옵니다. 그러면서 "천사의 지시를 받은 고넬료가 당신을 초대한다. 우리에게 주의 복음을 증거해 달라"라고 말하면서 베드로를 초대합니다. 그 초대에 응하여 베드로가 부정한 이방인의 집에 들어갑니다. 그리고 베드로는 그 집에서 고넬료 집안사람들과 교제를 나누는 가운데 충격적인 사건을 경험합니다. 그게 무엇입니까? 할례를 받지 않은 이방인인 고넬료와 그의 집안사람들과 친구들이 예수에 대한 믿음과 신앙을 고백하는 순간, 열두 사도와 초대교회가 경험했던 동일한 성령이 그들에게 임하는 장면을 목격합니다. 이때 베드로의 고정관념이 깨집니다. 할례를 받고 음식 정결법을 철저하게 지키고 구약의 제의법을 철저하게 준수하는 유대 기독교인들에게만 성령이 임한다고 생각했는데, 할례를 받지 않고 음식 정결법을 지키지 않은 이방인들도 예수에 대한 믿음을 고백했을 때 초대교회가 받았던 동일한 성령이 임하는 것을 베드로는 경험합니다.

그래서 베드로가 무엇을 고백합니까? 하나님은 사람의 겉모습을 보고 판단하지 아니하신다는 겁니다. 유대인이냐 아니냐, 할례를 받았느냐 받지 않았느냐, 음식 정결법을 지키느냐 지키지 않느냐와 같은 겉모습이 아니라 예수를 구원자로 고백하고 있는가, 예수가 자기 인생의 주인이라 고백하고 있는가 이 믿음이 더 중요하다는 겁니다. 그래서 이 사건을 통해서 그동안 믿어 왔던 베드로의 세계관이 깨집니다. 붕괴됩니다. 베드로는 새로운 인식으로 전환합니다.

그런 의미에서 사도행전 9장이 바울의 회심 사건을 다룬다면 사도행전 10장은 베드로의 회심 사건을 다룬다고 할 수 있습니다. 이 사건 이후에 베드로는 이방인들과 만날 때 그전에 자기를 옭아매었던 장애물로부터 좀 더 자유로워집니다. 이것이 결국 베드로가 예루살렘 교회로부터 밀려나게 만드는 배경이 됩니다. 신앙의 여정을 걸어가면서 자신이 옛날에 알고 있던 신앙에만 머무는 것이 아니라 매 시대 새롭게 하나님의 말씀과 대면하고 하나님이 우리에게 주시는 계시의 발전, 이것들을 아멘으로 받아들일 수 있는 아름다운 회심이 우리의 일상에서도 아름답게 구현되기를 소망합니다.

고넬료 집에서의 사건을 경험한 후 베드로가 다시 예루살렘 교회에 돌아왔을 때 율법주의자들이 베드로를 비판하기 시작합니다. 사도행전 11장 2절에는 베드로가 예루살렘에 올라갔을 때 할례자들이 그를 비난했다는 말씀이 나옵니다. 이 할례자들은 율법주의에 근거해서 베드로에게 왜 정결법을 준수하지 않는지, 왜 부정한 이방인들과 교제했고 그들의 집에 들어갔느냐고 따졌습니다. 성령의 역사보다 베드로가 율법의 정결법을 위반한 것에 대해서 책망하기 시작합니다.

여기서 당시 예루살렘 교회의 정치적인 역학 관계를 기억할 필요가 있습니다. 초대교회 당시에 절대다수의 힘은 예루살렘 교회가 쥐고 있었습니다. 그 예루살렘 교회의 수장이 바로 야고보입니다. 예루살렘 교회의 입장은 "우리는 예수가 그리스도이며 메시아이심을 믿는다. 예수 그리스도가 우리 구원자이심을 믿는다. 그뿐 아니라 아브라함 때부터 하나님의 백성이 믿어 왔고 그들이 지켜 왔던 모든 율법의 조항들을 순종해야 한다"라는 것이었습니다. 그렇다면 어떤 이야기가 됩니까? 하나님의 백성이라면 마땅히 할례받아야 하고, 하나님의 백성이라면 음식 정결법을 준수해야 하며, 하나님의 백성이라면 절기를 준수해야 한다는 것입니다. 이 모든 것을 다 지킬 뿐 아니라 예수가 메시아이심을 고백해야 한다는 것이 예루살렘 교회의 입장입니다. 쉽게 이해하시면 예루살렘 교회와 정통 유대인들은 딱 하나가 다른 겁니다. 뭐가 다른 겁니까? 예수가 메시아인가, 그렇지 않은가. 예수가 우리의 구원자인가, 그렇지 않은가. 이 조건에서만 예루살렘 교회와 유대인들이 달랐고, 나머지 모든 것은 같은 입장이었습니다.

그러나 이 예루살렘 교회와 완전히 반대편에 있던 사람이 바로 사도 바울입니다. 사도 바울은 하나님의 백성이 되는 길, 예수의 제자가 되는 길에서 가장 중요한 것은 예수에 대한 믿음이라고 주장했습니다. 그 예수 그리스도를 통해서 하나님이 우리를 은혜 가운데 그분의 백성 삼아 주셨다는 사실을 믿는 것, 예수가 우리의 구원자이심을 믿는 것이 가장 중요하지 할례나 음식 정결법이나 절기를 준수하는 것은 본질적인 문제가 아니라는 겁니다. 그래서 바울과 예루살렘 교회의 입장은 정반대였습니다.

여기서 중요한 점은 바울이 모든 율법을 부정했던 것은 아니라는 점입니다. 바울은 제의법에 대해 문제 제기를 하고 있습니다. 율법 안에는 크게 제의법이 있고 도덕법이 있습니다. 제의법은 제사법입니다. 거기에 포함되는 것이 무엇입니까? 할례, 음식 정결법, 절기 준수법 같은 것들이 대표적인 제의법입니다. 그리고 율법에는 또 뭐가 있습니까? 도덕법이 있습니다. 하나님의 백성답게 정직하게 살아야 한다, 진실하게 살아야 한다, 거룩하게 살아야 한다는 것들이 도덕법이라 할 수 있습니다. 예수 그리스도를 믿는 이방 신자들에게 율법의 도덕법은 유효하지만, 그들에게 제의법을 강요해서는 안 된다는 것이 바울의 주장입니다. 바울이 율법 전체를 부정했다기보다는 율법 가운데 제의법을 이방 기독교인들에게 준수하도록 해야 한다는 주장을 반대한 겁니다. 예수에 대한 믿음이 있다면 유대인들은 유대인의 문화 속에서 하나님을 믿는 신앙의 꽃을 활짝 피울 수 있고, 이방인은 이방인의 문화 가운데에서 예수 그리스도를 믿는 신앙의 꽃을 활짝 피울 수 있다는 주장입니다. 유대인들이 오랫동안 가진 신앙의 문화를 이방 기독교인들에게 강요하는 것을 사도 바울은 용납하지 않았던 것입니다. 그런데 바울의 입장을 예루살렘 교회가 바라볼 때는 마치 율법을 폐기하는 것처럼 보였습니다. 그래서 예루살렘 교회는 오랜 시간 사도 바울에 대해서 율법 폐기론자라고 비판한 겁니다. 예수를 믿을 뿐만 아니라 너희들이 진정 하나님의 백성이라면 할례도 받고 음식 정결법도 지키고 제의도 준수해야 한다는 입장이었습니다. 이런 것을 지키지 않는다면 온전한 하나님의 백성이 아니라는 것이 예루살렘 교회의 입장이었습니다. 그 예루살렘 교회의 최고 지도자가 야고보입니다. 그 반대편에 누가 있었던 겁니까? 사도 바울이 있었습니다.

그런데 재미있는 사실은 이 중간에서 원래는 예루살렘 교회의 입장을 지지하고 있다가 이후에 바울의 입장으로 선회한 사람이 있습니다. 그가 누구죠? 바로 베드로입니다. 10장에서 살펴본 것처럼 베드로는 어렸을 때부터 철저하게 음식 정결법을 준수한 사람입니다. 예루살렘 교회와 원래는 같은 신학적 입장을 공유하고 있었습니다. 그런데 사도행전 10장에서 고넬료 집에 갔을 때 베드로가 뭘 경험하게 된 거죠? 할례를 받지 않았지만 하나님과 예수 그리스도에 대한 믿음을 가진 고넬료와 그 집안사람들에게 주의 성령이 임하는 사건을 경험한 겁니다. 이때부터 베드로는 할례보다 훨씬 더 중요한 것이 하나님과 예수 그리스도에 대한 온전한 믿음임을 고백합니다. 원래는 예루살렘 교회와 같은 신학적 입장을 가지고 있다가 바울과 같은 입장으로 선회한 겁니다. 그 결과 점점 베드로는 예루살렘 교회로부터 밀려날 수밖에 없었습니다. 그래서 12장을 보면 헤롯 아그립바 1세의 박해 때문이기도 하지만 예루살렘 교회에서 정통 율법주의자들로부터 책망을 받고 비판을 받으면서 베드로는 예루살렘 교회로부터 점점 밀려나게 됩니다. 그 결과 베드로는 어디로 갑니까? 로마로 갑니다. 로마에 가서 베드로가 주의 복음을 증거할 때 누가 베드로의 사역을 도와주었습니까? 베드로전서 5장 13절을 보면 베드로의 믿음의 아들이 나옵니다. 그가 누구냐면 마가입니다. 보통 사도 바울의 믿음의 아들이라면 두 명을 얘기합니다. 한 명은 디모데이고 한 명은 디도입니다. 베드로의 믿음의 아들이 누구냐면 마가입니다. 그래서 베드로가 경험했던 예수님에 관한 이야기, 예수로부터 전해 들었던 말씀들, 예수께서 행하셨던 사역들을 베드로가 이야기하면 이것을 그대로 마가가 기술했습니다. 이것이 마가복음입니다. 그래서 마가는 예수 그리스도의 사도가 아니었음에도 불구하고 마가복음이 초대교회에서 정경으로서의 권위를 획득하게 된 겁니다. 마가복음은 마가가 썼지만, 실제로는 베드로가 말한 것을 마가가 기술한 것으로, 거의 베드로가 쓴 것과 마찬가지로 여기는 겁니다. 그래서 베드로의 복음이라는 권위로 마가복음이 초대교회에서 정경으로 채택된 겁니다.

초대교회에는 야고보를 중심으로 한 예루살렘 교회, 그 반대편의 바울 그리고 중간에 베드로가 있었습니다. 베드로는 처음에는 예루살렘 교회와 같은 신학적 입장을 가지고 있다가 시간이 지남에 따라서 바울과 같은 입장에 섭니다. 나중에 사도행전 21장에서 야고보가 예루살렘 교회에 온 바울에게 "당신에 대해서 우리 예루살렘 교회 안에 오해하는 사람들이 많다"라고 이야기합니다. 뭘로 오해하는 거죠? 반율법주의자라는 겁니다. "그런 오해를 불식시키기 위해서라도 당신이 나실인 서원이 만료된 사람들을 성전에 데리고 가서 이 사람들을 위해 대신 돈도 지불하고 이 나실인 정결 규례를 마쳤다는 것을 보고해라. 그럼으로써 당신이 얼마나 율법의 규례를 충실히 지키는 사람인지 증거해 달라"라고 말합니다. 예루살렘 교회 안에 있는 바울에 대한 오해를 불식시켜 달라는 부탁입니다. 이 부탁을 듣고 바울이 나실인 서원이 끝난 사람들과 함께 예루살렘 성전에 들어갔다가 유대주의자들에게 잡힙니다. 그래서 사도행전 22-28장까지가 죄수의 신분으로 살아가는 바울의 이야기입니다.

예수님이 승천하시면서 이 땅에 남아 있던 제자들에게 주셨던 마지막 명령, 지상명령이 무엇이었습니까? 그러므로 가서 모든 민족을 제자로 삼으라는 것이었습니다. 예수님은 이 땅의 제자들에게 유대인들만을 위한 전도자가 아니라 세계 만민을 위한 전도자로 살아가라고 중요한 사명을 맡겨 주셨습니다.

이 사명을 완수하기 위해서 제자들에게 몇 가지 걸림돌이 있었습니다. 첫째가 무엇입니까? 언어의 장벽입니다. 이것이 해결된 사건이 무엇이었습니까? 2장의 오순절 성령 강림 사건입니다. 오순절에 모여 있던 초대 교인들에게 놀라운 역사가 임한 겁니다. 그게 뭡니까? 성령이 임하면서 불의 혀처럼 초대 교인들이 이방의 언어를 구사할 수 있도록 방언의 은사가 주어진 겁니다. 그래서 예루살렘을 찾아왔던 무수한 이방 사람들이 깜짝 놀랍니다. 갈릴리 사람들인 초대 교인들로부터 그들이 사용하는 지역의 언어로 복음의 메시지를 듣게 된 겁니다.

그리고 또 하나의 걸림돌이 유대 정결법입니다. 이 정결법은 철저하게 레위기에 근거한 규례입니다. 하나님의 백성으로서 사는 삶을 규정해 놓은 구약 레위기에서 말하는 거룩의 핵심은 부정한 모든 것과 단절하고 분리되는 겁니다. 사실 레위기에서 말하는 거룩과 정결은 힘이 약한 거룩과 정결입니다. 왜 그렇습니까? 정결한 것과 부정한 것이 섞이면 부정해진다고 본 겁니다. 레위기가 말하는 정결함, 레위기가 말하는 거룩함이라는 것은 나의 거룩과 정결을 지키기 위해서는 부정한 모든 것과 단절해야 합니다. 분리되어야 합니다.

레위기의 말씀이 이스라엘 백성에게 선포될 때는 이스라엘이 신앙 안에서 이제 막 하나님의 백성이 되었을 시기라는 사실을 기억해야 합니다. 한마디로 이스라엘은 하나님의 백성으로서 어린아이 단계에 있던 겁니다. 자기를 지키는 것만으로도 벅찬 겁니다. 그러다가 사사 시대, 왕정 시대, 남북 분열 시대, 포로기 시대, 중간기 시대를 거치면서 오랜 세월 하나님의 백성으로서 무수한 사건과 연단을 경험했습니다. 이제 예수님은 제자들에게 어떤 명령을 주시는 겁니까? "너희는 세상의 빛이다, 너희는 세상의 소금이다, 아버지께서 나를 세상에 보내신 것같이 나도 너희를 세상에 보낸다." 그리고 마지막 지상명령이 바로 "모든 민족으로 예수의 제자를 삼으라"는 겁니다. 이제는 세계만방으로 나아가서 너희가 경험했고 너희가 알고 있는 하나님 나라의 복음을 담대하게 전파하라는 겁니다. 이제는 유대교의 정결법을 뛰어넘어서 그 유대교의 문지방을 뛰어넘어서 세계 만민과 만날 것을 예수님은 촉구하고 있는 겁니다.

그런데 안타깝게도 열두 제자는 여전히 유대 정결법이라는 울타리 안에 머물고자 했습니다. 그래서 예수님이 베드로에게 보여 주셨던 환상이 무엇입니까? 사도행전 10장의 환상입니다. 네가 부정하다고 생각하는 것을 내가 정결케 했다는 겁니다. 세계 만민에게 나아가라는 겁니다. 그 환상을 경험하고서 베드로는 이방인이었던 고넬료의 집으로 찾아갑니다. 그리고 거기서 무엇을 경험했습니까? 할례를 받지 않은 이방인이 예수에 대한 믿음을 고백했을 때, 할례를 받은 주의 백성이 경험한 성령이 그들에게도 똑같이 임하는 것을 경험했습니다. 한마디로 베드로의 세계관과 베드로가 지금까지 갖고 있었던 신학적 사고가 완전히 붕괴되는 회심을 경험한 겁니다.

사도행전 11:17 그런즉 하나님이 우리가 주 예수 그리스도를 믿을 때에 주
신 것과 같은 선물을 그들에게도 주셨으니 내가 누구이기
에 하나님을 능히 막겠느냐 하더라.

그런데 예루살렘 교회에 있던 율법주의자들은 여전히 베드로가 보인 이런 행보가 이해되지 않는 겁니다. 그래서 왜 유대 정결법을 위반했냐

고 베드로를 책망합니다. 이때 베드로가 했던 말이 바로 11장 17절입니다. "그런즉 하나님이 우리가 주 예수 그리스도를 믿을 때에 주신 것과 같은 선물을 그들에게도 주셨으니 내가 누구이기에 하나님을 능히 막겠느냐." 저는 이 말씀이 너무 중요하다고 봅니다. "내가 누구이기에 하나님을 능히 막겠느냐." 당시 유대인들과 초대교회 안에서도 율법주의자들은 하나님의 역사를 특정 장소와 특정 대상으로 제한했습니다. 그런데 베드로는 그것을 뛰어넘으라고 촉구하는 겁니다. 내가 누구이기에 하나님을 능히 막겠느냐? 하나님이 역사하시는데, 하나님이 새로운 역사를 행하고 계시는데, 내가 기존에 갖고 있던 신학적인 사고, 선입견 때문에 어떻게 하나님의 새 역사를 가로막을 수 있겠냐는 겁니다. 도리어 우리의 마음 문을 열고 하나님이 행하시는 새 역사를 아멘으로 받아들이는 것이 주의 백성 된 자들의 올바른 태도라는 것을 베드로가 담대하고 선포하고 있습니다. "그들이 이 말을 듣고 잠잠하여 하나님께 영광을 돌려 이르되 그러면 하나님이 이방인들에게도 생명 얻는 회개를 주셨도다 하니라"(18절). 그래서 고넬료 사건의 중요성에 대해 다시 한번 말씀드립니다. 할례받지 않은 이방인도 예수에 대한 믿음을 고백하면 하나님의 백성이 될 수 있음을 보여 준 사건입니다. 이제 하나님의 백성이 되는지 안 되는지에 할례가 중요한 조건이 됩니까? 아닙니다. 할례보다 열 배, 백 배, 천 배 중요한 것이 무엇입니까? 믿음입니다. 유대인이든 이방인이든 혈통에 제한받지 않고 예수에 대한 믿음, 하나님에 대한 믿음이 있다면 그들을 하나님의 백성 삼아 주신다는 것을 초대교회가 서서히 인정하기 시작한 것입니다.

교회에 닥친 핍박(행 12장)

안디옥에서 초대교회 성도들은 비로소 그리스도인이라 불리게 됩니다(행 11:26). 이제는 유대교의 주류 세력과 구별된 새로운 이름을 얻게 된 겁니다. 그리스도인이 무슨 뜻입니까? '예수에게 속한, 예수의 길을 따라 걸어가는 이'라는 뜻입니다. 교인들에게 주어진 첫 번째 타이틀이 바로 그리스도인입니다. 예수에게 속한 사람이라는 뜻입니다. 예수가 걸어갔던 그 길을 따라 걸어가는 자들이라는 겁니다. 이것이 바로 그리스도인의 가장 중요한 정체성입니다. 이런 칭호를 안디옥에서 제일 먼저 얻었고, 12장으로 넘어가면 헤롯 아그립바 1세에 의해서 열두 사도 가운데 야고보가 최초의 순교자가 됩니다. 초대교회 역사를 보면 열두 사도 대부분이 순교를 당합니다. 최초의 순교자가 바로 야고보입니다. 이 야고보는 예루살렘 교회의 지도자였던 야고보와는 다른 사람입니다. 예루살렘 교회의 지도자였던 야고보는 예수님의 동생이고, 사도행전 12장에서 순교한 야고보는 예수님이 공생애 사역을 하실 때 데리고 다니셨던 제자입니다. 예수님은 중요한 사역의 현장에는 세 명의 제자만 데리고 다니셨습니다. 누구였죠? 베드로, 야고보, 요한입니다. 요한의 형제 야고보입니다. 이 야고보가 열두 사도 가운데 최초의 순교자가 되었고 나머지 사도들도 대부분 순교를 당합니다. 유일하게 순교를 당하지 않고 자연사한 제자는 요한으로 봅니다. 요한은 신약성경 가운데 다섯 개의 본문을 쓴 제자입니다. 요한복음, 요한 1, 2, 3서와 요한계시록입니다. 이 다섯 개의 성경을 쓴 제자인 요한만 자연사한 것으로 여겨지고 나머지 제자들은 다 순교를 당했다고 전해집니다. 그 가운데 최초의 순교자가 야고보입니다.

12장에 재밌는 이야기가 나옵니다. 베드로가 투옥을 당했는데 하나님의 놀라운 역사 가운데 한 사건이 일어납니다. 하나님이 베드로를 감옥으로부터 해방시켜 주신 것입니다. 감옥에서 탈출한 베드로가 초대 교인들이 기도하고 있는 장소에 찾아갔을 때 재미있는 일이 일어납니다. 그 시간에 초대 교인들은 뭘 했습니까? 베드로의 해방을 위해서 간절히 기도했습니다. 감옥으로부터 탈출한 베드로가 초대 교인들이 모인 곳에 와서 문을 두드립니다. 그때 이 문소리를 듣고 로데라는 계집종이 문을 열었는데 베드로가 서 있는 겁니다. 너무 놀라서 다시 문을 닫고 기도하고 있는 초대 교인들에게 와서 베드로 사도가 문밖에 있다고 얘기합니다. 그런데 재미있는 점은 베드로의 석방을 위해서 간절히 기도했던 교인들이 베드로가 문밖에 있다는 이야기를 듣고 로데에게 "네가 미쳤냐?"라고 반응한 겁니다. 감옥에 있어야 할 베드로가 문밖에 있다고 하니 로데를 도리어 꾸짖습니다.

> 사도행전 12:15 그들이 말하되 네가 미쳤다 하나 여자 아이는 힘써 말하되 참말이라 하니 그들이 말하되 그러면 그의 천사라 하더라.

12장 15절에 나오는 이 이야기는 참 재미있습니다. 우리는 하나님께 기도할 때 알게 모르게 기도의 정답을 아뢰야 한다는 부담감이 있습니다. 그래서 보통 대표 기도를 하는 분들이 얼마나 화려한 수사를 많이 동원합니까? 정말 하나님이 천지의 창조자이고 역사의 주관자이며 우리의 일거수일투족을 주관하신다면, 우리가 하나님을 정말 그런

분으로 고백한다면, 예수가 정말 우리의 구원자이고 우리 인생의 주인 이시라면, 그런 예수님이 원하시는 대로 우리 인생의 한 걸음, 한 걸음 을 내디뎌 가야 하는 것 아닙니까? "하나님, 정말 정직하게 살기를 원 합니다, 진실하게 살기를 원합니다, 주의 제자로 살기를 원합니다"라 고 고백한다면 우리를 정직하고 진실하고 거룩하게 주의 제자 된 길 로 이끄는 하나님의 인도하심에 대해서 온전히 순종해야 하지 않습 니까? 이 땅의 평화와 이 땅의 통일을 위해서 기도할 때 정말 남북한 의 통일을 원하십니까? 정말 하나님의 사람으로 살아가기를 원하십니 까? 정말 하나님께 온전히 순종하는, 주의 백성으로 살아가기를 원하 십니까? 그런데 그런 마음이 별로 없이 내 욕심과 이기심에 따라 살고 자 하는 마음이 있음에도 "하나님께만 온전히 순종하는 자로 살아가 게 해 주십시오"라고 기도할 때가 많습니다. 그러다가 진짜 우리의 기 도대로 하나님께만 온전히 순종하는 자로 하나님이 우리의 인생을 이 끄실 때 그것을 감사하기보다는 하나님께 "왜 나를 이렇게 힘들고 어 려운 길로 인도하십니까?" 하고 불평하고 원망할 때가 많습니다. 무슨 얘기죠? 기도하지만 그 기도가 온전히 이뤄질 것을 믿지 않을 뿐만 아 니라, 기도하지만 그 기도가 이루어지지 않기를 바라는 마음이 우리 에게 있습니다. 초대 교인들에게도 이런 모습이 있었다는 사실이 참 재미있습니다. 베드로의 석방을 위해서 간절히 기도했지만, 베드로가 문밖에 있다고 할 때는 믿지 못하는 겁니다. 이제 이러한 신앙의 현실 적 모순을 극복하고 뛰어넘어서, 진심으로 기도하여 응답받을 때 진 심으로 하나님께 감사할 수 있는 신앙의 성장과 진보가 있었으면 좋 겠습니다.

바울의 선교 여행(행 13-21장)

그리스도인이라는 명칭을 제일 먼저 받았던 안디옥 교회에 성령께서 바나바와 바울을 선교사로 파송할 것을 명하십니다. 안디옥 교회는 그 말씀에 순종합니다. 그래서 바울과 바나바가 동역을 합니다. 바나바와 바울은 구브로, 비시디아 안디옥, 이고니온, 루스드라 등을 순회하면서 아름답고 멋진 선교 사역을 행합니다. 그런데 문제가 생겼습니다. 바나바의 조카 마가 때문입니다. 바나바는 마가를 데리고 가자고 주장했습니다. 마가는 아마도 '선교 여행' 중에서 선교보다 여행에 방점을 찍은 것 같습니다. 신나는 여행이 될 줄 알고 바나바와 바울의 선교 여행에 동참했습니다. 마가는 120명이 모일 만한 큰 다락방을 가진 부유한 집안의 아들 아닙니까? 마가는 어떻게 보면 태어나서 지금까지 인생의 어려움과 고난을 경험해 본 적이 없습니다. 선교 여행을 간다니까 즐거운 여행이 될 줄 알고 동참했습니다. 한마디로 준비 없이 선교 여행에 동참한 겁니다. 그런데 하루에도 수십 킬로미터를 걸어야 합니다. 무서운 짐승과 도둑의 공격으로부터 자신을 방어해야 합니다. 너무나 힘들고 고된 선교 여행 가운데 마가가 밤빌리아 버가라는 곳에서 돌아가 버렸습니다. 준비 없이 선교 여행에 동참했다가 중간에 너무 힘들고 어려우니까 더 이상 못 한다면서 돌아가 버린 겁니다. 이런 마가 없이 바울과 바나바는 1차 선교 여행을 완수해 냈습니다.

두 번째 선교 여행을 앞두고 원래 바울과 바나바는 다시 동역하려고 했습니다. 이때 바나바가 마가를 다시 데리고 가자고 요청합니다. 바울은 매우 단호하게 반대합니다. 밤빌리아 버가에서 중간에 돌아갔던 그 마가를 데리고 갈 수 없다는 겁니다. 바나바는 데리고 가자고 주장하고, 바울은 절대 안 된다면서 두 사람 사이에 의견 대립이 일어납니다. 이것 때문에 2차 전도 여행 때부터 바울과 바나바는 결별합니다. 바나바는 마가를 데리고 따로 선교 여행을 떠나고 바울은 새로운 파트너인 실라를 데리고 2차 전도 여행을 떠납니다. 이 마가의 성급한 행동, 미숙한 모습으로 인해서 너무나 아름다운 동역자였던 바울과 바나바가 갈라서게 됩니다. 이것을 경험하면서 마가가 얼마나 미안함을 느끼고 큰 깨달음을 얻었겠습니까. 자신의 어리석고 미성숙한 행동 때문에 하나 되어야 할 바울과 바나바가 결별하는 모습을 보면서 마가는 다시는 그런 실수를 하지 않겠다고 마음을 먹었겠죠. 그래서 나중에 마가는 바울에게도 너무나 중요한 사람이 됩니다. 디모데후서 4장에서 바울은 디모데에게 마가를 데리고 오라고 씁니다. "마가는 나의 일에 유익하다"라고 마가를 평가합니다(11절). 베드로는 이 마가를 자신의 믿음의 아들이라고 고백합니다. 마가가 매우 중요한 사건을 통해서 자신의 미성숙함과 한계를 깨우치고 이후에는 완전히 환골탈태한 것입니다. 새로운 존재로 변화된 이후로는 하나님 나라를 위한 위대한 사역자로 신실한 걸음을 내디뎠습니다.

여기서 하나 기억해야 할 사실은 바울은 무척 단호한 사람이었다는 겁니다. 이 바울의 단호함 때문에 바울은 자신이 개척한 교회들에서도 환영받지 못했습니다. 바울이 자신이 개척한 교회에서도 환영받지 못한 까닭은 그가 매우 단호하고 엄격하게 목회했기 때문입니다. 사도 바울과 초대교회를 이해할 때 매우 중요한 점이 있는데 그들 모두가 임박한 재림 신앙을 믿었다는 겁니다. 바울뿐만 아니라 초대 교인들 대다수가 주님이 곧 오실 것이라고 믿었습니다. 바울은 매우 독특한 신학을 전개하는데 예수 그리스도는 신랑이고 교회는 신랑 되신 예수 그리스도의 신부라고 주장합니다. 언제 신랑이 신부인 교회를 찾아올지 모르는데 이 신랑을 맞기 위한 교회의 가장 중요한 자세가 무엇인가. 그것은 바로 순결을 지키는 것이라고 봅니다. 언제 신랑이 찾아올지 모르는데 그 신랑을 맞이하기 위해서 신부인 교회는 항상 순결함을 지켜야 한다는 겁니다. 그래서 바울은 이 교회의 순결함을 깨뜨리는 행위에 대해서 매우 단호한 태도를 취합니다.

매우 역설적이게도 바울이 개척한 많은 교회 가운데 바울의 사역을 끝까지 지지하고 후원하고 바울의 사도성을 인정한 두 교회가 있습니다. 그게 바로 빌립보 교회와 데살로니가 교회입니다. 그런데 공통적이게도 빌립보 교회와 데살로니가 교회는 바울과 짧게 만난 교회입니다. 그런데 바울은 순회 전도자 아닙니까. 어느 지역에 들어가서 복음을 전하고 예수를 믿게 된 사람들을 중심으로 교회를 세우고 그다음에 자기가 믿고 신뢰할 만한 사람에게 이 교회에 대한 목회를 위임하고 자신은 또 다른 지역으로 이동해서 주의 복음을 전했습니다.

그런데 특이하게도 바울이 오랜 기간 목회했던 두 교회가 있습니다. 하나가 에베소 교회이고 또 하나가 고린도 교회입니다. 에베소 교회에서 바울은 3년 동안 목회했고 고린도 교회에서는 1년 6개월 동안 목회합니다. 정말 오랜 시간 목회를 했던 두 교회였습니다. 그런데 공교롭게도 바울과 오랜 시간 만났던 에베소 교회와 고린도 교회에는 바울의 사도성을 인정하지 않는 사람들이 매우 많았습니다. 에베소나 고린도 교회는 바울을 지지하거나 후원하지 않았습니다. 역설적이게도 바울과 짧게 만났던 교회는 바울을 다 좋아했고 바울과 오래 만났던 교회는 바울을 대부분 싫어했습니다.

왜 그랬을까요? 바울과 짧게 만났던 교회는 전도자로서의 바울만 만난 겁니다. 그런데 바울과 오래 만났던 교회는 전도자로서의 바울뿐 아니라 목회자로서의 바울을 만난 겁니다. 목회자로서의 바울은 무엇을 강조했다고요? 신랑이신 예수 그리스도가 언제 신부 된 교회를 찾아오실지 모른다고 보았습니다. 그런데 신부인 교회가 이 신랑을 맞이하기 위한 가장 중요한 자세와 태도를 무엇으로 봤다고요? 신부의 순결함을 지키는 것입니다. 교회의 교회 됨을 지켜 내는 것, 교회의 거룩함을 지켜 내는 것, 그래서 바울은 교회의 교회 됨을 깨뜨리는 행위에 대해서 매우 단호한 목회를 했습니다. 바울의 단호한 목회 때문에 교회에서 출교를 당한 사람도 있고 징계를 당한 사람도 있었습니다. 이렇게 출교와 징계를 당한 사람들이 바울에 대해서 얼마나 비판을 많이 했겠습니까. 공격을 많이 했겠습니까. 이런 사람들에게 영향받은 사람들이 또 존재합니다. 그러면서 바울에 대해서 반대하는 일단의 그룹이 형성된 것입니다. 그래서 역설적이게도 바울의 이 단호함 때문에 바울과 짧게 만났던 교회는 바울을 좋아했지만, 바울과 길게 만났던 교회는 바울을 싫어했습니다. 이 바울의 단호함이 밤빌리아 버가에서 돌아갔던 마가에게도 적용되었습니다. 바울은 선교 여행 중간에 돌아가는 사람을 데리고 갈 수 없다는 입장을 고수해 바나바와도 갈라섭니다. 그래서 바나바는 마가, 바울은 실라와 새로운 전도 여행을 떠나게 됩니다.

바울은 주의 복음을 듣기를 거부하는 유대인들을 떠나서 이제는 하나님 나라의 복음이 이방인에게 넘어갔다는 사실을 담대하게 선포합니다. 한마디로 얘기하자면 유대인들에게 주의 복음을 받아들일 기회를 무수하게 많이 줬다는 겁니다. 그런데 바울이 가는 곳마다 유대인들은 하나님 나라의 복음을 거부했습니다. 무엇 때문에요? 유대인들은 정치·군사적인 메시아를 기다린 겁니다. 그런데 바울은 뭘 선포한 겁니까? 정치·군사적인 메시아가 아니었습니다. 무력하게 십자가에 죽임당한 예수 그리스도가 하나님이 보내 주신 메시아이고, 그 메시아가 당신의 백성을 찾아오셨는데 그 백성은 메시아를 환영하지 않고 도리어 로마의 힘을 빌려서 십자가에 못 박아 죽였다면서 회개를 촉구했습니다. 바울이 이런 복음을 선포할 때마다 유대인들은 듣기를 거부했습니다. 거부하기만 했습니까? 아닙니다. 이 복음을 선포하는 바울을 핍박했습니다. 박해했습니다. 죽이려고 했습니다. 그래서 이제 바울은 무엇을 선포하는 겁니까? 하나님의 복음을 유대인에게 선포했는데 그들은 이 복음을 거부했다, 따라서 이제는 유대인들이 아니라 이방인에게 이 복음을 전파하겠다고 했습니다. 14장에서 유대인이 거부했던 복음을 이방인에게 선포하겠다고 바울은 담대하게 주장합니다. 그 결과 어떤 일이 벌어집니까? 이제는 이방인들 가운데 하나님의 복음을 수용하는 이들, 아멘으로 받아들이는 자들이 하나님의 백성이 된 겁니다. 이제 누가 하나님의 백성입니까? 혈통적으로 아브라함과 이삭과 야곱의 자손들이 하나님의 백성이 아니라 예수 그리스도가 우리의 구원자이고 예수 그리스도가 우리의 인생의 주인이심을 아멘으로 받아들이는 자들이 하나님의 백성이 된 겁니다. 혈통에 의해서가 아니라 믿음에 의해서 하나님 나라의 백성이 새롭게 재편되는 내용이 14장에서 바울이 선포한 메시지의 핵심입니다.

14장 2-7절을 보면 하나님 나라의 복음이 선포되는 곳마다 복음을 받아들이는 환영자와 복음을 거부하는 적대자들이 등장합니다. 소수이지만 항상 복음을 받아들이는 환영자가 있습니다. 그런데 대다수의 사람은 복음을 거부합니다. 마치 1945년 8월 15일에 일제의 지배 가운데 놓인 조선이 해방되고, 일본이 패망했다는 메시지를 선포했을 때와 같습니다. 그 소식에 이 땅에 있던 모든 조선 사람들이 기뻐했던 것은 아닙니다. 어떤 사람들이 조선의 해방, 일본의 패망을 기뻐했겠습니까? 일본의 패망을 간절히 원했던 사람, 조선이 독립하기를 간절히 원했던 사람들에게는 조선이 독립했다, 일본이 패망했다는 것이 너무 기쁜 소식이었지만 일본의 통치가 천년만년 지속되기를 원했던 친일파들에게는 전혀 기쁜 소식이 아니었습니다. 무슨 얘기죠? 하나님 나라가 이 땅 가운데 도래했다는 선포가 어떤 사람들에게 기쁜 소식이 되겠습니까? 지금의 질서, 지금의 체제, 지금의 문화가 끝장나기를 원하고 하나님이 다스리시는 하나님 나라가 도래하기를 원했던 사람에게는 이것이 진짜 기쁜 소식이었겠지만, 반대로 지금의 질서나 체제나 왜곡된 통치가 천년만년 지속되기를 원했던 사람들에게는 하나님의 통치가 시작되는 것이 전혀 기쁜 소식이 아니었던 겁니다. 이런 사람들은 하나님 나라가 이 땅 가운데 도래했다는 것을 기뻐하지 않습니다. 환영하지 않습니다. 아멘으로 수용하지 않습니다. 도리어 이것을 거부합니다. 그리고 하나님 나라의 질서를 받아들인 사람들을 핍박하고 박해합니다. 하나님 나라가 이 땅 가운데 임하는 순간 하나님 나라를 거부하는 자들의 대규모 저항 운동이 일어나는 겁니다. 14장에서도 이런 상황이 벌어지고 나중에 사도행전 19장 에베소에서도 이런 일이 일어납니다. 주의 복음을 선포했을 때 아데미 상을 제작하던 은세공인들이 대규모 저항운동을 일으킵니다. 그것을 통해서 무엇을 알 수 있습니까? 하나님 나라가 선포될 때마다 하나님 나라를 거부하는 자들의 집단적인 저항 운동이 일어난다는 점을 알 수 있습니다. 하나님 나라가 선포될 때 하나님 나라를 아멘으로 받아들이는 환영자도 있지만 하나님 나라를 거부하는 반대자들, 적대자들이 항상 발생하게 된다는 사실도 기억할 필요가 있습니다.

사도행전 15장에서는 예루살렘 회의가 그려집니다. 바울이 이방 지역을 순회하면서 주의 복음을 전했습니다. 이 복음을 아멘으로 받아들인 신앙인들이 생겼습니다. 이 신앙인들을 중심으로 이방 지역에 교회가 생겼습니다. 이방 지역에 교회가 생겼다는 얘기를 듣고 초대교회의 어머니 교회인 예루살렘 교회의 사람들이 이방 교회를 방문하면서 그들의 신앙을 보고 깜짝 놀랍니다. 예루살렘 교회는 예수가 메시아이고 구원자라는 신앙은 고백했지만, 율법을 철저하게 준수해야 한다는 입장을 가지고 있었습니다. 그런데 이 예루살렘 교인들이 이방 지역에 가서 보니까 예수가 구원자이심을 믿고는 있지만 할례도 안 받고 음식 정결법도 안 지키고 절기 준수도 안 하고 있는 겁니다. 그래서 예루살렘 교회 입장에서는 깜짝 놀란 겁니다. 이것이 무슨 하나님 나라 백성의 모습이냐면서 이방 교인들을 불러 모은 다음에 이런 얘기를 합니다. 바울이 이야기한 것만 받아들이면 안 된다고 말합니다. 바울이 이야기한 것은 매우 불완전하고 온전하지 못한 주장이라는 것입니다. 예수를 믿는 것도 중요하지만 하나님의 백성이 수천 년 동안 지켜 온 그 신앙의 문화를 행해야 하는데, 그게 바로 할례라는 겁니다. 할례를 꼭 받아야 하고, 하나님의 백성은 아무 음식이나 먹지 않고 정결한 음식들만 먹고, 그다음에 하나님이 꼭 지키라고 명하신 절기들을 꼭 준수해야 한다고 말합니다. 이런 식의 교육을 예루살렘 교회에서 파송된 사람들이 선포했습니다.

바울은 어느 지역에 교회를 세운 다음에 다른 지역을 순회하는 순회 전도자였습니다. 시간이 지난 후에 자신이 개척한 교회에 와서 보니까 자기 교인들이 할례를 받기도 하고 음식 정결법을 지키기도 하는 겁니다. 교회 안에서 바울의 주장을 붙잡는 사람들과 예루살렘 교회의 가르침을 추종하는 자들 사이에 충돌과 갈등이 일어난 것을 보면서 바울은 분노합니다. 이 교회 안에서는 문제 제기를 합니다. 바울은 이렇게 말하고 예루살렘 교회는 이렇게 말하는데 뭐가 옳은지 정말 그들이 지켜야 할 올바른 해답을 달라는 겁니다. 그래서 이런 갈등을 해결하기 위해서 예루살렘에서 바울과 바나바, 예루살렘 지도자들이 함께 모여서 이 문제를 논의하게 된 겁니다. 이것이 바로 사도행전 15장에 나오는 예루살렘 회의입니다. 이것을 보통 신학자들은 주후 49년에 일어났다고 봅니다. 이를 근거로 바울이 언제 회심했는지를 추측해 볼 수 있습니다.

갈라디아서에 따르면 바울은 다마스커스 도상 사건을 경험하고 나서 아라비아로 갔다가 다시 다마스커스으로 돌아왔고, 3년 후에 예루살렘을 방문합니다. 그러고 나서 14년 후에 예루살렘을 다시 방문하는데 그때 예루살렘의 기둥 같던 야고보, 베드로, 요한과 친교의 악수를 나눴다는 말이 나옵니다(갈 2:9). 사도로서 인정받지 못했던 바울이 예루살렘 교회의 기둥 같은 지도자인 야고보, 베드로, 요한으로부터 사도로서 인정받았음을 '친교의 악수'라는 상징적 행위로 드러냈다는 게 신학자들의 일반적인 해석입니다. 즉 바울의 사도성이 예루살렘 교회의 인정을 받기까지 회심한 이후로부터 17년이 걸린 겁니다. 다마스커스 회심, 3년 후 예루살렘, 14년 후 예루살렘입니다. 바울의 두 번째 예루살렘 방문이 바로 사도행전 15장에 나오는 예루살렘 회의입니다. 이때가 49년이라면 17년 전, 바로 바울이 다마스커스 도상에서 회심한 때는 32년경이 됩니다. 확정된 연대는 아니지만 예수님은 보통 주전 4년경에 출생했을 것으로 추측됩니다. 주후 27-28년경에 공생애 사역을 시작하셔서 30년경에 십자가 부활, 승천, 오순절 성령 강림 사건이 있었다고 봅니다. 32년경에 사도 바울의 다마스커스 회심 사건이 있었고, 17년이 지난 49년 예루살렘 회의 때 바울의 사도성이 예루살렘 교회로부터 인정받은 것입니다.

49년 예루살렘 회의에서 중요한 사항이 결정됩니다. 예수 그리스도에 대한 믿음이 하나님 백성 됨의 가장 중요한 요소라는 점, 유대인의 신앙 문화를 이방인들에게는 강요하지 말자는 것이 바로 예루살렘 회의의 중요한 결정 사항입니다. 한마디로 유대인은 유대인의 문화 안에서 하나님에 대한 신앙을 꽃피울 수 있고 이방인은 이방인의 문화 안에서 하나님의 백성다운 신앙의 문화를 꽃피울 수 있다는 겁니다. 예수 그리스도에 대한 믿음이 중요하지 유대인들이 수천 년 동안 지켜온 그 신앙의 문화를 이방인들에게는 강요하지 말자는 겁니다. 다양한 문화 안에서 다양한 신앙의 문화가 꽃필 수 있도록 허용한 것이 바로 예루살렘 공의회의 너무나 중요한 결정 사항입니다.

그런 의미에서 우리가 조심해야 할 점이 있습니다. 우리는 미국 교회에서 복음을 받아들였습니다. 19세기 말부터 한국 교회는 미국 선교사에 의해 선포된 복음, 미국 교회로부터 전수된 서구 기독교 문화가 기독교 문화라고 생각했습니다. 그러니까 서구 문명을 기독교 문화와 동일시한 겁니다. 그래서 우리 조선의 조상들이 오랫동안 지켜 온 문화는 미신적이고 우상숭배적인 것이니, 서구의 기독교인들이 행했던 문화를 받아들이는 것이 바로 기독교인다운 삶이라고 생각한 겁니다. 예를 들어 목사님들도 한복을 입으면 어색하게 여겨지는 겁니다. 양복을 입어야 할 것 같은 생각이 드는 겁니다. 교회에서 찬양할 때도 꽹과리라든가 징이라든가 장구를 치면 푸닥거리하냐는 식의 얘기를 많이 하고, 하나님을 찬양할 때는 피아노나 기타, 오르간 같은 서양 악기를 사용해야 경건하게 들립니다. 민족의 전통악기를 사용하면 왠지 미신적이고 우상숭배적인 것처럼 이해했습니다. 한마디로 얘기해 서구 기독교 문명권에서 오랫동안 만들어진 방식을 기독교 문화라고 받아들였고 그것을 그대로 받아들이는 것이 기독교인다운 삶의 자세와 태도인 것처럼 우리는 교육받아 왔습니다.

그런 의미에서 사도행전 15장의 예루살렘 회의는 우리에게 매우 중요한 내용을 알려 주고 있습니다. 그것이 뭡니까? 어느 하나의 문화가 모든 민족에게 획일화되어서는 안 된다는 겁니다. 그런 의미에서 이 땅에 복음이 들어온 지 140년을 달려가고 있는데, 과연 우리 한국 교회가 한국적인 상황에서 하나님의 백성다운 기독교 문화를 어떻게 창조해 내고 있는지, 어떻게 그것을 향유하고 있는지에 대해서 진지한 고민이 필요합니다. 그리고 우리에게 맞는 기독교 문화를 창조해 내고 향유하는 적극적인 움직임이 좀 더 많아졌으면 좋겠습니다. 그래서 다양한 민족마다 하나님에 대한 믿음을 가지고 정말 아름다운 기독교 문화들을 다양하게 꽃피울 수 있기를, 그리고 그 다양한 기독교 문화를 서로 경험함으로써 우리의 신앙이 더욱더 풍성해지기를 갈망하게 됩니다. 어떻게 보면 예루살렘 회의에서 너무나 중요한 사항이 결정되었습니다. 하나님에 대한 믿음이 중요하고 각자의 문화 안에서 다양한 신앙의 문화가 꽃피울 수 있다, 그래서 유대인의 신앙 문화를 이방인에게는 강요하지 말자고 결정한 것이 예루살렘 회의의 중요한 결정 사항입니다.

16장에서 바울은 실라라는 새로운 파트너와 함께 전도 여행을 떠납니다. 원래 바울과 실라는 아시아 지역을 중심으로 전도하려고 했는데 드로아라는 곳에서 환상을 봅니다. 유럽에 와서도 주의 복음을 증거해 달라는 환상을 보면서 이제 유럽 전도를 시작하게 되었고 그 유럽 전도의 첫 성이 16장에 나오는 빌립보입니다. 빌립보는 당시 로마의 식민지였음에도 불구하고 거의 로마에 준하는 특급 대우를 받았던 또 하나의 로마였습니다. 16장에서 유럽 전도가 시작되어 빌립보에서 전도를 하다가 바울과 실라가 감옥에 갇히게 됩니다. 37-38절을 보면 바울과 실라가 모두 로마 시민권자라는 사실을 알 수 있습니다. "바울이 이르되 로마 사람인 우리를 죄도 정하지 아니하고 공중 앞에서 때리고 옥에 가두었다"(16:37). 여기에 '우리'라는 표현이 나옵니다. 바울이 로마 시민권자라는 사실은 알고 있는데 실라도 로마 시민권자임을 여기서 알 수 있습니다. 당시 로마 시민권을 획득하는 세 가지 방식이 있습니다. 첫째는 로마 황제나 장군에게 혁혁한 공을 세움으로써 로마 시민권을 하사받는 경우입니다. 두 번째는 많은 돈을 들여서 로마 시민권을 매입하는 방법입니다. 세 번째는 이미 아버지가 로마 시민권을 갖고 있었다면 자녀들은 태어나면서부터 로마 시민권을 획득하게 됩니다. 사도 바울은 나면서부터 로마 시민권을 갖고 있었다고 했으니까 이미 아버지 때부터 로마 시민권자라는 사실을 알 수 있습니다.

17장에서 데살로니가, 베뢰아, 아테네에서 사도 바울이 복음을 전하는 이야기가 나옵니다. 보통 베드로는 유대인의 사도이고 바울은 이방인의 사도라는 이야기를 많이 합니다. 좀 더 정확하게 이야기하자면 베드로는 원래 팔레스타인 땅을 중심으로 복음을 전하는 사도였고, 바울은 이방인에게만 복음을 전하는 것이 아니라 이방 지역의 순회 전도자였습니다. 바울은 이방 지역을 순회하면서 복음을 증거했습니다. 이방 지역을 순회할 때마다 바울이 주로 간 곳이 유대인의 회당입니다. 거기서 주로 누구를 만납니까? 디아스포라 유대인들과 경건한 이방인을 만납니다. 바울은 이방인들을 대상으로 복음을 주로 증거한 것이 아니라 이방 지역을 순회하며 복음을 증거했고, 이방 지역을 순회할 때 바울이 주로 찾아간 곳은 유대인들의 회당이었다는 사실을 기억해야 합니다. 그 유대인들의 회당을 찾아가게 되면 주로 누구를 만나게 되는 겁니까. 디아스포라 유대인들과 경건한 이방인을 만나게 되는 겁니다. 그래서 이들을 대상으로 주의 복음을 증거했을 때 디아스포라 유대인들은 바울을 대부분 미워합니다. 대적합니다. 박해하려고 합니다.

그 이유가 무엇입니까? 바울 메시지의 핵심이 사도행전 17장의 데살로니가 전도에서 잘 드러납니다. 유대인들이 오랜 세월 기다렸던 메시아를 하나님이 보내셨는데 그 메시아를 유대인들이 환영하지 않고 십자가에 못 박아 죽였다는 겁니다. 그 죽임당한 예수가 메시아이심을 아멘으로 받아들이는 자들이 하나님의 백성이라는 겁니다. 그리고 유대인들에게 회개하고 예수가 메시아이심을 아멘으로 받아들이라는 것이 바로 바울 메시지의 핵심입니다. 이런 바울의 메시지가 유대인들을 분노하게 만든 겁니다. 왜냐하면 유대인들이 기다렸던 메시아는 정치·군사적인 메시아였기 때문입니다. 무력하게 죽임당하고 매를 맞는 그런 메시아가 아닌데, 그 메시아를 유대인이 죽였다고 하니까 유대인들은 바울의 메시지를 적대했습니다. 그런데 경건한 이방인들은 바울의 메시지에 환호합니다. 그리고 바울의 메시지를 따라서 바울을 추종합니다.

왜 경건한 이방인들이 바울의 메시지에 환호했을까요? 당시 이 경건한 이방인들에게 유대인들이 믿고 있는 야훼 하나님의 백성이 되고자 하는 열망이 있었다는 점이 가장 중요합니다. 그런데 하나님의 백성이 되고자 하는 열망은 높았지만, 유대교로 개종하는 것은 머뭇거렸습니다. 이유가 뭡니까? 이방인들이 유대교로 개종하려고 할 때 반드시 거쳐야 할 세 가지 의례가 있습니다. 첫째가 무엇입니까? 세례를 받아야 합니다. 하나님과 무관하게 살아왔던 옛 삶을 죽이고 이제 하나님 안에서 새로운 존재로 거듭나는 세례를 받아야 합니다. 그리고 예루살렘 성전에 와서 제사를 드려야 합니다. 그런데 가장 어려운 점이 있습니다. 정말 하나님의 백성이 되려면, 즉 유대교로 개종하려면, 할례를 받아야 한다는 점이었습니다. 이것이 경건한 이방인들에게 너무나 어려운 난관이었습니다. 그런 맥락에서 바울의 메시지에는 경건한 이방인들이 열광적인 환호를 보낼 수밖에 없는 중요한 이유가 있었습니다. 한마디로 할례를 받지 않고도 하나님의 백성이 될 수 있는 길을 사도 바울이 열어 준 겁니다. 할례를 받지 않아도 예수 그리스도에 대한 믿음이 있다면, 하나님에 대한 믿음이 있다면, 하나님의 백성이 될 수 있다는 겁니다. 여기에 경건한 이방인들이 바울의 메시지에 환호한 겁니다.

그래서 정리해 보면 바울은 이방 지역 순회 전도를 했고 이방 지역 순회 전도를 할 때 바울이 주로 찾아갔던 공간은 유대인의 회당이었습니다. 그 회당에 가 보면 디아스포라 유대인들과 경건한 이방인들이 그곳에 있었고 바울이 메시지를 선포하면 디아스포라 유대인들은 바울의 메시지를 적대하고 바울을 죽이려고 합니다. 사도행전 17장에서 바울은 데살로니가에서 디아스포라 유대인들의 핍박을 피해서 베뢰아로 도망갑니다. 그런데 데살로니가 유대인들이 베뢰아까지 찾아와서 바울을 죽이려 합니다. 그래서 바울은 다시 아테네로 도망가게 됩니다. 그런데 바울의 메시지에 환호한 사람들은 누구였습니까? 바로 경건한 이방인들입니다.

그래서 17장에 데살로니가, 베뢰아, 아테네 지역에서의 복음 전도가 나오는데 완전히 이방인들만을 대상으로 복음을 전도한 곳이 아테네입니다. 그런데 이 아테네는 원래 사도 바울의 전도 여행지는 아닙니다. 데살로니가에서 박해를 피해서 베뢰아로 왔고, 또 베뢰아에서의 박해를 피해서 갑작스럽게 간 곳이 아테네였습니다. 아테네는 원래 바울이 계획했던 전도 여행지가 아니었습니다. 사도행전에서 바울이 완전히 이방인들을 대상으로 복음을 전했던 곳은 아테네가 유일합니다.

그런데 아테네는 매우 돌발적으로 복음을 전한 곳이었고, 바울이 주로 전도했던 장소는 디아스포라 유대인들이 있는 회당이었다는 사실을 꼭 기억해야 합니다. 그래서 바울을 이방인의 사도라고 할 때 더 중요한 사실은 바울은 이방인들에게만 복음을 증거한 것이 아니라, 이방 지역의 순회 전도자였고 그 이방 지역을 순회하면서 주로 유대인의 회당을 찾아가 디아스포라 유대인들과 경건한 이방인들을 만났다는 사실입니다. 바울이 주의 복음을 선포할 때 디아스포라 유대인들은 바울을 죽이려 했고, 경건한 이방인들은 바울의 메시지에 환호했습니다. 경건한 이방인들이 바울의 메시지에 환호했던 가장 중요한 이유는 할례를 받지 않고도 예수 그리스도에 대한 믿음을 통해서 하나님의 백성이 될 수 있는 새로운 길을 바울이 제시했기 때문입니다. 이것에 경건한 이방인들이 열광적인 화답을 한 것입니다.

바울의 전도 여행은 중요한 특징이 있는데, 바로 대도시 중심의 전도를 행했다는 겁니다. 바울이 대도시 전도를 행한 이유는 바울이 갖고 있었던 매우 중요한 신학적 사고 가운데 하나가 임박한 종말 신앙이었기 때문입니다. 임박한 종말 신앙은 바울만 가지고 있던 것이 아니라 그 당시 대다수 초대 교인들도 가지고 있었습니다. 주님이 곧 재림하시기 때문에 바울은 그리스도의 신부 된 교회의 순결을 강조했고, 그다음에 주님이 곧 재림하시기 때문에 한 명이라도 더 하나님 나라의 복음을 영접할 수 있도록 사람들이 많이 모여 있고 영향력이 훨씬 큰 대도시 중심으로 복음을 전한 겁니다. 그 가운데 한 곳이 데살로니가였고 그다음에 사도행전 18장에서는 고린도, 19장에서는 에베소였습니다. 이곳들은 그 당시 가장 중요한 도시들입니다. 에베소는 소아시아의 수도였습니다. 남쪽 그리스를 보통 아가야 지방이라 하는데 이 아가야 지방의 수도가 고린도입니다. 그다음에 북부 그리스의 수도가 바로 데살로니가입니다. 이 남부 그리스를 아가야, 이곳의 수도가 고린도, 북부 그리스를 마케도니아, 이곳의 수도가 바로 데살로니가입니다. 바울이 주로 전도했던 고린도나 데살로니가나 에베소가 다 대도시였다는 사실을 기억해야 합니다.

왜 바울은 대도시 중심으로 복음을 전했을까요? 바울과 대부분의 초대 교인들이 갖고 있었던 중요한 신학적 사고가 있었습니다. 그것은 주님이 곧 이 땅에 오실 것이라는 임박한 재림 신앙이었습니다. 그래서 그리스도의 신부 된 교회가 순결한 자세와 태도로 주님의 재림을 맞이해야 하며, 주님이 곧 재림하시기 때문에 한 사람에게라도 더 열심히 주의 복음을 선포해야 한다는 생각을 가졌습니다. 그래서 훨씬 큰 영향력을 끼칠 수 있는 대도시, 좀 더 많은 사람을 만날 수 있는 대도시를 중심으로 사도 바울이 전도 여행을 했던 것을 기억할 필요가 있습니다.

17장에서 데살로니가와 베뢰아와 아테네 전도가 있었고 18장에서는 고린도 전도, 19장에서는 에베소 전도를 볼 수 있습니다. 특히 19장 9-10절에서 바울은 에베소에서 2년 동안 두란노라는 서원을 만들어 제자들에게 집중적으로 말씀을 가르칩니다. 원래 바울은 이방 지역 순회 전도자로, 어느 지역에 들어가 주의 복음을 전하고 주의 복음을 아멘으로 받아들이는 사람이 있다면 그들을 모아서 교회를 세우고, 목회할 수 있는 누군가에게 그 교회를 맡기고 떠났습니다. 그런데 특이하게도 이방 지역 순회 전도자였던 바울이 오랜 시간 동안 목회를 했던 두 교회가 있습니다. 바로 18장에 나오는 고린도 교회와 19장에 나오는 에베소 교회입니다. 이방 지역 순회 전도자였던 바울이 1년 6개월 동안 목회했던 곳이 고린도, 그 후 3년 동안 목회한 곳이 에베소입니다. 그런데 오랜 기간 바울을 만났던 고린도 교회나 에베소 교회는 바울의 사도성을 인정하지 않는 사람들이 많았습니다. 그리고 바울의 선교 사역을 후원하지 않았습니다.

바울 서신에도 나오지만 많은 사람이 바울의 전도 여행에서 중요한 선교 원칙을 자비량 사역이라고 얘기합니다. 바울은 사람들에게 후원을 받지 않고 직접 노동하면서 복음을 전했습니다. 바울의 조상 때부터 했던 노동이 뭐였죠? 천막을 만드는 일입니다. 텐트 메이커였습니다. 그래서 바울은 낮에는 열심히 천막 제조하는 일을 하고 저녁에는 주의 복음을 전도하는 일을 했습니다. 그래서 자비량 사역이 바울 선교 원칙의 매우 중요한 지조인 것처럼 생각하는 분이 많은데 그렇지 않습니다. 바울은 선교 후원을 받았습니다. 바울은 선교 후원을 받고 풀타임으로 주의 복음만 증거하고 싶었습니다. 그런데 바울에게 선교 후원을 했던 교회가 두 교회밖에 없었습니다. 그 두 교회가 어딥니까? 빌립보 교회와 데살로니가 교회입니다. 그리고 공교롭게도 이 빌립보 교회와 데살로니가 교회는 바울의 사도성을 인정합니다. 바울에게 선교 후원을 보냅니다. 그런데 특이하게도 바울의 사도성을 인정하고 바울에게 선교 후원을 보냈던 빌립보 교회와 데살로니가 교회는 바울과 짧게 만난 교회입니다. 그런데 반대로 이방 지역 순회 전도자였던 바울이 오랜 기간 머물면서 말씀도 가르치고 목회했던 두 교회가 있습니다. 그것이 바로 사도행전 18장의 고린도 교회와 사도행전 19장의 에베소 교회입니다. 그런데 놀라운 점은 바울과 오래 만난 고린도 교회와 에베소 교회에는 바울의 사도성을 인정하지 않는 사람들이 많이 있었습니다. 바울에게 선교 후원도 보내지 않았습니다. 역설적입니다. 왜 그랬다고 했습니까? 바울은 신랑 되신 예수 그리스도가 신부 된 교회를 곧 찾아온다고 믿었습니다. 그래서 신랑을 맞이하기 위한 신부의 가장 중요한 자세가 순결함을 지켜 내는 거라고 주장했습니다. 이 순결함이 어떻게 드러납니까? 일상의 삶에서는 신앙인다운 주의 제자로서의 삶으로, 그다음에 교회 공동체 안에서는 하나님의 백성다운 진실함과 거룩함과 순결한 삶을 통해서 드러납니다. 그래서 바울은 교회 공동체 안에서 하나님의 백성으로 살고자 하지 않는 자들, 소위 사탄이 심어 놓은 가라지들을 철저하게 뽑을 것을 명했습니다. 그런 사람들과 인사도 하지 말라고 합니다. 그런 사람들을 교회 공동체 바깥으로 내쫓으라고 명합니다. 바울에 의해서 많은 사람이 징계를 받았고 많은 사람이 출교당한 겁니다. 이렇게 징계와 출교를 받은 사람들이 바울에 대해서 좋은 감정을 가지기 쉽지 않았을 겁니다. 이런 사람들이 다른 사람들에게 끊임없이 바울에 대해 악담을 하고 뒷담화를 했겠죠. 그래서 바울에 대한 매우 부정적인 여론이 형성된 겁니다. 그래서 오랜 기간 바울이 목회했던 교회는 도리어 바울의 사도성을 인정하지 않고 바울의 선교 사역을 후원하지 않는 역설적인 일이 벌어지게 된 겁니다. 그것이 바로 사도행전 18장의 고린도 교회와 19장의 에베소 교회입니다.

바울은 에베소 교회에서 3년 동안 목회하면서 2년은 두란노 서원에서 주의 제자들에게 말씀을 철저하게 가르쳤습니다. 마치 뭐와 같죠? 복음서에서 예수님이 제자들과 무리가 함께 있을 때는 비유로만 말씀하시다가 무리가 빠지고 제자들만 있을 때는 그 비유에 대해 풀이해 주신 것과 똑같습니다. 그래서 하나님의 말씀을 제대로 배우기 원하는 자들을 말씀으로 무장시킨 겁니다. 이것이 나중에 20장에서도 매우 중요한 의미가 있다는 것을 알 수 있습니다. 19장 23절 이하를 보면 이 에베소에서 아데미 신상을 제작하던 은 세공업자들이 힘을 모아서 대규모 저항 운동을 펼칩니다.

앞에서 이야기한 것처럼 하나님 나라가 이 땅 가운데 도래할 때, 즉 하나님의 복음이 선포될 때는 기존의 체제와 질서를 고수하고자 하는 자들은 대규모 저항 운동을 벌이게 됩니다. 그래서 하나님 나라 건설은 자연스럽게 이 땅 가운데 도래하는 것이 아닙니다. 기존의 체제와 기존의 문화와 기존의 질서를 지키고자 하는 자들의 무수한 저항, 반대, 핍박과 공격이 있습니다. 이런 것들과의 끊임없는 충돌을 거친 이후에 하나님 나라의 새로운 질서가 세워진다는 사실을 꼭 기억해야 합니다. 하나님 나라의 복음이 이 땅 가운데 선포될 때 환영하는 사람도 있지만 반대자가 무수하게 많이 나타납니다.

예를 들어서 그리스 로마 사회는 노예제 사회였습니다. 끊임없이 노예를 부리기 위해서 노예를 "인간의 말을 하는 짐승"으로 규정했습니다. 이렇게 규정해야 노예를 마음껏 부려 먹어도 미안하지 않습니다. 그런데 교회는, 하나님 나라의 복음을 받아들인 자들은 노예에 대해 뭐라고 했습니까? 노예도 하나님의 형상대로 지음받은 존귀한 존재라고 했습니다. 그러니 함부로 대해서는 안 되고, 폭력을 행사해서는 안 된다며, 노예를 형제처럼 맞으라고 권했습니다. 가부장제가 지배하던 땅에서 남자는 하늘이고 여자는 땅입니다. 남자와 여자는 질적으로 다른 존재인 겁니다. 여자는 남자에게 무조건 복종해야 합니다. 순종해야 합니다. 이것이 가부장제가 지배하고 있던 사회의 질서였고 문화였습니다. 그런데 하나님 나라의 복음은 뭘 얘기합니까? 남자나 여자나 모두 하나님의 형상대로 지음받은 존귀한 존재이고 남자와 여자는 상호 평등한 관계라고 말합니다. 그리스도 안에서 남자와 여자는 하나 되었다고 교회가 선포했습니다. 이런 것들을 노예제 사회를 지키려는 사람들, 가부장제 질서를 고수하고자 하는 사람들이 가만히 내버려 두겠냐는 말입니다. 그렇지 않습니다. 그래서 하나님 나라의 복음이 선포될 때마다 기존의 질서나 체제나 문화를 사수하려고 하는 사람들, 한마디로 기존 질서의 기득권자들은 하나님 나라에 저항합니다. 그것이 잘 드러나는 장면이 바로 사도행전 19장의 아데미 여신상을 제작했던 은장색들에 의한 에베소에서의 소동임을 알 수 있습니다.

> **사도행전 20:27** 이는 내가 꺼리지 않고 하나님의 뜻을 다 여러분에게 전하였음이라.

사도행전 20장을 보면 밀레도라는 곳에서 바울은 에베소 교회 장로들과 고별 만남을 갖습니다. 여기서 바울이 정말 중요한 이야기를 많이 합니다. 27절에서 바울이 이런 얘기를 합니다. "내가 꺼리지 않고 하나님의 뜻을 다 여러분에게 전하였음이라." 바울은 3년 동안 그리고 특별히 2년의 세월 동안 두란노 서원에서 에베소 교인들에게 하나님의 말씀을 가감 없이 선포했다고 말합니다. "내가 꺼리지 않고 하나님의 뜻을 여러분에게 다 전했습니다." 이것이 바로 교회 됨의 가장 중요한 표지입니다. 루터, 칼뱅, 츠빙글리, 부처Martin Bucer, 멜란히톤Philipp Melanchthon 등의 모든 종교 개혁가들이 한결같이 말하는 참 교회의 표지가 있습니다. 이들은 십자가가 달려 있고 정기적으로 예배드린다고 해서 참 교회가 아니라고 말하면서 진짜 교회와 거짓 교회를 구별하는 세 가지를 제시했습니다. 그 가운데 첫 번째가 참 교회는 하나님의 말씀이 가감 없이 선포되는 곳이라는 겁니다. 하나님의 말씀에 무엇인가를 덧붙여서도 안 되지만 하나님이 주신 말씀을 감해서도 안 되는 겁니다. 어디가 진짜 교회입니까? 하나님의 말씀을 가감 없이 선포하는 곳이 진짜 교회입니다. 어디가 가짜 교회입니까? 하나님의 말씀을 가하거나 감하는 곳이 가짜 교회라는 겁니다. 두 번째 진짜 하나님의 교회는 신실하게 성례가 시행되는 곳이라는 겁니다. 세례와 성찬인 성례가 신실하게 시행되는 곳이 진짜 교회입니다. 여기에서 성찬이 시행된다는 말은 그리스도 안에서 한 가족이 되는 코이노니아가 이루어진다는 겁니다. 그것이 진짜 교회라는 겁니다. 세 번째가 뭡니까? 지상의 교회 안에는 사탄이 심어 놓은 가라지가 있습니다. 이 사탄이 심어 놓은 가라지들은 교회가 교회 되지 못하도록, 세상의 문화와 가치가 교회 안에 침투하도록 길을 열어 놓습니다. 진짜 교회는 그런 가라지들에 대해서 끊임없이 징계합니다. 이 세 가지가 바로 참된 교회의 표지라 했습니다.

여기 20장 27절에서 바울은 그 종교 개혁가들이 말했던 첫 번째를 강조하고 있습니다. 내가 하나님의 말씀을 가감 없이 꺼리지 않고 그들에게 전했다는 겁니다. 오늘날 한국 교회의 개혁을 바라는 사람들이 많습니다. 저는 한국 교회 개혁에 가장 중요한 점이 바로 이것이라고 봅니다. 정말 한국 교회가 하나님이 주신 계시의 말씀, 창세기부터 요한계시록까지 66권의 말씀을 균형 있게 섭취하고 있습니까? 그렇지 않습니다. 한국 교회는 구약보다 신약을 더 많이 섭취하고, 신약 안에서도 로마서나 에베소서, 갈라디아서, 요한복음 같은 특정한 본문을 지나치게 짝사랑합니다. 구약의 말씀을 도외시하고 마태복음이나 야고보서를 도외시하고 마가복음이나 누가복음을 도외시하는 경향이 매우 많습니다. 심지어 신앙생활을 수십 년 한 분도 유다서가 무슨 내용인지 잘 모릅니다. 오바댜가 무슨 내용인지 잘 모릅니다. 구약의 예언서를 잘 보지 않습니다. 하나님의 말씀을 가감 없이 섭취하지 않고, 듣고 싶은 말씀들, 우리에게 유리한 말씀에 대해서는 지나치게 짝사랑하고, 조금 불편하게 만들고 조금 부담스럽게 만드는 말씀에 대해서는 거리를 두려는 것이 일반적인 한국 교회의 모습입니다. 저는 그런 의미에서 한국 교회의 마지막 개혁 과제는 모든 교회 공동체 안에서 하나님의 말씀을 가감 없이 선포하는 거라고 생각합니다. 성도들도 하나님의 말씀을 가감 없이 섭취하고 말씀에 근거해서 하나님께 순종하고자 하는 자들이 온전히 교회 공동체를 만들어 내며 그 교회 공동체를 통해 하나님의 백성다운 삶을 몸소 보여 주고 증거하는 것이라고 생각합니다. 바울이 에베소 장로들과의 고별 만남에서 바로 이 이야기를 하는 겁니다. 내가 하나님의 말씀을 가감 없이 꺼리지 않고 당신들에게 다 선포했다는 것입니다.

> **사도행전 20:31** 그러므로 여러분이 일깨어 내가 삼 년이나 밤낮 쉬지 않고 눈물로 각 사람을 훈계하던 것을 기억하라.

바울은 순회 전도자였을 뿐만 아니라 목회자였습니다. "하나님의 말씀대로 살아야 합니다. 우리의 삶을 이렇게 변화시켜야 합니다." 바울은 각 사람을 이렇게 눈물로 훈계했다고 합니다. 이것이 목회자의 마음이고 주일학교 선생님들의 마음이고 구역장의 마음입니다. 바울은 하나님의 말씀 따라 온전히 신앙의 길을 걸어갈 수 있도록 하나님이 원하시는 바를 꺼리지 않고 선포했습니다. 그리고 잘못된 길을 걸어가는 사람들에게 말씀에 근거해 눈물로 함께 신앙의 길을 힘 있게 걸어가자고 권면하는 삶을 신실하게 감당했다고 말합니다. 그러면서 바울은 마지막으로 자기가 에베소 교회를 떠난 이후에 어떤 일이 벌어질지 예상합니다.

> 사도행전 20:32 지금 내가 여러분을 주와 및 그 은혜의 말씀에 부탁하노니 그 말씀이 여러분을 능히 든든히 세우사 거룩하게 하심을 입은 모든 자 가운데 기업이 있게 하시리라.

바울은 자기가 떠나면 사탄이 보낸 이리 떼가 에베소 교회를 공격할 것을 예상했습니다. 그리고 그 이리 떼의 공격으로부터 교회를 지켜 낼 유일한 무기는 바로 하나님의 말씀 안에 굳게 서는 것이라고 말합니다. 오늘날도 마찬가지입니다. 사탄은 하나님의 백성을 끊임없이 공격합니다. 예수 믿는 순간 사탄의 모든 시험과 공격으로부터 우리가 해방되었다고 생각하시면 안 됩니다. 도리어 반대입니다. 예수를 믿는 순간 우리는 사탄의 공격의 1차 타깃이 되는 겁니다. 사탄은 뭘 합니까? 하나님 나라가 이 땅 가운데 세워지는 것을 끊임없이 훼방합니다.

우리가 하나님의 백성답게 살아가려는 것을 끊임없이 방해합니다. 우리가 하나님께 온전히 순종하고, 진실하고 정직하며 거룩한 삶을 살아가고자 할 때 그 모습을 눈뜨고 보지 못하는 존재가 누굽니까? 사탄입니다. 사탄은 시간과 공간을 가리지 않고, 수단과 방법을 가리지 않고 하나님으로부터 우리를 떨어뜨리기 위해서 끊임없이 공격합니다.

그 사탄의 공격으로부터 우리 자신을 어떻게 지켜야 합니까? 여기서 가장 중요한 점은 말씀 안에 굳게 서는 것입니다. 이리 떼의 공격으로부터 우리 자신을 지켜 낼 가장 중요한 것이 무엇입니까? 가장 강력한 무기가 무엇입니까? 하나님의 말씀이라는 겁니다. 하나님의 진정한 뜻, 하나님이 우리에게 선포하신 계시의 말씀, 그것을 온전히 붙잡음으로써 사탄의 공격으로부터 우리 자신을 지켜야 하는 겁니다. 그래서 말씀 공부가 중요한 의미가 있는 겁니다. 말씀 공부를 통해서 하나님이 진짜 원하시는 바를 알 수 있고, 세상의 가치와 세속의 자기중심주의로부터 점점 자유로워지는 겁니다. 말씀을 알고 말씀에 순종함으로써, 하나님께 순종하는 삶이 우리를 정말 더욱더 살아있게 만든다는 사실을 깨닫습니다. 순종하는 삶이 불순종의 삶보다 훨씬 더 생명력 있고 우리를 하나님의 백성답게 힘 있게 살아가게 만든다는 깨달음을 통해, 순종을 부담스러워하지 않고 기뻐하며 자발적으로 순종하는 자로 변화할 수 있는 겁니다. 사탄의 공격으로부터 우리를 지켜 낼 가장 강력한 무기가 바로 말씀 안에 굳게 서는 것임을 부탁하면서 밀레도에서 바울은 에베소 장로들과 작별합니다.

21장에서 바울은 예루살렘 교회로 올라갑니다. 바울이 예루살렘으로 올라갈 때 바울을 아꼈던 많은 동역자는 그에게 예루살렘에 올라가지 말라고 권합니다. 왜 그랬을까요? 성령을 통해서 환상 가운데 바울이 예루살렘에 올라가면 유대인들에게 사로잡힐 것과 무수하게 많은 박해를 받을 것을 본 겁니다. 그런데 바울은 올라가겠다고 말하고 올라갑니다. 그리고 성령의 환상에서처럼 바울은 유대인들에 의해서 체포당합니다. 그때부터 바울은 죄수의 신분으로 고난의 여정을 겪습니다. 이것이 21장의 이야기입니다. 21장의 앞부분을 보면서 이런 질문이 자연스레 떠오릅니다. "아니, 성령이 환상을 통해서 바울의 동역자들에게 바울이 예루살렘에 올라가면 유대교인들에게 사로잡히고 죄수의 신분으로 엄청난 고난을 받고 심지어 순교를 당할 거라고 알려주었는데 왜 바울은 예루살렘행을 고집할까요?"

사도행전 21:13-14 　바울이 대답하되 여러분이 어찌하여 울어 내 마음을 상하게 하느냐. 나는 주 예수의 이름을 위하여 결박당할 뿐 아니라 예루살렘에서 죽을 것도 각오하였노라 하니 그가 권함을 받지 아니하므로 우리가 주의 뜻대로 이루어지이다 하고 그쳤노라.

　결과적으로 보면 바울은 동역자들의 권면을 거부했습니다. 성령께서 환상을 통해서 바울이 예루살렘에 올라가게 되면 어떤 일을 경험하게 될지를 알려 주었습니다. 그러자 동역자들은 자신이 본 환상에 근거해서 바울에게 올라가지 말라고, 올라가면 유대인들에게 체포당하고 무수하게 많은 고난을 받고 심지어 목숨도 빼앗기게 될 거라고 권면합니다. 그런데 바울은 동역자들의 권면을 거부하고 올라갑니다. 그 이후에 어떤 일이 벌어집니까? 정말 올라간 다음에 성전에서 유대인들에게 바울이 체포당합니다. 그리고 결국 오랜 세월 죄수의 신분으로 고난을 받고 마지막에는 로마에 압송을 당하고 네로 황제에 의해 결국 순교합니다. 그러니까 성령께서 보여 주신 환상이 그대로 성취된 겁니다.

이런 과정을 보면서 바울이 괜히 고집을 피우다가 순교한 것은 아닐까 생각하기 쉽습니다. 그래서 21장의 본문을 제대로 이해하는 것이 매우 중요합니다. 여기서 중요한 것은 성령께서 환상을 통해서 바울이 어떤 사건을 경험하게 될지 예고하셨지만, 그가 그런 일을 겪을 테니 예루살렘에 절대 올라가지 말라고 말씀하신 것은 아니라는 점입니다. 이 고난을 친히 짊어지게 될 바울은 단단히 결심한 겁니다. 그럼에도 불구하고 나는 올라가겠다고 결심했고, 자신의 의지를 끝까지 관철해 낸 겁니다. 마치 뭐와 같은 겁니까? 구약에 나오는 무수한 예언자들의 운명과 같습니다. 앞에서 공부했지만, 예언은 미래에 일어날 일을 미리 말하는 것이 아니라고 했습니다. 성경이 말하는 예언은 무엇입니까? 하나님이 맡겨 주신 말씀을 있는 그대로 선포하는 것입니다. 하나님이 맡겨 주신 말씀을 있는 그대로 선포하면 예언자들은 이스라엘 백성에게 박수를 받습니까? 지지를 받습니까? 후원을 받습니까? 아닙니다. 미움을 받습니다. 그 미움의 결과, 감옥에 갇히기도 하고 매를 맞기도 하고 심지어 죽임을 당하기도 합니다. 이것이 예언자들의 운명입니다. 진짜 예언자들은 이런 운명을 알고 있음에도 불구하고 하나님이 맡기신 사명에 자기 존재를 다 걸고 임했습니다. 그 예언자들이 걸어갔던 걸음을 그대로 재현하고 있는 사람이 바로 사도 바울입니다. 하나님의 사람으로서의 걸음을 신실하게 걸어가면 예루살렘에서 어떤 일을 경험할 것인지 바울은 알고 있었습니다. 그럼에도 불구하고 바울은 포기하지 않았습니다. 용감하게 자기에게 허락된 길을 주체적이고 능동적으로 수용한 겁니다. 동역자들은 그 고난을 피하라고 권면했지만, 바울은 담대하게 이 고난을 짊어지겠다고 결심한 겁니다.

그리고 예루살렘에 올라갑니다. 올라가서 예루살렘 교회 지도자였던 야고보를 만나고 야고보는 바울에게 이런 얘기를 합니다. "당신이 알다시피 우리 예루살렘 교회에는 율법 준수를 철저하게 준행하는 자들이 많은데 그 사람들이 당신을 오해하고 있습니다." 뭘로 오해하는 거죠? "바울은 율법 폐기론자란 겁니다. 그래서 그 사람들의 오해를 불식시키기 위해서라도 지금 나실인 서원을 끝낸 사람들을 데리고 성전에 올라가서 이 사람들을 대신해서 비용도 지불해 주십시오. 제물을 드림으로써 당신이 얼마나 율법에 순종하는 사람인지를 증거해 주십시오." 야고보의 이 권면을 바울이 수용합니다. 그래서 나실인 서원을 끝낸 사람들과 함께 성전에 올라가서 그들의 제의를 돕는 일을 하다가 유대인들에게 사로잡힙니다. 유대인들이 볼 때 사도 바울은 배신자였습니다. 원래 유대교에 열심을 다하다가 초대교회로 개종했으니까 유대교 입장에서는 배신자입니다. 그래서 배신자 사도 바울을 체포한 겁니다. 이때부터 바울은 죄수의 신분으로 또 다른 선교 여행을 떠나게 됩니다.

바울의 마지막 여행(행 22-28장)

　바울은 죄수의 신분이 되고서도 복음을 전하는 일을 멈추지 않았습니다. 22-28장은 바울의 4차 전도 여행이라 할 수 있습니다. 22장에서 바울의 회심 이야기가 다시 나옵니다. 사도행전에 바울의 회심 이야기는 9장, 22장, 26장에 세 번 나옵니다. 9장은 바울의 회심에 대한 제삼자의 기술이고 22장과 26장은 자전적인 기술입니다. 22장은 유대 동족들에게 자신이 왜 회심하게 되었는지, 그 회심 사건의 의미가 무엇인지 설명하는 본문이고, 26장은 정치 권력자들에게 바울이 자기의 회심 사건에 대해서 1인칭으로 설명하는 본문입니다. 22장 3절에서 바울은 자기 삶의 내력에 대해서 쭉 설명하고 있습니다. "나는 유대인으로 길리기아 다소에서 났고 이 성에서 자라 가말리엘의 문하에서 우리 조상들의 율법의 엄한 교훈을 받았고 오늘 너희 모든 사람처럼 하나님께 대하여 열심히 있는 자라"라고 자기 삶의 내력을 쭉 설명합니다.

　복음서를 공부할 때 보았듯이 주후 1세기 이스라엘 공동체 안에는 네 그룹의 종교 정파가 있었습니다. 사두개파, 바리새파, 에세네파, 열심당입니다. 이 네 개의 종교 정파 가운데 당시 이스라엘 사람들에게 가장 존경받았던 종교 그룹이 바로 바리새파입니다. 바리새파는 크게 힐렐파와 샴마이파로 나뉘는데, 이 힐렐파의 대표적 인물이 바로 가말리엘입니다. 이 가말리엘은 힐렐이라는 사람의 손자입니다. 힐렐파의 계승자라 할 수 있는데 샴마이파와 힐렐파를 비교하면 샴마이파가 좀 더 근본주의적이고 강경한 보수 그룹이고, 힐렐파는 좀 더 자유주의적인 입장이라고 보면 됩니다. 예를 들자면 모든 바리새파가 하나님의 율법에 대해 철저한 순종을 강조했는데 좀 더 강경하고 보수적인 샴마이파는 하나님의 율법 가운데 하나만 위반해도 율법 전체를 위반한 것으로 여겼습니다. 얼마나 엄격합니까. 반대로 힐렐파는 나중에 우리가 하나님께 심판받을 때 우리 인생에서 하나님께 순종했던 것과 불순종했던 것을 저울에 단다는 겁니다. 예를 들자면 인생에서 100번 정도의 중요한 사건을 경험했는데, 그 가운데 51번은 순종하고 49번은 불순종했다면 나중에 하나님의 심판을 받을 때 결과적으로 순종의 삶을 살았다고 보는 것이 힐렐파입니다. 그런데 샴마이파는 100개 가운데 99개를 순종했더라도 한 개의 불순종이 있다면 율법 전체를 불순종한 것과 마찬가지라는 이야기입니다. 매우 엄격합니다. 그런데 사도 바울은 힐렐파, 그 가운데 가말리엘 문하에서 율법 교육을 받은 겁니다.

길리기아 다소에서 출생했던 사도 바울, 디아스포라 유대인이었던 사도 바울은 십 대 초반에 예루살렘에 와서 율법의 교육을 받았습니다. 어디서 받았습니까? 바리새파입니다. 그 바리새파 가운데서도 힐렐파, 그 힐렐파 가운데에서도 가말리엘, 이 가말리엘의 교육을 받은 정통 바리새인이 사도 바울이었다는 점을 알 수 있습니다. 그래서 가말리엘 문하에서 율법 교육을 받았기 때문에 바울은 "나무에 달린 자는 하나님께 저주를 받았[다]"라는 신명기 21장 23절 말씀에 근거해서 예수가 하나님께 저주받아 죽었다는 확신을 갖고 있었습니다. 그래서 그 예수를 메시아로 믿고 추종하는 자들을 보면서 매우 답답하다는 생각이 들었을 겁니다. 그래서 유대교를 믿다가 예수를 믿는 자들로 개종한 자들을 때로는 협박하고 때로는 잡아 가두고 때로는 스데반처럼 죽이면서 그들을 돌이키기 위해 열심을 다했습니다. 왜 그렇게 열심을 다했습니까? 너무 안타깝기 때문입니다. 바울이 볼 때는 유대교 안에 머무르는 것이 하나님의 뜻인데 유대교를 떠나서 초대교회로 넘어간 사람들이 너무 안타까웠을 겁니다. 그래서 한 사람이라도 이들을 다시 유대교의 품으로 되돌려야겠다는 마음으로 초대 교인들을 핍박했습니다. 자신의 그런 열심이 하나님을 기쁘시게 할 것이라는 확신을 가지고 있었습니다. 그런데 다마스커스 도상에서 바울은 충격적인 사건을 경험합니다. 하나님께 저주받아 지옥에 있을 거라 생각한 예수가 바울에게 뭐라고 이야기합니까? "사울아 사울아 네가 왜 나를 박해하느냐." 이 사건을 경험하고 나서 바울은 너무나 큰 충격과 혼란에 빠집니다. 그리고 오랜 시간의 신학적인 숙고와 고민 속에서 자기가 핍박했던 예수가 메시아이심을, 하나님의 새로운 계시의 역사가 시작되었음을 깨달았습니다. 그래서 이제는 초대교회를 핍박하는 자가 아니라 초대교회의 복음을 증거하는 자로서 인생을 전환했습니다. 회심한 겁니다. 그 회심의 사건이 일어난 현장이 어딥니까? 다마스커스 도상입니다. 그래서 바울의 인생을 간단하게 정리하자면 열정과 헌신입니다. 이 열정과 헌신으로 충만했던 사도 바울의 인생은 전반부와 후반부로 나뉩니다. 그 전반부와 후반부를 가르는 터닝 포인트가 어디죠? 다마스커스입니다. 그 다마스커스 이전까지의 바울의 열정과 헌신은 분별 없는 열정과 헌신, 다마스커스 이후의 바울의 열정과 헌신은 분별 있는 열정과 헌신입니다. 그래서 이 다마스커스 사건을 계기로 해서 바울의 인생은 완전히 전환되었습니다.

우리의 인생에서도 이런 다마스커스 사건들이 있다고 봅니다. 어떤 겁니까? 내 나름대로는 하나님을 위해서 열정과 헌신을 다 쏟아 내고 있는데, 내가 행하는 이 모든 것을 하나님이 기뻐하실 것이라 생각했는데, 때로는 내 나름대로는 하나님을 위한다고 했던 그것이 사실은 하나님의 뜻과는 상관이 없었다는 깨달음, 진짜 하나님이 원하시는 바는 이것이구나 하는 깨우침을 갖게 된 순간이 있습니까? 그런 자각의 순간이 우리 인생에 허락된 다마스커스 사건이라 봅니다. 이 사건을 경험하면서 바울이 새로운 존재로 변화되었다는 사실을 유대인 동족들에게 설명하고 있는 겁니다.

23-25장에서 바울의 재판 이야기가 나옵니다. 16장에서 바울이 빌립보 전도를 할 때 바울의 메시지 한마디에 빌립보 간수는 주의 복음을 받아들입니다. 23-25장에서 벨릭스나 베스도나 아그립바왕이나 유대인들은 바울의 메시지를 오랜 시간 들었음에도 불구하고 받아들이지 않습니다. 거기서 무엇을 알 수 있습니까? 복음을 받아들이는 데 말씀을 접하는 시간이 중요한 것은 아니라는 사실을 알 수 있습니다. 얼마나 진중한 마음으로, 존재를 다해서 그 말씀과 대면하느냐에 따라서 결과가 달라집니다. 적은 시간 말씀과 대면한 사람도 존재의 획기적인 변화가 가능할 수 있고, 오랜 시간 말씀을 접한 사람이라고 하더라도 존재의 변화가 더디게 일어나거나 아예 일어나지 않을 수도 있습니다. 하나님의 말씀과 대면할 때 진짜 중요한 것은 얼마나 많은 시간 자신이 설교를 들었는가, 얼마나 오랜 세월 큐티를 했는가가 아닙니다. 말씀을 접하는 시간이 아니라 그 말씀을 얼마나 존재를 다해 진심으로 대면했는가 하는 점이 정말 중요하다는 사실을 알 수 있습니다.

23장에서 산헤드린 공의회에 바울이 죄수의 신분으로 끌려왔을 때 바울이 가만 보니까 바울을 재판하는 사람들의 반은 사두개인이고 반은 바리새인이었습니다. 그래서 바울은 내가 왜 이런 고초를 경험하고 있는가를 설명하면서 죽은 자의 부활을 믿기 때문이라고 이야기합니다. 그러자 부활을 믿는 바리새인들이 갑자기 들고일어나 저 사람은 죄가 없다면서 바울을 두둔합니다. 그래서 바리새인과 사두개인들이 바울을 중간에 세우고 갈등하는 이야기가 바로 23장에 나옵니다.

복음서 이야기에서도 말씀드린 것처럼 사두개인과 바리새인들은 여러 가지 면에서 매우 다른 사람들입니다. 사두개인들은 사회·경제적으로 중산층이 많고 바리새인들은 중하층들이 많습니다. 경제적으로 다릅니다. 두 번째 사두개인들은 주로 성전에서 사역하고 바리새인들은 지방의 회당에서 사역합니다. 사역을 행하는 곳이 다릅니다. 그다음에 사두개인들은 모세오경만을 하나님의 계시의 말씀으로 받아들이고 바리새인들은 모세오경뿐만 아니라 예언서와 성문서, 심지어 장로들의 유전까지 하나님의 말씀으로 받아들입니다. 쉽게 얘기하자면 바리새인은 하나님의 계시의 말씀뿐만 아니라 장로들의 유전까지 플러스 알파로 받아들입니다. 하나님의 말씀에 덧붙여서 무엇인가를 더 받아들이는 사람이라 볼 수 있고, 사두개인은 모세오경, 즉 토라만이 하나님의 말씀으로 받아들입니다. 그러니까 하나님의 말씀 가운데 예언서나 성문서는 제외하는 겁니다. 하나님의 말씀을 감하여 취하는 사람들입니다. 그다음에 또 하나 사두개인들은 부활이나 내세라든가 심판이나 영을 믿지 않습니다. 바리새인들은 이 모든 것을 받아들입니다. 그러니까 사두개인과 바리새인들의 가장 중요한 신학적 차이는 내세관이 다르다는 것입니다. 부활을 믿는 사람들이 바리새인이고 부활을 믿지 않는 사람들이 사두개인입니다. 사두개인은 한마디로 말해, 지금이 중요한 사람들인 겁니다. 현세가 중요한 사람들인 겁니다. 바리새인들은 어떤 사람들입니까? 비록 이 땅에서 많은 것들을 누리지 못한다고 하더라도 내세와 부활과 심판을 통해서 하나님이 그다음 생에 우리에게 더 아름답고 멋진 삶을 허락해 주실 것을 믿는 사람들입니다. 이렇게 사두개인과 바리새인의 신앙이 달랐는데 바울은 부활 신앙으로 자기를 재판하려고 하는 산헤드린 공의회를 혼란스럽게 만듭니다. 그래서 바울처럼 부활을 믿었던 바리새인들이 갑자기 바울을 옹호하면서 재판이 엉망진창이 되는 이야기가 23장에 나옵니다.

> **사도행전 24:21** 다만 나는 그들 가운데 서서 말하기를 "오늘 내가 여러분에게 재판을 받고 있는 것은, 죽은 사람들의 부활과 관련된 문제 때문입니다" 하는 이 한 마디 말을 부르짖었을 뿐입니다(새번역).

결국 자신이 이런 고초를 겪는 까닭은 죽은 자의 부활을 믿기 때문이라는 겁니다. 이 부활 신앙을 바리새인들은 믿었지만 사두개인들은 믿지 않았습니다. 그리고 구약을 공부했을 때 알 수 있듯이 구약에서는 부활 신앙이 별로 나타나지 않습니다. 부활 신앙은 후기 유대교 때부터 등장한 교리입니다.

구약 초기에 가장 중요하게 언급된 신학 사상은 상선벌악賞善罰惡입니다. 쉽게 얘기하자면 하나님께 순종하는 자는 복을 받고 불순종하는 자들은 심판을 받는다는 겁니다. 이것을 무슨 신학이라 했습니까? 신명기 신학이라 합니다. 이 신명기 신학이 잘 드러난 본문이 신명기 28장입니다. 하나님께 순종하는 자들은 복을 받습니다. 하나님께 불순종하는 자들은 심판을 받고 저주를 받습니다.

그러다 갑자기 이스라엘 공동체 안에 놀라운 일이 일어납니다. 이스라엘 공동체 안에서 이스라엘 백성끼리 살아갈 때는 하나님께 순종하는 자들이 박수와 존경을 받고 복을 받았습니다. 반면에 하나님께 불순종하는 자들이 징계를 당하고 저주를 받고 심판을 받는 일들이 실제 일어났습니다. 그러다가 주전 722년에 북이스라엘이 앗시리아에 멸망하고 주전 586년에 남유다가 바빌로니아에 망합니다. 주전 539년에는 페르시아, 주전 331년에는 헬라, 주전 63년에는 로마 등 5대 제국에 의해서 이스라엘은 끊임없이 식민 지배를 받습니다. 그러면서 신명기 신학에 놀라운 전환이 일어나게 됩니다. 5대 제국의 식민 지배를 받게 되는 순간, 하나님의 백성답게 진실하고 정직하고 거룩하게 살아가려는 자들이 세상으로부터 복을 받는 것이 아니라 5대 제국의 핍박을 받게 되는 겁니다. 대표적인 예가 느부갓네살이 세웠던 금신상 아닙니까. 이방 제국의 지배를 받을 때 느부갓네살이라는 이방 왕이 금신상을 만들었습니다. 그리고 모든 민족에게 그 금신상에 무릎 꿇을 것을 명령했습니다. 이때 하나님께 순종하고자 "나는 무릎 꿇을 수 없다, 나는 하나님께만 순종하는 자다"라고 고백하는 사람들은 복을 받는 것이 아니라, 이방 제국에 의해서 핍박을 받는 겁니다. 고난을 받는 겁니다. 재산을 빼앗기고 감옥에 투옥되고 신체적으로 엄청나게 많은 고통을 경험하는 겁니다. 이런 5대 제국의 식민 지배를 받으면서 원래 이스라엘 백성이 갖고 있었던 신명기 신학이 적용되지 않음을 경험하게 된 겁니다. 이런 혼란스러운 상황이 도래했을 때 많은 사람이 고민합니다. 하나님께 순종하면 복을 받아야 하는데, 도리어 이방과 손을 맞잡고 이방의 왕들이 명령하는 대로 신앙을 저버린 자들이 승승장구합니다. 그 반면에 이방 왕들의 명령에 순종하지 않고 하나님께만 순종하고자 하는 자들은 고난과 핍박을 당하는 모습을 보면서 많은 사람이 신학적인 혼란을 경험합니다.

이때 어떤 질문이 나왔겠습니까? 거룩하게 살고자 하는 자들에게 복을 주셔야 하는 하나님은 왜 그들이 고난과 핍박과 순교를 당하는데 이것을 그대로 내버려 두시는가? 왜 하나님은 이들을 돕지 않으시는가? 이런 상황적인 질문 가운데 이스라엘 공동체가 깨달은 것이 바로 내세와 심판과 부활이라는 사상입니다. 즉 이 세상의 삶이 끝이 아니라는 겁니다. 진짜 우리에게 허락된 참된 삶은 현세의 삶이 마무리된 다음에 하나님의 심판을 받은 그 이후에 펼쳐진다는 겁니다. 그것이 정말 우리가 붙잡아야 할 참된 삶이라는 겁니다. 하나님은 우리가 살아왔던 인생의 여정을 심판하시고, 그 심판의 결과 우리는 영원한 생명과 영원한 형벌을 받는 자로 나뉘게 된다는 것입니다. 그래서 이 땅에서 70, 80년 동안 부귀영화를 누리고 이기심과 욕망의 삶을 살아가고 이방과 손 맞잡는 삶을 살아갔다면 하나님의 심판을 통해서 영원한 멸망을 받게 되는 것입니다. 반면에 이 땅에서는 많은 것을 누리지 못했지만, 하나님께만 순종했던 자들이 비록 실패한 것처럼 보이고 불행한 삶처럼 보이지만, 하나님은 영원한 생명으로 그들의 삶을 보상해 주실 것이라는 믿음입니다. 이때 나온 것이 바로 심판, 내세, 부활 신앙입니다.

구약에서 천 년의 세월 동안 유대교를 지배했던 사람들은 사두개인입니다. 바리새파가 등장했던 때가 주전 2세기 말입니다. 구약에서 부활 신앙은 다니엘서 12장에 거의 처음 등장합니다. 일반적으로 사두개파는 부활을 인정하지 않았고 바리새파는 부활을 인정했습니다. 바울은 재판을 받을 때마다, 특히 유대인들을 대상으로 재판을 받을 때마다, 자신이 죽은 자의 부활을 믿기 때문에 이런 고초를 겪는다고 주장했습니다. 그래서 부활을 믿었던 바리새인들은 바울을 옹호해 주려고 하고, 부활을 믿지 않았던 사두개인들은 바울을 죽이려고 하는 내용이 23-24장에 계속해서 반복되고 있습니다.

> 사도행전 24:27 이태가 지난 후 보르기오 베스도가 벨릭스의 소임을 이어받으니 벨릭스가 유대인의 마음을 얻고자 하여 바울을 구류하여 두니라.

2년의 세월 동안 바울은 가이사랴라는 곳에 수감되어 죄수의 신분으로 지냅니다. 그러면서 유대인들에게 재판을 받기도 하고 벨릭스 또는 베스도라고도 불리는 총독에게 재판을 받기도 하고 아그립바왕에게 재판을 받기도 합니다. 중요한 점은 수감되었던 이 2년의 세월 동안 바울이 무력하게 지내지 않았다는 것입니다. 이때도 바울은 만나는 모든 사람에게 하나님의 복음을 증거합니다. 그것이 우리가 바울에게 본받아야 할 정말 중요한 삶의 자세입니다. 바울에게는 어디서든지 시공간을 불문하고 만나는 모든 사람이 전도의 대상이었습니다. 바울이 거하는 모든 현장이 전도의 현장이었다는 사실이 중요합니다.

25-26장은 바울이 재판받는 이야기입니다. 바울은 베스도라는 총독 앞에서 자기가 어떻게 이렇게 삶의 변화를 경험하게 되었는지 회심 이야기를 꺼냅니다. 사도행전 안에 세 번 나오는 바울의 회심 이야기입니다. 정치 권력자들 앞에서 자기의 회심 이야기를 설명하자, 베스도라는 총독이 바울에게 말합니다.

사도행전 26:24 바울이 이같이 변명하매 베스도가 크게 소리 내어 이르되 "바울아 네가 미쳤도다. 네 많은 학문이 너를 미치게 한다" 하니.

바울의 회심 이야기는 누가 듣느냐에 따라서 아주 상반된 반응이 나올 수밖에 없습니다. 만약 초대 교인들을 대상으로 바울이 자기 회심 이야기를 했다고 생각해 보십시오. 초대 교인들은 바울의 회심 이야기를 듣고서 최고의 간증이라고 박수를 쳤을 겁니다. 그런데 바울의 회심 이야기를 벨릭스나 베스도라든가 아그립바왕 같은 사람들이 들었을 때는 도저히 이해할 수 없는 겁니다. 베스도 총독이 뭐라고 반응을 보입니까? "바울아 네가 미쳤다"라고 말합니다. 그렇죠. 베스도 같은 사람들이 볼 때는 바울의 인생 변화라는 것은 미친 짓입니다. 로마 시민권자가, 그 좋은 집안의 사람이, 그 좋은 학벌의 사람이, 승승장구 하던 사람이 갑자기 예수를 믿고 그 많은 것들을 포기하고 죄수의 신분으로 자기 앞에 서 있는 모습을 베스도 같은 사람들이 볼 때는 이해할 수 없는 겁니다. 세상의 모든 사람은 낮은 자리에서 점점 높은 자리로 올라가려고 하지 않습니까? 더 많은 것들을 소유하고 누리려고 하지 않습니까? 많은 사람 위에 군림하려 하지 않습니까? 자기 이기심과 욕망을 성취하려고 애를 쓰잖아요. 바울은 다마스커스 도상 이전까지는 세상 모든 사람이 부러워하던 많은 것들을 가진 사람이었습니다. 로마 시민권에 얼마나 좋은 가문입니까? 얼마나 부유한 삶을 살았습니까? 십 대 초반에 예루살렘에 와서 가말리엘 문하에서 정통 바리새 교육을 받았으니 얼마나 학벌이 좋습니까? 그 가말리엘 문하를 졸업한 이후에 유대교 관리로서 얼마나 승승장구하는 삶을 살았습니까? 그런데 다마스커스 회심 사건을 경험하면서 그 좋은 태생, 학벌, 가문, 환경 모든 것을 바울은 다 버렸습니다. 그리고 예수의 복음을 증거하는 자로 살아가면서 죄수의 신분으로 지금 재판을 받고 있는 겁니다. 베스도 같은 사람이 볼 때는 바울의 인생을 이해할 수 없습니다. 그래서 베스도는 뭐라고 했습니까. "네가 미쳤구나."

그래서 세상의 관점으로 보면 예수의 제자로 살아간다는 것, 자기를 부인하는 삶을 살아간다는 것, 세속의 가치를 추종하지 않고 하나님의 백성으로서 신실한 걸음을 걸어간다는 것, 세상적으로 누릴 수 있는 것이 많음에도 불구하고 그러한 것들에 목숨을 걸지 않고 도리어 하나님께 순종하기 위해서 인생의 한 걸음, 한 걸음을 신실하게 내디딘다는 것, 해를 입으면서도 진실하게 살아가려 하고, 정직하게 살아가려 하고, 거룩하게 살아가려 하는 신앙인의 삶은 이해하기 너무나 어려운 겁니다. 세상 사람들의 이해를 받지 못한다고 하더라도 신앙인들은 세상의 판단이 아니라 하나님의 판단에서 승리하는 자로 살아가기 위해서 신실한 걸음을 내디뎌 가는 겁니다. 그 모습을 누가 보여 주고 있습니까? 사도 바울이 보여 주고 있습니다.

사도행전 27장은 바울이 로마로 압송되는 과정에서 일어난 사건들을 항해 일지 형태로 기록한 본문입니다. 로마로 압송되는 과정에서 유라굴로라는 폭풍을 만나는데, 이때 죄수였던 바울이 지도자로 우뚝 서게 됩니다. 276명이라는 귀한 생명을 다 지켜 냅니다. 27장에서 특별히 중요한 점은 여기에서 '우리'라고 하는 1인칭 복수형이 계속 등장하고 있다는 겁니다. 여기 '우리'에는 누가 포함됩니까? 사도행전의 저자인 누가가 포함됩니다. 그래서 누가가 바울의 병을 치유하기 위해서 바울과 계속 동행하고 있었다는 사실을 알 수 있습니다.

28장에 드디어 멜리데섬을 지나서 바울은 로마에 입성합니다. 사도행전 28장 16절, 23절, 30절을 보면 바울은 로마에서 감옥에 있는 것이 아니라 셋방을 구해서 2년의 세월 동안 가택 연금 상태에서 자기를 찾아오는 사람들에게 하나님 나라의 복음을 담대하게 증거하고 있음을 알 수 있습니다. 2년간 바울은 로마의 감옥이 아니라 집에 연금되어 있고, 그런 바울을 군인들이 지키고 있습니다. 바울이 자유롭게 출입하지는 못합니다. 대신 바울을 찾아오는 사람들을 자유롭게 만나는 것은 허용된 겁니다. 그래서 많은 사람이 바울을 찾아와서 바울에게서 하나님 나라의 복음을 듣습니다. 이것이 바로 사도행전 28장의 말씀입니다.

이것을 통해서 누가는 무엇을 주장하고 싶은 겁니까? 사도행전 1장 8절의 말씀, "성령이 너희에게 임하시면 너희가 권능을 받고 예루살렘과 온 유대와 사마리아와 땅끝까지 이르러"에서 땅끝이 어디일까요? 제국의 수도인 로마입니다. "땅끝까지 이르러 주의 복음을 증거하는 예수의 증인이 될 것이다." 그것이 바울이라는 사람을 통해서 온전히 이루어졌다는 것을 누가는 사도행전 28장에서 알려 주고 있는 겁니다.

결국 사도행전 전체는 사도행전 1장 8절의 말씀이 어떻게 성취되었는가를 알려 주는 본문입니다. 그래서 주의 성령을 통해서 교회가 이 땅 가운데 어떻게 세워졌고, 주의 복음이 이방 땅에 어떻게 선포되었으며, 예루살렘에서 시작된 그 교회가 유대와 사마리아와 땅끝까지 이르러 어떻게 확장되었는지를 보여 주었습니다.

4부 바울 서신

바울 서신이란 무엇인가

서신들의 기록 연대와 배치

로마서부터 빌레몬서까지 13권의 서신은 바울이 특정한 교회나 개인에게 보낸 편지로, 바울 서신이라고 합니다. 로마서부터 데살로니가후서까지는 교회에 보낸 편지고, 디모데전서부터 빌레몬서까지는 개인에게 보낸 편지입니다. 그러면 이런 질문이 나올 수 있습니다. "왜 교회에 보낸 편지는 로마서에서 시작해서 데살로니가후서 순서로 배치되었을까?" 즉 데살로니가전서가 제일 먼저 나오고, 로마서가 제일 마지막에 나올 수도 있잖아요? 바울 서신을 배치하는 중요한 원칙이 있습니다. 교회에 보낸 편지가 앞에 나오고, 개인에게 보낸 편지는 뒤에 배치합니다. 그리고 교회에 보낸 편지나 개인에게 보낸 편지에도 공통된 기준이 있는데, 분량이 많을수록 앞쪽에 배치한다는 것입니다. 그것이 로마서가 데살로니가후서보다 앞쪽에 있는 이유입니다. 그래서 앞쪽에 있다고 더 중요하고 뒤쪽에 있다고 덜 중요한 것이 아닙니다. 경중의 차이가 아니라 분량의 차이일 뿐입니다.

그런가 하면 '전서'와 '후서'로 되어 있는 서신들이 있습니다. 고린도 전후서, 데살로니가전후서, 디모데전후서입니다. 이 경우는 전서가 후서보다 분량이 조금 더 많습니다. 바울 서신은 분량이 많을수록 앞쪽에 배치되어 있으니까, 전서가 후서보다 분량이 많다고 생각하면 됩니다.

마태복음부터 요한계시록까지 27권이 정경으로 확정된 때가 주후 397년입니다. 카르타고 공의회에서 신약 27권을 정경으로 확정했는데, 신약의 정경을 확정하기 전에도 "이것이 하나님이 우리에게 주신 말씀이다"라면서 여러 사람이 정경에 대한 나름의 목록을 만들었습니다. 그때 사람들이 만들었던 목록은 지금 우리가 가진 신약과는 다르게 공동 서신의 저자들 글이 앞부분에 배치된 경우도 있습니다. 예를 들어, 야고보서, 베드로전후서, 요한1, 2, 3서, 유다서와 같은 공동 서신이 바울 서신보다 앞에 배치된 정경 목록들이 있습니다. 주후 397년 카르타고 공의회에서 네 개의 복음서, 하나의 역사서, 21개의 서신서 그리고 하나의 묵시록까지, 총 27권이 신약의 정경으로 확정됩니다.

신약에서 가장 많은 장르를 차지하는 것이 서신서입니다. 21개의 서신서를 크게 바울 서신, 공동 서신, 요한 서신 이렇게 나눕니다. 여기서 바울 서신과 요한 서신은 이 편지를 보낸 발신자를 기준으로 분류한 것입니다. 즉 바울이 보낸 편지가 바울 서신, 요한이 보낸 편지가 요한 서신입니다. 공동 서신은 발신자 기준이 아니라 편지를 받는 수신자들이 복수일 때 공동 서신이라고 합니다. 즉 야고보가 보낸 편지와 베드로가 보낸 서신들은 특정한 개인에게 보낸 것이 아니라, 복수의 수신자들에게 보내진 편지입니다. 이런 것들을 '공동 서신'이라고 하고, 바울이 보낸 편지나, 요한이 보낸 편지의 경우에는 수신자들이 특정하게 한정되어 있는 경우입니다. 이런 것들을 바울 서신, 요한 서신이라고 이야기합니다. 그리고 조금 더 포괄적으로 보면 요한 서신까지 포함해서 공동 서신으로 보기도 합니다.

중요한 것은 공동 서신의 저자들은 대부분 예루살렘 교회의 지도자들이었다는 점입니다. 야고보, 베드로, 요한, 유다가 공동 서신의 저자입니다. 주후 367년경의 정경 목록을 보면, 이 예루살렘 교회 지도자들이 보냈던 편지가 바울의 편지보다 앞부분에 배치된 경우도 있습니다. 그런데 최종적으로 주후 397년에 카르타고 종교회의에서 신약 27권을 확정하면서 서신서 21권이 정경으로 채택되는데, 그때 바울의 편지가 앞에 배치되고 공동 서신 저자들의 편지가 뒷부분에 배치됩니다. 여기서 우리가 알 수 있는 사실이 있습니다. 주후 397년에 바울의 권위는 공동 서신 저자들의 권위보다 훨씬 더 우위에 있었다는 것입니다. 그래서 지금 우리가 가진 서신의 배치를 보면 바울의 13개의 편지가 먼저 나오고, 그다음에 저자가 불명확한 히브리서가 중간에 배치되고, 그다음에 야고보, 베드로, 요한, 유다의 순으로 공동 서신 저자들의 편지가 배치되어 있습니다. 그리고 바울의 서신은 총 13권인데, 교회에 보낸 편지, 그다음에 개인에게 보낸 편지로 배치되어 있습니다. 이 배치는 분량의 순서일 뿐임을 기억해 주십시오.

바울의 편지는 대부분 주후 50-60년경에 기록된 것으로, 신약 본문 가운데 가장 먼저 기록되었습니다. 마태, 마가, 누가, 요한 네 개의 복음서가 신약 앞부분에 있지만, 복음서는 주후 70년경 이후에 기록되었습니다. 사도 바울은 주후 64년경 네로 황제에 의해서 순교당했다고 봅니다. 따라서 바울이 쓴 편지는 아무리 늦게 쓰였다 해도 주후 64년 이

전에 기록된 것입니다. 복음서 중에 제일 먼저 기록된 마가복음이 주후 70년경에 쓰였습니다. 마태복음, 누가복음은 주후 80년경으로 여겨집니다. 요한복음이 주후 90년경에 쓰였고요. 그러니까 여기서 알수 있는 사실은 복음서 중에 가장 먼저 쓰인 마가복음보다 가장 늦게 쓰인 바울 서신이 더 이른 시기에 쓰였다는 겁니다. 예를 들자면 바울 서신 가운데 제일 먼저 쓰인 것을 데살로니가전서로 보는데, 저술 시점은 48년경에서 50년경으로 봅니다. 그리고 제일 늦게 쓰인 서신을 디모데후서로 보는데, 이때를 주후 62년경으로 봅니다. 그러니까 제일 늦게 쓰인 바울 서신조차도 가장 먼저 쓰인 복음서보다 더 이른 시기에 작성되었음을 알 수 있습니다. 그래서 신약 27권 가운데 가장 먼저 쓰이고, 가장 먼저 교회에 전달되고 교회에서 회람되었던 문서가 바로 바울 서신입니다.

가장 먼저 쓰였는데 왜 복음서보다 바울 서신이 뒤에 배치된 것일까요? 신약성경은 어떤 본문의 배치 순서를 따라 했다고 그랬죠? 70 인경의 배치 순서를 그대로 따라 했습니다. 70인경을 보면 토라가 제일 먼저 나오고, 그다음에 역사서, 그다음에 시가서, 제일 마지막에 예언서가 나옵니다. 신약은 구약의 이 배치를 그대로 따라 한 것입니다. 토라에 대응하는 것이 복음서입니다. 그다음에 역사서인 사도행전이 나오고, 그다음 시가서에 대응하는 것이 21권의 서신서입니다. 그다음 예언서에 대응하는 것이 요한계시록입니다. 신약은 쓰인 순서가 아니라 70인경의 장르 배치 순서를 그대로 따라 하고 있으며, 그래서 네 권의 복음서, 한 권의 역사서, 21권의 서신서, 마지막으로 한 권의 묵시록까지 27권으로 구성되어 있습니다.

바울 서신의 특징 중 하나는 '상황' 서신이라는 점입니다. 바울이 특정 교회에 편지를 보냈을 때, 막연하게 책상에 앉아서 뭘 좀 써 볼까 하고 기술한 것이 아닙니다. 편지를 받는 교회의 상황, 예를 들면 당파 문제, 음행하는 성도의 문제, 교회 안에서 발생한 문제를 해결하지 못하고 세상 법정에 송사하는 문제 등, 교회 공동체 안에 발생한 특정한 상황을 해결하기 위해서 편지를 썼습니다.

고린도전서 7장에 보면, 고린도 교인들이 바울에게 제기했던 질문이 있습니다. 주님이 곧 재림하시는데 지금처럼 독신으로 지내는 편이 좋은지, 아니면 주님이 곧 재림하시더라도 결혼해서 자녀를 출산하는 편이 좋은지, 신앙이 서로 달라서 끊임없이 갈등하는 배우자와 헤어지는 편이 좋은지, 아니면 계속해서 부부의 관계를 이어 가는 편이 좋은지와 같은 질문입니다. 고린도 교인들이 바울에게 먼저 제기한 질문들입니다. 이런 질문을 받고 바울이 고린도 교인들에게 대답하는 내용이 바로 고린도전서 7장입니다. 그러니까 바울의 편지는 이 편지를 받는 교회나 개인, 그들이 처한 상황과 문제, 그들이 바울에게 제기했던 질문에 대한 답변을 모은 것입니다. 즉 바울의 모든 편지에는 그런 이야기를 할 수밖에 없는 상황이 먼저 있었다는 점을 인식하는 것이 중요합니다. 바울 서신의 가장 중요한 특징이 '상황' 서신이라는 점을 기억할 필요가 있습니다.

바울 서신은 크게 두 부분으로 구성되어 있습니다. 바울 서신의 앞부분은 그리스도의 십자가와 부활 사건, 즉 하나님이 예수 그리스도를 통해서 우리를 어떻게 구원하셨는지를 말하고 있습니다. 뒷부분은 예수 그리스도의 은혜로 말미암아 하나님의 백성이 된 우리가 하나님이 부르시는 순간까지 이 땅 가운데에서 어떻게 살아갈 것인가를 다루고 있습니다. 그러니까 좀 단순하게 보자면 앞부분은 교리적인 내용을 다루고, 뒷부분은 우리의 삶과 관련된 윤리·도적적 내용을 다룹니다.

바울은 누구인가

바울이라는 인물에 대해서 살펴보겠습니다. 무엇보다 바울은 디아스포라 유대인입니다(행 13:9). 유대인은 유대인이지만 가나안 땅에 살고 있지 않은 교포 유대인입니다. 바울이 태어난 곳이 길리기아 다소라는 지역으로, 로마제국의 큰 도시였습니다. 그래서 바울은 태어날 때부터 유대식 이름과 현지의 그리스-로마식 이름을 함께 가지고 있었습니다. 사울은 유대식 이름이고 바울은 그리스-로마식 이름입니다. 사도행전 13장 9절에서는 "바울이라고 하는 사울"이라고 표현합니다. 우리 한국 교인들 가운데에 "원래 사도 바울의 이름은 사울이었는데 다마스커스 도상에서 예수를 만난 다음에 바울로 개명했다"라고 말씀하시는 분들이 있습니다. 마치 "아브람이 아브라함이 되고 사래가 사라가 된 것처럼 원래는 사울이었는데 나중에 이름이 바울이 되었다"라고 이해하는 분이 많은데 그렇지 않습니다. 성경 어디에도 "사울이 바울 되었다"라는 표현은 나오지 않습니다. "바울이라고 하는 사울"이라는 표현을 "원래 사울이었는데 바울이 되었다"라고 이야기한다면 사도행전 12장 12절의 "마가라 하는 요한"의 해석에도 문제가 생깁니다. 초대 교인들이 모여 있던 마가의 다락방이 있잖아요? 그 마가라는 요한도 바로 디아스포라 유대인입니다. 디아스포라 유대인들은 태어났을 때부터 유대식 이름 하나, 자기가 태어났던 지역의 이름 하나, 그래서 두 개의 이름을 가졌을 뿐입니다. 이 사실을 꼭 기억해 주시면 좋겠습니다.

사도 바울의 집안은 로마 시민권을 가지고 있었습니다. 당시에 로마 시민권을 가지고 있던 집안의 자녀로 태어나면 태어났을 때부터 자연스럽게 로마 시민이 됩니다. 그러니까 사도 바울은 태어날 때부터 로마 시민권을 갖고 있던 사람입니다. 십 대 초반에 예루살렘으로 와서 당시 바리새파 가운데 최고의 학파라고 불리던 가말리엘 문하에서 정통 랍비 교육을 받습니다. 사도 바울은 어떻게 보면 엄친아라고 할 수 있습니다. 집안도 좋고, 학벌도 좋습니다. 가말리엘 문하에서 정통 율법 교육을 받으면서 신명기 21장 23절에 근거해 "예수는 하나님께 저주받아 죽임을 당했다"라는 확신을 갖게 되었습니다. 그런 확신 가운데서 예수를 여전히 메시아로 추종하는 사람들을 유대교로 되돌리기 위해서 바울은 열심을 다했던 것입니다. 그러다가 다마스커스 도상에서 자기의 이 모든 열심이 하나님의 마음을 아프시게 하는 열심이라는 점을 깨닫습니다. 사도 바울의 인생을 관통하는 단어를 들라고 한다면 '열정과 헌신'이라고 할 수 있습니다. 바울은 죽을 때까지 '열정과 헌신'의 사람이었습니다.

그런데 바울의 인생을 정확하게 반으로 나누는 중요한 터닝 포인트가 있거든요. 이것이 바로 다마스커스 도상 사건입니다. 다마스커스 도상 이전까지 바울의 열정과 헌신은 하나님의 마음을 아프시게 하는 열정과 헌신이었고, 다마스커스 도상 이후의 열정과 헌신은 하나님의 마음을 기쁘시게 하는 열정과 헌신이었어요. 우리가 하나님에 대해서 열정과 헌신을 다하는 것도 중요하지만 이것보다 중요한 것은 '분별'을 갖추는 것입니다. 하나님이 진짜 원하시는 것이 무엇인가? 이것을 분별하는 열정과 헌신만이 의미가 있습니다.

사도 바울은 다마스커스 도상에서의 회심 사건 이후에 유대교에서는 배신자로 낙인찍힙니다. 사도행전 23장 12절에는 "바울을 죽이기 전에는 먹지도 아니하고 마시지도 아니하겠다"라고 맹세하는 40명의 결사대가 등장합니다. 그 정도로 바울은 유대교에서 완전히 배신자가 됩니다. 그런데 안타까운 사실은 바울이 회심한 다음에 초대교회 안에서도 바울을 두 팔 벌려 환영하지 않았다는 겁니다. 초대교회도 바울에 대해 "이 사람이 진짜 회심한 것인가, 그렇지 않은가"에 대해서 오랜 기간 검증의 시간을 갖게 됩니다. 심지어 이후에 목숨을 걸고 주의 복음을 전하기 위해 1차, 2차, 3차 전도 여행을 떠났을 때도 계속해서 사도로서의 자격을 의심받습니다. 심지어 바울 자신이 개척한 교회 안에서조차 사도로서 그다지 인정받지 못합니다. 그럴 수밖에 없는 것이 바울의 과거 전력 때문입니다. 스데반을 죽이는 일에 책임을 맡았고, 그다음에 예수를 따르는 사람들을 잡아 가두기 위해서 열정과 헌신을 다했던 사람이 사도 바울 아닙니까? 그런데 바울이 지금 회심했다면서 초대 교인들이 예배드리는 장소에 와서 함께 예배드린다고 생각해 보십시오. '아, 이 사람들이 여기에서 지금 예배를 드리고 있구나! 이런 사람들이 예배를 드리고 있구나!'라는 정보를 다 취합한 다음에 바울이 어느 날 예배드리는 교인들을 일망타진하면 어떻게 되겠습니까? 그러니까 초대교회 안에서도 "바울이 정말 예수를 만났는가? 정말 회심했는가?" 이걸 검증할 시간이 필요했습니다. 결국 바울은 회심한 이후에 자신이 그동안 몸담았던 유대교로부터는 배신자로 낙인이 찍히고, 새로운 멤버가 된 초대교회 안에서도 상당한 기간 환영받지 못했습니다. 어떻게 보면 두 군데에서 다 의심과 버림을 받은 것이 바울이 처한 실존적인 모습입니다. 유대교로부터도 버림받고, 초대교회 안에서도 두 팔 벌려 환영받지 못했지만, 그럼에도 불구하고 하나님에 대한 믿음과 열정을 가지고 바울은 1차, 2차, 3차 전도 여행을 힘 있게 감당했습니다.

그러면 초대교회는 왜 바울의 사도성을 인정하지 못했을까요? 사도행전에 나오는 것처럼 사도로 인정받으려면 예수님의 공생애에 함께했어야 합니다. 예수 부활에 증인이어야 합니다. 그다음에 예수님이 보내 주신 성령을 받은 자들이 사도로 인정받았습니다. 사도를 좁혀 말하면, 열두 사도라고 할 수 있습니다. 예수님의 공생애에 함께하고, 부활의 증인이고, 예수께서 파송하신 성령을 받은 자가 사도인데 바울은 예수님의 공생애에 함께하지 않았습니다. 예수 부활의 증인이 되지 못했습니다. 성령을 파송해 주실 때 마가의 다락방에 모인 120문도 가운데 들지 못했습니다. 사도에 대한 엄격한 기준에 근거해 보면 바울을 사도라고 칭하기가 쉽지 않습니다. 그래서 나중에는 자기가 개척했던 교회 안에서조차 사도로 인정을 받지 못합니다. 그런 실존적인 괴로움 가운데 처해 있었지만 바울은 하나님이 맡겨 주신 사명에 최선을 다했습니다. 갈라디아서 1-2장을 보면 다마스커스 회심 사건 이후 17년 만에, 예루살렘 교회의 기둥 같은 지도자였던 야고보와 게바와 요한과 드디어 악수했다는 말이 나옵니다. "친교의 악수를 했다"는 말이 나오는데 그 말은 사도로서 인정을 받았다는 뜻입니다. 그래서 보통 바울의 다마스커스 사건을 32년, 예루살렘 회의를 49년으로 봅니다. 이 17년의 기간 동안 사도로서 인정받지 못했음에도 불구하고 하나님이 맡겨 주신 그 사명에 최선을 다했던 자가 누구입니까? 바로 사도 바울입니다.

갈라디아서를 이해하는 데 정말 중요한 내용이 있습니다. 바울은 율법에 대해서 매우 부정적인 주장을 많이 합니다. 이것 때문에 예루살렘 교회로부터 바울은 율법 폐기론자라는 의심을 받았습니다. 실제로 바울은 로마서나 갈라디아서에서 율법에 대한 비판을 매우 많이 하고, 율법에 집착하는 사람들에 대해서 많이 책망합니다. 우리가 그런 말씀들을 쭉 읽다 보면 "바울은 율법을 부정하는구나! 율법의 시대는 끝났다고 주장하는구나!" 이렇게 이해하기 쉽습니다.

그런데 꼭 알아 두어야 할 사실이 있습니다. 바울이 비판했던 '율법'은 좁게 이해하면 '할례'를 말하는 것이고 조금 넓게 이해하면 '율법 가운데 제의법에 대한 지나친 집착'을 말하는 것입니다. 단순하게 구분해 보면 율법 안에는 제의법이 있고 도덕법이 있습니다. 제의법에는 어떤 것들이 포함됩니까? 할례, 음식법, 정결법, 절기 준수법이 제의법이라고 할 수 있습니다. 이런 제의법들은 예수 그리스도의 사건을 통해서 끝났다고 보는 것이 바울의 입장입니다. 그래서 바울은 유대인들이 제의법을 지키는 것은 인정하지만, 이방 기독교인들에게도 이 제의법을 지키라고 강요하는 것을 반대합니다. 사도행전에서 보았듯이, 바울은 유대인들이 유대인들의 문화 안에서 하나님에 대한 신앙을 꽃피우는 것은 인정합니다. 다만 유대인들의 신앙 문화를 이방인들에게 강요하는 것을 반대합니다. 즉 바울의 대원칙은 유대인은 유대인의 문화 안에서 하나님에 대한 신앙을 꽃피울 수 있고, 이방인은 이방인의 문화 안에서 하나님에 대한 신앙을 꽃피울 수 있다는 것입니다. 유대인의 신앙 문화를 이방인에게 강요하는 것을 철저하게 반대했던 사람이 바로 사도 바울입니다. 그 대신 바울은 율법 가운데 도덕법은 여전히 유효하다고 봤습니다. 즉 하나님의 백성으로서 정직하게 살아야 된다, 진실하게 살아야 된다, 거룩하게 살아야 된다, 간음해서는 안 된다와 같은 도덕법, 사람과의 관계에서 우리가 행해야 될 도덕법은 예수 사건 이후에도 여전히 유효하고, 하나님의 백성이 지켜야 할 하나님의 말씀이라고 본 것입니다. 바울이 로마서나 갈라디아서에서 율법에 대해 비판적인 주장을 했다고 "아, 바울은 율법의 시대가 끝났다고 보는구나!" 이렇게 생각하시면 안 됩니다.

바울은 몸 안에 "육체의 가시, 사탄의 사자"가 있었고, 고린도후서 12장에 나오는 것처럼 이것을 없애 달라고 하나님께 간절히 기도했습니다. 그러나 이것이 존재하는 편이 훨씬 더 유익하다는 사실을 깨달았습니다. 이후에 보겠지만 바울은 매우 엄격하게 목회를 했습니다. 왜냐하면, 바울은 예수 그리스도를 신랑으로, 이 땅의 교회를 그리스도의 신부로 봤기 때문입니다. 신랑이 곧 이 땅에 오실 터인데 신랑을 맞기 위한 신부의 가장 중요한 자세를 순결함을 지키는 걸로 보았습니다. 그래서 교회 공동체의 순결함, 교회의 교회 됨을 훼손하는 일과 관련해서 바울은 매우 엄격하게 목회했던 모습을 볼 수 있습니다. 로마서와 고린도전서에서 보는 것처럼, 바울은 하나님이 자신을 부르신 목적을 기억했던 사람입니다. 구약 이스라엘이 실패했던 가장 중요한 이유가 뭡니까? 부르심의 목적을 망각했던 거 아닙니까? 이스라엘이 하나님의 선민으로 부름받은 것은 맞죠? 어떤 선민으로 부름받은 겁니까? 만민을 위한 선민으로 부름받았잖아요. 그런데 이스라엘은 그것을 망각하고 배타적 선민사상에 빠져 버렸습니다. "하나님이 왜 나를 구원하셨는가? 하나님이 왜 나를 당신의 복음을 전하는 자로 사용하시는가?" 이 하나님의 부르심을 끝까지 물으면서 부르심의 목적에 최선을 다했던 사람이 바로 사도 바울입니다.

로마서

로마 교회는 바울이 개척한 교회도 아니고 바울과 만난 적도 없는 교회입니다. 바울은 자신의 선교 사역을 도와주기를 기대하는 마음으로 로마 교회에 편지를 보냈습니다. 로마서 1장 앞부분에서 바울은 길게 자기를 소개합니다. 바울이 보낸 편지들은 대부분 바울이 개척한 교회, 바울과 만난 적이 있는 사람들에게 보내졌는데, 바울과 만난 적도 없고 바울이 개척하지도 않은 교회에 보낸 거의 유일한 편지가 바로 이 로마서입니다.

그럼 로마 교회는 누가 개척했을까요? 사도행전 2장 10절에 초대 교인들이 오순절 성령 강림을 통해서 방언을 하게 될 때 세계 각지에서 왔던 많은 사람이 깜짝 놀랍니다. 2장 10절에 "로마로부터 온 나그네"란 표현이 나옵니다. 정확하게 알 수는 없지만, 아마 그때 로마에서 온 사람들이 초대 교인들이 하는 방언을 목격했을 겁니다. 그리고 사도 베드로의 설교를 듣고 세례를 받고 나서 로마에 돌아간 후 자신들만의 신앙 공동체를 형성한 것이 아닐까 생각해 볼 수 있습니다. 로마서를 이해할 때 로마 교회의 매우 독특한 상황을 이해해야 합니다. 이방 지역에 교회가 세워질 때, 대부분은 전도를 받은 디아스포라 유대인들에 의해서 세워집니다. 아마 로마 교회도 그랬을 가능성이 큽니다. 그래서 처음에는 디아스포라 유대인들, 원래 유대교의 신앙을 가지고 있다가 "예수가 메시아"라고 고백하면서 기독교 신앙을 갖게 된 디아스포라 유대인들에 의해서 아마 로마에도 교회가 세워졌을 겁니다.

초기 로마 교회 안의 구성원들은 디아스포라 유대인들이 다수였을 것이고 이방인들이 소수였을 거로 추측됩니다. 그러다가 로마에서 그리스도에 대한 문제로 유대인들과 초대교회 교인들 사이에 충돌이 빈번하게 발생하니까 주후 49년에 로마의 황제 글라우디오가 로마 시내에서 모든 유대인을 추방하는 칙령을 내립니다. 그래서 이때 로마 시내에 있던 모든 유대인이 로마 시내에서 추방당합니다. 그때 자연스럽게 로마 교회 안에 있던 디아스포라 유대인들도 추방당했습니다. 그러면서 주후 49년 이후부터 로마 교회는 이방인 중심의 교회가 됩니다. 원래는 디아스포라 유대인들이 다수이고 이방-기독교인들이 소수였는데 주후 49년에 공포된 글라우디오의 칙령 이후에 이방인 중심의 교회가 된 겁니다.

이 글라우디오 황제가 54년에 사망합니다. 그리고 네로라는 새로운 황제가 등극합니다. 네로가 황제로 등극하면서 주후 49년에 내쫓긴 유대인들이 다시 돌아올 수 있도록 칙령을 내립니다. 이때 돌아온 유대인도 있고, 돌아오지 않은 유대인도 있습니다. 이때 돌아온 유대인들, 그 유대-기독교인들이 다시 로마 교회 안에 들어왔겠죠? 그러면서 로마 교회는 어떤 특징을 갖게 되었습니까? 다수의 이방-기독교인들과 소수의 디아스포라 유대-기독교인들이 모인 교회가 된 겁니다.

그래서 로마서 9-11장에는 유대-기독교인들의 구원 문제에 대한 이야기가 나오고, 로마서 14-15장에는 음식 문제 때문에 갈등하는 강한 자와 약한 자의 문제가 나옵니다. 그렇다면 여기서 믿음이 강한 자가 누구입니까? 이방-기독교인들입니다. "모든 음식은 하나님이 주신 것이다. 감사함으로 먹으면 아무 문제가 없다"라고 이야기하는 사람들이 바로 믿음이 강한 자입니다. 그렇다면 믿음이 약한 자가 누굽니까? 유대-기독교인들입니다. 이 사람들은 여전히 음식 정결법을 사수하고 있는 겁니다. 그래서 먹을 수 있는 음식, 먹어서는 안 될 음식을 철저하게 구분하면서 일상의 삶 속에서 준수하고 있는 겁니다. 이것을 이방-기독교인들이 바라볼 때는 너무 믿음이 약해 보이는 겁니다. 그래서 이 믿음이 강한 자와 약한 자 사이에 갈등이 생겼을 때 사도 바울은 믿음이 약한 자들을 옹호해 주고 있습니다. 이처럼 로마서에서 유대인들을 편드는 본문은 로마 교회 안에 있는 약자들을 편드는 내용임을 기억해야 합니다.

정리해 보면, 로마 교회의 중요한 특징 두 가지가 있습니다. 첫째 바울 서신을 받는 대부분의 교회는 바울이 개척하거나 바울과 관계를 맺었던 사람들이 개척한 교회입니다. 그런데 로마 교회는 바울이 개척한 교회도 아니고, 바울과 만난 적도 없는 교회라는 점이 로마 교회의 첫 번째 특징입니다. 두 번째는 대부분 이방 지역에 세워진 교회들은 다수의 디아스포라 유대-기독교인들과 소수의 이방-기독교인들로 구성되어 있습니다. 그런데 바울의 편지를 받은 로마 교회는 이방-기독교인들이 다수이고, 디아스포라 유대-기독교인들이 소수인 교회입니다. 이 두 가지를 꼭 기억해 주십시오.

로마서의 가장 중요한 내용은 인간의 죄로 말미암아 하나님과 우리 인간의 관계가 깨졌는데, 하나님이 선제적으로 예수 그리스도를 통해서 그 관계를 회복시켜 주셨다는 겁니다.

로마서 5:6   우리가 아직 연약할 때에 기약대로 그리스도께서 경건하지 않은 자를 위하여 죽으셨도다.

로마서 5:8   우리가 아직 죄인 되었을 때에 그리스도께서 우리를 위하여 죽으심으로 하나님이 우리에 대한 자기의 사랑을 확증하셨느니라.

로마서 5:10   곧 우리가 원수 되었을 때에 그의 아들의 죽으심으로 말미암아 하나님과 화목하게 되었은즉 화목하게 된 자로서는 더욱 그의 살아나심으로 말미암아 구원을 받을 것이니라.

우리는 여전히 연약합니다. 우리는 여전히 죄인이었습니다. 우리는 여전히 하나님과 원수 되었던 존재입니다. 한마디로 우리가 새롭게 변화되었기 때문에, 우리가 하나님께 온전히 순종했기 때문에 하나님이 우리를 구원하신 것이 아니라는 말입니다. 우리는 여전히 연약한 존재이고, 우리는 여전히 죄인이고, 여전히 죄로 말미암아 하나님과 원수 된 존재였습니다. 그런데 하나님이 선제적으로 예수 그리스도를 보내심으로 말미암아 깨어진 우리와의 관계를 회복시켜 주신 겁니다. 그 예수 그리스도로 말미암아 우리를 당신의 백성 삼아 주신 겁니다. 자, 이것을 '과거적 칭의, 구원받음'이라고 이야기할 수 있습니다. 성경에서 '구원받았다'라는 말은 하나님의 백성이 아니었던 자들이 하나님의 백성이 되었다는 말입니다. 하나님의 백성이 되었다는 말은 무슨 뜻입니까? '하나님의 통치 안에 거한다'는 뜻입니다. 이것이 바로 성경이 말하는 '구원받음'입니다.

너무나 많은 한국의 기독교인들이 여전히 '구원받음'을 죽은 다음에 천당 가는 것으로 생각합니다. 기독교인이 가진 대부분의 구원관이 사후 구원관입니다. 그런 분이 이해하는, 죽은 다음에 가는 천당은 어떤 곳입니까? "금은보석이 가득한 곳"입니다. 구원에서 가장 중요한 점이 무엇입니까? 하나님의 백성이 아니었던 자들이 하나님의 백성이 되었다는 것입니다. 여기서 하나님의 백성이 되었다는 말은 뭡니까? 하나님 통치의 바깥에 있던 자들이 하나님의 통치 안에 거한다는 뜻입니다. 이것이 바로 구원받는다는 것의 핵심입니다. 그 구원은 언제부터 시작되었습니까? 지금 이 땅에서부터 시작된 것입니다. 예수 그리스도를 통해서 이루어진 하나님의 구원 사건, 예수로 말미암아 죄인된 우리를 하나님이 자기 백성으로 삼아 주셨다는 구원의 사건을 '아멘'으로 받아들일 때 우리는 하나님의 백성이 된 겁니다. 하나님이 예수를 통해 보내 주신 선제적인 은총을 믿음으로 받아들일 때 우리는 하나님의 백성이 되었다는 이야기입니다. 그 하나님의 백성이 된 순간 우리는 더 이상 흑암의 권세에 지배받지 않게 됩니다. 하나님의 통치 안에 거하는 하나님의 백성이 되었으니까요. 이것을 믿는 것이 중요합니다. "나는 더 이상 흑암의 권세에 지배받는 자가 아니다! 나는 더 이상 사탄의 통치를 받는 자가 아니다! 나는 오직 하나님의 통치를 받는 하나님의 백성이 되었다!" 이걸 믿음으로 고백하고 인정하는 것이 너무 중요합니다. 그때부터 우리의 구원은 시작된 겁니다. 그래서 구원은 이미 시작된 겁니다. 죽은 다음에야 구원을 받는 것이 아니고, 하나님의 구원, 하나님의 백성 됨, 하나님의 통치 안에 거함, 이 하나님의 구원이 이미 시작된 겁니다.

그런데 하나님의 백성은 되었지만 우리가 발 디디고 살아가는 이 땅은 여전히 흑암의 권세가 지배하는 곳입니다. 죄악으로 충만한 곳입니다. 예수 그리스도의 선제적인 은총으로 말미암아 우리의 신분은 바뀌었습니다. 사탄의 백성이었던 자들이 이제는 하나님의 백성으로 신분이 바뀌었습니다. 이렇게 신분은 바뀌었는데 우리의 존재가 변화된 것은 아닙니다. 여전히 우리는 하나님의 통치를 기뻐하는 자라기보다는 죄 된 욕망과 이기심이 발동되는 존재입니다. 그래서 이제는 변화된 신분에 걸맞게 우리의 생각이나, 우리의 삶도 하나님이 원하시는 바대로 변화되어야 합니다. 이걸 '현재적 칭의, 현재적 구원'이라고 말합니다. 이걸 교리적으로는 '성화'라고 말하는 겁니다. 즉 '과거적 구원'은 흑암의 권세 가운데 있던 우리를 하나님이 예수 그리스도로 말미암아 당신의 백성 삼아 주신 것을 말합니다. 이때 우리는 구원받을 만한 행위를 한 일이 전혀 없습니다. 100퍼센트 하나님의 전적인 은혜입니다. 우리는 그저 그 은혜를 믿기만 하면 되는 거죠. 이제 우리는 하나님의 백성이 된 겁니다. 신분이 바뀌는 겁니다. 그런데 신분이 바뀌는 것으로 끝나면 안 됩니다. 이제는 변화된 신분에 걸맞게 우리의 존재도 바뀌어야 합니다. 그리고 이제 우리는 무엇을 소망하는 겁니까? 최종적인 구원의 완성, 미래적인 구원, 하나님의 통치가 온전히 구현되는 하나님 나라에서의 삶을 소망해야 합니다. 이 '미래적 구원, 구원의 완성'을 우리는 보통 '영화'라고 이야기합니다. 이것이 로마서 1-8장까지 나오는 교리의 핵심 내용입니다.

> **로마서 9:21** 토기장이가 진흙 한 덩이로 하나는 귀히 쓸 그릇을, 하나는 천히 쓸 그릇을 만들 권한이 없느냐.

이 구절에서 '천히'라고 옮긴 우리말 번역은 '덜 귀히'로 바뀌어야 합니다. '귀히' 쓸 그릇과 '천히' 쓸 그릇이 아니라, 귀히 쓸 그릇과 덜 귀하게 쓸 그릇입니다. 이것은 토기장이가 결정할 사항입니다. 토기장이의 주권, 토기장이의 마음입니다. 이것을 그릇이 문제 제기할 수 없습니다. 바울이 로마서 9장에서 왜 이런 이야기를 합니까? 하나님이 이방인을 당신의 백성 삼고자 하는 것은 하나님의 주권에 해당한다는 겁니다. 그걸 유대인들이 가로막을 수 없다는 겁니다. "아니 하나님, 당신은 우리만의 하나님이 되셔야지 이방인의 하나님까지 되셔서는 안 됩니다!"라고 그 누가 주장할 수 있을까요? 하나님과의 관계에서 가장 위험한 것은 하나님을 독점하려는 태도입니다. 그 독점의 결과 구약의 이스라엘은 어떻게 된 겁니까? 배타적 선민사상에 빠져 버렸습니다. 하나님의 백성인 우리에게는 하나님의 은혜와 자비가 임해야 하고 하나님의 백성이 아닌 자들에게는 하나님의 심판과 저주가 임해야 한다면서 이방인이 하나님의 백성 되는 것을 막으려고 했습니다. 그러면 안 됩니다. 우리를 은혜 가운데 당신의 백성 삼아 주신 그 하나님의 자비와 긍휼하심이 다른 존재에게도 확장되는 것에 불만을 가지면 안 됩니다. 그래서 귀하게 쓰는 그릇과 덜 귀하게 쓰는 그릇을 만드는 것은 토기장이의 절대주권이고, 하나님은 유대인들만의 하나님이 아니며, 이방인들도 자기 백성 삼고자 하는 것은 하나님의 절대주권에 속한다는 것을 로마서 9장 토기장이 이야기를 통해서 설명하고 있습니다.

그다음 11장에서는 "구약에서는 유대인이 하나님의 백성이었다가 신약에서는 이방인이 하나님의 백성이 되었다"라고 말하지 않습니다. 신학에서 이런 것들을 '대체 신학'이라고 말합니다. 그러니까 구약에서 하나님 백성이 유대인이었는데 신약에서는 이방인으로 대체되었다는 겁니다. 로마서 11장은 이 대체 신학을 반대합니다. 유대인들이 모두 하나님께 버림받은 것이 아닙니다. 바울은 로마서 11장에 '돌감람나무'와 '참감람나무' 비유를 통해 설명합니다. 유대인들 중에 일부 가지가 잘리고 이방인이었던 우리가 그 잘린 가지에 접붙임을 당한 거지, 하나님이 유대인 전체를 제외하셨다고 말하지 않습니다. 로마서 11장에서는 유대인의 우선성이 여전히 유효하다고 봅니다.

로마서 13:1　　각 사람은 위에 있는 권세들에게 복종하라. 권세는 하나님으로부터 나지 않음이 없나니 모든 권세는 다 하나님이 정하신 바라.

로마서 13장 1절은 흔히 말하는 권력 신수설의 근거가 되는 구절입니다. 오랫동안 이 구절은 권세에 복종해야 한다는 근거로 인용되어 왔습니다. 이 말을 이렇게 오해하면 안 됩니다. 위에 있는 권세는 하나님이 세워 주셨기 때문에 그 위에 있는 권세가 행하는 모든 것이 하나님의 뜻이고, 따라서 위에 있는 권세가 행하는 정책, 위에 있는 권세가 행하는 모든 행동에 대해서 우리는 절대복종해야 한다는 뜻이 아닙니다. 이 구절은 이 땅에 있는 모든 권세, 정치권력이든 경제권력이든 종교권력이든, 이 땅에 있는 모든 권력을 겸손하게 만드는 말씀입니다. 한마디로, 자신이 쥐고 있는 정치권력, 문화권력, 언론권력, 사법권력이 자신의 힘과 능력으로 얻어 낸 것이 아니라는 뜻입니다. 그 권세를 누가 주신 겁니까? 하나님이 주셨습니다. 왜 하나님이 주셨습니까? 4절에 보면 그는 "하나님의 사역자가 되어[야 한다]"는 겁니다. 그다음 6절에는 그들이 "하나님의 일꾼이 되어[야 한다]"고 나옵니다. 그러니까 하나님이 특정한 사람들에게 정치권력을 주기도 하고, 경제권력을 주기도 하고, 문화권력을 주기도 하고, 사법권력을 주기도 하고, 종교권력을 주기도 하는데, 그 권력을 그들에게 주신 이유와 목적이 어디에 있는 것입니까? 그들이 하나님의 사역자와 하나님의 일꾼이 되어서 하나님이 원하시는 바를 행하게 하기 위함입니다. 이것이 바로 하나님이 특정한 사람들에게 권세를 주시는 이유와 목적이라는 겁니다. 로마서 13장의 말씀은 "내가 쥔 권력은 하나님이 주신 것이니까, 내가 하는 모든 일은 하나님이 인정하신 것이다. 따라서 내가 하는 모든 일에 너희는 절대복종해야 한다"라고 말하는 것이 아닙니다. 도리어 나에게 권력을 주신 분은 하나님이고 하나님이 이런 권력을 주신 것은 하나님의 마음으로, 하나님의 손발이 되어서 그분의 뜻을 행하게 하기 위함임을 강조하는 것입니다. 따라서 "내가 오늘 하나님의 사역자, 하나님의 일꾼으로서 하나님이 원하시는 바를 제대로 행하고 있는가?"를 겸손하게 성찰하게 해 주는 말씀입니다.

로마서 16:22 이 편지를 기록하는 나 더디오도 주 안에서 너희에게 문안하노라.

로마서를 누가 쓰고 있습니까? 더디오라는 사람이 쓰고 있는 겁니다. 로마서 저자가 누구냐는 질문에 우리는 바울이라고 이야기합니다. 그런데 16장 22절에는 로마서를 쓴 사람이 더디오라고 소개합니다. 그런데 우리는 왜 로마서를 더디오가 썼다고 보지 않고 바울이 쓴 편지라고 보죠? 자, 바울은 말로 하고 있습니다. 바울이 말로 무언가를 말하면 더디오가 그것을 쓰는 겁니다. 그러니까 한마디로 더디오는 대필자입니다. 주후 1세기에는 이렇게 글을 쓰는 경우가 많았습니다. 심지어 여러 명의 종과 노예를 소유했던 주인들의 경우, 노예 중에 글을 아는 종과 노예가 있기 마련이었습니다. 주인이 말을 하면 글을 아는 종과 노예가 그 주인의 말을 대필하는 겁니다. 바울의 편지는 바울이 직접 쓴 것도 있지만 대다수는 대필자를 통해서 기술되었습니다. 재미있는 점은 바울의 편지를 대신 썼던 사람들이 공동 발신인에 포함된다는 사실입니다.

고린도전서 1:1 하나님의 뜻을 따라 그리스도 예수의 사도로 부르심을 받은 바울과 형제 소스데네는.

여기서는 소스데네가 고린도전서를 쓰는 대필자인 겁니다. 바울 서신에서 바울의 편지를 대필하는 사람들 대부분은 다 편지의 서두에 나옵니다. 그런데 로마서만 특별하게도 더디오라는 사람이 편지 말미에 나옵니다.

그래서 이 로마서의 독특한 특징을 세 가지로 볼 수 있습니다. 첫째, 로마 교회는 바울이 직접 개척하지 않았고, 만난 적이 없는 교회입니다. 두 번째는 대다수 이방 지역에 있는 교회들은 다수의 유대-기독교인들과 소수의 이방-기독교인으로 구성되어 있습니다. 그런데 로마 교회는 글라우디오의 칙령 이후에 이방인 중심의 교회가 되었습니다. 세 번째는 바울 서신 대부분은 대필자들이 보통 편지 서두에 나오는데 로마서만 편지 말미에 더디오가 공동 발신인으로 언급되고 있습니다. 여기까지 로마서의 독특한 특징 세 가지를 살펴보았습니다. 다음에는 고린도전서를 살펴보겠습니다.

고린도전서

먼저 고린도라는 도시가 어디 있는가를 살펴보겠습니다. 그리스는 크게 남부와 북부로 나뉘는데 그리스 북부에는 마케도니아가 있고, 그리스 남부에는 아가야가 있었습니다. 아가야의 수도가 바로 고린도입니다. 고린도는 바울이 2차 유럽 전도 여행 때 1년 6개월 동안 머물면서 복음도 전하고 말씀도 가르쳤던 곳입니다. 어떻게 보면 바울이 큰 애정을 품은 교회라고 할 수 있습니다. 바울은 순회 전도자였습니다. 특정한 지역에 가서 복음을 전하고 복음을 수용한 사람들이 있으면 그들을 중심으로 교회를 세우고 그다음에 교회가 좀 안정되면 누군가에게 목회를 맡기고 또 다른 지역에 가서 순회 전도를 했습니다. 그런데 순회 전도자였던 바울이 특이하게도 장기간 머물면서 목회를 했던 두 교회가 있습니다. 하나가 에베소 교회이고 또 하나가 고린도 교회입니다. 에베소에는 3년을 머물렀고 고린도에는 1년 6개월을 머물렀습니다. 그만큼 바울이 애정을 품은 교회가 바로 이 고린도 교회라고 할 수 있습니다.

바울이 복음을 전할 때 대원칙이 하나 있었습니다. 바로 대도시 중심으로 전도한 겁니다. 바울은 임박한 재림 신앙을 가지고 있었고 '주님이 곧 재림하실 것이다'라고 확신하고 있었습니다. 그래서 주님이 재림하기 전에 보다 많은 사람들에게 복음을 전하기 위해서 사람들이 많이 모이고 파급력이 큰 대도시 중심으로 전도했던 것입니다. 예를 들자면 소아시아의 수도였던 에베소, 아가야의 수도였던 고린도, 마케도니아의 수도였던 데살로니가 이런 대도시 중심의 전도를 했습니다. 1년 6개월 동안 바울이 열과 성을 다해서 주의 복음을 전했던 곳, 그곳이 바로 고린도 교회입니다.

고린도 교회는 한국 교회를 닮았다는 느낌이 듭니다. 즉 고린도 교회는 한국 교회의 거울 같은 곳이라고 볼 수 있습니다. 고린도 교회는 하나님께 엄청난 선물을 받았습니다. 은사가 가장 풍성했던 교회이기도 했습니다. 그런데 하나님으로부터 엄청난 은사와 선물을 받았지만 너무나 많은 문제가 있었습니다. 음행의 문제도 있었고, 성도들 간에 분파와 당쟁의 문제도 있었습니다. 갈등을 신앙 안에서 해결하지 못하고 세상 법정에 끌고 가는 송사의 문제도 있었습니다. 가장 많은 은혜와 가장 많은 선물을 받았지만 또 가장 많은 문제로 인해서 아프고 갈등했던 교회가 바로 고린도 교회입니다. 우리 한국 교회를 그렇게 평가하지 않습니까? 2천 년 교회 역사 가운데 가장 짧은 기간에 정말 놀라운 성장을 이루었고 놀라운 은혜를 받았지만, 오늘날 교회 안에 일어나는 많은 문제로 말미암아 종교 신뢰도 조사에서 몇십 년째 기독교는 꼴등을 차지하고 있습니다. 한국 교회의 모습과 고린도 교회의 모습은 너무나 많이 닮아 있다고 진단할 수 있습니다.

> 고린도전서 3:1-2 형제들아 내가 신령한 자들을 대함과 같이 너희에게 말할 수 없어서 육신에 속한 자 곧 그리스도 안에서 어린아이들을 대함과 같이 하노라. 내가 너희를 젖으로 먹이고 밥으로 아니하였노니 이는 너희가 감당하지 못하였음이거니와 지금도 못하리라.

바울은 고린도 교인들에게 밥을 먹이고 싶었습니다. 그런데 그럴 수 없었습니다. 왜냐하면 그들이 밥을 감당할 수 없기 때문입니다. 고린도 교인들은 젖밖에 소화할 수 없었습니다. 이유가 뭡니까? 그들이 신앙 안에서 어린아이 단계에 머물러 있었기 때문입니다. 신앙을 단순하게 보자면 어린아이 단계의 신앙이 있고, 어른 단계의 신앙이 있습니다. 어린아이 단계의 신앙은 뭡니까? 하나님이 나를 위해 존재하는 신앙입니다. 이런 사람들에게 하나님은 어떤 분입니까? 내가 뭔가를 구할 때 응답해 주시는 분입니다. 내가 힘들고 어려울 때 나를 위로해 주시고, 수렁으로부터 나를 건져 주시는 분입니다. 이것이 바로 어린아이 단계의 신앙입니다. 그런데 어른 단계의 신앙은 무엇입니까? 하나님이 나를 위해서만 존재하는 것이 아니라 내가 하나님을 위해 존재하는 단계가 바로 어른 단계의 신앙입니다. 나의 일상을 통해서 어떻게 하나님께 순종하는 삶을 살 수 있을까? 나의 삶을 통해 하나님의 살아 계심과 선하심을 어떻게 세상 사람들에게 증거할 수 있을까? 이것을 고민하는 것이 바로 어른 단계의 신앙입니다. 그런데 안타깝게도 고린도 교인들은 어린아이 단계의 신앙에 머물러 있었습니다. 그러니까 하나님을 위해서 내가 어떻게 살아야 할지를 고민한 것이 아니라 하나님을 이용하려 하고, 하나님의 능력을 사모하면서 자기에게 필요한 것들을 채우려는 어린아이 단계에 머물러 있었던 것입니다.

5장에는 음행의 문제가 나오고, 6장에는 세상 법정에 호소하는 송사의 문제가 나옵니다. 앞에서 말씀드렸다시피 바울 서신의 가장 중요한 특징은 상황 서신이라는 것입니다. 왜 갑자기 고린도전서 5장에서 음행에 관련한 문제를 말할까요? 왜 고린도전서 6장에서 세상 법정에 송사하는 문제를 언급하고 있을까요? 그런 문제가 고린도 교회 안에 있었기 때문입니다. 고린도 교회 안에 존재하던 그런 문제를 해결하기 위해서 신앙 안에서 그들에게 필요한 조언을 건네고 있는 것이 바로 고린도전서입니다. 바울 서신의 가장 중요한 특징이 뭐라고요? 상황 서신이라는 겁니다. 그것을 잘 보여 주는 본문이 5장과 6장입니다.

그다음에 7장에서는 혼인에 대해서 바울이 조언을 합니다. 7장 1절은 "너희가 쓴 문제에 대하여 말하면…"으로 시작됩니다. 그러니까 우리가 가진 성경에는 안 나오지만 고린도 교회와 바울 사이에 여러 번에 걸쳐서 서신을 교환했다는 걸 알 수 있습니다. "너희가 쓴 문제"라는 표현을 통해 고린도 교회에서 바울에게 편지를 보냈다는 것을 알 수 있습니다. 고린도 교회 교인들이 신앙적으로 이런저런 질문을 한 것입니다. "이런 상황에서 어떻게 해야 합니까? 주님이 곧 재림하신다고 하는데 주님의 재림을 기다리면서 지금처럼 독신으로 살아가는 게 좋습니까, 아니면 주님이 언제 재림할지 모르지만 결혼하고 자녀를 출산하고 일상을 신실하게 살아가는 것이 좋습니까?" 이런 질문들을 고린도 교인들이 바울에게 물었습니다. 그것이 바로 1절에 나오는 "너희가 쓴 문제"에 대한 겁니다. 7장은 고린도 교인들이 바울에게 질문했던 것에 대한 바울의 답변들을 모아 놓은 겁니다. 이것이 바로 고린도 전서 7장입니다.

자, 그 가운데 어떤 내용이 있을까요? 원래는 남편과 아내가 같은 신앙을 가졌는데 남편과 아내 가운데 한 명이 예수를 믿게 된 것입니다. 그러면 배우자 사이에 신앙이 달라지겠죠. 이런 문제로 인해 배우자 사이에 갈등이 발생할 수 있었을 겁니다. 예를 들자면 대다수 초기의 신앙인들은 원래 유대교 신앙을 가진 사람들이었습니다. 남편도 유대교, 아내도 유대교였습니다. 둘 다 유대교 신앙을 가졌는데, 그러다가 둘 중 한 사람이 예수를 믿게 된 겁니다. 그러니까 어떤 일이 벌어집니까? 배우자 가운데 한 명은 유대교 신앙에 여전히 머물러 있고 또 한 명은 기독교로 개종했단 말입니다. 결국 이 배우자 사이에 신앙이 다른 것 때문에 갈등과 충돌이 빈번히 일어나는 겁니다. 그래서 고린도 교회 교인들이 바울에게 편지로 질문합니다. "신앙이 다른 것 때문에 자꾸만 배우자와 갈등하고 충돌하게 되는데 어떻게 해야 할까요? 신앙의 자유를 위해서 신앙이 다른 배우자와 헤어지는 것이 옳습니까, 아니면 신앙의 갈등이 있더라도 배우자와 함께 사는 것이 옳습니까?" 그런 질문에 대해서 바울이 대답하고 있는 것이 7장 13절 이하의 말씀입니다. 신앙이 다른 것 때문에 배우자와 끊임없이 갈등한다면, 계속 같이 사는 게 좋은지, 아니면 헤어지는 것이 나은지에 대해서 바울은 예수를 믿는 당신이 그 문제를 결정하지 말라고 권합니다. 예수를 믿지 않는 배우자에게 결정권을 주라고 말합니다. 예를 들자면, 남편이 예수를 믿는데, 아내는 예수를 안 믿습니다. 신앙이 다른 것 때문에 갈등합니다. 이때 계속 같이 살아야 하는지 헤어져야 하는지의 선택을 자신이 하지 말고 예수를 믿지 않는 배우자가 하도록 하라는 겁니다. 배우자가 만약 이렇게 이야기한다고 생각해 보세요. "신앙이 다른 것 때문에 계속 당신과 싸우고 있는데 그것 때문에 너무 힘들다. 그러니까 당신과 헤어졌으면 좋겠다"라고 배우자가 결정하면 헤어지라는 겁니다. 그런데 만일 배우자가 "당신과 신앙이 다른 것 때문에 끊임없이 갈등하고 충돌해서 너무 힘들지만 그럼에도 불구하고 당신과 살고 싶다"라고 선택하면 같이 살라고 권합니다. 그것이 바로 7장 12-15절의 내용입니다. 특히 7장 15절에서 바울이 이런 이야기를 합니다.

> 고린도전서 7:15 혹 믿지 아니하는 자가 갈리거든 갈리게 하라 형제나 자매나 이런 일에 구애될 것이 없느니라 그러나 하나님은

화평 중에서 너희를 부르셨느니라.

이게 무슨 말이냐면 믿지 않는 배우자가 "우리 헤어집시다! 당신과 신앙이 다른 것 때문에 더 이상 같이 살 수 없겠어요"라고 주장하면 헤어지라는 겁니다. 이 조언에 대해서 많은 신학자는 바울 자신의 경험에 근거한 조언으로 봅니다.

바울은 태어나면서부터 로마 시민권을 가지고 있었습니다. 십 대 초반에 예루살렘에 와서 가말리엘 문하에서 정통 율법 교육을 받았습니다. 그다음에 가말리엘 문하에서 졸업한 이후에 정통 유대 랍비로 승승장구했습니다. 그러다가 다마스커스 도상에서 예수를 만났습니다. 그리고 예수를 믿는 자로 변화되었습니다. 당시 랍비들의 의무 조항 가운데 하나가 결혼이었습니다. 왜냐하면 랍비는 말씀을 가르치는 사람인데 말씀을 가르치기만 하고 스스로가 말씀에 순종하지 않으면 어떻게 되겠어요? 랍비들은 하나님이 우리에게 주신 무수한 말씀 그 가운데 최초로 주신 말씀, 가장 중요한 명령을 바로 창세기 1장에 나오는 "생육하고 번성하라"로 봅니다. 그런데 하나님의 말씀을 가르치는 랍비가 이 말씀에 순종하지 않는다면 말씀의 선생으로서 권위가 사라지지 않겠습니까? 그래서 랍비에게 요구되는 의무 조항 가운데 하나가 결혼이었습니다. 그래서 많은 사람은 바울이 가말리엘 문하에서 율법을 배울 때, 아니면 율법을 배우고 랍비가 되었을 때 결혼했을 거라고 추측합니다. 당시 유대인들처럼 십 대 후반, 이십 대 초반에 결혼을 했을 거라고 봅니다. 로마 시민권을 가졌고 학벌도 좋았던 바울, 한마디로 '엄친아'였던 바울과 유대의 유력 가문이 결혼하려고 하지 않았겠습니까? 그래서 아마 배경이 좋은 유대교 가문과 결혼을 했을 거라고 추측합니다. 그런데 갑자기 다마스커스 도상에서 바울이 개종했죠. 회심을 했습니다. 그 결과 처가 쪽으로부터 바울이 강제 이혼을 당했을 거라고 봅니다. 바울이 당한 경험, 강제 이혼을 당한 경험, 신앙이 다른 것 때문에 배우자와 헤어지게 된 자신의 경험에 근거해 고린도전서 7장 15절의 말씀을 조언하지 않았을까 학자들은 보기도 합니다.

> 고린도전서 9:16   내가 복음을 전할지라도 자랑할 것이 없음은 내가 부득불 할 일임이라. 만일 복음을 전하지 아니하면 내게 화가 있을 것이로다.

고린도전서 9장 16절은 참 이해하기 어려운 말씀입니다. 사람들은 바울에게 "그 많은 고통과 힘든 일 가운데서도 1차, 2차, 3차 전도 여행을 완수했던 바울 선생님 정말 대단하십니다"라면서 박수를 보냅니다. 그런데 자기에게 박수를 보내는 사람들에게 바울이 뭐라고 이야기합니까? 자신이 한 일은 전혀 박수받을 만한 일이 아니라고 말합니다. 자랑할 일이 아니라고 말합니다. 자신이 "부득불 할 일"이라고 말합니다. 그리고 도리어 "내가 복음을 전하지 않으면 내게 화가 있을 것이다"라고 말합니다. 이 말이 무슨 뜻입니까? 다마스커스 도상 사건을 경험하고 나서 바울은 끊임없이 자문합니다. "왜 하나님이 나 같은 사람을 심판하지 않으시고 도리어 선택하셔서 세계 만민에게 복음을 전하는 자로 사용하시는가?" 왜냐하면 여태까지 바울이 한 일이 뭡니까? 하나님의 백성을 핍박하는 일을 했습니다. 스데반을 죽이는 일에 앞장섰습니다. 바울 같은 사람을 하나님이 한순간에 심판해도 전혀 이상한 일이 아니란 말입니다. 왜 하나님이 나를 선택하셨는가, 나를 구원하셨는가. 이 질문을 끊임없이 하는 동안 바울이 내린 결론이 바로 9장 16절의 말씀입니다.

이쪽에 하나님이 계시고, 저쪽에는 흑암의 권세 가운데 있는 이방인들이 있습니다. 바울은 하나님이 저 흑암의 권세 가운데 있는 이방인들을 너무너무 사랑하신다고 생각합니다. 흑암의 권세 가운데 있는 이방인들이 흑암의 권세에서 해방되어서 하나님의 통치 안에 거하는 하나님의 백성이 되기를 우리 하나님은 너무나 간절히 원하십니다. 이방 백성에 대한 하나님의 사랑과 자비와 긍휼이 매우 충만합니다. 자, 이 하나님의 애끓는 마음, 흑암의 권세 가운데 있는 이방인들을 자기 백성 삼고자 하는 그 간절한 마음을 누군가가 이방인에게 전달해 줘야 합니다. 이 전달하는 중간 매개자로 바울은 자신이 선택되었다고 보는 겁니다. 그러니까 한마디로 바울은 이 이방인들에 대한 하나님의 애끓는 사랑이 없었다면 하나님과 이방인 사이에 중간 매개자로 자신이 선택될 수 없었다고 보는 겁니다. 이것을 로마서 1장 14절에서는 "내가 모든 사람에게 빚진 자"라고 표현합니다. 그러니까 "이 사람들 때문에 내가 구원받았다"라는 겁니다. 이 사람들에게 나는 구원의 빚을 지고 있는 겁니다. 그러니까 죽을 때까지 이 사람들에게 진 구원의 빚을 갚기 위해 최선을 다할 수밖에 없는 것입니다.

그런데 만약 어느 날 하나님께 "하나님, 저 이제 할 만큼 했습니다. 이제 더 이상 안 하겠습니다"라고 말한다고 생각해 보세요. 하나님과 이방인 사이에서 지금까지 중간 매개자로서 최선을 다한 바울이 어느 날 더 이상 중간 매개자로서의 역할을 하지 않겠다고 쏙 빠지면 흑암의 권세 가운데 있는 이방인들을 백성 삼고자 하는 하나님의 원대한 계획은 어떻게 되는 겁니까? 바울이 빠지면 이 계획은 수포로 돌아가나요? 실패하게 되나요? 그렇지 않죠! 바울이 빠지려고 하면 하나님이 바울에게 묻겠죠? "너 진짜 안 할 거야?" 아마 여러 번 물으실 겁니다. 그때 바울이 "저 진짜 못 하겠어요. 나 안 하겠습니다!"라고 쏙 빠지면 바울이 빠진 그 자리에 하나님은 "버울, 이리 와라! 네가 이거 해라"라면서 버울이라는 또 다른 사람을 선택하시겠죠. 그러면 흑암의 권세 가운데 있는 이방인들에 대한 하나님의 애끊는 사랑 때문에 버울이라는 사람이 또 하나님의 선택을 받지 않겠습니까? 그러니까 자기가 중간에 쏙 빠지면 누구만 손해입니까? 하나님의 원대한 계획은 여전히 다른 존재를 통해서 성취되니까 자기만 손해라는 겁니다. 이것을 바울은 고린도전서 9장 16절에서 "내가 복음을 전하지 아니하면 내게 화가 있을 것이다"라고 말하고 있는 겁니다. 바울은 왜 하나님이 나를 구원하셨는가에 대한 구원의 목적을 회복한 인물입니다. 빚진 자로서 자신의 입장을 이해하고, 자신이 복음을 전하지 않으면 자기만 손해라는 점을 인식하고, 하나님이 자기를 부르신 그 목적에 죽기까지 최선을 다했던 인물이 바로 사도 바울입니다.

오늘 우리 한국 교회에 정말 중요한 말씀이 바로 10장입니다. 10장 2절을 보면, 출애굽한 이스라엘이 홍해를 건넌 사건을 바울이 어떻게 해석하고 있는지를 알 수 있습니다. 바울은 그 사건을 이스라엘의 집단 세례 사건으로 봅니다.

고린도전서 10:2-4　　모세에게 속하여 다 구름과 바다에서 세례를 받고 다
　　　　　　　　　　같은 신령한 음식을 먹으며 다 같은 신령한 음료를 마
　　　　　　　　　　셨으니 이는 그들을 따르는 신령한 반석으로부터 마셨
　　　　　　　　　　으매 그 반석은 곧 그리스도시라.

　출애굽한 이후에 홍해를 건넌 사건을 출애굽 1세대가 집단 세례를
받은 사건으로 보고 있습니다. 3절에서 "다 같은 신령한 음식을 먹으
며 다 같은 신령한 음료를 마셨다"라는 말은 성만찬에 참여했다는 말
입니다. 세례도 받았고 성만찬에도 참여했습니다. 그런데 바울이 이런
이야기를 합니다.

고린도전서 10:5　　그러나 그들의 다수를 하나님이 기뻐하지 아니하셨으므
　　　　　　　　　로 그들이 광야에서 멸망을 받았느니라.

　출애굽 1세대는 세례도 받았고, 성만찬에도 참여했습니다. 그런데
5절에서 무엇을 이야기합니까? 구원의 완성에 도달하기도 전에 구원
의 여정에서 그들 대부분이 탈락했다고 말합니다. 무슨 말입니까? 세
례받았다고 해서 구원을 확신하지 말라는 겁니다. 성만찬에 참여했다
고 해서 구원은 따 놓은 당상이라고 착각하지 말라는 겁니다. 세례받
고 성만찬에 참여해도 구원의 여정에서 탈락하는 자들이 있다는 겁니
다. 그 대표적인 모델이 누굽니까? 바로 출애굽 1세대라는 겁니다. 그
러면서 바울이 내리는 결론이 바로 10장 12절 말씀입니다.

고린도전서 10:12   그런즉 선 줄로 생각하는 자는 넘어질까 조심하라.

여기서 "선 줄로 생각[하다]"라는 말은 무슨 뜻입니까? '나는 이미 구원받았어! 나는 이미 구원을 따 놓았어! 내 구원은 절대 변하지 않아!' 이게 바로 선 줄로 생각하는 겁니다. 구원이 뭐라고 그랬습니까? 구원은 하나님의 통치 안에 들어가는 겁니다. 하나님의 통치를 기뻐하는 것입니다. 하나님께 순종하는 하나님의 백성이 되는 것이 구원입니다. 그런데 너무나 많은 사람이 하나님께 순종하고자 하는 마음은 전혀 먹지 않고, 하나님의 통치 안에 거하고자 하는 마음은 전혀 갖지 않으면서 구원받기만을 사모합니다. 그런 사람들에게 바울은 출애굽 1세대를 예로 들면서 "그들이 세례도 받고, 성만찬에도 참여했지만, 구원의 여정에서는 탈락했다. 그것을 본받지 마라. 선 줄로 착각하지 마라. 넘어질까 조심해라"라고 강하게 책망하고 있습니다. 그런 내용이 바로 고린도전서 10장입니다.

고린도전서 11장에는 성만찬에 대한 이야기가 나옵니다. 성만찬은 우리가 예수님 때문에 한 가족이 되었다는 내용입니다. 서로 알지도 못했던 남남이었는데 예수님 때문에 하나가 되었다는 사실, 우리의 한 가족 됨을 공적으로 확인하는 자리가 뭡니까? 함께 밥을 먹는 거죠. 그래서 '식구'라고 말합니다. 같이 밥을 먹는 사람들이 바로 식구인 겁니다. 예수님을 만나기 전에는 서로 알지도 못했던 사람들이었습니다. 그런데 예수님 때문에 우리가 함께 예배를 드리고 함께 식사의 교제를 나누게 되었습니다. '나'와 '너'가 '우리'가 되었습니다. 이 한 가족 됨을 공적으로 확인하는 자리가 바로 성만찬입니다.

그런데 고린도 교회 안에서 어떤 일이 벌어진 겁니까? 부자들이 먼저 먹을 것을 싸 가지고 와서, 자기네끼리 성만찬을 누리는 겁니다. 다 먹어 버리는 겁니다. 가난한 자가 왔을 때는 술 취해 있습니다. 한마디로 하나 됨을 깨뜨리고, 그리스도의 몸을 우습게 만들고 있는 것입니다. 이것을 강하게 질타하고 있는 내용이 바로 11장입니다.

12-14장은 은사에 대한 이야기입니다. 앞에서도 이야기했던 것처럼 고린도 교회는 하나님으로부터 많은 은사를 받았습니다. 많은 선물을 받았어요. 그런데 이 은사를 은사답게 사용하지 못했습니다. 무엇이 은사입니까? 은사는 내 노력으로 얻어 내는 것이 아닙니다. 하나님이 값없이 주시는 선물이 은사입니다. 그 은사를 발휘함으로써 우리는 교회 공동체와 지체들을 유익하게 만들 수 있습니다.

그런데 이 은사를 진정 은사되게 만드는 핵심이 있습니다. 그것이 무엇입니까? 바로 사랑입니다. 지체를 진정 돕고자 하는 마음, 지체를 진정 위하는 마음, 그 마음에 근거하여 발휘되는 은사만이 진정한 은사라고 말할 수 있습니다. 그런데 이런 사랑의 마음 없이 내가 얼마나 위대한 사람인지, 내가 당신보다 훨씬 더 우월한 자리에 있는 사람인 걸 드러내려고 하는 은사는 공동체를 파괴합니다. 그래서 이 12-14장은 은사를 진정 은사답게 만드는 것이 바로 사랑이라고 말합니다. 그 사랑이 없으면 도리어 은사가 많은 문제를 일으킬 수도 있다는 사실을 우리에게 경고하고 있습니다.

그다음에 15장을 부활장이라고 말합니다. 그래서 예수 부활의 역사성, "정말 예수 부활은 믿을 만하다"라는 점을 말합니다. 예수님이 부활하신 이후에 만났던 사람들을 쭉 열거함으로써 부활의 역사성을 강조하고 있는 내용이 고린도전서 15장입니다. 우리가 히브리서 11장을 믿음장, 고린도전서 13장을 사랑장이라고 말하는 것처럼, 고린도전서 15장은 부활장이라고 말할 수 있습니다. 자, 지금까지 고린도전서를 살펴봤습니다. 다음에는 고린도후서를 함께 살펴보도록 하겠습니다.

고린도후서

고린도후서는 처음부터 끝까지 사도 바울이 자신의 사도직을 항변하는 내용입니다. 사도직을 항변한다는 것은 고린도 교회 교인들이 바울의 사도성을 인정하지 않았다는 말입니다. 사도라는 존재는 '보냄 받았다'는 말인데, 누구로부터 보냄받았습니까? 예수 그리스도로부터 보냄받았습니다.

요한복음 17:18 아버지께서 나를 세상에 보내신 것같이 나도 그들을 세상 에 보내었고.

요한복음 20:21 예수께서 또 이르시되 너희에게 평강이 있을지어다. 아버 지께서 나를 보내신 것같이 나도 너희를 보내노라.

요한복음 17장 18절, 20장 21절에 "아버지께서 나를 세상에 보내신 것같이 나도 너희를 세상에 보낸다"라는 말씀이 나옵니다. 예수 그리스도로부터 세상으로 보내진 자들을 우리는 '사도'라고 합니다. 주님이 어떤 사람들을 세상에 보내셨습니까? 예수님과 공생애를 함께했던 사람들, 예수 부활의 목격자들, 이런 사람들을 예수님이 세상에 보내셨습니다. 그러니까 사도를 좁게 해석하면 열두 사도를 말하는 것이고, 좀 넓게 해석하면 예수님의 공생애를 함께했던 예수 부활의 목격자들을 사도라고 말할 수 있습니다. 그런데 이런 기준에 충족되지 않는 사람이 바로 사도 바울입니다. 사도 바울은 자기도 예수님 만났다, 자기도 예수님으로부터 세상으로 보냄받았다고 주장하는데 많은 사람이 "당신이 어디서 예수를 만났느냐?"라고 질문하면 "다마스커스"라고 이야기합니다. 그런데 다마스커스 도상에서 바울이 예수님을 만난 사건은 목격자들이 없습니다. 사도행전에서는 그 사건을 "같이 가던 사람들은 소리만 듣고 아무도 보지 못하여 말을 못 하고 서 있더라"(9:7)라고 기록합니다. 정말 바울이 예수님과 온전한 만남을 가졌고 예수님으로부터 세계 만민에게 복음을 전하는 자로 소명을 받았는지 명확하게 목격한 사람들이 없었습니다. 그래서 바울은 오랜 세월 사도로서 인정을 받지 못했습니다. 고린도후서는 바울의 사도직에 대해서 끊임없이 부정적인 인식을 가졌던 고린도 교회 교인들을 대상으로 자신이 "그리스도 예수의 진정한 사도이다"라는 점을 항변하는 서신입니다.

편지의 제일 앞부분인 1장 1절을 보면 편지를 보낸 바울과 편지를 받는 이 교회의 관계를 짐작할 수 있습니다. 그러니까 편지를 받는 이 교회가 바울의 사도성에 대해서 인정한 교회였는지 아니면 의심한 교회였는지 알 수가 있습니다.

로마서 1:1	예수 그리스도의 종 바울은 사도로 부르심을 받아 하나님의 복음을 위하여 택정함을 입었으니.
고린도전서 1:1	하나님의 뜻을 따라 그리스도 예수의 사도로 부르심을 받은 바울과 형제 소스데네는.
고린도후서 1:1	하나님의 뜻으로 말미암아 그리스도 예수의 사도 된 바울과 형제 디모데는 고린도에 있는 하나님의 교회와 또 온 아가야에 있는 모든 성도에게.

로마서 1장 1절에 "사도로 부르심을 받았다"라는 말이 나오죠? 그다음에 고린도전서 1장 1절에도 "사로로 부르심을 받았다"라는 표현이 나오죠? 그다음에 고린도후서 1장 1절에도 계속 '사도'라는 말이 나오죠? 이 점을 염두에 두어야 합니다. 바울이 편지를 쓸 때 편지 앞부분에 자기를 '사도'라고 기술하고 있는 편지는, 편지를 받는 교회가 바울의 사도성을 인정하지 않는 교회일 가능성이 높습니다.

쉽게 이야기해서, 제 강의를 듣는 여러분이 저를 목사라고 인정한다면 제가 굳이 만날 때마다 제가 목사라는 사실, 제가 몇 년에 안수받았고 어느 신학교에서 공부했는지를 언급할 필요가 없습니다. 그런데 만약 강의를 듣는 분이 "강의하고 있는 양진일이 진짜 목사가 맞나? 신학을 공부한 것 맞나?" 이런 의심을 한다면 제가 강의할 때마다 어디 신학교를 나왔고, 어디서 공부를 했고, 몇 년에 안수를 받았고, 지금 어디서 목회를 하고 있다는 사실을 계속 강조할 수밖에 없겠죠?

그래서 바울의 편지를 받는 교회가 바울의 사도성을 인정하지 않았을 때, 약간 의심하고, 좀 회의적인 입장을 드러낼 때 바울은 그 교회를 향해서 자신이 '사도'로 부름받았다는 사실을 강조합니다. 로마서, 고린도전후서를 보면 앞부분에 자기가 '사도'로 부름받았다는 점을 기술하고 있습니다. 계속 한번 볼까요.

갈라디아서 1:1　사람들에게서 난 것도 아니요 사람으로 말미암은 것도 아니요 오직 예수 그리스도와 그를 죽은 자 가운데서 살리신 하나님 아버지로 말미암아 사도 된 바울은.

그다음에 갈라디아서 1장 1절입니다. 여기도 '사도'라는 말이 나오죠? 그다음 에베소서를 보겠습니다. 에베소서 1장 1절입니다.

에베소서 1:1　하나님의 뜻으로 말미암아 그리스도 예수의 사도 된 바울은 에베소에 있는 성도들과 그리스도 예수 안에 있는 신실한 자들에게 편지하노니.

여기도 '사도'란 말이 나옵니다. 그다음 보세요. 빌립보서 1장 1절입니다.

빌립보서 1:1　그리스도 예수의 종 바울과 디모데는 그리스도 예수 안에서 빌립보에 사는 모든 성도와 또한 감독들과 집사들에게 편지하노니.

빌립보서에는 '사도'란 말이 안 나오죠? 어떤 표현만 나옵니까? "그리스도 예수의 종"이란 표현만 나옵니다. 빌립보 교회에 편지를 보낼 때는 자기가 '사도'라는 점을 굳이 명시하지 않습니다. 이유가 뭡니까? 빌립보 교회는 바울의 사도성을 인정했기 때문입니다.

골로새서 1:1   하나님의 뜻으로 말미암아 그리스도 예수의 사도 된 바울과 형제 디모데는.

데살로니가전서 1:1   바울과 실루아노와 디모데는 하나님 아버지와 주 예수 그리스도 안에 있는 데살로니가인의 교회에 편지하노니 은혜와 평강이 너희에게 있을지어다.

데살로니가후서 1:1   바울과 실루아노와 디모데는 하나님 우리 아버지와 주 예수 그리스도 안에 있는 데살로니가인의 교회에 편지하노니.

그다음 골로새서입니다. 여긴 또 '사도'란 말이 나오죠? 그다음에 데살로니가전서입니다. 데살로니가 교회에는 '사도'란 말도 없고 종이란 말도 안 나옵니다. 그냥 자기 이름만 쓰고 있습니다. 데살로니가후서도 마찬가지입니다.

바울이 편지를 보낼 때, 서두에 자기가 '사도'라는 점을 명시한 교회가 있고, '종'이라고만 명시한 교회가 있고, 이름만 명시한 교회가 있다는 점을 알 수 있습니다. '사도'라고 명시한 편지를 받았던 교회는 바울의 사도성을 인정하지 않은 교회일 가능성이 큽니다. 그런데 바울의 사도성을 인정했던 교회에 편지를 보낼 때는 굳이 '사도'라는 사실을 명시하지 않습니다. 여기에 해당하는 두 교회가 빌립보 교회와 데살로니가 교회입니다. 그리고 공교롭게도 이 빌립보 교회와 데살로니가 교회는 바울의 선교 사역을 물질로 후원했던 교회입니다. 보통 바울의 선교 사역이 자비량 사역이라는 점을 많이 이야기합니다. 그런데 정확하게 이야기하자면, 바울은 후원을 받고 풀타임으로 선교 사역에만 매진하고 싶어 했습니다. 그런데 낮에는 결국 텐트 만드는 일을 했고, 저녁에는 복음 전하는 일을 했습니다. 왜 그랬냐면 후원이 많지 않았기 때문입니다. 바울을 후원했던 교회는 빌립보 교회와 데살로니가 교회뿐입니다.

빌립보 교회와 데살로니가 교회는 어떻게 바울을 후원할 수 있었습니까? 바울의 사도성을 인정했기 때문입니다. 그래서 이 교회에 편지 보낼 때는 굳이 자기를 '사도'라고 명시하지 않습니다. 그런데 바울의 사도성을 인정하지 않았던 교회에 편지를 보낼 때는 바울이 편지 서두에 자기가 하나님으로부터 사도로 부름받았다는 사실을 기록하고 있습니다. 특별히 편지의 처음부터 끝까지 자신의 사도직을 항변하고 있는 편지가 무엇입니까? 바로 고린도후서입니다.

고린도후서 3:17　주는 영이시니 주의 영이 계신 곳에는 자유가 있느니라.

3장 17절 말씀은 간혹 오용됩니다. "주의 영이 계신 곳에는 자유가 있다"라는 말씀을 가지고 자기가 원하는 대로 행하는 것이 자유라고 생각하기 쉽습니다. 원래 고린도후서의 맥락에서 생각해야 합니다. 요한복음 8장 32절에도 "진리를 알지니 진리가 너희를 자유롭게 하리라"는 말씀이 나옵니다! 자, 여기 고린도후서 3장 17절과 요한복음 8장 32절에서 말하는 '자유'는 1차적으로 율법의 속박으로부터 벗어나는 자유입니다. 세속의 가치로부터의 자유입니다. 그러니까 유대인들은 지금까지 율법에 속박되어 있었습니다. 이방인들은 그 이방 사회를 지배하고 있던 주류 가치, 세속의 문화에 지배받고 있었습니다. 그런데 우리가 주의 영으로 충만해지면 그런 율법의 속박으로부터 자유로워집니다. 이 시대를 지배하고 있는 주류 가치와 주류 문화의 속박으로부터 자유로워지는 겁니다. "원하는 대로 뭘 해도 상관없다"라는 말이 전혀 아닙니다. "진리가 너희를 자유롭게 한다"라는 구절에서 말하는 것은 어디로부터의 자유입니까? 율법의 속박으로부터의 자유, 제의법의 속박으로부터의 자유, 세속 가치와 세속 문화로부터 자유, 주류 세계관으로부터의 자유를 말합니다. 그래서 그 자유가 어디로 전환됩니까? 하나님의 통치로 전환됩니다.

그다음에 고린도후서 6장 15절입니다. 자녀가 어느날 결혼할 배우자를 데리고 왔는데 예수를 안 믿습니다. 교회를 안 다녀요. 그랬을 때 불신자와의 결혼을 반대하면서 주로 인용하는 말씀이 바로 고린도후서 6장 14-15절입니다.

고린도후서 6:14-15　너희는 믿지 않는 자와 멍에를 함께 메지 말라. 의와 불법이 어찌 함께하며 빛과 어둠이 어찌 사귀며 그리스도와 벨리알이 어찌 조화되며 믿는 자와 믿지 않는 자가 어찌 상관하며 하나님의 성전과 우상이 어찌 일치하리요.

이 말씀에서 믿는 자, 의, 빛, 그리스도를 같은 것으로 보고, 믿지 않는 자, 불법, 어둠, 벨리알을 같은 것으로 봅니다. 그래서 믿는 자가 믿지 않는 자들과 결혼해서는 안 된다는 근거로 이 구절을 주로 인용합니다. 그런데 고린도후서에서 말하는 믿지 않는자, 불법, 어둠, 벨리알은 세상에 있는 불신자들을 말하는 것이 아니라, 몸은 교회 공동체 안에 들어와 있지만 하나님의 통치 안에 거하지 않는 사람들을 가리킵니다. 그래서 고린도후서 6장의 이 말씀을 제대로 이해하려면 고린도전서 5장 9절 이하를 잘 봐야 됩니다. 이 본문을 보면 바울의 편지를 고린도 교인들이 많이 오해했습니다. 바울이 음행한 자들을 사귀지 말라니까 고린도 교인들은 이런 생각을 했습니다. 이런 사람들과 관계를 완전히 단절하고 게토화된 채, 현실 도피적인 신앙의 공동체를 만들라는 식으로 착각한 겁니다. 그래서 바울이 "그렇지 않다!"라면서 고린도전서 5장 9절 이하에서 이렇게 말합니다.

고린도전서 5:9-13 　내가 너희에게 쓴 편지에 음행하는 자들을 사귀지 말라 하였거니와 이 말은 이 세상의 음행하는 자들이나 탐하는 자들이나 속여 빼앗는 자들이나 우상숭배하는 자들을 도무지 사귀지 말라 하는 것이 아니니 만일 그리하려면 너희가 세상 밖으로 나가야 할 것이라. 이제 내가 너희에게 쓴 것은 만일 어떤 형제라 일컫는 자가 음행하거나 탐욕을 부리거나 우상숭배를 하거나 모욕하거

나 술 취하거나 속여 빼앗거든 사귀지도 말고 그런 자
와는 함께 먹지도 말라 함이라. 밖에 있는 사람들을 판
단하는 것이야 내게 무슨 상관이 있으리요마는 교회 안
에 있는 사람들이야 너희가 판단하지 아니하랴. 밖에 있
는 사람들은 하나님이 심판하시려니와 그 악한 사람은
너희 중에서 내쫓으라.

고린도전서 5장 9-13절의 말씀과 고린도후서 6장을 연결해서 읽어
야 합니다. 많은 사람은 믿는 자, 의, 빛, 그리스도를 하나로 연결하고,
믿지 않는 자, 불법, 어둠, 벨리알을 하나로 연결해서, 한쪽은 예수 믿
는 사람들, 또 다른 쪽은 예수 믿지 않는 불신자들로 구분하는데, 그렇
지 않습니다. 여기서 바울의 주된 관심은 예수를 믿는 자와 예수를 믿
지 않는 세상 사람들에게 있지 않습니다. 그는 예수를 믿겠다고 교회
공동체 안에 들어왔는데 하나님의 통치에 순종하기를 원하지 않고
거역하는 사람들, 입으로는 고백하고 있음에도 일상의 삶 속에서는
하나님의 통치에 순종하지 않는 실천적인 무신론자들을 책망하고 있
습니다.

이것을 우리가 제대로 볼 필요가 있습니다. 앞에서 이 고린도 교회
가 한국 교회의 거울이라고 말씀드렸습니다. 고린도 교회는 가장 많은
선물을 받았고, 가장 은사가 풍성했지만 가장 많은 문제가 있었습니
다. 우리 한국 교회가 오늘 그렇습니다. 2천 년 교회 역사 가운데 이렇
게 단기간에 놀라운 성장을 이룬 교회가 어디 있습니까? 이렇게 수천,
수만 명의 사람이 모여 있는 교회, 전체 인구 중 개신교와 가톨릭을 합

쳐 30퍼센트 이상의 사람들이 예수를 믿겠다고 신앙을 고백하고 있는 나라가 어디 있습니까? 그런데 한국 교회만큼 이렇게 많은 문제가 드러나는 교회도 없습니다! 목사건, 장로건, 중직자건, 아니면 이제 갓 신앙을 가진 사람이건 간에 예수를 믿겠다고 머리와 입술은 고백함에도 일상의 삶 속에서는 하나님의 통치 안에 있기를 거부하고 죄 된 세상의 가치를 좇아서 살아가는 사람들이 너무 많습니다. 그런 교회 공동체 안에 있는 사람들을 책망하는 말씀이 바로 고린도전서와 고린도후서의 말씀이라는 사실을 꼭 기억해야 합니다. 그러니까 교회 공동체 안에 있다고 해서 다 그리스도에게 속한 사람, 빛의 자녀라고 할 수 없다는 이야기입니다. 교회 공동체 안에 있지만, 예배에 참석하고 찬양은 열심히 부르지만 일상의 삶 속에서는 그리스도에 속하지 않고 벨리알에 속한 사람들, 빛에 거하지 않고 어둠에 거하는 백성이 있다는 겁니다. 그것을 잘 분별해 내야 합니다. 이것이 바로 고린도전서와 후서의 일관된 메시지라는 점을 꼭 기억하시면 좋겠습니다.

10-13장에서 바울은 자신이 사도로서 얼마나 수고하고 애써 왔는지를 강변하고 있습니다. 자신이야말로 진정한 예수의 길을 따르고 있는 사도라는 겁니다. 고린도후서 전체가 자신의 사도직을 항변하는 서신인데 그중에서도 특별히 10-13장이 아주 중요합니다. 이 10-13장에서 바울은 자기야말로 진정 예수 그리스도가 파송하신 사도라는 점을 강조하면서 누가 예수의 제자인가를 묻습니다. 예수께서 걸어가신 그 길을 신실하게 따라가는 자가 예수의 제자라는 겁니다. 그러면 예수는 어떤 길을 걸어가셨습니까? 예수님이 이 땅에 오셔서 어떤 삶의 길을 우리에게 보여 주셨습니까? 십자가의 고난과 부활의 영광을 보

여 주셨습니다. 선 고난, 후 영광입니다. 그렇다면 누가 진정한 예수의 제자입니까? 선 고난! 십자가의 길을 걸어가는 자가 진정한 예수의 제자입니다. 그래서 우리가 신실하게 십자가의 길을 걸어가면 하나님이 십자가의 길을 걸어간 자에게 어떤 선물을 허락하십니까? 부활의 영광을 허락하시는 거죠! 바울은 고린도전후서에서 자신의 사도성을 인정하지 않는 고린도 교인들을 향해 자기야말로 진정한 사도란 점을 항변합니다. 예수님은 선 고난, 후 영광, 선 십자가, 후 부활의 길을 가셨습니다. 바울은 자신이 예수의 그 길을 신실하게 따라가고 있는 예수의 제자임을 항변합니다. 특별히 고린도후서 10-13장이 매우 중요합니다. 고린도 교회 교인들이 바울에 대해서 여러 형태로 부정적인 이야기들을 많이 했는데 그 가운데 하나가 고린도후서 10장 10절에 나옵니다.

> 고린도후서 10:10 그들의 말이 그의 편지들은 무게가 있고 힘이 있으나 그가 몸으로 대할 때는 약하고 그 말도 시원하지 않다 하니.

한마디로 편지는 진짜 힘이 있고 글은 정말 잘 쓰는데 말이 시원치 않다는 것입니다. 이것 때문에 바울이 말을 잘하지 못했을 거라고 오해하는 사람들이 가끔 있습니다. 사도행전을 보면 바나바와 바울이 전도 사역을 할 때 루스드라 사람들이 바나바는 제우스, 바울은 헤르메스라고 표현합니다. 바울이 주로 말하는 사람이기 때문입니다. 그러니까 말을 못했던 편이 아닌 겁니다. 그런데 말이 시원치 않다는 것은 글에 비해서 그렇다는 의미입니다. 그러니까 글을 매우 잘 썼다는 뜻입니다. 그리고 또 바울은 한 언어만을 사용하는 사람이 아니라 다중 언어 사용자였습니다. 바울이 태어난 곳이 길리기아 다소 아닙니까? 태어났을 때부터 바울은 코이네-헬라어, 헬라어를 능수능란하게 사용했을 겁니다. 그리고 로마 시민권자였으니 라틴어도 알았을 겁니다. 십대 초반에 예루살렘 가말리엘 문하에서 율법을 배웠으니, 히브리어와 당시 이스라엘 사람들이 일상 언어로 사용하던 아람어도 알았다고 봐야 합니다. 그러니까 왜 바울이 세계 만민에게 복음을 전하는 자로 하나님께 쓰임받게 된 건지 알 수 있습니다. 그 시대 지중해 중심의 세계 안에서 누구를 만난다 하더라도 의사소통에 걸림돌이 없는 겁니다. 바울은 최소 4개 국어를 했던 사람입니다. 하나의 언어만을 사용하는 사람에 비해서 조금 어눌해 보일 수는 있어도 바울이 말을 못했던 사람이라고 할 수는 없습니다.

12장 7절 이하를 보면, 바울에게 "육체의 가시, 사탄의 사자"가 있었다는 사실을 알 수 있습니다. 12장 7절 이하입니다.

고린도후서 12:7-9   여러 계시를 받은 것이 지극히 크므로 너무 자만하지 않게 하시려고 내 육체에 가시, 곧 사탄의 사자를 주셨으니 이는 나를 쳐서 너무 자만하지 않게 하려하심이라. 이것이 내게서 떠나가게 하기 위하여 내가 세 번 주께 간구하였더니 나에게 이르시기를 내 은혜가 네게 족하도다. 이는 내 능력이 약한 데서 온전하여짐이라 하신지라. 그러므로 도리어 크게 기뻐함으로 나의 여러 약한 것들에 대하여 자랑하리니 이는 그리스도의 능력이 내게 머물게 하려 함이라.

이 말이 무슨 뜻일까요? 바울은 남들이 경험하지 못했던 놀라운 은혜를 많이 경험한 사람입니다. 다마스커스 도상 사건도 그렇고, 14년 전에 3층 하늘도 체험했습니다. 이렇게 남들이 경험하지 못했던 놀라운 이적을 많이 경험했다면 얼마나 오만해지기 쉽겠습니까? "나는 하나님과 특별한 관계에 있는 사람이야! 나는 하나님과 1촌 관계야! 너희는 내 말을 들어야 해!" 이렇게 보통 사람들 위에 군림하려는 마음이 생길 수도 있지 않겠습니까? 그런데 하나님은 바울이 너무 교만해지지 않도록 바울의 존재 안에 브레이크를 걸어 놓았다는 겁니다. 그것이 뭡니까? 육체의 가시입니다. 그래서 매 순간 하나님의 도우심이 없이는 한순간도 살아갈 수 없는 존재라는 걸, 나는 하나님의 도우심으로만 살아갈 수밖에 없는 연약한 존재라는 걸 깨닫게 하셨습니다. 그래서 바울은 오늘도 하나님께 무릎을 꿇고 하나님의 도우심을 간절히 사모하는 자로서 살아가도록 하나님이 자기 몸 안에 "육체의 가시, 사탄의 사자"를 허락하셨다고 이해합니다. 바울은 육체의 가시를 가져가 달라고 하나님께 간절히 세 번 기도했습니다. 여기서 세 번이라는 숫자는 완전수입니다. 끊임없이 하나님께 기도했는데 어떤 응답이 주어진 겁니까? "네게 있는 것이 더 유익하다"라는 겁니다. 이 하나님의 거절을 바울은 기도의 응답으로 받아들였습니다.

야고보서 말씀에 근거해 보면 우리가 하나님께 무엇인가를 간절히 구할 때 욕심으로 구하는 것이 아니라면 다 응답받는다고 볼 수 있습니다. 그런데 하나님의 응답은 크게 세 가지가 있습니다. 첫째, 아브라함과 같은 경우입니다. 두 번째, 여호수아 10장의 이스라엘 군대 같은 경험이 있습니다. 세 번째, 고린도후서 12장의 바울 같은 경우가 있습니다. 아브라함은 결혼과 동시에 아들을 달라고 하나님께 얼마나 간절히 기도했겠습니까? 그런데 정말 60년이 지난 다음에 이삭이라는 선물을 주셨습니다. 아주 오랜 세월 인내하고 기다린 뒤에야 하나님의 선물이 주어집니다. 여호수아 10장을 보면, 시간만 조금 더 있으면 아모리 백성을 완전히 전멸할 수 있는데 해가 저물어 갑니다. 이때 해를 멈추게 해 달라고 여호수아가 기도했습니다. 놀랍게도 기도의 응답이 즉각 이루어집니다. 아브라함이나 이스라엘 군대 같은 경우에는 구했던 것이 이루어지는 경우입니다. 시간적인 차이만 존재할 뿐입니다. 그런데 바울의 경우를 보십시오. 나는 하나님께 A를 구했습니다. 그런데 하나님은 B를 허락하십니다. 내 생각에는 A가 꼭 필요해서 하나님께 간절히 구했는데 나보다 나를 더 잘 아시는 하나님은 A가 아니라 B가 있는 편이 내게 유익하다고 응답해 주십니다. 이때 우리가 구했던 바가 이루어지는 것만을 응답이라고 생각한다면, 바울은 기도 응답을 받지 못한 사람이 되는 거죠. 그런데 바울은 하나님께 A를 구했지만 하나님이 B를 말씀하실 때 그것을 기꺼이 하나님의 응답으로, 아멘으로 받아들였습니다. 이런 기도 응답이 있는 겁니다. 그래서 자신의 욕심을 구하는 기도가 아니라면 하나님께 간절히 구하는 모든 것은 응답된다는 사실을 믿어야 합니다. 그 응답은 인내하게 만드는 응답일 수도 있고, 즉각적으로 이루어지는 응답일 수도 있습니다. 그리고 가장 중요한 것은 뭡니까? 나보다 나를 더 잘 아시는 하나님은 내가 구하는 A가 아니라 B와 C를 응답하실 수도 있다는 것입니다. 그때 끝까지 A

를 고집하는 것이 아니라 하나님의 응답을 아멘으로 받아들이려는 믿음의 자세가 요청된다는 점을 기억하면 좋겠습니다.

마지막으로 13장 13절입니다. 고린도후서는 우리가 흔히 잘 알고 있는 축도로 마무리됩니다.

> **고린도후서 13:13** 주 예수 그리스도의 은혜와 하나님의 사랑과 성령의 교통하심이 너희 무리와 함께 있을지어다.

바울은 자신의 사도직을 끊임없이 의심하고 회의하는 고린도 교회 교인들을 향해서 삼위 하나님의 은혜가 가득하기를 구하면서 편지를 마무리하고 있습니다. 지금까지 고린도후서를 살펴보았습니다.

갈라디아서

갈라디아 지방은 비시디아 안디옥, 이고니온, 루스드라, 더베 같은 성읍들이 있는 곳이자 바울이 1차 전도 여행을 갔던 지방입니다. 작은 로마서라는 별명이 있는 갈라디아서는 거짓 복음을 질타하고 올바른 믿음 가운데 서야 한다는 점을 강조합니다. 갈라디아서를 제대로 이해하려면 꼭 기억해야 할 사항이 하나 있습니다. 바울은 이방 지역의 순회 전도자였습니다. 바울이 이방 지역에 가서 복음을 전하고 그 복음을 수용한 사람들을 통해서 교회를 개척하고 나면 믿을 만한 사람들에게 교회 목회를 맡기고 다른 지역으로 가서 복음을 전했습니다. 그런데 바울이 이방 지역에 교회를 세웠다는 이야기를 듣고 초대교회의 모교회인 예루살렘 교회에서 이들을 방문합니다. 이들이 정말 바울로부터 제대로 된 믿음을 배웠고 올바른 신앙 가운데 살아가고 있는지를 확인해 보고 부족한 면을 채워 주려 한 겁니다.

그런데 바울이 떠난 다음에 갈라디아 교회에 온 예루살렘 교회 사람들이 깜짝 놀랍니다. 하나님의 백성이라는 갈라디아 교인들이 할례를 받지 않는 겁니다. 음식 정결법을 지키지 않는 겁니다. 그래서 예루살렘에서 내려온 사람들은 갈라디아 교인들에게 이렇게 말합니다. "바울이 너희에게 가르쳐 준 대로만 하면 안 된다. 진짜 하나님의 백성이 되려면 옛날 아브라함 때부터 믿음의 사람들이 해 왔던 할례도 받고 모세를 통해 우리에게 알려 준 음식 정결법도 지켜야 한다. 그런 것들을 행해야 온전한 하나님의 백성이 된다"라고 갈라디아 교인들에게 가르쳤습니다.

한번 생각해 보십시오. 갈라디아 교인들의 생각에 바울의 가르침과 예루살렘 교회 지도자들의 가르침 가운데 어느 쪽이 더 권위가 있겠습니까? 예루살렘 교회의 수장이 누굽니까? 예수님의 동생인 야고보입니다. 그 예루살렘 교회에 누가 있습니까? 열두 제자 가운데 수제자인 베드로가 있습니다. 그러니까 바울의 가르침과 예루살렘 교회의 가르침이 다를 때 갈라디아 교인 대다수가 예루살렘 교회에 더 큰 권위를 부여했습니다. 그래서 예루살렘 교회 이야기를 듣고 갈라디아 교인들이 할례를 받고, 음식 정결법을 준수했습니다. 이후에 바울이 갈라디아 교회가 제대로 믿음 가운데 잘 서고 있는지 확인하기 위해서 갈라디아 교회를 찾아왔을 때 깜짝 놀랍니다. 자신이 가르치지 않은 내용들, 한마디로 율법의 제의법을 열심히 추종하고 있는 갈라디아 교인들을 보면서 화가 난 바울은 "어리석도다 갈라디아 사람들아"라고 갈라디아 교인들을 강하게 책망합니다. 바울이 가르쳐 준 신앙의 삶을 살아가지 않고, 유대인들이 오랜 세월 형성했던 신앙 문화를 갈라디아 교인들이 그대로 따라 했기 때문입니다. 예루살렘 교회가 가르쳐 준 율법의 제의법에 얽매여 살아가는 갈라디아 교인들을 책망하는 이야기가 갈라디아서입니다. 그래서 갈라디아서를 제대로 이해하려면 당시 예루살렘 교회와 사도 바울 사이의 갈등을 상기할 필요가 있습니다.

예루살렘 교회는 바울에 대해서 율법 폐기론자라는 오해를 많이 하고 있었습니다. 하나님이 모세를 통해 주셨던 율법, 하나님의 백성인 유대인들이 수천 년 세월 지켜 온 율법을 바울은 무효화시키고 있다, 존중하지 않는다, 바울은 율법 폐기론자다, 이런 식의 오해를 예루살렘 교회는 많이 했습니다. 그런데 바울이 율법 전체를 다 무효화하려 한 것이 아닙니다. 바울은 율법 가운데 제의법에 대한 지나친 집착, 이방 기독교인들에게 그 율법의 제의법을 여전히 준수해야 한다고 강요하려는 시도를 막으려 한 겁니다. 예수 그리스도를 통해서 율법의 제의법은 끝났고 여전히 율법의 도덕법은 유효하다는 것이 바울의 입장이었습니다.

여기서 제의법과 도덕법이 어떤 차이가 있는지 잘 보셔야 합니다. 할례, 정결법, 음식법, 절기 준수법이 대표적인 제의법입니다. 오늘날로 이야기하자면 세례, 예배 참석, 기도 생활, 찬양 같은 거라고 할 수 있습니다. 이 제의법은 개인적으로 얼마든지 준수할 수 있습니다. 그런데 정직하고 진실하고 거룩한 삶을 이야기하는 도덕법은 항상 관계 안에서 일어나는 일입니다. 그다음에 제의법은 내 존재를 바꾸지 않아도 얼마든지 지킬 수 있습니다. 생각해 보십시오. 정직하지 않고 진실하지 않아도 주일 예배는 얼마든지 참여할 수 있습니다. 그런데 도덕법을 제대로 준수하면 우리의 인격이 변화될 수밖에 없습니다. 그러니까 바울은 개인적인 준수, 존재의 변화가 없어도 얼마든지 지킬 수 있는 제의법이 아니라 진짜 하나님이 원하시는 도덕법을 준수하라고 주장한 겁니다.

어떻게 보면 구약 예언서의 중심 메시지와 연결됩니다. 예언서에는 하나님이 시대마다 예언자를 통해서 이스라엘 백성을 책망하는 이야기가 많이 나옵니다. 그런데 보십시오. 하나님이 이스라엘을 왜 책망하십니까? 무엇 때문에 이스라엘이 하나님께 심판을 받았습니까? 예배를 안 드렸나요? 기도 생활을 게을리했습니까? 찬양을 제대로 안 불렀습니까? 아닙니다. 하나님이 이스라엘을 책망하셨을 때, 이스라엘은 사실 종교 생활에 과유불급이라고 할 정도로 열심을 다했습니다. 그런데 왜 하나님이 이스라엘을 책망하고 심판하셨습니까? 종교 생활에는 열과 성을 다했지만 일상의 삶 속에서 하나님의 백성다운 삶을 살아 내지 못했던 겁니다. 오늘날 우리가 드리는 예배, 개인적으로 하는 큐티 생활은 주유와 같은 겁니다. 주유의 목적이 무엇입니까? 주유 자체가 목적인가요? 아니죠. 주유한 다음에 도로에 가서 열심히 주행하는 것이 주유의 목적 아닙니까? 예배드리고 찬양하고 개인 경건 생활에 열심을 다하는 까닭은 죄악으로 충만한 세상 한가운데서 하나님의 백성으로 살아 내기 위함입니다. 그런데 만약 기름만 맨날 주유하고 주행은 하지 않는다면, 예배만 맨날 드리고 일상의 삶 속에서 하나님의 백성다운 분투가 없다면, 순종이 없다면, 그 과도한 예배와 찬양과 기도가 과연 어떤 의미를 갖냐는 말입니다. 이것이 예언서의 메시지이고, 사도 바울은 이것을 그대로 이어받아 외치는 겁니다.

그래서 예루살렘 교회와 사도 바울이 갈등할 때 바울이 절대 율법 전체를 무시하지 않았다는 점을 기억해야 합니다. 바울은 제의법이 아니라 도덕법을 더 중시한 겁니다. 그 제의법을 지켜야만 하나님의 백성이라는 예루살렘 교회의 주장을 반대한 겁니다. 유대인은 유대인의 문화 안에서 하나님의 백성다운 신앙의 꽃을 피우고 이방인은 이방인의 문화 안에서 하나님의 백성다운 꽃을 피워야 한다는 것이 바울의 근본적인 주장입니다. 그런데 예루살렘 교회는 유대인들이 오랜 세월 지켜 왔던 그 신앙의 문화를 이방의 기독교인들도 그대로 따라야만 진정 하나님의 백성이라고 주장했습니다. 사도 바울은 이런 주장에 대해서 반대했다는 사실을 꼭 기억해야 합니다.

갈라디아서 1-2장은 바울이 회심한 이후에 어떤 여정을 걸었는지를 보여 줍니다. 다마스커스 도상 사건 이후에 아라비아에 갔다가 다시 다마스커스로 돌아오고 3년 후에 예루살렘에 갔다가 게바와 야고보를 만납니다. 그리고 14년 후에 다시 예루살렘에 올라가서 예루살렘 사도와 교제의 악수를 나눕니다. 이 말은 사도로 인정받았다는 말입니다. 갈라디아서 2장 9절입니다. "또 기둥같이 여기는 야고보와 게바와 요한도 내게 주신 은혜를 알므로 나와 바나바에게 친교의 악수를 하였[다.]" 여기서 재밌는 점은 야고보, 게바, 요한이라고 되어 있습니다. 게바가 누구입니까? 베드로입니다. 이것이 바로 예루살렘 교회 안에서 사도들의 권위의 순서입니다. 야고보, 베드로, 요한입니다. 이 순서 그대로 공동 서신이 배치되어 있는 겁니다. 야고보서가 제일 먼저 나오고 그다음에 베드로전후서가 나옵니다. 그다음 요한1, 2, 3서가 나옵니다. 예루살렘 교회의 기둥 같은 사도들이 나와 바나바에게 친교의 악수를 했다는 말은 자신이 이제 예루살렘으로부터 인정받은 사도가 되었다는 뜻입니다. 그래서 정확한 연도를 규정하기는 쉽지 않은데 갈라디아서 2장 9절에 친교의 악수를 나누었을 때가 사도행전 15장에 나오는 예루살렘 종교회의 때라고 봅니다. 주후 49년이라는 말입니다. 그러면 역으로 바울이 언제 다마스커스 도상에서 회심했는지 추론할 수 있습니다. 다마스커스, 아라비아, 다마스커스에 온 다음 3년 후에 예루살렘으로 갔습니다. 그리고 14년 후니까 다마스커스 회심 사건으로부터 17년 만에 바울은 사도로 인정받은 겁니다. 49년 예루살렘 종교회의에서 사도로 인정받았다고 한다면 회심은 32년경으로 볼 수 있습니다.

그다음에 이제 중요한 것이 2장 16절입니다.

갈라디아서 2:16 사람이 의롭게 되는 것은 율법의 행위로 말미암음이 아니요 오직 예수 그리스도를 믿음으로 말미암는 줄 알므로 우리도 그리스도 예수를 믿나니 이는 우리가 율법의 행위로서가 아니고 그리스도를 믿음으로서 의롭다 함을 얻으려 함이라.

여기서 그 유명한 종교개혁의 '이신칭의'가 나옵니다. "그리스도를 믿음으로써 의롭다 함을 얻는다." 그런데 헬라어 원어로 보면 이것은 두 가지로 번역할 수 있습니다. 첫째는 여기 나온 그대로 "그리스도를 믿음으로"라는 뜻입니다. 누가요? '내가', '우리가'입니다. "내가 그리스도를 믿음으로 내가 의롭다 함을 받는다"라고 번역할 수 있고 다른 하나는 목적격이 아니라 "그리스도의 믿음으로 내가 의롭다 함을 받는다"라고도 번역할 수 있습니다. 헬라어로 믿음이 피스티스*pistis*라는 단어인데 이 단어는 '믿음'이라는 뜻도 있고 '신실함'이라는 뜻도 있습니다. 갈라디아서 5장에 성령의 아홉 가지 열매가 나오는데 여기에는 피스티스가 충성으로 되어 있습니다. 그래서 "그리스도의 신실하심으로 말미암아 우리가 의롭다 함을 받는다"라고도 번역할 수 있는 겁니다. 두 가지 가능성이 다 있습니다. 로마서 5장 6, 8, 10절에서 본 것처럼 우리는 여전히 연약했고, 여전히 죄인이었고, 여전히 하나님과 원수 관계였습니다. 그런데 "그리스도 예수께서 죽기까지 신실하게 순종하신 결과로 말미암아, 그 선제적인 은총으로 말미암아 우리가 의롭다 함을 받는다"라고 번역할 수 있고 "내가 예수를 믿음으로 말미암아 의롭다 함을 받는다"라고도 번역할 수 있습니다. 이 두 가지 번역이 다 가능하다는 점을 기억하면 좋겠습니다.

> **갈라디아서 3:28** 너희는 유대인이나 헬라인이나 종이나 자유인이나 남자나 여자나 다 그리스도 예수 안에서 하나이니라.

그다음 3장 28절이 중요합니다. 이것이 바로 바울 신학의 핵심입니다. 세상에서 유대인과 헬라인은 어울릴 수 없는 사람입니다. 종과 자유인은 도저히 범접할 수 없는 관계입니다. 남자와 여자 사이에는 엄청난 담이 있습니다. 그런데 바울은 뭘 주장합니까? 하나님 나라에서는 세상이 만들어 놓은 그 모든 담들, 세상의 질서가 더 이상 통하지 않는다는 겁니다. 한마디로 하나님 나라는 세상과 전혀 다른 질서의 나라인 겁니다. 예수를 믿는다, 하나님의 백성이 되었다는 말은 세상이 만들어 놓은 질서, 세상이 만들어 놓은 문화에 종속되어 살아가는 것이 아니라 하나님 나라의 새로운 질서를 아멘으로 받아들이고 그 질서에 맞추어 살아 내는 것을 말합니다. 이런 사람이 바로 진정한 하나님의 백성입니다.

3장 6-7절에서 바울은 믿음의 사람, 믿음의 모델로 아브라함을 제시합니다. 아브라함이 믿음의 조상이라는 인식 때문에 우리에게는 그다지 낯설지 않은 모델입니다. 이런 주장은 금방 수용할 수 있습니다. 그런데 아브라함 말고 모세라든가 다윗도 얼마든지 믿음의 사람, 믿음의 모델로 제시할 수 있습니다. 그런데 왜 바울은 편지를 쓸 때마다 믿음의 모델로 아브라함을 제시했을까요? 다윗을 제시하는 것과 아브라함을 제시하는 것은 무슨 차이가 있을까요? 가장 중요한 차이가 뭘까요? 예를 들자면 이사야를 제시하는 것과 아브라함을 제시하는 것의 가장 중요한 차이가 뭘까요? 다윗은 이스라엘 사람입니다. 이사야도 이스라엘 사람입니다. 아브라함은 이스라엘 사람이 아닙니다. 엄밀하게 말해서 누군가를 이스라엘 사람이라고 주장할 수 있는 것은 출애굽 이후부터입니다. 아브라함이 어디 사람이죠? 갈대아 우르 사람입니다. 갈대아 우르가 어딥니까? 메소포타미아입니다. 한마디로 이스라엘 백성의 사고 속에서 아브라함은 이방인인 겁니다. 갈대아 우르의 이방인인 겁니다. 그런데 이방인이었던 아브라함이 하나님에 대한 믿음으로 말미암아 하나님의 백성이 된 겁니다. 그 아브라함의 모습을 그대로 재현하고 있는 사람이 누굽니까? 이방 기독교인인 겁니다. 혈통은 유대인이 아니지만, 하나님에 대한 믿음을 고백함으로써 이방 기독교인들도 지금 하나님의 백성이 되었습니다. 누구의 전철을 그대로 따라하고 있는 겁니까? 아브라함입니다. 그래서 바울은 끊임없이 이방 기독교인들이 믿음으로 하나님의 백성이 되었다는 사실을 강조하기 위해서 믿음의 모델로 아브라함을 제시하고 있습니다.

> 갈라디아서 5:22-23 오직 성령의 열매는 사랑과 희락과 화평과 오래 참음과 자비와 양선과 충성과 온유와 절제니 이 같은 것을 금지할 법이 없느니라.

초반에 이야기한 것처럼, 진정한 하나님의 백성이 되려면 문화적으로도 유대인이 되어야 한다, 유대인의 신앙 문화를 그대로 답습해야 한다는 요구를 바울은 단호하게 거부합니다. 그리고 5장에서는 그리스도인의 진정한 자유를 누리면서 성령의 열매를 맺을 것을 요청합니다. 갈라디아서 5장 22-23절에서 성령의 아홉 가지 열매가 나옵니다. 사랑과 희락과 화평과 오래 참음과 자비와 양선과 충성과 온유와 절제입니다. 하나같이 성령의 열매는 인격적입니다. 그래서 정말 우리가 성령 충만해지게 되면 하나님께 순종하는 존재로 품성의 전환을 경험하게 됩니다. 성령 충만은 감정 충만이 아닙니다. 성령 충만한 사람은 품성으로도 하나님의 백성다운 존재의 변화를 증거하게 되는 것입니다.

에베소서

에베소서를 설명하는 가장 중요한 문장을 뽑자면 "교회란 무엇인가?"입니다. 에베소서는 한마디로 교회론의 교과서라고 말할 수 있습니다. 에베소서 1장 23절은 "교회는 그의 몸이니 만물 안에서 만물을 충만하게 하시는 이의 충만함이니라"라고 교회를 설명합니다. "만물 안에서 만물을 충만하게 한다"라는 말은 창조의 본래 모습을 회복한다는 뜻입니다.

교회론의 교과서라고 할 수 있는 에베소서에서는 교회에 대해서 크게 세 가지를 강조합니다. 첫째, 1장 23절에서는 "교회가 예수 그리스도의 몸"이라고 말합니다. 교회가 예수 그리스도의 몸이라는 것은 어떤 의미를 가지는 걸까요? 예수님이 이 땅에서 행하신 사역이 있죠? 예수님이 이 땅에서 만나셨던 사람이 있고 질타했던 대상들도 있습니다. 주님은 승천하셨지만 승천하신 주님은 이 땅에 자신이 했던 사역을 계승할 교회를 남겨 두셨습니다. 교회가 진정 예수 그리스도의 몸이라면, 지금 예수님이 대한민국에 계신다면, 예수님이 이 땅을 향해 선포해야 할 말씀을 누가 선포해야 하는 겁니까? 교회가 선포해야 합니다. 지금 대한민국에 예수님이 계신다면 그분이 행하시고자 하는 사역을 누가 행해야 합니까? 교회가 행해야 합니다. 그것이 바로 "교회가 그리스도의 몸"이라는 의미입니다. 그래서 오늘 우리의 교회가 교회다움을 제대로 지켜 내고 있는가, 이것을 무엇으로 판단할 수 있습니까? 예수님이 이 땅에 계신다면 오늘 이 시대를 향해서 선포하실 말씀들을 오늘 교회가 담대하게 선포하고 있는가, 그분이 행하시고자 하는 사역을 오늘 교회가 담대하게 행하고 있는가를 살펴보면 됩니다.

> 에베소서 2:13-14 이제는 전에 멀리 있던 너희가 그리스도 예수 안에서 그리스도의 피로 가까워졌느니라. 그는 우리의 화평이신지라 둘로 하나를 만드사 원수 된 것 곧 중간에 막힌 담을 자기 육체로 허시고.

그리고 교회를 설명하는 두 번째 말씀이 에베소서 2장 13-14절입니다. 교회는 어떤 곳이냐면 세상이 만들어 놓은 온갖 담이 허물어진 곳입니다. 누구를 통해서 허물어졌습니까? 예수님을 통해서 허물어진 겁니다. 예수님의 열두 제자 가운데는 젤롯당 출신의 시몬이 있고 세리 출신의 마태라는 사람도 있습니다. 젤롯당은 열심당의 한 분파입니다. 유대 민족 독립운동을 했던 사람들입니다. 이 사람들은 로마에 빌붙어서 매국했던 사람을 암살했습니다. 그 영순위는 바로 세리들이었습니다. 그러니까 젤롯당 시몬이라는 사람과 세리 마태가 일반 사회에서 만났다면 쫓고 쫓기는 관계가 되는 것입니다. 그런데 이들이 예수로 말미암아 예수 안에서 한 형제가 됩니다. 이것이 예수 공동체의 가장 중요한 특징입니다. 세상적으로는 쉬이 만날 수 없는 사람들, 영남과 호남 출신들, 장애인과 비장애인, 남자와 여자, 노년 세대와 젊은 세대, 많이 배운 사람과 배우지 못한 사람, 이런 사람들이 예수 때문에 하나 됨을 경험하는 곳, 한 가족이 되는 곳이 바로 교회입니다. 그런 의미에서 오늘 우리가 속한 교회가 정말 교회다움을 제대로 누리고 있는지 무엇으로 확인할 수 있습니까? 세상적으로는 만날 수 없는 사람들이 정말 예수 안에서 하나 되고, 한 가족 됨을 경험하고 있는가를 통해서 오늘 이 땅의 교회가 얼마나 교회다운지 확인할 수 있습니다.

여기서 하나 또 기억해야 할 사항이 있습니다. 초대교회 교인들이 예수님께 드렸던 신앙적인 고백들이 있습니다. 예를 들면, "예수님은 우리의 구원자시다", "예수님은 우리의 주님이시다", "예수님은 하나님의 아들이시다", "그는 우리의 평화이다"와 같은 고백들입니다. 이런 고백들을 초대교회는 예수님께 올려 드렸는데 원래 이런 말들은 로마제국의 백성이 황제에게 고백했던 내용입니다. 로마의 백성은 황제가 우리의 구원자이고 우리 인생의 주인이며 신의 아들이고 세상에 평화를 가져오는 분이라는 고백을 한 겁니다. 그런데 초대교회는 어떤 담대한 고백을 한 겁니까? 로마의 황제가 아니라 예수 그리스도가 우리의 진정한 구원자이고 우리의 진정한 주인이며 진정 하나님의 아들이고 참된 평화를 우리에게 선사하시는 분이라고 고백한 겁니다. 가이사(카이사르)가 아니라 예수 그리스도만이 이런 고백을 받기에 합당한 분이라면서 그분에게 이 모든 타이틀을 돌려 드렸습니다.

그다음 세 번째 교회를 설명해 주는 본문이 에베소서 6장 10절 이하입니다. 교회는 공중 권세 잡은 이 땅의 어둠의 세력들과 치열하게 싸우는 전투적인 공동체입니다. 그래서 6장 11절에서 "마귀의 간계를 능히 대적하기 위하여 하나님의 전신 갑주를 입으라"라고 말합니다. 13절에서도 "그러므로 하나님의 전신 갑주를 취하라"라고 말합니다. 그래서 이 땅의 정사와 권세와 보좌와 주관자들에게 굴복하지 않고 치열하게 싸워 승리하기 위해서 교회는 전투적 공동체가 되어야 합니다. 이 땅의 이기심과 탐욕을 부추기고 있는 주류 문화, 주류 가치, 주류 세계관에 무력하게 끌려다니는 존재가 아니라, 우리의 신앙을 넘어뜨리고자 하는 세상의 유혹과 공격을 분석해 내고 싸움에서 이기기 위한 전략과 전술을 잘 짜내며, 우리가 마땅히 사용할 무기들과 관련해서 훈련을 잘하는 이런 전투적인 공동체가 교회라는 점을 에베소서는 말하고 있습니다.

> 에베소서 5:21　그리스도를 경외함으로 피차 복종하라.

또 하나 중요한 말씀이 5장 21절입니다. 갈라디아서 3장 28절과 마찬가지로, 우리가 하나님의 나라에 새로운 질서 가운데 거하게 된다는 사실을 보여 주는 구절입니다. 5장 21절에서 바울은 "그리스도를 경외함으로 피차 복종하라"라고 말합니다. 그리고 나오는 것이 아내와 남편의 관계, 자녀와 부모의 관계, 종과 상전의 관계입니다. 여태까지는 남편과 아내의 관계에서 남편은 지배했고 아내는 순종했습니다. 자녀와 부모의 관계에서 자녀는 부모에게 절대복종했고 부모는 자녀에게 군림했습니다. 이것이 세상의 일반적인 질서였습니다. 그런데 바울은 여기에서 하나님 나라의 새로운 질서를 천명하고 있습니다. 그게 뭡니까? "그리스도를 경외함으로 피차 복종하라"라는 겁니다. 이것이 바로 하나님이 원하시는 새로운 삶의 모습입니다. "그리스도를 경외함으로 피차 복종해라" 하면서 아내와 남편, 자녀와 부모, 종과 상전이 서로에게 어떻게 대해야 하는지를 말하고 있습니다. 그런데 재밌는 점은 약자와 강자의 행동입니다. 예를 들어 아내, 자녀, 종이었던 사람들은 원래 해 오던 대로 행하면 됩니다. 그런데 강자들에게는 이전과 다른 새로운 행동 양식을 요청하고 있습니다. "그리스도를 경외함으로 피차 복종하라"라고 이야기하는데 약자들은 늘 해 오던 모습 그대로를 행하면 되는 것이고, 실제로는 강자들에게 하나님 나라의 새로운 질서에 근거한 새로운 행동 양식을 요청하는 말씀이라는 것을 알 수 있습니다.

빌립보서

바울이 개척한 교회에서도 바울의 사도성을 인정하지 않았던 교회가 많이 있었고, 바울의 사도성을 인정했던 교회가 두 교회가 있었다고 말씀드렸죠. 그 가운데 하나가 빌립보 교회이고 또 하나가 데살로니가 교회였습니다. 사도행전 16장에서 원래 아시아 선교만 생각했던 바울은 드로아라는 곳에서 마케도니아인의 환상을 보고 유럽 선교를 시작하게 됩니다. 바울이 유럽 선교를 시작하면서 제일 먼저 갔던 성이 바로 빌립보입니다. 어떻게 보면 유럽 선교의 서막을 열었던 가장 중요한 도시이자, 바울 사역의 면류관이라 불릴 정도로 최고의 열매를 맺은 지역이 빌립보 교회입니다. 빌립보서를 이해할 때 기억해야 할 점은 빌립보 시민들에게는 굉장한 자부심이 있었다는 사실입니다. 빌립보는 로마 시민이 누렸던 모든 특권을 그대로 동등하게 부여받았던 도시입니다. 한마디로 로마의 직접 통치를 받고, 빌립보 시민 전체가 다 로마 시민으로서 인정받았습니다. 그래서 빌립보 시민들은 로마 시민이라는 자부심, 빌립보는 로마와 동등한 대우를 받는 특별 도시라는 자부심이 매우 강했습니다. "어디 출신입니까?" "어디에 사십니까?" 라는 질문을 받으면 "나는 빌립보 출신이고 빌립보에 살고 있다"라고 자랑스럽게 이야기했습니다. 그러면 다른 사람들은 "이 사람은 재력이 있고, 학식이 있겠구나"라고 인정해 주었습니다. 그 정도로 시민으로서 자부심이 강했던 도시가 바로 빌립보입니다.

> 빌립보서 3:20   그러나 우리의 시민권은 하늘에 있는지라 거기로부터 구원하는 자 곧 주 예수 그리스도를 기다리노니.

바울은 이런 빌립보 교회에 편지를 보내면서, 빌립보 시민으로서의 자부심보다 훨씬 중요하고 그들이 반드시 가져야 할 정체성을 말합니다. 바로 그들이 하늘나라의 시민이라는 것입니다. 3장 20절에서 바울은 "그러나 우리의 시민권은 하늘에 있는지라"라고 말합니다. 빌립보 시민권도 엄청난 특권이지만, 그것보다 훨씬 더 중요한 정체성이 있는데, 우리가 하늘나라의 시민이라는 사실입니다. 하나님 나라의 백성이라는 겁니다. 이것이 더 중요하게 붙잡아야 할 가치라는 점을 바울이 강조하고 있습니다.

> 빌립보서 3:1   끝으로 나의 형제들아 주 안에서 기뻐하라. 너희에게 같은 말을 쓰는 것이 내게는 수고로움이 없고 너희에게는 안전하니라.

빌립보서 4:4   주 안에서 항상 기뻐하라. 내가 다시 말하노니 기뻐하라.

에베소, 빌립보, 골로새, 빌레몬서를 옥중 서신이라고 합니다. 바울이 감옥에 있으면서 기술한 편지가 에베소서, 빌립보서, 골로새서, 빌레몬서입니다. 그런데 참 특이하게도 감옥 안에 있는 바울이 감옥 바깥에 있는 빌립보 교인들에게 "항상 기뻐할 것"을 계속 요청합니다. 그래서 빌립보서의 별명이 기쁨의 서신입니다. 3장 1절은 "끝으로 나의 형제들아 주 안에서 기뻐하라"라고 되어 있습니다. 4장 4절입니다. "주 안에서 항상 기뻐하라." 계속해서 바울은 빌립보 교인들에게 기뻐할 것을 요청합니다. 그런데 이 기쁨은 세상이 주는 기쁨이 아닙니다. 어떤 전제가 항상 있습니까? "주 안에서"입니다. 예수 그리스도를 통해서 우리에게 허락된 그 은총, 그 기쁨 안에 머물라는 겁니다. 바울이 빌립보 교회에 편지를 보냈던 중요한 이유가 있습니다. 당시 빌립보 교회는 분열을 경험하고 있었습니다. 바울의 모든 편지는 상황 서신이라고 말씀드렸습니다. 그래서 이 분열된 빌립보 교회를 향해서 하나될 것과 서로 섬김을 촉구하는 편지가 바로 빌립보서입니다.

빌립보서 1:27   오직 너희는 그리스도의 복음에 합당하게 생활하라. 이는
                너희에게 가 보나 떠나 있으나 너희가 한마음으로 서서 한
                뜻으로 복음의 신앙을 위하여 협력하는 것과.

1장 27절에서는 "한마음으로 협력하라"라고 말합니다. 이런 것들을 바울이 강조하는 이유가 뭐겠습니까? 예를 들자면 잔디밭 출입 금

지라는 푯말을 왜 붙이겠습니까? 사람들이 자꾸 잔디밭에 들어가니까 붙이지 않겠습니까? 마찬가지로 지금 빌립보 교회 안에 한마음이 깨져 있는 겁니다. 상호 협력이 깨져 있는 겁니다. 그래서 빌립보 교회 안에 한마음으로 하나 될 것과 상호 협력할 것을 바울이 촉구하고 있습니다. 2장 2절에는 "마음을 같이하여 같은 사랑을 가지고 뜻을 합하여 한마음을 품어[라]"라고 기록되어 있습니다. 바울이 마음을 같이하고 한마음을 품을 것을 촉구하는 가장 중요한 이유가 무엇이겠습니까? 당시 빌립보 교회 안에 갈등이 있었고, 분열이 있었던 것입니다.

그래서 이 분열과 갈등의 문제를 해결하기 위해서 바울은 하나 될 것을 촉구하면서, 2장에서는 예수 그리스도의 모범을 강조하고 있습니다. 예수님은 어떻게 하셨습니까? 2장 7절입니다. "오히려 자기를 비워 종의 형체를 가지사 사람들과 같이 되셨[다.]" 2장 5절에 따르면 예수님은 원래 어떤 분입니까? "그리스도 예수의 마음이니 그는 근본 하나님의 본체"십니다. 그러나 하나님과 동등 됨을 취하지 않으셨습니다. 바울은 지금 빌립보 교회 안에 있는 갈등과 분열을 해결할 하나의 대안으로, 모범 답안으로 예수 그리스도를 보고 따르라고 권면합니다. 예수님은 하나님과 동등함을 취하지 않으시고 자기를 비우셨습니다. 그리고 자기를 낮추셨습니다. 그리고 죽기까지 하나님께 온전히 순종하셨습니다. 이 예수님의 모범을 따라서 빌립보 교회 안의 성도들이 서로 섬기고 나보다 남을 낫게 여기고 한마음을 품을 것을 요청하고 있습니다.

빌립보서 2:9-11 이러므로 하나님이 그를 지극히 높여 모든 이름 위에 뛰어난 이름을 주사 하늘에 있는 자들과 땅에 있는 자들과 땅 아래에 있는 자들로 모든 무릎을 예수의 이름에 꿇게 하시고 모든 입으로 예수 그리스도를 주라 시인하여 하나님 아버지께 영광을 돌리게 하셨느니라.

바울의 편지에는 첫 사람 아담과 둘째 아담을 비교하는 내용이 많이 나옵니다. 첫 사람 아담이 어떻게 실패했죠? 하나님의 형상대로 존귀하게 지음받았지만 하나님처럼 되려고 선악과를 따 먹었다가 추락합니다. 어떻게 보면 첫 사람 아담은 하나님과의 질적 차이를 거부하고 하나님처럼 되려다가 추락을 경험한 겁니다. 그런데 둘째 아담인 예수 그리스도는 하나님과 동등한 존재임에도 불구하고 동등 됨을 취할 것을 거부하셨습니다. 도리어 자기를 한없이 낮추셨습니다. 어디까지 낮추셨습니까? 죽기까지 하나님께 복종하실 만큼 자기를 낮추고 또 낮추셨습니다. 그렇게 한없이 자기를 낮춘 예수 그리스도를 하나님이 어떻게 하셨습니까? 지극히 높이셨다고 말합니다. 2장 9절에서 "하나님이 그를 지극히 높여 모든 이름 위에 뛰어난 이름을 주[셨다]"라고 말합니다. 그리고 10-11절에서 "하늘에 있는 자들과 땅에 있는 자들과 땅 아래 있는 자들로 모든 무릎을 예수의 이름에 꿇게 하시고 모든 입으로 예수를 주라 시인하여 하나님 아버지께 영광을 돌리게 하셨느니라"라고 말합니다. 일부 신학자들은 10-11절을 근거로 지옥 잠정설과 만인 구원론을 주장합니다.

사람이 죽고 나면 사후에 어떤 일이 벌어질 것인가에 대해서 교회 안에는 크게 세 가지 입장이 있습니다. 첫 번째 입장은 뭡니까? 가장 전통적이고 가장 많은 신앙인이 고백하고 있는 것으로, 영생과 영벌로 나뉜다는 입장입니다. 그래서 영생을 얻는 자들은 천국에 가고 영벌을 받는 자들은 지옥으로 떨어진다는 견해가 가장 전통적이고 많은 사람이 고백하는 내용입니다. 우리 한국의 대다수 교인들이 받아들이고 있는 주장이기도 합니다. 그런데 이런 전통적인 천국과 지옥에 관한 주장에서는 문제가 하나 제기됩니다. 하나님의 심판은 공의로워야 한다는 전제에 관한 것입니다. 예를 들어 사람이 100년을 산다고 가정해 보십시오. 그 100년의 세월 동안 예수를 믿었는지, 믿지 않았는지를 근거로 영생과 영벌이 나뉜다면 우리가 범했던 죄에 대해서 영원무궁토록 벌을 받는다는 것이 과연 공의로울까요? 자연스럽게 이런 문제가 제기됩니다.

그래서 두 번째 이런 주장이 나옵니다. 성경의 하나님은 사랑과 자비와 긍휼이 충만하신 분입니다. 그런데 어떤 잘못을 범했다고 해서 그 사람들을 영원무궁토록 벌을 주는 하나님은 성경이 말하는 사랑의 하나님과 부합하지 않다는 것입니다. 그래서 천국은 있지만 지옥은 없다고 주장하는 사람들이 있습니다. 하지만 두 번째 주장을 받아들인다면 하나님은 공의로운 분이라는 전제가 깨지는 것 아닙니까? 히틀러와 같은 역사의 엄청난 악인들도 하나님이 다 구원하신다면 이 땅에서 우리가 하나님이 원하시는 바대로 신실한 삶을 살아야 할 이유가 어디 있겠습니까?

그래서 세 번째 주장은 천국과 지옥은 있다는 겁니다. 우리가 이 땅에서 어떤 삶을 사느냐에 따라서 천국과 지옥으로 나뉜다는 겁니다. 그런데 이 지옥이라는 곳이 영원무궁하지는 않다는 점이 첫 번째 주장과의 차이입니다. 첫 번째 주장은 이 땅에서 예수를 안 믿은 사람은 지옥에 가서 영원무궁토록 벌을 받는다는 견해로, 가장 전통적인 입장입니다. 그런데 이 전통적인 입장에 대해서 세 번째 주장은 인간의 유한한 삶 속에 저지른 죄에 대해 영원무궁토록 벌을 받는다는 것은 공의의 맥락에서 부합하지 않다는 견해입니다. 그리고 사랑과 자비와 긍휼이 많으신 하나님이 정말 영원무궁토록 예수를 믿지 않은 사람들이 고통과 고난에 처해 있도록 두고 보실까 회의하는 겁니다. 그리고 그렇지 않을 거라고 봅니다. 그들이 이 땅에서 범했던 죄에 대한 대가를 충분히 치르고 나면 궁극적으로는 그들 모두가 다 하나님이 만군의 주, 만왕의 왕이시라는 사실을 인정하고 예수가 진정 구원자라는 사실을 고백하게 만든다는 겁니다. 여기 2장 10-11절에 "하늘에 있는 자들, 땅에 있는 자들 그리고 땅 아래 있는 자들"까지 모두 예수를 주로 시인한다는 것을 그런 의미로 해석합니다. 여기서 "땅 아래에 있는 자들"이 바로 지옥에 있는 사람들이라는 겁니다. 그래서 세 번째 주장은 천국과 지옥은 있다는 면에서, 두 번째 주장과 다릅니다. 그리고 지옥에서 예수를 안 믿는 사람들이 모든 죄에 대한 대가를 치른 다음에, 그들 모두가 하나님께 무릎을 꿇고 입으로 예수 그리스도가 주라고 시인하게 함으로써 궁극적으로는 그들 모두가 하나님의 통치 안에 거하는 하나님 나라로 오게 된다는 것이 세 번째 주장입니다.

이 세 번째 주장에서 지옥 잠정설이 나옵니다. 지옥 잠정설을 주장하는 사람들이 대표적으로 인용하는 성경 구절이 바로 빌립보서 2장 10-11절 말씀입니다.

빌립보서 3:7-8 그러나 무엇이든지 내게 유익하던 것을 내가 그리스도를 위하여 다 해로 여길뿐더러 또한 모든 것을 해로 여김은 내 주 그리스도 예수를 아는 지식이 가장 고상하기 때문이라. 내가 그를 위하여 모든 것을 잃어버리고 배설물로 여김은 그리스도를 얻고.

그다음에 3장으로 넘어가면 7-8절이 중요합니다. 여기서 중요한 말씀이 뭡니까? 그동안 바울에게 중요하게 다가왔던 모든 것을 다 배설물로 여겼다는 겁니다. 이유가 무엇입니까? 8절에 나옵니다. "내 주 그리스도 예수를 아는 지식이 가장 고상하기 때문이라"는 겁니다. 한마디로 하나님의 백성이 된 순간에 가치의 우선순위가 변화된 겁니다. 그동안 자기 인생에 가장 중요했던 것들이 하나님의 백성이 된 순간, 하나님의 백성이 되었다는 사실과 비교하면 그렇게 중요하게 다가오지 않는 겁니다. 그동안 중요하게 생각했던 모든 것이 새롭게 변화된 겁니다. 이것이 어떻게 보면 성경이 말하는 '회개'입니다. 회개를 그리스어로 '메타노이아'라고 말하는데 '메타'는 '바꾼다'는 뜻이고 '노이아'는 '인식, 관점'이라는 뜻입니다. 뭐가 회개인 거죠? 하나님과 무관하게 살아왔을 때 내가 중요하게 생각했던 많은 것들이 하나님의 백성이 된 순간 새롭게 재정립되는 겁니다. 이제 뭐가 중요해지는 겁니까? 내가 하나님의 백성이라는 사실, 내가 오늘 하나님의 통치 안에 거하고 있다는 사실, 오늘도 신실하게 하나님과 동행하는 삶을 살고 있다는 사실이 인생에서 가장 중요해집니다. 그리고 그동안 중요하게 생각했던 세속적인 성공, 세속적인 승리, 가문의 자랑, 학벌과 같은 것들은 신앙 안에서 그렇게 중요하게 다가오지 않는 겁니다. 가치의 우선순위가 바뀌는 겁니다. 이것이 참된 신앙의 모습이라고 말할 수 있습니다.

빌립보서 4:13 내게 능력 주시는 자 안에서 내가 모든 것을 할 수 있느니라.

그다음에 4장 13절을 보면 우리 한국 교인들이 참 좋아하는 말씀이 나옵니다. 한국 교인들은 흔히 "내게 능력 주시는 자 안에서 내가 모든 것을 할 수 있다"라는 말을 "내가 원하는 모든 것을 얻어 낼 수 있다"라고 해석합니다. 그런데 13절 말씀을 제대로 이해하려면 11-12절과의 연속성에서 봐야 합니다. 11-12절에 이렇게 되어 있습니다. "내가 궁핍하므로 말하는 것이 아니니라 어떤 형편에든지 나는 자족하기를 배웠노니 나는 비천에 처할 줄도 알고 풍부에 처할 줄도 알아 모든 일 곧 배부름과 배고픔과 풍부와 궁핍에도 처할 줄 아는 일체의 비결을 배웠노라." 그리고 나오는 말씀이 13절입니다. "내게 능력 주시는 자 안에서"라는 구절에서 '안에서'가 무엇을 의미합니까? "내게 능력 주시는 자와 함께라면 내가 모든 것을 행할 수 있다"라는 뜻입니다. 여기 모든 것에 뭐가 포함됩니까? 12절에 나오는 것처럼 비천, 배고픔, 궁핍이 다 포함됩니다. 그러니까 어떤 상황에서도 하나님과의 신실한 동행을 통해서 자기는 신실한 믿음의 길을 걸어갈 수 있다는 이야기입니다. "내게 능력 주시는 자에게 내가 뭔가 구하기만 하면 원하는 것을 다 얻어 낼 수 있다"라는 말씀이 전혀 아닙니다. 어떤 상황에서도 내 신앙을 꺾을 수 없다는 이야기입니다. 주님과 함께라면 어떤 상황에서건 어떤 환경에서건 신실하게 믿음의 길을 걸어갈 수 있다는 뜻입니다. 이것이 바로 4장 13절이 말하고 있는 메시지의 핵심입니다.

골로새서

로마서를 이야기할 때 로마 교회의 특징이 몇 가지 있다고 했습니다. 로마 교회는 바울이 개척한 교회가 아니라고 했습니다. 바울과 만난 적이 없는 교회라 했습니다. 그런 의미에서 골로새 교회도 독특한 교회입니다. 골로새 교회는 바울이 개척한 교회가 아닙니다. 사도에게 말씀을 배운 사람이 자기 고향으로 돌아가서 교회를 세운 모델이 바로 골로새 교회입니다. 아마 에바브라 아니면 빌레몬 두 사람 가운데 한 명으로 생각됩니다. 그런데 많은 신학자들은 에바브라가 이 골로새 교회를 세운 교육자이고 빌레몬은 그 골로새 지방에 있는 신앙인으로 자신의 가정을 교회의 예배처소로 제공한 사람이었으리라 추측합니다.

우리 한국 교회사에도 한국 교회가 가진 놀라운 특징이 몇 가지 있습니다. 선교사님이 입국하기 전에 세례를 받은 사람이 이미 수십 명이 있었고, 선교사님이 입국하기 전에 조선 사람들이 자생적인 교회를 세우기도 했습니다. 서상륜이라는 분이 만주에서 로스John Ross와 매킨타이어John MacIntyre 선교사로부터 신앙을 배웁니다. 그리고 소래 지방에 와서 교회를 세웠습니다. 이것이 바로 소래교회입니다. 한국 교회 역사에서 조선 사람이 세운 자생적인 토착 교회가 소래교회입니다. 선교사에게 기독교 신앙을 들었던 사람이 자기 고향에 와서 세운 소래교회와 유사한 교회가 바로 골로새 교회입니다. 로마 교회도 바울이 개척한 교회가 아니죠. 골로새 교회도 바울이 개척한 교회가 아닙니다. 사도에게 복음을 들었던 사람이 자기 고향에 와서 세웠던 교회가 바로 골로새 교회입니다.

골로새서에서 가장 중요한 메시지는 지혜와 지식의 으뜸인 예수 그리스도의 중보자적 충분성입니다. 왜 이런 메시지를 강조하게 되었을까요? 당시 이방 지역에 교회가 세워졌는데 원래 그 지역 사람들이 갖고 있던 세계관이 헬레니즘 아닙니까? 그래서 헬레니즘에 근거한 영지주의라는 이단이 초대교회를 많이 어지럽혔습니다.

그리고 또 하나 퍼진 것이 신플라톤주의입니다. 신플라톤주의는 이런 논리를 전개합니다. 여기 절대적인 신이 있고 반대편에는 우리 인간이 있습니다. 이 절대적인 신과 인간은 엄청난 질적 차이가 있습니다. 그래서 신이 직접 인간을 만나지 않고 인간이 직접 신을 만날 수도 없습니다. 그래서 신이 아이온이라는 무수한 중간 매개자들을 통해서 자신의 뜻을 알려 준다는 겁니다. 골로새 교회 안에도 비슷한 주장이 나온 겁니다. 하나님이 우리에게 자기 뜻을 알려 주기 위해서 무수하게 많은 중간 매개자를 두셨는데, 그 중간 매개자 가운데 하나가 예수 그리스도라는 겁니다. 그런데 왜 우리가 그 무수한 중간 매개자 가운데 예수에게만 예배를 드리느냐, 왜 예수만 믿고 있느냐고 문제를 제기합니다. 예수 외에도 신의 뜻을 우리에게 전달해 주는 무수한 중간 매개자를 믿고 섬겨야 한다고 주장하는 사람들이 있었던 것입니다. 한마디로 이것을 천사 숭배설이라 합니다. 예수만이 중보자가 아니라 무수하게 많은 중보자가 있다는 겁니다. 그래서 예수를 믿고 섬기는 것처럼 무수하게 많은 중보자에 대해서도 예배를 드리고 그것들을 섬겨야 한다는 주장입니다.

골로새 교회가 천사 숭배설 때문에 이런저런 문제를 드러내고 있을 때 바울은 골로새 교회에 편지를 보내면서 예수 한 분만으로 충분하다고 강조한 겁니다. 그리고 예수만이 유일한 중보자라고 말합니다. 이것이 골로새서의 강조점입니다. 한마디로 천사 숭배설을 배격하고 있는 겁니다. 무수하게 많은 중간 매개자들도 믿고 섬겨야 한다는 주장을 반대하고 있는 겁니다. 예수만이 하나님의 뜻을 우리에게 전달해주는 유일한 중보자시고 그 예수만을 믿는 것으로도 충분하다는 점을 강조하는 것이 골로새서의 핵심 메시지입니다.

그리고 골로새서 2장에서는 영지주의에 대한 반박이 나오는데 영지주의에 대해서는 이후에 요한 서신을 다룰 때 좀 더 자세하게 설명하겠습니다. 쉽게 헬레니즘의 이원론과 기독교 신앙이 섞인 혼합주의 사상, 영만 거룩하고 육을 천시하고 물질을 천시하는 이원론적인 기독교 신앙이 바로 영지주의라는 정도로만 이해하시면 됩니다.

> 골로새서 4:9　신실하고 사랑을 받는 형제 오네시모를 함께 보내노니 그는 너희에게서 온 사람이라. 그들이 여기 일을 다 너희에게 알려 주리라.

4장 9절을 보면 "신실하고 사랑을 받는 형제 오네시모"가 나옵니다. 오네시모라는 사람이 어디에 나오는 사람이죠? 빌레몬서에 나옵니다. 빌레몬의 종이 바로 오네시모입니다. 그런데 골로새서 4장 7절을 보면 바울이 두기고를 보낸다고 씁니다. 그리고 9절에서는 두기고 뿐만 아니라 신실하고 사랑받는 형제 오네시모를 함께 보낸다고 말합니다.

한국 교회가 빌레몬서를 해석하면서 거기에 나오는 오네시모를 보통 주인에게서 도망친 노예라고 설명합니다. 도망쳐서 잡힌 다음에 감옥에 들어갔는데 그 감옥에서 바울을 만났다고 설명합니다. 한마디로 오네시모와 사도 바울을 감옥 동기로 보는 것입니다. 감옥에서 오네시모를 만난 바울이 그에게 기독교 신앙을 전수해 주었고, 오네시모가 바울의 동역자인 빌레몬의 집에서 도망친 노예라는 사실을 알게 되어 빌레몬에게 보내는 편지에서 이제 오네시모를 종이 아니라 형제로 대해 달라고 부탁했다는 것입니다. 이것이 우리가 보통 이해하는 빌레몬서의 내용입니다.

그런데 골로새서 4장 9절에서 뭐라고 이야기합니까? "오네시모는 너희에게서 온 사람"이라는 겁니다. 신실하고 사랑받는 형제라는 겁니다. 이 골로새서의 편지를 받는 곳이 어딥니까? 골로새 교회 아닙니까. 그런데 "오네시모가 너희에게서 왔고, 그를 너희에게 보낸다"라고 했습니다. 바울과 오네시모가 감옥 동기라면 바울이 어떻게 오네시모를 보낼 수가 있죠? 이 부분에 대해서는 빌레몬서에서 더 자세한 설명을 드리도록 하겠습니다. 오네시모의 주인이 빌레몬입니다. 그래서 골로새 교회와 빌레몬을 연관시키는 겁니다. 에바브라가 골로새 교회의 교역자일 가능성이 크고, 오네시모 때문에 골로새 교회의 가장 중요한 성도가 빌레몬이었을 것으로 추측합니다. 골로새서 4장 9절의 말씀과 빌레몬서가 상당한 연관성을 가지고 있다는 점을 기억해 두시기 바랍니다.

16절에서는 골로새서를 라오디게아 교회와 회람하라고 합니다. 이 때는 인쇄술이 발달하기 이전이라 어느 교회에 보낸 편지를 동일한 상황에 처한 다른 교회와 서로 편지를 교환하면서 읽었다는 것을 짐작할 수 있습니다.

데살로니가전후서

바울 서신을 처음 살펴볼 때, 신약이 네 권의 복음서, 한 권의 역사서, 21권의 서신서, 한 권의 묵시록, 총 27권으로 구성되었는데 이것이 쓰인 순서로 배치되지 않았다는 말씀을 드렸습니다. 쓰인 순서대로 하자면 바울의 서신이 복음서보다 먼저 기록되었습니다. 바울 서신은 50년부터 60년 사이에 대부분 기록되었다고 여겨집니다. 그리고 많은 학자들이 바울 서신 가운데 가장 먼저 기록된 서신을 데살로니가전서라고 주장합니다. 48-50년 사이에 데살로니가전서가 쓰였을 것으로 여겨집니다. 바울이 개척한 교회들 안에서도 바울의 사도성을 인정하지 않았던 교회가 많았지만, 두 교회는 바울의 사도성을 인정했습니다. 이 두 교회에 편지를 보낼 때 바울은 서두에서 자신을 굳이 사도라고 표현하지 않습니다. 그 교회가 바로 빌립보 교회와 데살로니가 교회입니다. 빌립보 교회와 데살로니가 교회는 바울 사역의 최고 면류관이라고 할 수 있습니다. 바울의 사도성을 인정했을 뿐만 아니라 바울을 너무나 기쁘게 하고 하나님을 누구보다 기쁘게 했던 교회가 데살로니가 교회였습니다. 그러나 이런 데살로니가 교회 안에도 문제가 있었습니다. 잘못된 재림 신앙으로 말미암아 교회 공동체 안에서 여러 가지 혼란이 있었습니다. 그리고 잘못된 주장 때문에 많은 성도가 무엇이 진리인가, 우리가 정말 붙잡아야 할 재림 신앙이 무엇인가에 대해서 혼란스러워하고 있었습니다. 그래서 바울은 서신을 통해 신앙인이 붙잡아야 할 참된 재림 신앙이 무엇인가를 기술합니다. 그것이 데살로니가전후서입니다.

한참 시간이 지났지만, 1992년 10월 28일 주의 재림이 있다고 주장한 다미선교회를 기억하시나요? 아마 나이 드신 분은 다 기억할 것 같은데 이장림이라는 사람이 1992년 10월 28일 자정에 주님이 재림하신다면서 시한부 종말론을 이야기했습니다. 이장림의 주장에 많은 사람이 현혹되어 다니던 학교도 그만두고 직장도 그만두고 가산을 다 팔아서 교회에 헌금했습니다. 그리고 주님이 재림하신다면서 전도하고 심지어 10월 28일은 이른 아침부터 교회당에 모여서 흰옷 입고 온종일 찬양하고 기도하면서 주님의 재림을 기다렸습니다. 이것을 방송국이 생중계까지 했습니다. 잊을 만하면 이런 시한부 종말론이 세계 각지에서 등장합니다. 그래서 주님이 자기에게 계시로 알려 주셨다, 몇월 몇 일 어디에서 주님이 구름 타고 이 땅에 재림하신다면서 주의 재림을 맞이하기 위해서 함께 모여서 기도해야 한다, 하나님이 원하시는 전도에 열과 성을 다해야 한다, 등등을 강조하는 자들이 많았습니다. 이렇게 잊을 만하면 등장하는 것이 시한부 종말론인데 데살로니가전후서를 통해서 하나님의 백성으로서 우리가 온전히 붙잡아야 할 참된 재림 신앙이 무엇인가를 자세히 살펴보는 것이 정말 중요합니다.

사도행전 17장을 보면 데살로니가 교회와 바울은 길게 만나지 못했습니다. 세 번 정도 만났는데, 데살로니가에 있던 디아스포라 유대인들이 바울을 죽이려 했습니다. 그래서 바울이 베뢰아라는 곳으로 도망갔는데, 그를 죽이려던 사람들이 베뢰아까지 쫓아와서 다시 아테네로 피신하게 됩니다. 데살로니가 사람들은 바울과 짧은 기간 만나게 되어 어떻게 보면 기독교 신앙의 일부만 배웠습니다. 그래서 바울은 이 사람들이 자신이 없는 사이에 신앙을 떠나지 않을까 참 많이 걱정했습니다. 그런데 이후에 데살로니가 교인들이 바울에 대해서 여전히 존중하고 있으며 바울을 신뢰하면서, 무엇보다 바울이 가르쳤던 복음의 메시지에 굳건히 서 있다는 이야기를 듣습니다. 그 소식에 바울은 무척 기뻐합니다. 문제는 바울과 만난 기간이 너무 짧았고 바울에게 배운 신앙적 내용이 너무 제한적이었다는 겁니다. 그래서 데살로니가 교회 안에는 신앙에 대해 잘못 이해하는 사람들이 있었습니다. 재림하시는 주님을 살아서 영접하는 사람들은 구원받는다고 생각하는 사람들이 있었습니다. 그런데 주의 재림이 지연되는 가운데 육신의 죽음을 경험하는 사람들이 하나둘 생겨났습니다. 그러니까 교회 안에서 어떤 혼란이 생길까요? 주의 재림을 보지 못하고 죽은 사람은 하나님의 구원으로부터 제외되는 것이 아닌가 하는 질문이 생겨났습니다. 그런 혼란을 명쾌하게 해결하기 위해서 바울이 쓴 편지가 바로 데살로니가전후서입니다. 이런 기본적인 배경을 이해하고 성경을 살펴보겠습니다.

데살로니가전서 1:7　　그러므로 너희가 마게도냐와 아가야에 있는 모든 믿는 자의 본이 되었느니라.

<blockquote>
데살로니가전서 2:19-20 우리의 소망이나 기쁨이나 자랑의 면류관이 무엇이냐. 그가 강림하실 때 우리 주 예수 앞에 너희가 아니냐. 너희는 우리의 영광이요 기쁨이니라.
</blockquote>

먼저 데살로니가전서 1장 7절을 보면 바울은 데살로니가 교회를 칭찬합니다. 마케도니아가 어디입니까? 그리스 북부 지방을 마케도니아, 그리스 남부 지방을 아가야라고 합니다. 그래서 마케도니아와 아가야, 즉 그리스 땅에 거하는 모든 믿는 자의 본과 모델이 된 교회가 바로 데살로니가 교회입니다. 4장 9절에서 "형제 사랑에 관하여는 너희에게 쓸 것이 없음은 너희들 자신이 하나님의 가르치심을 받아 서로 사랑함이라"라고 말합니다. 형제 사랑에 대해서 더 이상 바울이 가르칠 것이 없는 겁니다. 왜냐하면 그들이 이미 너무나 서로를 사랑하고 있었기 때문입니다. 그리고 2장 19-20절을 보면 바울은 지금 무엇 때문에 기뻐하고 있습니까? 데살로니가 교인들만 생각하면 너무 행복합니다. 그만큼 바울에게 큰 칭찬을 받았던 교회가 바로 데살로니가 교회입니다.

그런데 데살로니가 교회 안에도 어떤 문제가 있었다고요? 주님이 곧 재림하신다는 잘못된 종말 신앙으로 말미암아 일상의 삶을 나태하게 살고 있는 겁니다. 그런 사람들에게 고난과 핍박 가운데에서도 그리스도의 재림을 소망하면서 하나님을 기쁘시게 하는 삶을 살아야 한다고 강조하는 본문이 데살로니가전서입니다.

데살로니가전서 4:16-17 주께서 호령과 천사장의 소리와 하나님의 나팔 소
리로 친히 하늘로부터 강림하시리니 그리스도 안에
서 죽은 자들이 먼저 일어나고 그 후에 우리 살아남
은 자들도 그들과 함께 구름 속으로 끌어 올려 공중
에서 주를 영접하게 하시리니 그리하여 우리가 항상
주와 함께 있으리라.

여기서 특별히 중요한 것이 4장 16-17절입니다. 요즘은 덜한데 한
국 교회에서 30, 40년 전만 하더라도 휴거 신앙을 믿는 사람들이 매우
많았습니다. 휴거 신앙을 주창하는 사람들이 인용하는 대표적인 말씀
이 데살로니가전서 4장 16-17절 말씀입니다. 데살로니가 교회 안에
어떤 논쟁이 있었다고 했죠? 주님이 재림하실 때 살아 주의 재림을 영
접하는 사람만이 구원받는다는 주장이 있었습니다. 그런데 이런 주장
에 대해서 바울은 그렇지 않다고 말합니다. 16절 끝부분에서 주님이
강림하실 때 그리스도 안에서 죽은 자들이 먼저 일어난다고 했습니다.
그러니까 육신으로 살아 있었는지, 아니면 육신으로 죽었는지는 중요
하지 않습니다. 중요한 것은 뭡니까? 믿었느냐, 믿지 않았느냐가 중요
한 겁니다. 그러니까 육신의 죽음을 경험한다고 해도 예수를 믿었던
자라면 주님이 재림하시는 날 부활합니다. 주의 재림을 영접한단 말입
니다. 살아서 주의 재림을 영접해야만 구원을 받는 것은 아니라는 겁
니다. 여기서 주목해야 할 단어가 16절에 나오는 '강림하다'라는 말입
니다. 그다음 17절에 '영접하다'라는 말입니다. '강림하다'를 의미하
는 헬라어 단어가 '파루시아Parousia'입니다. 이 '파루시아'는 주의 재

림을 말할 때 사용됩니다. 그리고 '영접하다'라는 말은 '아판테시스 *apantēsis*'라는 단어입니다. 중요한 것은 파루시아와 아판테시스라는 단어가 주후 1세기 로마제국에 살고 있던 모든 사람이 아는 정치 용어라는 사실입니다. 그 용어를 바울이 사용하고 있는 겁니다.

생각해 보십시오. 로마가 얼마나 광활한 제국입니까? 너무나 광대합니다. 로마를 다스리는 황제는 한 명인데 로마제국은 너무나 광대하고 광활합니다. 황제가 이 모든 지역에 매일 등장해서 그 지역을 다스릴 수 없습니다. 그래서 황제가 어떻게 합니까? 지역마다 왕들을 세우거나 총독을 세우면서 자신을 대신해 통치하게 합니다. 그리고 그 지역에 있는 총독이나 왕들은 황제에게 충성하게 만듭니다. 그래서 로마 황제는 한 지역에 있지만, 자신의 대리인이라 할 수 있는 왕과 총독을 세워서 백성을 통치합니다. 그런데 몇 년에 한 번씩 로마 황제가 자신의 통치 지역을 방문합니다. 황제의 이 방문을 헬라어로 '파루시아'라고 합니다.

언젠가 "주님이 이 땅에 재림하신다"라고 할 때 여기에 '파루시아'라는 단어를 쓴다는 것은 전제가 있는 겁니다. 무슨 전제입니까? 이 땅이 주님의 것이라는 전제입니다. 파루시아는 뭐라고요? 자신의 통치 지역을 방문하는 겁니다. 주님이 이 땅에 파루시아한다고 할 때, 대전제는 이 땅이 우리 주님과 무관하지 않고 주님의 것이라는 뜻입니다. 왜 그렇습니까? 주님이 친히 창조하셨기 때문입니다. 주님의 것을 주님이 방문하시는 것이 파루시아입니다. 자, 어느 도시가 있다고 생각해 보십시오. 황제가 이 도시에 파루시아를 합니다. 황제가 우리 도시를 찾아오고 있다는 이야기를 듣게 되면 도시 안에 있는 왕이나 귀족들이 성안에서 황제를 맞이하나요? 아닙니다. 성안에 있는 왕이나 귀족들은 우리 도시를 방문하는 황제를 맞이하기 위해서 마중 나갑니다. 황제는 이 성을 찾아서 오고 있고 성안에 있는 사람들은 황제를 영접하기 위해서 마중 나가는 겁니다. 그래서 중간 어딘가에서 만나겠죠. 이것을 '영접한다'라고 말합니다. 이것이 바로 헬라어 '아판테시스'라는 단어입니다. 그렇다면 황제의 그다음 행선지는 어디일까요? 당연히 황제가 방문하기로 예정된 이 도시입니다. 이런 수평적인 것을 수직적으로 설명하고 있는 본문이 4장 16-17절입니다. 주님은 지금 하늘에 계십니다. 우리는 지금 이 땅에 있습니다. 주님이 자신의 통치 지역인 이 땅을 파루시아하시는 겁니다. 방문하시는 겁니다. 주님이 이 땅을 방문하실 때 이 땅에 있는 주님의 백성이 가만히 있으면서 주님을 맞이하지 않습니다. 주님은 파루시아하시고, 이 땅 주의 백성은 공중으로 올라가서 주님을 영접하는 겁니다. 그런데 보십시오. 휴거를 주장하는 사람들은 공중에서 주님과 주의 백성이 만난 다음에 그다음 행선지를 어디라고 주장합니까? 저 우주 어딘가에 있는 하나님 나라로 날아간다고 생각합니다. 이 말씀은 그게 아니라고 말합니다. 이 '파루시아'와 '아판테시스'라는 단어의 의미를 제대로 이해해야 합니다. 주님은 파루시아하십니다. 이 땅에 있는 주의 백성은 파루시아하시는 주님을 맞이하기 위해서 영접하러 올라갑니다. 그래서 주님과 주의 백성이 중간 지점인 공중에서 만남을 갖습니다. 그다음 행선지는 어딥니까? 당연히 주님이 방문하시기로 한 이 땅입니다. 그래서 휴거를 주장하는 사람들이 잘못된 주장을 하고 있는 겁니다. 파루시아나 아판테시스라는 단어의 의미를 모르기 때문에 그런 주장을 하는 겁니다. 참고로 '휴거'라는 말은 17절의 '끌어올리다'라는 말에서 나왔습니다. 왜 공중으로 올라가는지, 공중에서 주를 영접한다는 말이 무슨 의미인지 그리고 그다음 행선지는 어디인지를 제대로 알려면 1세기의 '파루시아'와 '아판테시스'라는 용어를 정확하게 이해할 필요가 있습니다. 바울이 지금 사용하고 있는 그 단어들의 정확한 용법을 꼭 기억해야 합니다.

> 데살로니가전서 5:8   우리는 낮에 속하였으니 정신을 차리고 믿음과 사랑의 호심경을 붙이고 구원의 소망의 투구를 쓰자.

> 에베소서 6:15-17   평안의 복음이 준비한 것으로 신을 신고 모든 것 위에 믿음의 방패를 가지고 이로써 능히 악한 자의 모든 불화살을 소멸하고 구원의 투구와 성령의 검 곧 하나님의 말씀을 가지라.

앞에서 데살로니가전서가 바울 서신 가운데 가장 먼저 기록되었다고 말했습니다. 5장 8절을 읽다 보면 어떤 말씀이 떠오르지 않습니까? 평안의 복음과 믿음의 방패와 구원의 투구, 성령의 검, 맞습니다. 하나님의 전신 갑주를 말하는 에베소서 6장 본문입니다. 에베소서는 옥중 서신입니다. 데살로니가전서는 바울 서신 가운데 가장 먼저 기록된 서신입니다. 그래서 데살로니가전서 5장 8절 말씀이 이후에 "하나님의 전신 갑주를 입으라"라고 한 에베소서 6장에서 훨씬 더 상세하고 다양하게 발전했다는 사실을 알 수 있습니다.

데살로니가전서에서 가장 유명한 말씀은 5장 16-18절입니다. "항상 기뻐하라 쉬지 말고 기도하라 범사에 감사하라." 이 말씀을 모르는 신앙인은 없을 것입니다. 그런데 이 말씀을 듣다 보면 하나님이 우리의 삶에 대해서 너무 모르시는 것 아닌가 하는 생각을 하게 됩니다. 아니, 어떻게 항상 기뻐하고, 어떻게 범사에 감사할 수 있겠습니까? 하소연이 나올 수밖에 없습니다. 여기서 중요한 것이 있습니다. 항상 기뻐하고 범사에 감사하기 위해서는 내가 기뻐하는 이유, 내가 감사하는 조건, 이런 것들이 달라져야 합니다. 우리는 보통 무엇에 기뻐합니까? 무엇 때문에 감사합니까? 내가 원하는 일이 술술 잘 풀리면 기뻐합니다. 내가 바라는 대로 하나님이 잘 채워 주시면 하나님께 감사합니다. 그래서 어떻게 보면 내가 원하는 바가 이루어지면 기뻐하고 이루어지지 않으면 낙담하는 현실에서는 항상 기뻐하고 범사에 감사하는 일이 불가능합니다. 바울은 왜 항상 기뻐할 수 있었습니까? 왜 범사에 감사할 수 있었습니까? 빌립보서 3장에서 보았듯이, 바울은 예수를 믿은 후로는 가치에 대한 우선순위를 바꿨습니다. 그동안 자신이 중요하게 생각했던 모든 것을 배설물로 여겼습니다. 무엇 때문입니까? 그리스도 예수를 아는 지식이 가장 고상하기 때문입니다. 가치의 우선순위가 역전되었기 때문입니다.

하나님을 믿음에도 불구하고 우리가 항상 기뻐하지 못하고 범사에 감사하지 못하는 이유는 하나님이 원하시는 바대로 우리의 인식과 관점과 세계관이 바뀌지 않았기 때문입니다. 기쁨의 조건과 감사의 이유가 변화되지 않은 겁니다. 만약 우리가 하나님의 백성이 된 것으로 말미암아 감사하고 기뻐할 수 있다면, 오늘도 내가 하나님의 통치 안에 거한다는 이유만으로, 오늘도 하나님과 신실하게 동행한다는 이유만으로 기뻐하고 감사할 수 있다면, 바울처럼 감옥에 갇혀 있든, 고난과 핍박을 받든, 그 기쁨을 세상이 빼앗아 갈 수 있습니까? 불가능합니다. 그런데 하나님의 백성이 된 이후에도 여전히 우리는 무엇 때문에 기뻐합니까? 자식이 잘되어야 기뻐합니다. 남편의 사업이 잘되어야 기뻐합니다. 가족들이 다 건강해야 기쁜 겁니다. 그런데 자녀가 속 썩이고 사업이 안되고 우리 가족 가운데 누군가 병에 걸리고 그러면 금방 낙담합니다. 여전히 기쁨의 조건과 이유가 나에게 달려 있는 겁니다. 상황에 달려 있는 겁니다. 그래서 이런 말씀들을 이해하기가 참 어렵습니다. 그래서 여기 나오는 것처럼, 항상 기뻐하고 범사에 감사하기 위해서라도 하나님 중심으로 우리의 기쁨과 감사의 조건과 이유가 달라져야 한다는 것이 신앙 안에서 아름다운 세계관의 전환이라고 말할 수 있습니다.

> 데살로니가후서 3:10 우리가 너희와 함께 있을 때에도 너희에게 명하기를 누구든지 일하기 싫어하거든 먹지도 말게 하라 하였더니.

그다음에 데살로니가후서는 전서와 계속 연결됩니다. 올바른 재림 신앙은 주님이 언제 재림하시나 생각하면서 늘 하늘만 쳐다보는 것이 아니라는 겁니다. 예수님이 올라가신 그대로 구름 타고 내려온다는 성경 말씀을 떠올리며, 구름이 많으면 이제 곧 주님이 내려오시나 이런 생각을 하는 것이 올바른 재림 신앙이 아닙니다. 그렇다면 올바른 재림 신앙은 뭡니까? 주님이 오늘 오시든 내일 오시든 간에 하나님이 내게 맡겨 주신 일상을 신실하게 살아 내는 것이 최고의 재림 신앙입니다. 일상의 신실한 노동을 통해 이웃을 기쁘게 만들고 교회 공동체에 덕을 끼치는 것이 바로 하나님이 기뻐하시는 가장 온전한 재림 신앙이라는 점을 말하는 본문이 데살로니가후서입니다. 특별히 중요한 말씀이 3장 10절입니다.

　데살로니가후서 3장 10절에서 바울이 아주 엄중하게 이야기합니다. 주님이 곧 재림하신다는 이유로 일상을 성실하게 살지 않는 사람들, 노동하지 않는 사람들 그리고 교회로부터 도움만 받으려는 사람들에 대해서 단호하게 대처하라고 요청합니다. 바울이 뭐라고 이야기합니까? "누구든지 일하기 싫어하거든 먹지도 말게 하라"는 겁니다. 여기서 당시 데살로니가 교회는 재정을 공동으로 사용했고, 교회 공동체 안에서 공동 식사를 했다는 사실을 알 수 있습니다. 만약 교인들이 개별적으로 각자의 가정에서 식사했다면 "일하기 싫어하거든 먹지도 말게 하라"라고 말할 수 없습니다. 어떻게 집집마다 돌아다니면서 식사하는지 하지 않는지 감시할 수 있겠습니까? 그럴 수 없습니다. 그런데 여기서 "일하기 싫어하거든 먹지도 말게 하라"는 말씀이 가능했던 이유는 데살로니가 교회가 성도들이 냈던 헌금으로 공동으로 식사를 했기 때문이라고 짐작할 수 있습니다. 하루에 세 끼를 다 함께하지는 않았겠지만 아마 저녁 식사를 함께했을 가능성이 크다고 추측됩니다. 일상의 노동을 마무리하고 저녁에는 함께 모인 이들이 공동 식사를 했는데, 빈둥거리며 성실한 노동도 하지 않고 교회에서 혜택만 받으려고 하는 사람들이 있었습니다. 바울은 단호하게 일하지 않는 사람들을 교회의 식사 교제에 참여시키지 말라는 아주 엄중한 메시지를 주고 있는 겁니다.

우리가 데살로니가전후서를 통해서 확실히 알 수 있는 사실이 있습니다. 주님이 언제 재림하시든 주의 재림을 기다리는 가장 중요한 자세는 하나님 앞에서 코람데오의 자세로 일상을 신실하게 살아가는 것이라는 점입니다. 신실한 노동, 신실한 삶을 통해서 지체와 이웃들을 기쁘게 하고 교회 공동체에 덕을 끼치는 것이야말로 주의 재림을 준비하는 가장 올바른 자세라는 점을 강조하면서 데살로니가전후서를 마무리하겠습니다.

디모데전후서

디모데전후서와 디도서, 이 세 개의 본문을 목회 서신이라고 부릅니다. 교회 공동체 안에서 지도자를 뽑을 때 어떤 사람들을 지도자로 뽑아야 할 것인가, 그다음에 목회와 관련된 여러 조언을 기록한 것이 바로 목회 서신입니다. 순회 전도자였던 바울은 복음을 전하고 교회를 세운 다음에 믿을 만한 동역자들에게 그 교회의 목회를 맡겼습니다. 믿음의 아들이었던 디모데에게는 에베소 교회, 디도에게는 크레타 교회를 맡겼습니다. 그리고 디모데와 디도, 믿음의 아들들이 목회를 할 때 부딪히는 여러 문제에 관해서 조언을 해 주었습니다. 교회 공동체 안에 있는 집사, 장로, 감독의 자리에 어떤 사람들을 뽑아야 할 것인가에 대해 믿음의 아버지로서 바울이 믿음의 아들들에게 조언하는 이야기가 목회 서신입니다.

디모데전서 2:12   여자가 가르치는 것과 남자를 주관하는 것을 허락하지 아
니하노니 오직 조용할지니라.

2장 12절은 여성주의자들이 볼 때는 매우 기분이 나쁠 수 있는 구
절입니다. 우리나라 장로교 통합 측에는 여성 목사가 있습니다. 기장
도 여성 목사가 있습니다. 그런데 합동이나 고신 같은 경우에는 아직
여성 목사를 인정하지 않습니다. 여성 목사를 인정하지 않는 사람들이
대표적으로 제시하는 성경 구절이 바로 디모데전서 2장 12절의 말씀
입니다. 여자가 가르치는 것, 남자를 주관하는 것을 허락하지 않는다
는 겁니다. 그렇다면 여자는 뭘 해야 합니까? "오직 조용해야 한다"는
말씀은 시대를 관통하는 보편적인 명령일까요? 아니면 1세기 디모데
에게 주어진 특수한 상황 속에서의 명령일까요? 이것을 우리가 잘 구
별하는 것이 매우 중요합니다.

바울 서신을 공부할 때 처음에 강조했던 바울 서신의 중요한 특징
이 무엇인지 기억하십니까? 바로 상황 서신이라는 겁니다. 바울은 어
떤 상황과 무관하게 보편적인 원칙을 제시하는 것이 아니라 이 편지
를 받고 있는 교회, 이 편지를 받고 있는 개인에게 가장 유효하고 가장
적절한 말씀을 주고 있습니다. 고린도전서 14장 34절에는 "여자는 교
회에서 잠잠하라"라는 말씀이 있습니다. 그리고 디모데전서 2장 12절
에는 "여자가 가르치는 것, 남자를 주관하는 것을 허락하지 않는다. 여
자는 오직 조용하라"라는 말씀이 있습니다. 이런 말씀은 시대를 초월

하는 하나님의 명령일까요? 아니면 디모데가 목회했던 에베소 교회나 고린도 교회의 어떤 특수한 상황 속에서 바울이 준 구체적인 명령일까요? 여기에서 이 말씀을 시대를 초월하는 보편적인 명령, 바로 하나님의 뜻으로 받아들이게 되면 오늘날에도 여성 목사는 허용하면 안 되는 것입니다. 여성 장로도 임명할 수 없습니다. 그런데 이것을 보편적인 명령이 아니라 고린도 교회의 특수한 상황, 디모데가 목회했던 에베소 교회의 특수한 상황 속에서 주어진 명령으로 받아들인다면 오늘날의 시대적인 맥락 속에서 이 말씀을 재해석할 필요가 있습니다.

공교롭게도 여성들에 대한 부정적인 입장이 기록된 고린도 교회나 디모데가 목회했던 에베소 지역은 둘 다 여신 숭배 문화가 아주 강했던 곳입니다. 에베소만 하더라도 아데미라는 여신을 숭배했던 대표적인 도시입니다. 여신 숭배 문화가 강했던 고린도와 에베소 교회 공동체 안에서도 어떤 은사를 가진 여성들이 주도적인 역할을 감당했습니다. 그리고 그런 여성들로 말미암아 문제가 일어나고 있는 상황 속에서 바울이 제시했던 말씀이 고린도전서 14장 34절과 디모데전서 2장 12절로 보입니다.

왜냐하면 바울이 원칙적으로 여성이 가르치는 것, 여성이 남성을 가르치는 것을 철저히 금했다고 한다면 그 원칙에 부합하지 않는 내용이 있습니다. 사도행전 18장 24절과 26절을 보면 브리스길라와 아굴라 부부가 아볼로를 가르쳤던 곳이 바로 에베소 교회입니다. 브리스길라라는 여성이 아볼로라는 사람을 가르쳤습니다. 여성이 남성을 가르친 겁니다. 이런 것들을 보면 바울이 원칙적으로 여성이 말씀을 가르치는 것을 거부했다고 보기는 어렵습니다. 왜냐하면 바울 신학의 대원칙이 무엇입니까? 남성과 여성이 그리스도 안에서 하나라는 겁니다. 하나님이 말씀을 가르칠 수 있는 은사를 주셨다면 남성이건 여성이건 말씀을 가르칠 수 있다는 것입니다. 이것이 하나님 나라의 새로운 질서입니다. 그래서 이런 대원칙 가운데 고린도전서 14장과 디모데전서 2장을 볼 필요가 있습니다.

> 디모데전서 3:2-4 그러므로 감독은 책망할 것이 없으며 한 아내의 남편이 되며 절제하며 신중하며 단정하며 나그네를 대접하며 가르치기를 잘하며 술을 즐기지 아니하며 구타하지 아니하며 오직 관용하며 다투지 아니하며 돈을 사랑하지 아니하며 자기 집을 잘 다스려 자녀들로 모든 공손함으로 복종하게 하는 자라야 할지며.

시대적 관점을 고려해야 할 또 다른 말씀이 있습니다. 바울이 디모데에게 보낸 편지의 3장에는 감독과 집사의 자격이 나옵니다. 2절을 보겠습니다. 감독의 자격을 쭉 열거하면서 이렇게 이야기합니다. "감독은 책망할 것이 없으며 한 아내의 남편이 되며…"라고 되어 있습니다. 오늘날 교회 안에서 장로나 집사를 뽑는다고 할 때 가장 걸리는 구절이 바로 3장 2절입니다. 감독은 어떤 사람입니까? 한 아내의 남편이 되어야 한다고 했습니다. 많은 사람이 이 구절을 문자 그대로 받아들여서 감독, 장로 직분의 조건이 그 누군가의 남편이라면, 결국 남자를 가리키는 말로 받아들입니다. 그래서 여자는 안 되고, 남성만이 교회 공동체에서 중직을 맡을 수 있다는 식의 주장을 많이 합니다.

3장 4절이 참 중요합니다. 바울은 교회 공동체 지도자의 중요한 자질로 자기 집을 잘 다스려 본 사람, 한마디로 한 가정을 잘 다스린 자여야 한다고 봅니다. 바울이 이해하는 교회 공동체의 가장 중요한 특징은 확대된 가족 공동체입니다. 교회가 확대된 가족 공동체라면 어떤 사람이 교회 지도자가 되는 것이 좋겠습니까? 가정을 잘 다스려 본 경험이 있는 사람이 확대된 가족 공동체인 교회 지도자가 되어야 한다는 겁니다. 그러면서 한 아내의 남편이, 한마디로 가장인 남성들이 감독과 집사가 되어야 한다고 주장하는 것이 목회 서신입니다. 이 목회 서신의 말씀을 문자 그대로 받아들여서 오늘날에도 남성들만 장로가 될 수 있고 남성들만이 말씀을 가르치는 목사가 될 수 있다는 것은 일반적인 문자주의자들의 주장입니다.

이것을 한번 잘 보셔야 됩니다. 바울이 목회 서신을 썼을 때는 가부장적인 사회였습니다. 가부장적인 사회에서 교회 공동체의 지도자들은 대부분 남성들이었습니다. 흑인 노예가 있는 신분제 사회에서는 어떤 사람이 교회 공동체에서 지도자 역할을 감당했습니까? 백인들만이 지도자가 될 수 있었습니다. 그런데 21세기를 살고 있는 우리가 여전히 노예제가 하나님의 뜻이라고 받아들이나요? 여전히 가부장제가 하나님의 뜻이라고 받아들이나요? 그렇지 않습니다. 백인이나 흑인이나 남성이나 여성이나 그리스도 안에 동등하다고 믿고 이것을 고백하고 받아들인 사람들이 신앙인들 아닙니까? 그러니까 주후 1세기의 맥락 또는 주후 17세기나 18세기의 맥락을 문자 그대로 가져오는 것이 아니라, 그때의 상황 속에서 가장 유효했던 원리를 오늘 여기에서 어떻게 적용할지 심사숙고할 필요가 있다는 겁니다. 그런 의미에서 오늘날에도 여전히 가부장제나 노예제를 따르는 것이 하나님의 뜻에 근거한 하나님이 원하시는 질서인가 생각해 봐야 합니다. 만약 그렇다면 오늘날에도 여전히 백인이나 남성들만이 교회 지도자가 될 수 있겠죠. 그런데 성경을 자세히 보면 그런 가부장제나 노예제는 하나님의 뜻과 거리가 멀었던 제도임을 깨닫습니다. 하나님이 원하시는 올바른 질서를 우리가 받아들이면 남성이건 여성이건 백인이건 흑인이건 하나님이 각 사람에게 주신 은사가 교회 공동체 안에서 잘 발휘될 수 있도록 해야 합니다. 그런 공동체의 모습이 가장 아름답다고 할 수 있습니다.

디모데전서 2장 12절에 대한 다양한 목소리를 들을 때, 바울 서신의 가장 중요한 특징은 상황 서신임을 염두에 두면 해석에 좀 더 도움이 될 것입니다. 왜 많고 많은 서신 가운데 고린도전서 14장과 디모데전서 2장에서 여성에 대한 그런 부정적인 언급들이 많이 나올까요? 공교롭게도 고린도와 에베소 지역이 다른 지역에 비해서 여신 숭배 문화가 강했던 곳이었고, 그 도시에 세워진 교회에서 어떤 문제를 일으키는 여성 지도자로 말미암아 교회 공동체 안에 혼란이 발생했으며, 그 상황 속에서 바울이 그 혼란을 잠재우기 위해서 이렇게 강한 메시지를 선포했을 가능성도 있다는 정도로 이해하면 좋겠습니다.

> 디모데후서 3:16-17 모든 성경은 하나님의 감동으로 된 것으로 교훈과 책망과 바르게 함과 의로 교육하기에 유익하니 이는 하나님의 사람으로 온전하게 하며 모든 선한 일을 행할 능력을 갖추게 하려 함이라.

디모데후서는 바울의 서신 가운데 가장 늦게 쓰인 유언적 성격의 메시지입니다. 옥중에서 쓰인 디모데후서의 주제는 "복음을 수호하라"입니다. 이때에 교회 공동체 안에 거짓 가르침이 난무했습니다. 거짓 가르침의 미혹에 넘어지지 말고 참된 복음, 참된 믿음을 사수하라고 촉구하는 것이 바로 디모데후서입니다. 디모데후서 3장 16-17절에는 하나님이 우리에게 성경을 주신 목적이 잘 나타나 있습니다. 현대 그리스도인들은 하나님의 말씀을 접할 때 위로를 받고 싶어 합니다. 말씀을 통해서 인정받고 싶어 합니다. 그런데 사실 하나님이 우리에게 말씀을 주신 중요한 목적이 16절에 나옵니다. "교훈과 책망과 바르게 함과 의로 교육하기에 유익"한 겁니다. 모든 하나님의 말씀은 하나님의 감동으로 된 겁니다. 그 말씀을 우리에게 주신 목적이 뭡니까? 우리가 꼭 알아야 할 교훈을 우리에게 알려 주기 위해서입니다. 그다음에 죄악의 길을 걸어가는 우리를 책망하시고자 함입니다. 그다음에 뒤틀리고 왜곡된 우리를 바르게 하기 위함입니다. 그다음에 의로 교육한다는 말은 하나님과 올바른 관계를 맺기 위함이라는 뜻입니다. 이네 가지가 바로 하나님이 성경을 우리에게 주신 목적입니다.

17절을 보면 말씀은 우리를 하나님의 사람으로 온전하게 해 줍니다. "모든 선한 일"에서 '선한 일'이란 무엇을 말할까요? 바로 하나님의 일을 말합니다. 하나님의 일을 수행할 능력을 갖추게 하기 위함이라는 뜻입니다. 우리가 말씀을 제대로 공부하는 일이 얼마나 중요한지 아시겠죠? 말씀을 제대로 공부해야 하나님의 사람으로 온전히 성장할 수 있습니다. 말씀을 제대로 공부해야 하나님의 뜻이 무엇인지 알 수 있습니다. 그럼으로써 하나님의 뜻을 행할 수 있는 존재가 됩니다. 이것이 바로 하나님이 우리에게 성경을 주신 궁극적인 목적입니다.

4장 10절 이하를 보면 바울과 함께했던 많은 사람이 힘들고 어려운 상황에서 바울을 떠났습니다. "데마는 이 세상을 사랑하여 나를 버리고 데살로니가로 갔고 그레스게는 갈라디아로 디도는 달마디아로 갔다"라는 표현이 나옵니다. 재밌는 점은 "데마가 이 세상을 사랑하여 나를 버리고 데살로니가로 갔다"라는 말에서 이 세상을 '사랑한다'에 사용된 단어가 '아가페'라는 사실입니다. 오랜 세월 한국 교회에서 사랑에 대해 이런 식으로 주장했습니다. 헬라어에 사랑을 나타내는 단어가 몇 개 있다는 것입니다. 예를 들어 아가페, 에로스, 필리아가 있다고 설명하면서 아가페는 신적인 사랑, 에로스는 남녀 간의 육체적인 사랑, 필리아는 친구의 사랑을 나타내는 거라고 주장했습니다. 그러나 사실 꼭 그렇지는 않습니다. 사랑을 뜻하는 이 단어들은 사랑을 나타내는 모든 곳에 쓸 수 있습니다. 다만 하나님의 사랑을 나타낼 때 아가페라는 단어를 좀 더 많이 쓴 것뿐이지, 신의 사랑을 나타낼 때만 아가페를 쓴다는 주장은 맞지 않습니다. 그것을 잘 보여 주는 예가 디모데후서 4장 10절입니다. "데마는 이 세상을 사랑하여"라는 말에서 나타나는 사랑은 얼마나 부정적입니까? 그런데 "이 세상을 사랑하여 나를 버리고 데살로니가로 갔다"라고 말하면서 아가페를 쓰고 있습니다. 이처럼 사랑을 뜻하는 헬라어가 경우에 따라 명확하게 구분되어 사용되는 것이 아니라는 점을 기억해야 합니다.

디도서

디도서 역시 디모데전후서와 같은 목회 서신입니다. 결국은 자격을 갖춘 지도자를 세우라는 것이 핵심입니다. 특별히 1장 16절을 보면 "그들이 하나님을 시인하나 행위로는 부인한다"라는 말씀이 나오는데 이것이 바로 실천적 무신론자의 모습입니다. 머리와 입으로는 하나님을 시인하지만 일상의 삶 속에서는 하나님을 부인합니다. 하나님과 무관한 삶을 사는 겁니다. 이런 무신론자를 뭐라고 합니까? "가증한 자, 복종하지 아니하는 자, 모든 선한 일을 버리는 자"라고 말합니다. 내가 무엇을 고백하고 있는가가 중요하지 않고 고백에 걸맞은 삶을 살아 내고 있는가가 중요합니다. 세례를 받았다는 사실이 중요한 것이 아니라 세례를 받았을 때의 그 다짐과 결단을 지켜 내고 있는가가 중요한 겁니다.

디도서 2:14   그가 우리를 대신하여 자신을 주심은 모든 불법에서 우리를 속량하시고 우리를 깨끗하게 하사 선한 일을 열심히 하는 자기 백성이 되게 하려 하심이라.

창세기 18:19   내가 그로 그 자식과 권속에게 명하여 여호와의 도를 지켜 의와 공도를 행하게 하려고 그를 택하였나니 이는 나 여호와가 아브라함에게 대하여 말한 일을 이루려 함이니라.

2장 14절에는 하나님이 우리를 구원하신 목적이 나옵니다. 여기서

"선한 일"을 뭐라고 했습니까? 하나님의 일, 하나님이 기뻐하시는 뜻을 행하는 것이 바로 선한 일입니다. 하나님이 우리를 구원하신 목적이 무엇입니까? "선한 일을 열심히 하는 자기 백성이 되게 하려 하심"입니다. 하나님이 우리를 구원하신 목적이 있습니다. 구원 자체가 목적이 아닙니다. 하나님이 우리를 당신의 백성 삼아 주실 때는 목적이 있는 겁니다. 창세기 18장 19절을 보면 하나님이 아브라함과 그의 후손을 선택하신 목적이 나옵니다. 창세기 18장 19절입니다. "여호와의 도를 지켜 의와 공도를 행하게 하려고 그를 택하였나니." 여기서 "의와 공도"라는 것이 무엇입니까? '미쉬파트mishpat'와 '체다카chedaka'입니다. 사법적인 정의를 구현하고 서로를 형제로 대하는 삶을 살아가도록 하나님이 우리를 택하셨다는 겁니다. 디도서 2장 14절에서는 하나님이 우리를 그분의 백성으로 삼아 주신 목적을 설명합니다. 그 목적이 무엇입니까? 선한 일을 열심히 하는 하나님의 백성이 되게 하기 위해서입니다. 그런 의미에서 우리가 하나님의 구원을 받았고, 하나님의 백성이 되었다는 사실만으로 만족하고 끝날 일이 아닙니다. 하나님이 은혜로 우리를 당신의 백성으로 삼아 주셨는데 그 구원의 목적에 걸맞게 우리가 하나님의 일을 행함에 열심을 다하고 있는지 매 순간 성찰하고 돌아보는 것이 매우 중요합니다.

빌레몬서

빌레몬서는 한 장짜리 짧은 서신인데, 기독교가 말하고 있는 형제 사랑의 극치를 보여 줍니다. 기독교 신앙은 흔히 이웃을 사랑하는 삶, 형제를 사랑하는 삶이라고 이야기합니다. 그 형제 사랑의 극치를 보여 주는 서신이 바로 빌레몬서입니다. 19세기 중후반에 미국에서 노예제를 찬성하는 사람들과 노예제를 반대하는 사람들이 전쟁까지 일으켰습니다. 그런데 재밌는 사실은 노예제를 찬성한 사람이나 반대한 사람이 모두 인용했던 성경 본문이 바로 빌레몬서라는 겁니다. 노예제를 찬성했던 사람들은 빌레몬서를 인용하면서 "빌레몬서를 아무리 읽어 봐도 사도 바울은 노예제도를 폐지하라고 하지 않았다"라고 주장했습니다. 따라서 노예제도를 존속해야 한다는 것이 노예제도 찬성론자들의 주장이었습니다. 반면에 노예제도를 반대했던 사람들은 "바울이 노예제도를 폐지하자고 주장하지는 않았지만 더 이상 노예를 노예로 대하지 말고 형제로 대할 것을 촉구하지 않았는가?"라면서 빌레몬서를 근거로 내세웠습니다. 노예제도는 끝내야 하고, 더 이상 노예를 노예로 대하지 않고 형제로 대해야 한다고 목소리를 높였습니다.

빌레몬서를 보면 바울이 대놓고 노예제도를 폐지하자고 주장하지는 않지만 실제적인 관계의 전환을 촉구하고 있습니다. 우리가 세계 역사를 공부해 보면 그리스 로마 시대가 노예제도를 통해서 유지된 사회임을 알 수 있습니다. 노예들을 끊임없이 부려 먹기 위해서 그리스 로마 사회는 결국 어떤 이데올로기를 만들었습니까? 노예는 일만 하는 기계인 겁니다. 인간의 말만 하는 짐승인 겁니다. 노예를 이렇게 규정해야 노예를 마음껏 부려 먹어도 미안하지 않습니다. 만약에 노예를 하나님의 형상대로 지음받은 존귀한 존재로, 나와 같은 사람으로 규정하게 되면 노예를 부릴 때 얼마나 미안합니까? 노예를 일하는 기계, 인간의 말만 하는 짐승으로 규정해야 노예가 말을 듣지 않을 때는 폭력을 행사하고 1년 365일 내내 휴식을 주지 않고 부려 먹어도 미안하지 않죠. 이것이 바로 그리스 로마 사회가 만들어 낸 이데올로기였습니다.

그런데 바울은 빌레몬서를 통해서 무엇을 주장하고 있는 겁니까? 세상이 만들어 놓은 주인과 노예라는 도저히 넘을 수 없는 담을 허물 것을 요청하는 겁니다. 그러면서 노예를 더 이상 노예로 대하지 말고 일만 하는 기계, 인간의 말을 하는 짐승으로 대하지 말고 그리스도 안에서 형제로 대해 주라는 겁니다. 만약 바울이 권하는 것처럼 이렇게 말씀에 순종하는 사람들이 많아진다면 실제 노예와 주인의 관계는 형제와 같은 우애 관계로 바뀔 수밖에 없습니다. 그리고 모든 주인이 자기 집에 있는 노예들을 형제로 대하게 되면 실제로 노예제도는 철폐된 것과 같은 효력이 발생합니다. 그래서 1세기 초대교회는 기독교 복음을 통해서 유대인과 이방인 사이에 막힌 담을 허물고, 남성과 여성 사이에 막힌 담을 허물고, 주인과 종 사이에 막힌 담을 허물었습니다. 기독교 신앙이 말한 사랑이 얼마나 놀라운 것인가를 잘 보여 주는 서신이 바로 빌레몬서입니다.

빌레몬 1:10   갇힌 중에서 낳은 아들 오네시모를 위하여 네게 간구하노라.

여기 1장 10절이 중요한데, 바울은 자신이 "갇힌 중에서 낳은 아들 오네시모"라는 표현을 사용합니다. 앞에서 살펴봤지만, 빌레몬서와 연결되는 바울 서신이 바로 골로새서입니다. 오네시모에 대한 전통적인 견해는 이렇습니다. 오네시모는 원래 빌레몬의 종이었는데, 빌레몬의 집에서 도망쳤다가 나중에 잡혀서 감옥에 들어갑니다. 그 감옥에서 바울을 만나 기독교 신앙을 갖게 되었고, 바울은 오네시모와 교제하면서 그가 빌레몬의 종이라는 사실을 알게 됩니다. 빌레몬은 바울의 동역자였습니다. 그래서 보통은 바울이 동역자인 빌레몬에게 이제 오네시모라는 사람을 노예가 아니라 형제로 대해 줄 것을 촉구하는 편지를 보냈고, 그 편지가 빌레몬서라고 이해합니다.

그런데 우리가 앞에서 살펴보았듯이 바울은 골로새서 4장 9절에서 "사랑받는 형제 오네시모는 너희에게서 온 사람이다. 내가 너희에게 이 사람을 보낸다"라고 말합니다. 만약 바울과 오네시모가 함께 수감된 상태라면 바울이 어떻게 오네시모를 보낼 수 있습니까? 불가능합니다. 그리고 사도행전 28장 16, 23, 30절을 보면 실제로 바울은 로마의 감옥에 갇힌 것이 아니라 가택 연금 상태에 있었다는 사실을 알 수 있습니다. 바울이 머물 집을 직접 구하고 그 집에 머무는 대신, 그 집 밖으로 나갈 수는 없었습니다. 대신 바울을 만나고자 하는 사람들은 얼마든지 바울을 찾아올 수 있는 환경이었습니다. 그래서 로마 시민권자였던 바울이 그런 감옥 생활, 즉 가택 연금 생활을 할 때 빌레몬이 자기 집에 있던 종 오네시모를 보내 바울을 섬기도록 한 것이 아닐까 하는 주장이 있습니다. 오네시모가 바울을 만나러 갔을 때는 예수를 믿지 않는데 바울과의 인격적인 교제를 통해서 예수를 믿게 되었고 그래서 바울이 이 오네시모를 다시 빌레몬에게 돌려보낸다고 말하는 본문이 골로새서 4장 9절이 아닐까 보는 것입니다.

그래서 학자들은 이 구절에 대해 크게 두 가지 주장을 합니다. 여기 나오는 오네시모는 빌레몬에게서 도망친 노예일 수도 있고, 감옥에 있는 바울을 섬기도록 빌레몬이 보낸 종일 수도 있다는 겁니다. 골로새서 4장 9절의 "사랑을 받는 형제 오네시모를 함께 보내노니 그는 너희에게서 온 사람이라"라는 말에 근거해 보면 아마 바울을 섬기라고 보낸 종일 가능성이 더 커 보입니다. 어떤 식으로 해석하든 빌레몬서가 형제 사랑의 극치를 보여 준다는 점을 말씀드리면서 바울 서신을 마무리합니다.

5부 공동 서신

공동 서신이란 무엇인가

공동 서신의 순서와 저자들

마태복음부터 요한계시록까지 신약성경 27권의 배치는 70인경의 장르 배치 순서를 그대로 따랐습니다. 쓰인 순서가 아닙니다. 쓰인 순서대로 따지면 바울 서신이 복음서보다 훨씬 앞에 와야 합니다. 제일 먼저 쓰인 복음서가 마가복음입니다. 주후 70년경에 기록된 것으로 봅니다. 그다음 마태복음과 누가복음입니다. 주후 80년경에 기록된 것으로 봅니다. 그다음이 요한복음입니다. 주후 90년경에 기록된 것으로 봅니다. 제가 지금 70, 80, 90년경으로 말씀드렸지만 사실 정확한 연도는 알 수 없습니다. 왜냐하면 마가가 마가복음을 몇 년에 기술했다는 정보를 남겨 놓지 않았습니다. 여러 학자들의 연구 결과, 마가복음은 주후 70년경, 마태복음과 누가복음은 주후 80년경, 요한복음은 주후 90년경으로 보는 겁니다. 그런데 사도 바울은 주후 64년경에 네로에 의해 죽임을 당합니다. 바울이 바울 서신서들을 썼다고 받아들인다면 바울서신은 아무리 늦어도 64년 이전에 쓰일 수밖에 없는 겁니다.

제일 먼저 쓰인 복음서인 마가복음이 70년경에 쓰였다고 보는데 바울이 쓴 편지는 64년 이전에 쓰인 겁니다. 그러니까 바울이 쓴 편지가 최초의 복음서인 마가복음보다 훨씬 이른 시기에 기록되었다는 사실을 알 수 있습니다. 그렇다면 훨씬 이른 시기에 기록된 바울 서신보다 왜 나중에 쓰인 복음서가 제일 먼저 배치된 겁니까? 70인경의 장르 배치 순서를 그대로 따랐기 때문입니다.

신약이 총 27권인데, 그 가운데 21권이 서신서입니다. 약 4분의 3이 편지입니다. 그래서 신약성경의 별명이 편지의 책입니다. 신약성경 27권 가운데 21권이 편지인데, 이 편지를 크게 나누면 바울 서신과 공동 서신으로 나눌 수 있습니다. 좀 더 세분화하면 바울 서신, 공동 서신, 요한 서신으로 나눌 수 있습니다. 넓게는 요한 서신까지를 공동 서신으로 보기도 합니다. 바울 서신과 공동 서신의 가장 중요한 차이는 이겁니다. 바울 서신은 바울이 쓴 겁니다. 공동 서신은 누가 쓴 겁니까? 야고보가 쓰기도 하고 베드로가 쓰기도 하고 요한이 쓰기도 하고 유다가 쓰기도 했는데 이 공동 서신은 공통점이 있습니다. 공동 서신의 저자들은 예루살렘 교회의 지도자들이었다는 겁니다. 이방 교회를 개척했던 이방 지역 선교사이자 이방 지역 교회 목회자였던 바울과 달리 공동 서신의 저자들은 대부분 예루살렘 교회의 지도자였다는 사실을 기억하는 것이 중요합니다.

그런데 보십시오. 서신 21권이 배치된 순서를 보면 바울 서신이 나오고 그다음에 히브리서, 그다음에 공동 서신이 나옵니다. 로마서부터 빌레몬서까지를 바울 서신이라 합니다. 바울 서신은 특정한 교회에 보낸 편지가 앞부분에 나오고 그다음에 개인에게 보낸 편지가 뒷부분에 나옵니다. 로마서부터 데살로니가후서까지 교회에 보낸 편지이고 디모데전서부터 빌레몬서까지 개인에게 보낸 편지입니다. 그리고 교회에 보낸 편지와 개인에게 보낸 편지는 분량이 많은 것일수록 앞부분에 배치되고, 분량이 적을수록 뒷부분에 배치되었습니다. 그다음에 전서와 후서의 경우, 전서가 후서보다 항상 분량이 더 많습니다. 이것이 바울 서신의 배치 순서라고 말씀드렸습니다. 그다음에는 히브리서가 나옵니다. 이 히브리서 다음에 야고보서부터 유다서까지 공동 서신이 나옵니다. 흥미로운 점은 바울 서신과 공동 서신 사이에 히브리서가 나온다는 겁니다. 히브리서는 저자가 누구인가를 명확하게 알 수 없는 본문입니다. 21권 서신의 배치 순서를 보면, 바울이 썼다고 믿는 바울 서신을 앞부분에 배치하고 그다음 저자가 누구인지 명확하게 알 수 없는 히브리서를 중간에 배치하고 그다음 예루살렘 교회 지도자였던 야고보, 베드로, 요한, 유다의 편지를 뒷부분에 배치한 겁니다.

공동 서신의 배치 순서도 바울 서신의 배치 순서와 비슷합니다. 야고보서, 베드로전후서, 요한1, 2, 3서, 유다서 중에서 분량이 많은 본문이 앞에 배치됩니다. 그리고 전서와 후서로 나뉜 성경의 경우, 전서가 후서보다 분량이 많고 요한1, 2, 3서에서는 1서가 2서보다, 2서가 3서보다 분량이 많습니다. 이처럼 분량이 서신 배치의 중요한 기준입니다. 바울 서신이나 요한 서신은 발신자가 누구인가에 따라서 정해진 표현입니다. 즉 바울이 쓴 편지는 바울 서신이 되고 요한이 쓴 편지는 요한 서신이 됩니다. 그런데 공동 서신은 발신자가 중요하지 않고 수신자를 중심으로 봅니다. 수신자가 공동이라는 겁니다. 여기서 요한3서만이 예외입니다. 요한3서는 가이오라는 개인에게 보낸 편지입니다. 요한3서만 예외이고 다른 공동 서신의 수신자는 하나님의 백성으로 고백하는 모든 사람입니다. 수신자가 공동인 편지를 공동 서신이라 얘기합니다.

공동 서신의 저자들은 대부분 예루살렘 교회 지도자들이라 말씀드 렸습니다. 갈라디아서 2장 9절에는 바울이 예루살렘에 올라가서 예루 살렘의 기둥 같은 사람들과 교제의 악수를 나누었다고 설명합니다. 그 말씀에서 나온 순서가 야고보, 게바, 요한입니다. 이 순서는 예루살렘 교회 안에서의 권위의 순서라고 볼 수도 있고 그들의 나이 순서라고도 볼 수 있습니다. 어찌되었든 제일 중요한 사람이 야고보이고 두 번째 중요한 사람이 베드로, 세 번째 중요한 사람이 요한입니다.

바울 서신과 공동 서신 비교

초대교회의 여러 문헌을 보면 신약성경의 목록이 나온 기록들이 많 이 있습니다. 마태복음부터 요한계시록까지 27권이 하나님의 영감을 받은 말씀, 즉 신약의 정경으로 확정된 때가 주후 397년입니다. 그런 데 397년 이전에도 초대교회의 많은 문헌에는 "이것이 바로 하나님의 영감을 받은 말씀"이라고 주장하는 신약의 목록들이 나옵니다. 그 가 운데 367년 아타나시우스Athanasius가 부활절에 그의 교우들에게 보 낸 편지를 보면 마태복음부터 요한계시록까지의 27권이 하나님의 영 감을 받은 말씀이라고 기록되어 있습니다. 목록이 똑같습니다. 그런데 흥미로운 점은 마태복음부터 요한계시록까지의 27권이 하나님의 말 씀이라고 기록되어 있는데, 배치된 순서가 지금의 성경과 조금 다릅니다. 공동 서신이 바울 서신보다 앞부분에 배치되어 있습니다. 그러다가 397년에 카르타고 종교회의에서 신약 27권이 최종적으로 확정되었는데, 이때 바울 서신이 공동 서신보다 앞부분에 배치된 겁니다. 그러니까 30년 전에 쓰인 아타나시우스의 편지에서는 공동 서신이 바울 서신보다 앞에 배치되었는데 397년에 카르타고 종교회의에서는 바울 서신이 공동 서신보다 앞에 배치되었습니다. 여기서 뭘 알 수 있냐면 397년에 신약 27권이 정경으로 확정될 때는 바울의 권위를 훨씬 더 중시하는 사람이 많았다는 겁니다. 그래서 바울의 편지를 공동 서신 저자들의 편지보다 앞부분에 배치한 겁니다. 367년경만 하더라도 공동 서신의 저자들, 바꿔 얘기하자면 예루살렘 교회 지도자들의 권위를 바울의 권위보다 훨씬 더 중시하는 사람들이 있었다는 사실을 알 수 있습니다.

그 중간에 어떤 사건이 있었습니까? 주후 392년에 로마가 기독교를 국교로 선포합니다. 로마가 기독교를 국교로 선포하기 전에는 공동 서신의 저자들을 바울의 권위보다 훨씬 더 중시했던 경향이 컸는데 로마가 기독교를 국교로 선포한 이후부터는 바울의 권위를 공동 서신 저자들의 권위보다 훨씬 중시하는 사람들이 많아졌다는 점을 기억해야 합니다.

이것이 왜 중요합니까? 로마는 기독교를 약 300년간 박해했습니다. 한 열 번 정도 중요한 박해 사건이 있었습니다. 이 박해 사건이 있을 때마다 많은 신앙인이 신앙을 등졌습니다. 마치 한국 교회사에 있었던 신사참배와 비슷합니다. 일본이 무력으로 신사참배를 강요했을 때 많은 사람이 신사참배에 굴복했습니다. 신앙을 저버리고 신사참배를 했습니다. 광복 이후에 신사참배한 사람들을 어떻게 처리해야 할 것인가, 이 사람들이 신앙을 저버렸다고 봐야 할 것인가, 이들이 다시 회개하면 신앙의 공동체로 받아들일 수 있을까를 두고 논쟁이 있었습니다. 초대교회 안에서도 열 번의 큰 박해가 끝났을 때 교회로 돌아오려는 사람들이 많았습니다. 이 사람들을 받아들일지, 아니면 이들을 신앙을 저버린 사람들로 배척해야 할지를 두고 많은 논쟁이 있었습니다. 그런데 392년에 로마가 기독교를 국교로 선포한 이후 많은 사람이 교회로 다시 몰려왔습니다. 그런데 몰려온 사람들 가운데 박해의 시기에 신앙을 저버린 사람들이 매우 많았습니다. 그런데 이 사람들이 정말 좋아했던 말씀이 바로 바울 서신이었습니다. 바울 서신에서 가장 중요한 신학적 주장은 바로 이신칭의입니다. 즉 "하나님을 믿으면 하나님과의 관계가 회복된다", "하나님을 믿으면 하나님의 백성이 된다"는 주장이 바울 서신 가운데 흐르는 가장 중요한 가르침입니다.

그런데 문제는 바울이 말한 믿음은 머리로만 믿는 것이 아닙니다. 인지적인 동의가 아닙니다. 이것은 전형적인 헬레니즘이 말하는 믿음입니다. "하나님이 천지의 창조자다. 예수가 우리의 구원자다. 이것을 당신이 믿습니까?"라고 묻는다면 헬레니즘이 말하는 믿음은 무엇입니까? 인지적인 동의입니다. 그 문장을 내가 수용하고 동의하면 헬레니즘에서는 그것을 믿는다고 말합니다. 그런데 바울이 말하는 믿음은 그런 것이 아닙니다. 그래서 사람들의 오해를 불식하기 위해서 바울의 편지는 항상 앞부분에 우리가 믿어야 할 신앙의 교리가 나오고 뒷부분에는 그런 교리를 믿는 자들이 살아 내야 할 삶의 이야기가 나옵니다.

헤브라이즘이 말하는 믿음은 무엇입니까? 하나님을 믿는다는 것은 뭡니까? 하나님만을 내 인생의 주인 삼는 겁니다. 하나님께 내 인생을 의탁하는 겁니다. 그분이 명하시는 대로 인생의 한 걸음, 한 걸음을 내딛는 겁니다. 이것이 바로 헤브라이즘이 말하는 믿음입니다. 존재를 거는 겁니다. 존재를 다하는 겁니다. 그런데 헬레니즘이 말하는 믿음은 뭡니까? 인지적인 동의입니다. 그런데 너무나 많은 사람이 바울의 편지를 오해했습니다. "믿음으로 구원받는다", "믿음으로 하나님의 백성이 된다"라는 이신칭의를 인지적 동의로 착각한 겁니다. 이런 사람들이 정말 좋아한 것이 바울 서신입니다. 왜 그렇습니까? 믿기만 하면 구원받고, 믿기만 하면 하나님의 백성이 된다고 말하니까 너무나 좋았던 겁니다.

그런데 공동 서신은 그 믿음에 반드시 행함이 있어야 한다는 점을 강조합니다. 이후에 보겠지만 공동 서신에 나오는 많은 말씀들은 배교했던 사람들을 부담스럽게 만들었습니다. 그래서 이 사람들은 공동 서신보다 바울의 메시지를 훨씬 더 사랑합니다. 어떻게 보면 2천 년 교회 역사 가운데 이것은 지속적으로 흐르는 중요한 물줄기라 볼 수 있습니다. 하나님의 백성답게 신실하게 살지 못하는 사람들이 공동 서신과 바울 서신 가운데 어떤 서신을 더 사랑합니까? 바울 서신을 더 사랑합니다. 한국 교회도 마찬가지입니다. 한국의 신앙인들에게 한번 물어보세요. 바울 서신과 공동 서신 가운데 어떤 본문을 더 사랑하십니까? 아마 대부분의 신앙인은 바울 서신을 더 사랑한다고 이야기할 겁니다. 로마서나 갈라디아서나 에베소서 같은 바울 서신이 좋지, 야고보서는 매우 부담스럽습니다. 베드로전후서도 부담스럽습니다. 유다서는 잘 보지도 않습니다.

왜 공동 서신이 바울 서신보다 밀려났을까요? 많은 사람이 바울이 말하는 믿음을 오해했기 때문입니다. 헬레니즘의 믿음으로 받아들인 겁니다. 그런데 이 공동 서신은 믿음은 결국 행함으로 드러나야 한다고 말합니다. 믿음이 행함을 통해서 완전해진다고 이야기합니다. 믿음과 행함을 강조하다 보니 하나님의 백성답게 신실하게 살지 못하는 사람들을 끊임없이 부담스럽게 만듭니다. 어떤 본문이요? 공동 서신이 그렇습니다. 그래서 안타깝게도 2천 년 교회 역사 가운데 바울 서신에 비해서 서자 취급을 받고 밀려난 본문, 별로 사람들에게 사랑받지 못한 본문이 바로 공동 서신입니다. 저는 이런 의미에서라도 공동 서신이 오늘날 우리 한국 교회에 정말 필요한 본문이라고 생각합니다. 교회를 다니고 세례를 받고 예수를 믿는다고 고백하는 사람들은 수백만 명 있지만 정말 신앙인다운 삶을 살아 내는 사람들이 잘 보이지 않습니다. 이때 공동 서신이 말하고 있는 참된 믿음이 무엇인가를 우리 한국 교회도 제대로 배워야 하지 않을까 생각합니다. 그런 의미에서 저는 공동 서신 공부가 너무나 중요하다는 생각이 듭니다.

바울 서신과 공동 서신을 계속해서 비교하며 이야기를 많이 할 텐데 이 점을 꼭 기억해야 합니다. 그렇다면 바울의 말과 공동 서신 저자들은 서로 다른 말을 하고 있습니까? 그렇지 않습니다. 바울 서신과 공동 서신을 제대로 이해하기 위해서 반드시 기억해야 할 점은 바울이 만나고 목회했던 사람들과 공동 서신의 저자들이 만나고 목회했던 사람들이 다른 사람들이었다는 겁니다. 단순하게 설명드리면 바울이 만났던 사람들은 그동안 하나님과 무관하게 살아오며 우상을 섬겼던 사람들입니다. 이런 사람들이 바울의 복음을 듣고 하나님을 믿는 자로 변화된 겁니다. 그리고 바울은 그 사람들을 목회했습니다. 쉽게 얘기하자면 바울이 목회했던 대상은 초신자들이었습니다. 이와 달리 야고보나 베드로나 요한이나 유다처럼 공동 서신의 저자들은 예루살렘 교회의 지도자들이라 말씀드렸습니다. 이들은 누구를 목회했습니까? 하나님을 오랜 세월 동안 믿어 온 사람들, 하나님의 백성으로 오랜 세월 살아온 사람들을 목회한 겁니다. 단순하게 말씀드리면 바울이 목회했던 사람들이 이제 막 예수를 믿기 시작한 초신자들이라면 공동 서신의 저자들이 목회했던 사람들은 오랜 세월 하나님을 믿어 왔던 신앙인들입니다.

그래서 바울의 강조점은 무엇입니까? 바울은 사람이 어떻게 하나님 앞에서 의로워지는가를 다룹니다. 여기서 '의롭다'라는 것은 하나님과의 관계가 정상화되는 겁니다. 하나님과의 관계가 회복되는 겁니다. 사람이 어떻게 하나님 앞에서 의로워지는가, 즉 칭의의 원인을 강조했습니다. 그 반면, 공동 서신의 저자들은 의로워진 사람들이 어떻게 살아야 하는가를 강조합니다. 즉 칭의의 결과를 강조한 겁니다. 바울은 어떻게 우리가 구원을 얻을 수 있는가를 강조했다면, 공동 서신의 저자들은 우리가 받은 구원을 어떻게 지켜 낼 수 있는가를 강조합니다. 바울과 야고보, 바울과 베드로의 주장이 다르다고, 이것을 모순이라고 생각하시면 안 됩니다. 이것이 모순이 되려면 동일한 사람들에게 바울은 A라고 말하고 야고보는 B라고 말해야 합니다. 그런데 바울과 야고보가 사실 다른 메시지를 말하고 있지 않습니다. 바울이 만나고 목회했던 사람들과 야고보가 만나고 목회했던 사람들은 서로 다른 사람들입니다. 단순하게 바울이 초심자들을 대상으로 복음을 전했다면 공동 서신의 저자들은 오랜 세월 하나님을 믿어 왔던 사람들을 대상으로 복음을 전한 겁니다.

히브리서

히브리서는 좀 어렵다는 느낌이 듭니다. 히브리서에는 좀 생소한 제의적인 단어들이 많이 나옵니다. 마치 구약의 레위기를 읽는 것 같은 느낌입니다. 우리는 한 번도 제사를 드린 적이 없습니다. 제사장을 만난 적이 없습니다. 그런데 히브리서를 보면 이 구약의 제의 시스템과 관련된 용어들이 많이 나오기 때문에 왠지 생소하고 어렵게 느껴집니다. 히브리서에서는 구약의 말씀들을 많이 인용합니다. 그래서 좀 읽다 보면 구약의 말씀을 인용하고 또 읽다 보면 구약의 말씀을 인용하고 있어서 왠지 술술 읽히지 않습니다. 히브리서는 자연스럽게 읽을 수 있는 본문은 아닙니다. 그래서 많은 신앙인이 히브리서가 약간 어렵다는 느낌을 많이 받습니다. 이제 히브리서의 중요한 내용들을 함께 살펴보겠습니다.

> 히브리서 13:22 형제들아 내가 너희를 권하노니 권면의 말을 용납하라. 내가 간단히 너희에게 썼느니라.

히브리서를 제대로 이해하려면 히브리서가 어떤 책인지를 먼저 염두에 두어야 합니다. 13장 22절을 보겠습니다. 이 구절에는 "권면의 말을 용납하라"라고 되어 있습니다. 히브리서는 권면의 책이라는 것을 알 수 있습니다. 여기서 말하는 '권면'은 오늘날로 이야기하자면 설교입니다. 히브리서는 서신의 형식을 갖춘 설교라고 이해할 수 있습니다. 히브리서의 가장 중요한 특징은 서신의 형식을 갖춘 설교의 말씀, 권면의 말씀입니다.

그러면 무엇을 권면한 걸까요? 히브리서에 여러 번 나오지만, 히브리서의 배경을 이해할 필요가 있습니다. 히브리서는 구약의 유대인들이 가장 중요하게 생각했던 것들과 예수 그리스도를 계속 비교합니다. 유대인들은 예언자를 중시했습니다. 천사를 중시했습니다. 이 예언자와 천사는 하나님의 뜻을 그분의 백성인 우리에게 알려 주는 존재였습니다. 이 예언자, 천사와 예수님을 비교한 겁니다. 천사와 예언자가 하나님의 뜻을 우리에게 알려 주었던 중간 매개자였다면, 예수는 하나님 자신이고, 하나님의 뜻이 무엇인가에 대해 동영상으로, 즉 직접 우리에게 알려 주셨다는 겁니다. 그래서 예언자와 천사보다 예수 그리스도의 계시가 훨씬 더 우위에 있다는 사실을 강조하는 것이 히브리서입니다. 그다음에 유대인들이 중시했던 인물들이 누구죠? 모세, 여호수아, 아론입니다. 그런데 예수님은 모세와 여호수아와 아론보다 훨씬 더 우위에 계신 분이라는 점을 강조하는 본문이 바로 히브리서입니다. 히브리서에서는 유대교를 신봉하는 사람들이 정말 중요하게 생각하는 많은 대상과 예수님을 계속 비교합니다. 그러면서 유대교가 중요하게 생각하는 그 모든 것보다 예수가 우위에 있다는 점을 강조합니다.

이것을 강조하는 이유가 뭘까요? 초대교회 시기에 많은 유대인이 기독교로 개종했다가 고난과 핍박의 상황 가운데에서 너무 힘들고 어려워 다시 유대교로 돌아갔습니다. 유대교로부터의 핍박, 로마로부터의 핍박 등이 가중되면서 다시 초대교회에서 유대교로의 역개종을 한 겁니다. 히브리서의 메시지는 이 역개종을 막기 위해 쓰였습니다. 그들에게 유대교로 다시 돌아가는 것은 상위의 것을 버리고 하위의 것을 붙잡는 것이고, 실체를 버리고 그림자를 붙잡는 것이며, 성취를 버리고 약속을 붙잡는 것이라고 말합니다. 초대교회가 유대교보다 훨씬 더 우위에 있고, 이것이 진짜라는 점을 히브리서는 강조하고 있습니다. 서신의 형식을 갖춘 설교 말씀인 히브리서는 초대교회를 떠나서 유대교로 다시 돌아가지 말라고 권면하고 있습니다. 유대교로 돌아가는 것은 너무 어리석은 일이다, 초대교회 안에 머물러라, 고난과 핍박의 와중에도 믿음의 선조들이 걸어갔던 걸음을 기억하면서 인내하라고 말합니다. 그럴 때 하나님의 상이 있다는 것을 권면합니다.

> 히브리서 6:4-6 한번 빛을 받고 하늘의 은사를 맛보고 성령에 참여한 바 되고 하나님의 선한 말씀과 내세의 능력을 맛보고도 타락한 자들은 다시 새롭게 하여 회개하게 할 수 없나니 이는 그들이 하나님의 아들을 다시 십자가에 못 박아 드러내 놓고 욕되게 함이라.

교회 역사를 보면 오랜 세월 사람들은 히브리서를 하나님의 말씀으로 받아들이기를 부담스러워했습니다. 그 이유는 바로 히브리서 6장 4-6절 말씀 때문입니다. 히브리서 6장 4-6절은 신약성경 말씀 가운데 가장 엄중하고 분명하게 한번 배교하면 다시 구원의 길로 돌이킬 수 없다는 점을 강조합니다. 4절을 보면 한번 빛을 보고 하늘의 은사를 맛보았잖아요. 성령에 참여한 바 되었습니다. 5절에서 하나님의 선한 말씀과 내세의 능력을 맛보았습니다. 그런데 어떤 일이 벌어진 겁니까? 6절에 보면 타락했다는 말입니다. 이런 사람들은 다시 새롭게 회개할 수 없다고 말합니다. 이 히브리서 6장 4-6절은 하나님의 백성이 되었다가 하나님을 저버리고 하나님께 등을 돌리면, 한마디로 배교했다면 다시 돌이킬 수 없다는 점을 가장 엄중하고 분명하게 경고하고 있습니다. 너무나 두려운 일입니다. 초대교회에서 다시 유대교로 넘어가면 다시 하나님의 백성이 될 길은 없다는 겁니다. 얼마나 엄중하고 분명하게 경고하고 있습니까. 이것이 초대교회의 많은 신앙인에게는 너무나 부담스러웠습니다.

앞에서 말씀드린 것처럼 초대교회는 300년 동안 로마로부터 약 열 번 정도의 엄청난 박해를 받았습니다. 300년 동안 지속된 박해는 아닙니다. 한 15년 동안 평화로운 시대가 있다가 2, 3년 동안 박해가 있고 한 30, 40년 동안 평화로운 시대가 있다가 2, 3년 동안 박해가 있는 겁니다. 간헐적으로 열 번 정도의 박해가 있었습니다. 이 박해의 때에 죽음에 대한 두려움과 공포 때문에 신앙을 저버린 사람이 많았습니다. 이들 가운데 상당수가 박해가 끝나고 나면 다시 교회의 문을 두드렸습니다. "하나님 앞에 회개합니다. 저는 다시 하나님의 백성이 되고 싶습니다." 박해가 끝나면 교회에 다시 왔다가, 박해가 임하면 신앙을 저버리고, 박해가 끝나면 다시 교회 일원이 되었던 사람들이 많았습니다. 이런 사람들을 가장 부담스럽게 만든 말씀이 히브리서 6장 4-6절 말씀입니다. 이런 사람들에게는 히브리서의 말씀을 영감받은 하나님의 말씀, 정경으로 받아들인다는 것이 너무나 부담스러운 일이었습니다. 왜냐하면 자신은 하나님의 백성이었다가 하나님 안에서 많은 은혜를 누렸다가 한 번 배교를 했잖아요. 그런데 히브리서가 정경으로 인정되는 순간, 이런 사람들은 절대 다시 돌이킬 수 없는 겁니다. 다시 하나님의 백성이 될 수 없는 겁니다. 얼마나 부담스럽습니까. 그런데 사실은 이런 사람들이 교회 안에서 다수였습니다. 마치 신사참배와 똑같습니다. 신사참배 때 조선 땅에 있는 신앙인들의 95퍼센트 이상이 배교했습니다. 배교했던 사람들이 다수였습니다. 그래서 해방 이후에도 신사참배에 대해 집단적인 회개를 별로 하지 않았습니다. 이런 일이 로마의 교회 안에서도 똑같이 벌어진 겁니다. 기독교가 국교가 되었을 당시, 그전에 배교를 경험했던 사람들이 훨씬 더 많았습니다. 그랬기에 이 히브리서 말씀을 정경으로 받아들이기 부담스러워했던 사람들이 매우 많았습니다. 그럼에도 불구하고 정말 하나님의 은혜 가운데 이 말씀이 정경이 된 겁니다. 그러나 여전히 너무나 많은 사람들에게 이 말씀은 부담스러웠습니다. 그래서 이 말씀보다 무엇을 더 사랑한 겁니까? "믿으면 구원받는다", "믿으면 하나님의 백성이 되고 어떤 죄도 다 용서받는다"라고 말하는 바울 서신을 훨씬 더 사랑하게 된 겁니다. 그것이 2천 년 교회 역사 가운데 이어지게 된 겁니다. 히브리서의 이 말씀 때문에 히브리서가 오랜 세월 많은 사람에게 선호되지 않았다는 사실을 기억하시면 좋겠습니다.

그런 의미에서 구원에 대해 정확히 이해할 필요가 있습니다. 구원받는다는 것은 로또에 당첨되는 것, 천국에 입성하는 것, 천국에 입성하면 내가 원하는 대로 마음껏 할 수 있는 것이 아닙니다. 구원받음의 핵심은 하나님의 백성이 아니었던 사람이 하나님의 백성이 되는 것입니다. 하나님의 통치 바깥에 있던 자들이 하나님의 통치 안으로 들어오는 것이 바로 구원받음의 핵심입니다. 그런데 우리가 하나님의 백성이 될 때 우리의 공로, 우리의 노력으로 된 건가요? 아닙니다. 하나님의 절대주권과 하나님의 전적인 은혜 가운데에서 하나님의 백성이 된 겁니다. 그러니까 하나님의 은혜로 우리의 신분이 먼저 변화된 겁니다. 신분이 변화된 다음에 이제 하나님은 우리의 존재가 변화되기를 원하십니다.

구원받은 다음에 뭐가 있습니까? 성화가 있습니다. 하나님의 통치 바깥에 있던, 하나님과 무관했던 자가 하나님의 은혜로 말미암아 하나님의 백성이 되었습니다. 하나님과의 관계가 회복되었습니다. 이것을 뭐라고 하죠? '칭의'라고 말합니다. 이것이 바로 과거적 구원입니다. 그리고 하나님은 그분의 백성이 된 우리의 생각이나 삶이 이제는 변화된 신분에 걸맞게, 하나님의 백성답게 변화되기를 원하십니다. 이것을 뭐라고 합니까? '성화'라고 말합니다. 즉 현재적 구원입니다. 오늘도 내가 하나님의 통치 안에 거하는 하나님의 백성이 되었음을 성화를 통해서 확인할 수 있습니다. 그리고 하나님이 우리에게 허락하실 미래적인 구원, 하나님의 통치를 온전히 맛보는 이것을 '영화'라 말합니다. 이것을 미래적 구원이라 합니다.

즉 구원은 내가 원하는 바대로 마음껏 살 수 있는 티켓을 손에 쥐는 것이 아닙니다. 전적인 하나님의 은혜로 말미암아 우리는 하나님의 백성이 되었습니다. 그리고 그다음이 중요합니다. 이 구원을 지켜 내는 것이 중요합니다. 두렵고 떨림으로 이 구원을 이뤄 내는 것이 중요합니다. 이 구원을 이룬다는 것은 무슨 뜻입니까? 하나님의 통치 안에 거하고, 하나님의 통치를 기뻐하는 하나님의 백성으로 변화되는 삶을 살아가는 것이 오늘도 내가 구원받은 자임을 입증하는 증거가 되는 겁니다. 그런 의미에서 우리에게 정말 중요한 것이 공동 서신입니다. 바울 서신이 칭의를 강조한다면 공동 서신은 성화를 강조합니다. 바울 서신이 우리가 어떻게 하나님의 구원을 받을 수 있는가를 강조한다면 공동 서신은 하나님의 은혜로 받게 된 이 구원을 어떻게 지켜 낼 것인가, 하나님의 통치 안에 거하는 하나님의 백성으로 오늘도 어떻게 살아 낼 수 있는가를 강조합니다.

히브리서는 저자가 누구인지를 알 수 없습니다. 초대교회 교부였던 오리게네스Origenes라는 사람은 이렇게 말했습니다. "히브리서의 저자는 하나님만 아신다." 그런데 많은 사람은 히브리서를 바울의 편지라고 생각합니다. 그것은 중세 시대의 유일한 성경인 '불가타Vulgata'라는 라틴어 성경 때문입니다. 그리고 구약과 신약을 영어로 번역한 '킹제임스 버전King James Version'이라는 성경에도 그 원인이 있습니다. 이 불가타와 킹제임스 버전 성경에서 히브리서의 제목을 '사도 바울의 히브리서'라고 붙였습니다. 그래서 오랜 세월 많은 사람이 히브리서를 사도 바울이 쓴 편지라고 생각한 겁니다.

바울의 저작이라고 믿는 사람도 있지만, 오리게네스처럼 바울 저작설을 부인하는 사람도 있습니다. 아볼로, 바나바 등 다양한 사람들이 히브리서의 저자로 지목되어 왔습니다. "히브리서의 저자는 하나님만 아신다"라고 한 오리게네스의 말처럼 히브리서는 저자가 불명확한 성경입니다. 그래서 21권의 서신 가운데 저자가 불명확한 히브리서를 어떻게 배치했습니까? 바울의 편지라고 확신하는 서신을 앞부분에 배치하고, 저자가 누구인지 알 수 없는 히브리서를 중간에 배치하고, 예루살렘 지도자들이 쓴 공동 서신을 뒷부분에 배치한 겁니다.

히브리서가 언제쯤 기록되었을까 하는 질문에 대해서는 여러 주장이 있는데, 많은 사람은 70년 이전에 기록되었을 것으로 여깁니다. 그 이유가 있습니다. 히브리서 안에 제의와 관련된 용어들이 많이 등장하는데, 흥미로운 점은 이 제사와 관련된 단어들이 나올 때 대부분 현재형으로 기록되었다는 겁니다. 이것으로 보아 히브리서가 기록될 당시에 예루살렘 성전에서 제사가 진행되고 있었다는 사실을 알 수 있습니다. 예루살렘 성전이 언제 무너졌습니까? 주후 70년에 로마 군대에 의해서 무너졌습니다. 70년 이후에는 제사를 현재형으로 기록하기 어렵다는 이야기이죠. 히브리서 안에 제사와 관련된 용어가 현재형으로 기록된 것을 보면 예루살렘 성전이 존재하고 있을 때, 제 기능을 발휘하고 있을 때 히브리서가 기록되었을 가능성이 크다고 보는 겁니다. 그래서 많은 학자들은 히브리서가 70년 이전에 기록되었을 것으로 봅니다. 96년경에 로마 교회의 지도자인 클레멘스Clemens라는 사람이 편지를 썼는데 그 편지 안에 히브리서에 나오는 많은 말씀이 인용되어 있습니다. 그렇다면 확실한 점은 무엇인가요? 히브리서가 96년 이전에 쓰였다는 사실입니다. 제사와 관련된 용어들이 현재형으로 기록된 것을 보면 70년 이전에 기록되었을 가능성이 크고, 96년경에 로마 교회 지도자였던 클레멘스의 편지 안에 히브리서 말씀이 많이 인용된 것을 보면 아무리 늦어도 96년 이전에는 히브리서가 기록되었다는 사실을 알 수 있습니다.

　우리가 오늘날 '히브리서'라고 부르는 책의 제목은 2세기 말경에 붙여졌습니다. 처음부터 히브리서라는 제목이 있던 것은 아닙니다. 이것은 모든 성경이 대부분 그렇습니다. 우리가 마태복음, 마가복음이라고 부르는 성경도 처음부터 그런 제목이 있던 것이 아니라 후대 사람들이 붙여 준 겁니다. 히브리서도 2세기 말경에 붙여진 이름입니다. 그렇다면 왜 히브리서라고 제목을 붙였을까요? 히브리서를 보면 구약의 말씀이 많이 인용됩니다. 구약의 말씀이 많이 인용된 것을 보면 구약을 많이 알고 있던 유대인들, 또는 디아스포라 유대인들에게 보내진 편지가 아닐까 추측하게 됩니다. 그래서 '히브리인들에게 보낸 편지'라는 의미로 '히브리서'라는 제목이 붙여진 겁니다.

　학자들은 히브리서가 로마 교회에 있던 디아스포라 유대 기독교인들에게 보낸 편지라고 봅니다. 몇 가지 근거가 있습니다. 가장 중요한 것은 히브리서 안에 쓰인 헬라어가 고급 헬라어라는 겁니다. 그러니까 만약 유대인들만을 대상으로 쓰였다면 아람어로 기록되었을 가능성이 큽니다. 그들이 읽을 수도 없는 헬라어로 어떻게 쓰였겠습니까. 구약의 말씀이 많이 인용된 것을 보면 유대인들 아니면 디아스포라 유대인이 수신 대상일 텐데, 헬라어로 기록된 것을 보면 아마도 디아스포라 유대인에게 보내진 편지일 것으로 봅니다. 그런데 히브리서에 쓰인 헬라어가 고급 헬라어입니다. 만약 오늘날 세계만방에 흩어진 교포들에게 편지를 보낸다고 했을 때, 수신 대상이 한글을 잘 모른다면 영어로 쓰겠죠. 미국에 살고 있는 교포에게 편지를 보낸다면 영어에서도 고급 영어로 쓰겠죠. 그런 상황과 비슷한 겁니다. 왜 히브리서를 로마에 살고 있는 디아스포라 유대 기독교인에게 보내진 편지로 보냐면 히브리서에 기록된 헬라어가 일단 고급 헬라어라는 점을 들 수 있습니다. 제국의 수도인 로마에 살고 있던 사람들이 사용한 고급 헬라어를 그래서 사용하지 않았을까 하고 추측하는 겁니다. 앞에서 로마의 클레멘스라는 사람이 96년경에 히브리서의 많은 말씀을 인용했다고 했죠? 이 클레멘스는 로마 교회의 지도자였습니다. 그가 히브리서를 인용한 것을 보면 이 히브리서가 로마 교회에 보내진 것이 아닐까 추측할 수 있습니다. 만약 이방인들에게 보내진 편지라면 할례라든가 음식 정결법에 관한 이야기가 많이 나와야 할 텐데 그런 것이 전혀 없습니다. 그래서 할례나 음식 정결법 준수가 문제가 되지 않는 디아스포라 유대 기독교인이 수신 대상일 거라고 봅니다.

> 히브리서 13:24 너희를 인도하는 자들과 및 모든 성도들에게 문안하라. 이
> 달리야에서 온 자들도 너희에게 문안하느니라.

가장 중요한 것은 13장 24절입니다. 13장 24절에서 편지를 마무리하면서 "이달리야에서 온 자들도 너희에게 문안하느니라"라고 말합니다. 이 편지를 받는 사람들에게 누가 문안하고 있습니까? "이달리아에서 온 자들"이 문안합니다. 편지를 받는 사람들과 이달리아에서 나온 교인들이 서로 알고 있는 관계라는 사실을 알 수 있습니다. 이런 모든 정보를 종합해 보면 아마 히브리서는 로마 교회에 있던 디아스포라 유대 기독교인들에게 보내진 편지가 아닐까 이렇게 추측해 볼 수 있습니다.

히브리서는 결국 구약과의 비교, 유대인들이 가장 중요하게 생각하는 것들과의 비교를 통해서 우리가 예수 그리스도의 피 공로를 통해서 구원받았다는 사실을 말하고자 합니다. 그리고 우리가 지금 살고 있는 현실은 선한 싸움이 이뤄지는 현장으로 봅니다. 그래서 끊임없이 배교와 세상과의 타협의 위험이 도사리고 있는 곳이라는 겁니다. 그래서 뭐가 필요한 겁니까? 믿음의 인내가 필요합니다. 신앙은 믿음의 경주를 끝까지 가야 하는 마라톤 경주라는 겁니다. 한번 구원받았다는 점이 중요한 것이 아닙니다. 이 구원을 끊임없이 흔들어 대는 사탄의 공격이 있다는 겁니다. 세상의 위협이 있다는 겁니다. 예수 그리스도의 피 공로로 구원받았는데 이것을 지켜 내야 합니다. 우리가 발 디디고 살아가는 현실은 가만히 팔짱 끼고 있어도 구원을 지켜 낼 수 있는 안온한 세계가 아니라 끊임없이 선한 싸움이 이뤄지는 현장이고 배교와 타협의 위험이 도사리고 있는 광야 여정이라는 점을 상기시킵니다. 믿음의 경주는 하나님이 우리를 부르시는 순간까지 끊임없이 달려야 하는 마라톤입니다. 그래서 뭐가 필요한 겁니까? 인내가 필요합니다. 그 믿음의 인내를 지켜 냈던 믿음의 선진들을 본받아서 우리의 현실 가운데서 이 신앙과 믿음을 지속적으로 지켜 내야 한다는 점을 강조하는 내용이 바로 히브리서의 주된 메시지입니다.

중요한 것은 히브리서가 기록된 배경을 기억하는 것입니다. 원래 유대교 신앙을 가지고 있다가 초대교회로 개종한 사람들이 여러 이유로 인해서 다시 유대교로 역개종을 많이 했습니다. 그런 일이 벌어진 데는 크게 두 가지 이유가 있다는 사실을 기억할 필요가 있습니다. 하나는 로마의 박해였습니다. 재밌는 점은 로마는 유대교인들은 박해하지 않았습니다. 그런데 초대교회는 박해했습니다. 초대교회를 박해한 가장 중요한 이유는 이들이 무신론자라는 점 때문입니다. 로마가 볼 때, 유대교인들은 유신론자이고 초대 교인들은 무신론자입니다. 여기서 로마제국이 인정하는 종교를 믿으면 유신론이고 로마제국이 인정하지 않는 종교를 믿으면 무신론인 겁니다. 로마는 유대인들이 믿었던 야훼 하나님은 신으로 인정해 줬습니다. 그런데 초대교회가 믿었던 예수는 신으로 인정하지 않았습니다. 유대인들이 야훼 하나님을 믿는 것은 로마 입장에서 문제가 되지 않습니다. 그런데 초대교회가 예수를 신으로 믿는 것은 문제가 됩니다. 왜 그렇습니까? 로마가 인정하지 않는 신을 믿기 때문입니다. 로마는 무신론자들을 박해했습니다. 그러니까 유대교 신앙을 가질 때는 로마로부터 핍박을 받지 않았습니다. 그런데 초대교회로 개종하고 나서는 무신론자라는 이유로 로마로부터 박해를 받게 된 겁니다. 이 박해의 상황 속에서 다시 로마의 박해가 없는 유대교로 역개종하는 사람들이 많이 등장하게 된 겁니다.

두 번째는 유대교 신앙을 가지고 있다 초대교회로 넘어왔을 때 유대교와 초대교회의 예배를 비교해 보십시오. 가장 중요한 차이가 있습니다. 유대교는 종교 제의 자체가 매우 엄숙하고 화려합니다. 그 거대한 성전에 제사를 지내려고 들어간다고 생각해 보십시오. 성전에는 온종일 레위인들의 화려한 찬양이 있습니다. 그다음에 짐승을 잡아서 하나님께 제물을 바칠 때 그 모든 절차가 얼마나 엄숙합니까? 성전에 가면 거룩한 예복을 입고 있는 제사장들이 거닙니다.

그런데 초대교회 예배는 오늘날로 이야기하자면 마치 집 안에서 드리는 가정 예배와 같은 분위기입니다. 몇 명 모이지도 않습니다. 대부분 가정이라는 공간에서 모임을 갖습니다. 거기에 화려한 예복을 입은 제사장도 없습니다. 마치 초대교회 예배가 가정에서 드리는 구역 예배라면 유대교의 예배는 큰 교회에서 드리는 주일 공예배와 같은 겁니다. 하나님을 예배한다고 했을 때 화려함, 엄숙함 같은 분위기에서 초대교회가 유대교에 비해서 많이 밀렸습니다. 이런 여러 가지 이유로 말미암아 원래 유대교 신앙을 갖고 있다가 초대교회로 넘어온 사람들이 다시 유대교로 역개종을 많이 한 겁니다.

이런 상황 속에서 히브리서 저자는 무엇을 강조하는 겁니까? 유대교가 중시하고 있는 천사, 예언자, 모세, 여호수아, 아론이 그림자라면 예수 그리스도는 실체라는 겁니다. 이 모든 것이 약속이라면 예수 그리스도는 성취이고, 예수가 이 모든 것보다 우위에 있습니다. 그런데 핍박과 박해로 말미암아 우위에 있는 것을 저버리고 하위에 있는 것을 다시 붙잡는 것은 너무나 어리석고 너무나 옳지 않은 일이라고 말합니다. 이것을 강조하면서 유대교로 역개종하려는 사람들을 막으려고 했던 변증서가 바로 히브리서입니다. 그래서 히브리서 안에는 매우 강력한 경고의 말씀들이 많이 등장합니다. 왜냐하면 유대교로의 역개종이 얼마나 어리석은 일인지를 강조함으로써 절대 유대교로 다시 돌아가지 마라고 권면하기 위함입니다.

히브리서에서 예수님에 대한 설명 가운데 다른 본문에서는 볼 수 없는 놀라운 특징이 나오는데, 중요한 것이 바로 대제사장 기독론입니다. 예수님은 우리의 대제사장임을 말하는 본문이 히브리서 4-6장입니다. 대제사장 기독론은 히브리서에만 나오는 매우 놀라운 주장입니다. 예수님은 우리의 대제사장이시라는 주장에 대해서 유대인들이 뭐라고 반박합니까? "대제사장이 되려면 레위 지파가 되어야 하는 것 아니야? 그런데 예수가 레위 지파야?" 이런 식으로 반박합니다. 이에 대해서 히브리서 저자는 뭐라고 반박합니까? 레위 지파는 아니지만 제사장의 역할을 담당했던 멜기세덱과 같다는 겁니다. 레위 지파는 아니지만, 제사장의 역할을 담당했던 이가 바로 창세기에 나오는 멜기세덱이라는 겁니다. 그 멜기세덱과 똑같이 예수는 레위 지파가 아니지만 대제사장의 역할을 감당하셨다는 사실을 강조하는 것이 바로 히브리서의 주된 메시지입니다.

> **히브리서 1:4-5** 그가 천사보다 훨씬 뛰어남은 그들보다 더욱 아름다운 이름을 기업으로 얻으심이니 하나님께서 어느 때에 천사 중 누구에게 너는 내 아들이라. 오늘 내가 너를 낳았다 하셨으며 또다시 나는 그에게 아버지가 되고 그는 내게 아들이 되리라 하셨느냐.

> **히브리서 1:14** 모든 천사들은 섬기는 영으로서 구원 받을 상속자들을 위하여 섬기라고 보내심이 아니냐.

이제 히브리서를 본문을 찾아가며 살펴보겠습니다. 성경 히브리서 1장을 보면 유대인들이 중요하게 생각했던 천사나 예언자보다 예수님이 훨씬 우위에 있다는 사실을 강조합니다. 1장을 보면 천사는 하나님이 부리시는 영입니다. 천사들을 우리에게 보내시는 목적이 뭡니까? 구원받은 백성을 섬기라고 천사들을 보내십니다. 이 천사가 하나님이 부리시는 영이라면 예수 그리스도는 하나님의 아들이라는 겁니다. 성경에서 아들은 하나님의 지상 대리자 또는 하나님의 상속자라는 뜻이 있습니다. 예수님은 하나님이 어떤 분인가를 이 땅 가운데에서 온전히 보여 주시는 분입니다. 그분의 말씀, 그분의 행위는 모두 하나님이 원하시는 바가 무엇인가를 우리에게 알려 주시는 겁니다. 하나님의 뜻이 우리에게 밝히 드러나는 것을 뭐라 말하죠? 계시라고 합니다. 구약 시대에는 천사, 예언자라는 중간 매개자를 통해서 하나님이 우리에게 자신의 뜻을 알려 주셨습니다. 이때 하나님이 우리에게 전하신 것은 100인데 매개자가 80만 전하면 우리는 80만큼이 하나님의 뜻이라고 생각하게 됩니다. 하나님의 뜻을 우리는 제대로 알 수 없는 겁니다. 그런데 이제는 하나님이 예수 그리스도를 통해서 우리에게 그분이 원하시는 뜻이 무엇인지를 명확하게 알려 주셨습니다. 쉽게 얘기하자면 예수님은 동영상으로 우리에게 하나님의 뜻이 무엇인지를 그대로 알려 주신 분입니다. 천사는 하나님이 부리시는 영이고 예수님은 하나님의 아들이시고 천사는 하나님의 백성을 섬기라고 보낸 존재이고 예수님은 우리의 구원자이십니다. 그래서 유대인들이 중요하게 생각하는 천사보다 예수가 우위에 있다는 점을 강조하는 것이 바로 1장입니다.

> **히브리서 3:15-19** 성경에 일렀으되 오늘 너희가 그의 음성을 듣거든 격노하시게 하던 것같이 너희 마음을 완고하게 하지 말라 하였으니 듣고 격노하시게 하던 자가 누구냐. 모세를 따라 애굽에서 나온 모든 사람이 아니냐. 또 하나님이 40년 동안 누구에게 노하셨느냐. 그들의 시체가 광야에 엎드러진 범

죄한 자들에게가 아니냐. 또 하나님이 누구에게 맹세하사 그의 안식에 들어오지 못하리라 하셨느냐. 곧 순종하지 아니하던 자들에게가 아니냐. 이로 보건대 그들이 믿지 아니하므로 능히 들어가지 못한 것이라.

그다음에 3장 15-19절은 출애굽 1세대가 어떻게 실패하게 되었는지를 강조하고 있습니다. 히브리서 저자는 수신자들에게 출애굽 1세대의 불순종을 본받지 말라고 합니다. 이것은 어떤 본문의 주제입니까? 신명기의 주제입니다. 출애굽 1세대가 어떻게 실패하게 된 거죠? 이들은 출애굽했지만, 하나님이 약속하신 땅 가나안으로 힘 있게 걸어가지 못하고 다시 애굽을 향해서 돌아가려 했습니다. 그들이 실패한 가장 중요한 이유는 환애굽이었습니다. 바로의 통치는 하나님과 아무런 상관이 없는 통치입니다. 강한 자가 약한 자를 지배하고 억압하고 착취하는 것을 당연하게 생각했던 그 애굽으로 이들은 다시 돌아가려 했던 것입니다. 이유가 뭡니까? 가나안으로 향해 걸어가는 걸음이 너무 힘들고 어려웠기 때문입니다. 그들이 실패한 현장이 어디죠? 광야였습니다. 광야는 어떤 곳입니까? 하나님의 임재와 부재가 혼재한 곳이 광야입니다. 하나님의 임재는 뭡니까? 하나님이 우리와 함께하신다, 하나님이 우리를 돌보시고 하나님이 우리를 인도하신다는 사실을 경험하는 것입니다. 이것이 바로 하나님이 임재하시는 순간입니다. 하나님의 부재는 뭡니까? 이제 하나님이 우리를 떠나신 것 같고 더 이상 하나님이 우리에게 은혜를 베푸시지 않는 것 같고, 이제 하나님과 우리가 아무런 상관이 없는 것 같은 상황입니다. 이것이 바로 하나님이 부재하는 현장입니다. 이런 하나님의 임재와 부재가 혼재된 곳이 바로 광야입니다.

출애굽 1세대는 이 광야에서 하나님의 임재를 바라보지 못하고 하나님의 부재로 인하여 넘어집니다. 실패합니다. 그래서 하나님이 약속하신 땅 가나안을 향해서 힘 있게 걸어가지 못하고 오히려 자신들을 속박하고 노예로 부려 먹었던 애굽으로 돌아가려고 했습니다. 그것 때문에 출애굽 1세대는 실패했습니다. 히브리서 저자는 출애굽 1세대의 실패를 강조하면서 수신자들에게 무엇을 말하려고 하는 겁니까? 출애굽 1세대의 실패를 본받지 말라는 겁니다. 이것을 강조하는 이유는 히브리서의 수신자들도 지금 넘어질 위기에 처해 있기 때문입니다. 출애굽 1세대와 똑같이 광야의 길을 걷고 있습니다. 하나님의 임재도 경험하지만 하나님의 부재도 경험하고 있습니다. 히브리서의 수신자들이 처한 상황 자체가 출애굽 1세대가 경험한 광야와 똑같습니다. 출애굽 1세대는 광야에서 실패했지만 히브리서 수신자들은 실패하지 않기를 바라는 마음으로 1세대가 왜 실패하게 되었는지를 알려 주는 겁니다. 그래서 믿음의 인내, 하나님의 임재를 기억함으로써 하나님의 부재를 이겨 낼 것을 촉구하는 것이 바로 히브리서 3장 말씀입니다. 19절을 보면 "이로 보건대 그들이 믿지 아니함으로 능히 들어가지 못한 것이라." 믿지 않았다는 겁니다. 머리로는 믿었겠죠. 입으로는 믿었겠죠. 그런데 그것은 진짜 믿음이 아니라는 겁니다. 고백을 신앙으로 착각하지 말라는 겁니다. 고백에 걸맞은 믿음의 삶이 필요하다는 겁니다. 그런데 출애굽 1세대는 고백은 멋들어지게 많이 했지만, 그 고백에 걸맞은 믿음의 삶이 없었고, 그것 때문에 실패했습니다. 그 실패를 뛰어넘어서, 머리와 입술로 하는 고백을 뛰어넘어 삶으로서 하나님에 대한 믿음을 드러낼 것을 촉구하는 것이 바로 3장 말씀입니다.

히브리서 4:12 하나님의 말씀은 살아 있고 활력이 있어 좌우에 날선 어떤 검보다도 예리하여 혼과 영과 및 관절과 골수를 찔러 쪼개기까지 하며 또 마음의 생각과 뜻을 판단하나니.

4장 12절을 보면 말씀의 능력이 나옵니다. 내가 말씀을 많이 알고 있는데, 머리로는 말씀을 달달 암기하고 있는데 이 말씀을 많이 아는 것이 삶의 변화로 이어지지 않는다면 말씀이 얼마나 능력이 없는 겁니까? 그렇게 많은 말씀을 들었음에도 불구하고 사람의 삶이 변화되지 않는다면, 설교를 아무리 많이 듣고 성경을 아무리 많이 읽어 보았자 사람이 안 바뀌고, 생각도 안 바뀌고 삶도 안 바뀐다면 결국은 말씀의 능력이 없음을 증거하는 부정적인 모델이 되는 겁니다. 말씀을 얼마나 많이 알고 있는가가 중요하지 않고 진짜 한 구절이라도 그 말씀과 제대로 대면함으로써 말씀의 능력을 경험할 수 있어야 합니다. 말씀은 어떤 능력이 있습니까? 살아 있고 활력이 있고 좌우에 날 선 어떤 검보다도 예리해서 혼과 영과 관절과 골수를 찔러 쪼개기까지 하고 우리 마음의 생각과 뜻을 판단합니다. 머리로 얼마나 많은 말씀을 알고 있는가보다는 이 말씀의 능력이 우리 삶 가운데에서 증거되는 것이 중요합니다.

히브리서 5:11-14 멜기세덱에 관하여는 우리가 할 말이 많으나 너희가 듣는 것이 둔하므로 설명하기 어려우니라. 때가 오래되었으므로 너희가 마땅히 선생이 되었을 터인데 너희가 다시 하나님의 말씀의 초보에 대하여 누구에게서 가르침을 받아야 할 처지이니 단단한 음식은 못 먹고 젖이나 먹어야 할 자가 되었도다. 이는 젖을 먹는 자마다 어린 아이니 의의 말씀을 경험하지 못한 자요 단단한 음식은 장성한 자의 것이니 그들은 지각을 사용함으로 연단을 받아 선악을 분별하는 자들이니라.

5장 11-14절에는 이 히브리서를 받는 독자들의 한계를 지적하고 있습니다. 마치 뭐와 똑같죠? 고린도 교회와 똑같습니다. 고린도전서 3장 1절에서 바울이 고린도 교인들을 향해서 이렇게 책망하지 않습니까? "내가 너희에게 밥을 먹이려고 했는데 너희에게 젖밖에 먹이지 못했다." 이유가 뭡니까? "너희가 신앙 안에서 어린아이이기 때문이다." 똑같죠. 히브리서의 수신자들과 고린도 교회의 교인들이 동일한 상황 가운데 처한 겁니다. 신앙 안에서 성장하지 못하고 여전히 어린아이 단계에 머물러 있다는 것입니다. 하나님을 믿기는 하지만, 하나님과 관계를 맺기는 하지만, 하나님은 내가 원할 때 내 필요를 채워 줘야 하는 존재입니다. 하나님이 나를 위해 존재하는 단계가 바로 신앙 안에서 어린아이 단계입니다. 너무나 자기중심적인 신앙입니다. 이기적인 신앙입니다. 이 신앙을 뛰어넘어서 어른 단계가 되면 하나님을 위해서 내가 존재하는 단계로 성장해 가는 겁니다. 그런데 안타깝게도 고린도 교회와 히브리서 수신자들은 어린아이의 신앙에 머물러 있었습니다.

13절입니다. "이는 젖을 먹는 자마다 어린아이니 의의 말씀을 경험하지 못한 자요 단단한 음식은 장성한 자의 것이니 그들은 지각을 사용함으로 연단을 받아 선악을 분별하는 자들이니라."

그다음에 6장 4-6절입니다. 앞에서도 잠깐 보았습니다. 6장 4-6절 말씀 때문에 서방 교회가 히브리서의 정경성에 대해서 오랜 세월 부정적인 태도를 취했습니다. "한번 빛을 받고 하늘의 은사를 맛보고 성령에 참여한 바 되고 하나님의 선한 말씀과 내세의 능력을 맛보고도 타락한 자들은 다시 새롭게 하여 회개하게 할 수 없나니 이는 그들이 하나님의 아들을 다시 십자가에 못 박아 드러내 놓고 욕되게 함이라." 정말 무서운 말씀입니다. 히브리서 말씀에는 이런 무서운 경고들이 많습니다. 한번 하나님의 백성이 되었다가 광야의 여정 가운데에서 하나님께 등을 돌리고, 하나님과의 관계를 끝장내는 잘못을 범한 사람은 다시 회개할 수 없다는 겁니다. 너무나 엄중하고 분명하게 한번 배교하면 절대 다시 돌이킬 수 없다는 말씀이 바로 6장 4-6절 말씀입니다. 정말 그럴까요? 우리가 한번 배교하면 아무리 회개해도 하나님의 백성이 될 수 없을까요? 이렇게 받아들일 수도 있지만 그만큼 히브리서가 강력한 경고의 맥락에서 엄중하게 말하고 있다는 점을 꼭 기억해야 합니다. 유대교로 다시 돌아가고자 하는 신앙인들을 권고하기 위한 맥락에서 이렇게 이야기하고 있는 것입니다. 경고나 권면을 할 때 강하게 말할 수밖에 없는 상황을 이해해야 합니다.

히브리서 7:15 　멜기세덱과 같은 별다른 한 제사장이 일어난 것을 보니 더욱 분명하도다.

히브리서에서는 예수님에 관해 뭐라고 규정했습니까? 우리의 대제사장이 되신다고 했습니다. 이것을 제사장적 기독론이라고 하는데, 히브리서에만 나오는 중요한 특징입니다. 히브리서는 예수님이 우리의 제사장이라고 강조합니다. 이렇게 주장하면 당장 사람들이 뭐라 반박합니까? 제사장은 어느 지파에서 나와야 합니까? 레위 지파에서 나와야 하죠. 그런데 예수님은 유다 지파의 후손입니다. 그래서 레위 지파가 아닌 예수가 어떻게 제사장이 될 수 있냐 바로 이런 반박이 나올 수 있습니다. 이 반박에 대해서 히브리서는 레위 지파가 아니었지만 제사장의 역할을 담당한 존재가 있다고 말합니다. 그 존재가 누구죠? 바로 멜기세덱이라는 겁니다. 7장 15절을 보면 멜기세덱과 같은 별다른 제사장이 일어났다는 겁니다. 레위 지파가 아니지만 제사장 역할을 담당했던 멜기세덱과 같은 존재가 탄생했다는 겁니다. 그가 누굽니까? 바로 예수라는 겁니다.

히브리서 8:9　　또 주께서 이르시기를 이 언약은 내가 그들의 열조의 손을 잡고 애굽 땅에서 인도하여 내던 날에 그들과 맺은 언약과 같지 아니하도다. 그들은 내 언약 안에 머물러 있지 아니하므로 내가 그들을 돌보지 아니하였노라.

히브리서 8:13　　새 언약이라 말씀하셨으매 첫 것은 낡아지게 하신 것이니 낡아지고 쇠하는 것은 없어져 가는 것이니라.

"그들의 열조의 손을 잡고 인도하여 내던 날에 그들과 맺은 언약"이 무엇입니까? 바로 시내산 언약입니다. 그런데 이 언약은 시내산 언약과 같지 않다는 겁니다. 여기서 언약이라는 것은 새 언약입니다. 8장은 이스라엘의 불순종으로 말미암아 옛 언약이 폐기되고 새 언약이 체결되었다는 것을 이야기합니다. 이스라엘 백성은 출애굽한 다음에 하나님과 시내산에서 언약을 체결했습니다. 언약이 무엇입니까? 피로 맺는 약속입니다. 생명을 담보로 맺는 약속입니다. 언약을 체결할 때 A와 B 두 당사자가 서로 쌍방에게 약속을 한 가지씩 합니다. 그리고 짐승을 쪼개 죽인 다음에 쪼개진 짐승의 반반을 양쪽 옆에 둡니다. 그리고 언약의 당사자인 A와 B가 쪼개진 짐승 사이를 함께 지나갑니다. 그러면 언약이 체결되는 겁니다. 왜 쪼개진 짐승 사이를 언약의 당사자들이 함께 걸어가는 겁니까? 내가 무엇을 지키겠다고 약속했는데 그 약속을 지키지 않았을 경우에는 쪼개져 죽임당한 저 짐승처럼 나를 죽여도 좋다는 것입니다. 이것이 바로 언약입니다. 언약은 자기 생명을 담보로 맺는 약속, 피로 맺는 약속입니다. 이스라엘이 출애굽한 다음에 시내산에서 하나님만 믿고 섬기는 하나님의 백성이 되겠다고 약속했습니다. 하나님은 이스라엘의 왕이 되겠다고 약속해 주셨습니다.

그런데 구약의 이스라엘 역사를 보면 이스라엘은 하나님을 떠난 적은 없고, 하나님을 믿지 않은 적은 없지만 오직 하나님만을 믿지는 못했습니다. 이것을 뭐라고 하죠? 우상숭배라고 합니다. 우상숭배는 하나님을 저버리고 다른 신을 섬기는 것이 아닙니다. 하나님을 믿기는 합니다. 그런데 하나님만을 믿지 못하는 겁니다. 하나님과 다른 신을 겸하여 섬기는 겁니다. 이것이 바로 성경이 말하는 우상숭배의 핵심입니다. 구약의 이스라엘은 한마디로 하나님만을 믿지 못하고 하나님과 바알, 하나님과 아세라, 하나님과 다곤, 하나님과 그모스, 하나님과 밀곰 등 하나님과 다른 신을 끊임없이 겸하여 섬겨 왔습니다. 하나님만을 믿고 섬기겠다고 했던 이스라엘의 언약, 약속이 파기된 겁니다. 하나님은 예언자를 보내셔서 이스라엘이 언약을 위반하고 있음을, 언약을 신실하게 지켜 내지 못하고 있음을 경고하고 돌이키라고 끊임없이 깨우쳐 주셨습니다. 그럼에도 불구하고 이스라엘은 끝내 돌이키지 않았습니다. 이 옛 언약이 파기된 겁니다. 하나님이 이제 새로운 언약을 이스라엘과 체결하겠다는 겁니다. 이것이 바로 8장입니다. 우리는 하나님의 언약 백성입니다. 그러나 언약 체결이 중요한 것이 아니라 그 언약을 신실하게 준수하는 것이 훨씬 더 중요합니다. 그런데 이스라엘은 어떤 착각에 빠졌습니까? "우리가 하나님의 언약 백성인데 하나님이 우리를 심판하시겠어?", "우리가 하나님의 언약 백성인데 하나님이 우리를 버리시겠어?" 이런 자신만만함이 있었습니다. 아닙니다. 언약 체결보다 훨씬 더 중요한 것은 언약을 신실하게 준수하는 것입니다.

히브리서 9:7   오직 둘째 장막은 대제사장이 홀로 일 년에 한 번 들어가되 자기와 백성의 허물을 위하여 드리는 피 없이는 아니하나니.

그다음 9장 4절을 보면 구약과 다른 말씀이 하나 나옵니다. 구약에서는 언약궤 안에 언약의 두 돌판만 있다고 말하는데 여기 9장 4절에서는 그 언약궤 안에 언약을 기록한 언약의 두 돌판뿐만 아니라 만나를 담은 금 항아리와 아론의 싹 난 지팡이도 있다고 기록합니다. 4절입니다. "금 향로와 사면을 금으로 싼 언약궤가 있고 그 안에 만나를 담은 금 항아리와 아론의 싹 난 지팡이와 언약의 돌판들이 있다." 이것이 구약의 말씀과 다른 주장입니다. 그다음에 9장 7절이 중요합니다. 오직 둘째 장막은 대제사장이 홀로 1년에 한 번 들어갑니다. 지성소에 대제사장이 아무 때나 들어갈 수 있는 것이 아닙니다. 대속죄일인 7월 10일에만 대제사장이 지성소에 들어갈 수 있습니다. 9장 7절은 이 지성소에는 대제사장이 1년에 한 번 속죄일에만 언약의 피를 가지고 들어간다는 점을 말하고 있습니다.

9장을 자세히 보면 히브리서 저자의 주장에 대한 반박과 그 반박에 대한 대답이 나옵니다. 이런 겁니다. 예수님이 우리의 대제사장이라고 주장하니까 사람들은 "예수가 사역하는 현장이 어디냐?"라고 묻습니다. 여기에 대한 저자의 답변이 바로 "하늘 성소"라는 겁니다. 그러면 또 사람들은 "예수가 바치는 제물이 뭐냐?"라고 묻습니다. 이 질문에 대해서 히브리서 저자는 "예수는 자기의 몸을 제물로 바치신다"라고 답합니다. 그러면 사람들이 또 이렇게 반박합니다. "지금도 예수는 자기의 몸을 끊임없이 제물로 바치고 있는가?" 이런 질문에 대해서 저자는 "예수님의 제사는 한 번에 완성되었다"라고 답하는 겁니다. 더 이상 예수는 그 제사를 반복하지 않는다는 겁니다. 그러면 "예수는 지금 뭘 하고 있는가?"에 대한 질문에 "그의 백성 된 우리를 위해서 중보하고 계신다"라고 대답하는 것이 9장의 강조점입니다.

히브리서 10:35 그러므로 너희 담대함을 버리지 말라. 이것이 큰 상을 얻게 하느니라.

지금 우리가 걸어가는 삶의 여정은 광야 길입니다. 배교와 세상과의 타협에 대한 위협이 도사리는 곳입니다. 히브리서 저자는 수신자들에게 무엇을 강조하고 있습니까? "담대함을 버리지 말라"는 겁니다. 그 담대함 가운데 신앙을 굳게 붙잡으라는 것이 히브리서 저자가 말하고자 하는 핵심입니다.

히브리서 11:1　　믿음은 바라는 것들의 실상이요 보이지 않는 것들의 증거니.

히브리서 11:29-30　　믿음으로 그들은 홍해를 육지같이 건넜으나 애굽 사람들은 이것을 시험하다가 빠져 죽었으며 믿음으로 칠 일 동안 여리고를 도니 성이 무너졌으며.

11장은 우리가 너무나 잘 알고 있는 믿음장입니다. 여기서 믿음은 헤브라이즘이 말하는 믿음입니다. 머리와 입술로만 고백하는 인지적인 동의, 어떤 문장에 대한 수용을 말하는 게 아닙니다. 11장이 말하는 믿음은 삶을 통해 증거된 믿음입니다. 그래서 히브리서의 수신자들에게 믿음의 사람들이 걸어갔던 믿음의 길을 보여 줌으로써 편지를 받는 사람들에게 그 믿음의 길을 담대하게 걸어갈 것을 촉구하는 내용이 히브리서 11장 믿음장의 목적입니다. 히브리서 11장에서 믿음은 '신실함'과 동의어입니다. 믿음은 '인내'와 동의어입니다. 신실하게 인내하면서 그 믿음을 지켜 낼 것을 촉구하는 본문이 11장입니다.

여기서 하나님에 대해서 우리가 믿음을 갖는 것보다 훨씬 중요한 점이 있습니다. 무엇일까요? 그 믿음을 신실하게 지켜 내는 것입니다. 1절 보면 "믿음은 바라는 것들의 실상이요"라고 말합니다. 여기서 바라는 것들은 무엇을 의미할까요? 신앙인들이 무엇을 바랍니까? 하나님 나라의 온전한 완성을 바랍니다. 하나님의 통치가 온전히 구현되기를 바랍니다. "믿음은 바라는 것들의 실상"이라는 말은 바로 하나님 나라의 삶을 바란다는 뜻입니다. '실상'이라는 것은 뭡니까? 그 하나님 나라의 삶을 지금 살아 내는 것, 현실로 누리는 것, 그것이 바로 진짜 믿음이라는 겁니다.

그다음에 29-30절을 보면 재밌는 말씀이 나옵니다. 히브리서 11장 29-30절에서는 믿음의 사람들이 쭉 언급됩니다. 놀라운 점은 출애굽 1세대가 믿음의 사람으로 언급된다는 점입니다. 여기서 이제 우리가 무엇을 알 수 있습니까? 11장에 나오는 믿음의 사람들은 그 개인의 삶 전체를 놓고 평가한 것이 아니라는 겁니다. 그들의 삶 전체를 두고 믿음의 사람이라고 평가한 것이 아니라 특정한 사건 안에서 그들이 하나님이 원하시는 믿음을 드러냈다는 점을 강조하고 있습니다. 왜 그렇습니까? 이 목록을 보면 입다, 삼손 같은 사람도 믿음의 사람으로 언급됩니다. 입다의 삶 전체를 믿음의 삶이라고 할 수 있을까요? 삼손의 삶 전체가 믿음의 삶이라고 할 수 있을까요? 아닙니다. 그것을 어떻게 알 수 있습니까? 11장 29-30절을 보면 출애굽 1세대가 홍해를 건넌 것, 여리고성을 정복한 것도 믿음의 사건으로 언급되고 있습니다. 홍해를 건너고 여리고성을 정복할 때는 출애굽 1세대도 하나님이 원하시는 믿음을 드러냈습니다. 그런데 출애굽 1세대의 삶 전체가 하나님이 원하시는 믿음의 삶은 아니었습니다.

히브리서 12:16 음행하는 자와 혹 한 그릇 음식을 위하여 장자의 명분을 판 에서와 같이 망령된 자가 없도록 살피라.

12장 16절에서는 망령된 자의 모델로 에서를 제시합니다. 에서는 장자의 명분을 당연한 것으로 여겼습니다. 그것을 존귀하게 붙잡지 못했습니다. 이런 에서를 예로 들면서 히브리서 저자는 무엇을 말하려고 하는 겁니까? 구원을 당연한 것으로 여기는 자들에 대해 경고하고 있습니다. 구원을 당연한 것으로 여기지 말라는 겁니다. "나는 구원은 따 놓았어"라고 착각하지 말라는 겁니다. 에서가 장자의 명분을 당연하게 여기다 결국은 빼앗긴 것처럼 구원을 당연한 것으로 여기는 자들에 대해서 경고하는 말씀이 바로 12장 16절입니다. 그런 의미에서 구원은 무슨 아파트의 분양권을 당첨받는 사건이 아닙니다. 구원은 하나님의 통치 안으로 들어오는 것, 하나님의 백성이 되는 것입니다. 그러니까 결국 어떤 자들이 구원 안에 계속 머무는 겁니까? 오늘도 여전히 하나님의 통치 안에 거하고자 하는 자들이 하나님의 구원 안에 머무는 겁니다. 하나님의 은혜로 구원은 받았지만 하나님의 통치 안에 있기를 거부하고 하나님의 통치 바깥으로 뛰쳐나가고자 하는 자들은 현재적 구원에서 실패하는 것입니다. 그들이 누굽니까? 출애굽 1세대입니다. 그런 의미에서 구원을 이미 따 놓은 당상으로 착각하지 말라는 겁니다. 그런 의미로 누구를 모델로 제시하고 있습니까? 에서입니다.

히브리서 13:13 그런즉 우리도 그의 치욕을 짊어지고 영문 밖으로 그에게 나아가자.

"영문 밖"이라는 표현이 나오는데 영문 밖이 있으면 영문 안도 있겠죠. 여기서 '영문 안'은 예루살렘으로서 유대교를 상징하는 겁니다. 영문 밖은 골고다 언덕으로서 기독교를 상징하는 겁니다. 예수님이 치욕을 짊어지고 영문 밖으로 나가셨습니다. 따라서 신앙인들이 나아가야 할 곳이 어딥니까? 신앙인들이 있어야 할 곳이 어딥니까? 바로 예루살렘 성전, 유대교가 아니라 예수님이 걸어가셨던 골고다 언덕, 영문 밖이라는 겁니다. 수신자들에게 예수의 그 길을 신실하게 따라가자고 저자는 권면하고 있는 것입니다.

마지막 22절입니다.

> 히브리서 13:22 형제들아 내가 너희를 권하노니 권면의 말을 용납하라. 내가 간단히 너희에게 썼느니라.

히브리서의 중요한 특징은 권면의 말씀이라고 앞에서 언급했습니다. 이 '권면'이 오늘날의 설교로서, 히브리서는 편지로 보내진 설교문이라고 할 수 있습니다. 히브리서의 목적은 무엇이었습니까? 유대교로 역개종하는 자들에게 새 언약의 공동체인 교회 안에 머물 것과 예수의 길을 끝까지 신실하게 인내함으로써 걸어갈 것을 촉구하는 것입니다.

야고보서

야고보서는 별명이 하나 있습니다. '신약성경의 아모스서'라는 별명을 가지고 있습니다. 구약에 많은 예언자가 나오지만 그 예언자들 가운데 가장 정의를 강조했던 예언자가 바로 아모스입니다. 야고보서에서도 정의를 많이 강조하고 있어서 신약성경의 아모스서라는 별명이 붙은 겁니다. 야고보서는 예수님의 동생이었던 야고보가 흩어진 열두 지파에게 보낸 편지입니다. 야고보서의 중요한 주제는 실천하는 믿음의 중요성입니다. 이것은 바꿔 얘기하자면 당시 믿음을 실천과 무관하게 인지적 동의로 착각하는 사람들이 많았다는 이야기입니다.

앞에서도 그런 말씀을 드렸습니다. 바울 서신과 공동 서신을 묵상할 때 바울과 공동 서신 저자들이 목회했던 대상이 달랐다는 점을 항상 기억해야 한다고 말씀드렸습니다. 바울은 신앙의 초심자들을 대상으로 목회했고 공동 서신의 저자들은 오랜 세월 하나님을 믿으며 신앙생활을 해 왔던 사람들을 대상으로 목회한 겁니다. 이제 막 하나님을 믿기 시작한 사람들이 바울 서신을 주로 묵상해야 한다면, 신앙의 연수가 10년, 20년, 30년 된 사람들은 공동 서신의 메시지를 좀 더 묵상할 필요가 있습니다.

바울은 자기가 말하는 믿음을 사람들이 오해할까 봐 항상 편지를 쓸 때마다 앞부분에는 우리가 믿어야 할 신앙의 교리에 대해 말하고, 뒷부분에서는 이 교리를 믿는 사람들이 하나님의 백성답게 어떻게 살아가야 하는가를 반드시 언급했습니다. 바울이 이렇게 앞부분은 교리, 뒷부분은 신앙에 근거한 삶을 강조했던 이유는 바울의 메시지를 들었던 사람들이 대부분 헬레니즘이 지배하는 땅에 살았기 때문입니다. 이 방 땅에 살고 있던 신앙의 초심자들이라는 이야기입니다. 그러니까 그 사람들은 당연히 믿음을 어떤 문장을 받아들이는 것, 어떤 주장에 대해 인지적으로 동의하는 것으로 착각했습니다. 그래서 바울은 그들의 오해를 불식하기 위해서 믿음은 그런 것이 아니다, 내가 말하는 믿음은 머리와 입으로 믿고 고백하는 것을 뛰어넘어서 삶으로 발현되는 것이라고 주장했습니다. 그래서 바울은 항상 편지 앞부분에는 우리가 받아들여야 할 신앙의 내용을 말하고 뒷부분에는 그런 신앙을 가진 자들이 살아 내야 할 삶에 대해 언급한 겁니다. 그럼에도 불구하고 너무나 많은 사람이 바울의 메시지를 오해했습니다.

이런 사람들의 오해를 다시 교정하기 위해서 예루살렘 교회 지도자들이 편지를 보낸 겁니다. 그것이 바로 공동 서신입니다. 그 가운데 하나가 야고보서인데, 야고보서는 실천하는 믿음의 중요성을 말합니다. 즉 실천으로 드러나지 않는 믿음은 유신론적인 관념론에 불과하다는 것입니다. 그 정도의 믿음은 귀신들의 신앙 수준과 똑같다는 것입니다. 이것이 바로 야고보서의 강조점이라는 사실을 꼭 기억하시기 바랍니다.

야고보서는 예수님의 동생이었던 야고보가 기록했습니다. 재미있는 점은 공동 서신의 배치 순서입니다. 야고보서, 베드로전후서, 요한 1, 2, 3서, 유다서의 순서로 되어 있습니다. 야고보서로 시작해서 유다서로 마무리됩니다. 야고보와 유다의 공통점이 무엇입니까? 둘 다 예수님의 동생이라는 겁니다. 예수님의 동생이었던 야고보와 예수님의 동생이었던 유다의 편지로 시작하고 끝냅니다. 그리고 중간에 누구의 편지를 배치한 겁니까? 베드로의 편지와 요한의 편지를 배치하고 있습니다.

여기서 우리 개신교와 가톨릭의 다른 주장을 하나 기억할 필요가 있습니다. 우리는 야고보와 유다를 예수님의 동생으로 봅니다. 그런데 가톨릭에서는 여기 나오는 야고보와 유다를 예수님의 친동생이 아니라 사촌동생 또는 이복형제로 여깁니다. 이것이 개신교와 가톨릭의 중요한 차이입니다. 왜 이렇게 가톨릭은 다른 주장을 할까요? 가톨릭 교인들이 마리아에 대하여 네 가지 교리를 믿습니다. 이것을 '마리아 4대 교리'라고 합니다. 먼저 마리아는 하나님의 어머니라는 주장입니다. 예수님이 하나님이니까 마리아는 하나님의 어머니라는 것이 마리아에 대한 첫 번째 교리입니다. 두 번째는 마리아가 죽을 때까지 평생 동정녀였다는 것입니다. 세 번째는 동정녀인 마리아가 예수를 원죄 없이 잉태했다는 것입니다. 네 번째는 마리아는 자연사하지 않고 승천했다는 주장, 즉 마리아 승천설입니다. 이것이 마리아에 관한 4대 교리입니다. 이 마리아가 죽을 때까지 평생 동정녀였다고 주장하는데, 여기서 야고보와 유다를 마리아가 낳았다면, 야고보와 유다도 동정녀 탄생을 주장할 수밖에 없습니다. 그래서 가톨릭은 마리아가 동정녀로 낳은 아들은 예수밖에 없고 죽을 때까지 마리아는 동정녀였다고 주장하는 겁니다. 그러니까 야고보와 유다는 예수의 친동생이 아니라 사촌동생 또는 요셉이 마리아와 결혼하기 이전에 요셉과 결혼했던 다른 여인이 낳은 이복형제라고 보는 것입니다. 이것이 야고보와 유다를 바라보는 가톨릭과 개신교의 중요한 차이라는 점을 기억하시면 좋겠습니다.

유세비우스Eusebios Caesarea라는 사람의 기록에 따르면 야고보에게는 별명이 있습니다. 바로 '의인 야고보'입니다. 그리고 '낙타 무릎'입니다. 야고보는 유대인들의 경건 생활과 율법을 매우 철저하게 준수했던 사람으로 여겨집니다. 너무나 율법을 철저히 준수했기 때문에 사람들은 야고보를 "의인 야고보"라고 불렀습니다. 얼마나 무릎을 꿇고 기도를 많이 했는지 무릎이 낙타 무릎처럼 될 만큼 열심히 경건 생활에 몰두했다고 유세비우스의 기록에 나와 있습니다. 야고보서는 총 5장까지 있는데 어떤 스토리가 있는 이야기가 아닙니다. 마치 구약의 잠언처럼 다양한 교훈들이 모인 이야기가 야고보서입니다.

> 야고보서 1:13 사람이 시험을 받을 때에 내가 하나님께 시험을 받는다 하지 말지니 하나님은 악에게 시험을 받지도 아니하시고 친히 아무도 시험하지 아니하시느니라.

> 창세기 22:1 그 일 후에 하나님이 아브라함을 시험하시려고 그를 부르시되 아브라함아 하시니 그가 이르되 내가 여기 있나이다.

본문을 볼까요? 1장 1절입니다. "하나님과 주 예수 그리스도의 종 야고보는 흩어져 있는 열두 지파에게 문안하노라." 여기 보면 발신자, 수신자, 인사말로 이루어져 있습니다. 전형적인 서신의 형식을 그대로 갖추고 있습니다. 1장 13절에는 "하나님께 시험을 받는다고 말하지 말라"라고 말합니다. 그런데 야고보서 1장 13절의 말씀은 창세기 22장 1절 말씀과 부딪힙니다. 창세기에서는 분명히 "하나님이 아브라함을 시험하신다"라는 표현이 나옵니다. 어떻게 보면 우리 인생의 하루하루는 정말 우리가 하나님의 통치 아래 거하는가, 우리가 하나님의 백성다운가를 시험하는 사건의 연속이라고 할 수 있습니다. 성경에는 하나님이 아브라함을 시험했다는 구절이 나옵니다. 그리고 이스라엘이 걸은 광야 길 자체가 그들이 하나님과의 언약에 신실한가를 드러내는 시험의 현장 아닙니까? 우리의 일상 자체가 우리가 하나님의 통치 안에 거하는 하나님의 백성답게 살고 있는가를 드러내는 시험의 현장 아닌가요? 이 시험의 현장에서 우리는 이겨 내야죠. 합격해야죠. 실패하면 안 되죠.

그런데 야고보서 1장 13절은 "하나님은 우리를 시험하지 않는다" 라는 겁니다. 그래서 성경의 전체 주장과 야고보서 1장 13절이 뭔가 다르다는 것을 알 수 있습니다. 여기서 '시험하다'에 사용된 동사가 바로 '페이라조*peirazo*'라는 단어입니다. 이 헬라어 '페이라조'는 '시험하다'라는 뜻도 있고 '유혹하다'라는 뜻도 있습니다. 여기 야고보서 1장 13절에서는 '시험하다'라고 번역하기보다는 '유혹하다'라고 번역하는 편이 훨씬 더 타당합니다. 쉽게 얘기하자면 하나님은 우리를 걸려 넘어지게 하기 위해서 유혹하시는 분은 아니라는 겁니다. 그런데 우리가 정말 하나님의 백성다운가, 하나님의 통치 아래 거하는가, 하나님께 순종하고 있는가에 대해서는 시험하시는 분입니다. 그리고 하나님은 우리가 그 시험에서 이기기를 간절히 바라시는 분입니다. 우리가 하나님께 순종하길 원한다면 성령을 통해서 우리를 도우시는 분입니다. 그러나 하나님은 우리를 걸려 넘어지게 유혹하시는 분은 아니라는 겁니다. 그래서 야고보서 1장 13절은 '시험하다'라는 번역보다는 '유혹하다'로 번역하는 편이 훨씬 더 타당하다고 할 수 있습니다.

"욕심이 잉태한즉 죄를 낳고 죄가 장성한즉 사망을 낳느니라"라고 한 1장 15절은 하나님을 떠나는 주된 원인이 욕심이라고 말하고 있습니다. 욕심에서 죄가 나온다는 겁니다. 그 죄의 결과가 사망인 겁니다. 어떻게 보면 우리 안에 일어나고 있는 욕심을 이겨 내면 많은 죄의 유혹으로부터 자유로워질 수 있다는 이야기입니다. 죄의 유혹에서 이길 수 있습니다. 많은 죄가 결국 욕심에서 출발하는 겁니다. 인간의 원죄라고 할 수 있는 선악과 사건도 마찬가지입니다. 에덴동산에서 하나님이 아담과 하와에게 먹을 수 있도록 허락하신 것이 얼마나 많이 있었습니까? 그런데 아담과 하와는 허락된 것에 감사하기보다는 허락되지 않은 것을 추구하려 했습니다. 그래서 넘어진 것이 선악과 사건 아닙니까. 1장 15절의 말씀은 우리가 어떻게 욕심을 이겨 낼 수 있을까, 유혹에 절제할 수 있을까를 우리에게 질문하고 있습니다.

1장 19절에 야고보서의 핵심 구절이 나옵니다. "내 사랑하는 형제들아 너희가 알거니와 사람마다 듣기는 속히 하고 말하기는 더디 하며 성내기도 더디 하라." 이것이 야고보서의 핵심 구절입니다. 듣기는 속히 하고, 말하고 성내는 것은 더디 하라는 겁니다. 한마디로 회심한 이후에 성화의 문제에 관심을 가지라는 겁니다. 이제는 하나님의 통치 안에 거하는 백성답게 뭔가 변화된 삶을 살라는 겁니다. 그 변화된 삶 가운데 하나가 뭡니까? 듣기는 속히 하는 것입니다. 하나님의 말씀과 사람들이 진심을 다해 권하는 말은 속히 들으라는 것입니다. 그리고 말하는 것, 성내는 것은 더디 하라는 겁니다.

야고보서 1:27 하나님 아버지 앞에서 정결하고 더러움이 없는 경건은 곧 고아와 과부를 그 환난 중에 돌보고 또 자기를 지켜 세속에 물들지 아니하는 그것이니라.

이사야 58:6-7 내가 기뻐하는 금식은 흉악의 결박을 풀어 주며 멍에의 줄을 끌러 주며 압제당하는 자를 자유하게 하며 모든 멍에를 꺾는 것이 아니겠느냐. 또 주린 자에게 네 양식을 나누어 주며 유리하는 빈민을 집에 들이며 헐벗은 자를 보면 입히며 또 네 골육을 피하여 스스로 숨지 아니하는 것이 아니겠느냐.

1장 27절에서 하나님이 원하시는 참된 경건이 무엇인지 잘 나옵니다. 사람들이 경건한 예배, 경건한 삶에 관한 이야기를 많이 하는데 경건하다는 것이 뭡니까? 하나님이 원하시는 참된 경건은 고아와 과부를 환난 중에 돌보는 겁니다. 우리가 행하는 모든 신앙의 행위는 우리에게만 영향을 미치기보다 누군가에게 유익을 끼쳐야 합니다. 이사야 58장 6-7절에서 하나님이 원하시는 참된 금식은 뭐였습니까? 사람들은 금식을 뭐라고 생각합니까? 내가 음식을 굶는 것, 밥을 먹지 않는 것을 금식이라고 생각합니다. 그런데 하나님이 원하시는 진짜 금식은 뭐였죠? 배고픈 자에게 먹을 것을 주는 것, 잠잘 곳이 없는 자에게 잠자리를 제공해 주는 것, 헐벗은 자에게 입을 옷을 주는 것을 하나님은 금식이라 말씀하십니다. 참된 경건은 나에게만 영향을 미치는 것이 아니라 주변의 사람들에게 영향을 미칩니다. 진짜 경건은 무엇입니까? 고아와 과부를 환난 중에 돌보는 것입니다. 이것이 하나님이 원하시는 진짜 경건입니다. 그다음에 자기를 지켜 세속에 물들지 않는 겁니다. 세상은 나의 이득을 위해서 사람들을 도구와 수단으로 이용합니다. 끊임없이 욕망을 추구합니다. 그런 세속에 물들지 않는 겁니다. 사람들을 도구와 수단으로 악용하지 않고 욕망 추구적 사회에 동화되지 않는 것이 하나님이 원하시는 참된 경건입니다.

그리고 2장 1-13절에서는 하나님이 원하시는 경건, 즉 세속에 물들지 않는 경건의 한 실례를 보여 주고 있습니다. 그것이 뭐냐면 사람을 외모로 취하지 않는 겁니다. 외모로 취하지 않는다는 것은 그 사람의 직업, 학벌, 경제력, 집안 같은 것으로 사람을 판단하지 않는다는 겁니다. 그것이 바로 하나님이 원하시는 경건, 세속에 물들지 않는 경건의 한 모습이라는 겁니다. 돈이 많은 사람 앞에서는 굴종하고 돈이 없는 사람들을 하대하고 백인들 앞에서는 굴종적 자세를 취하고 흑인들 앞에서는 군림하려 하는 태도를 한마디로 하자면 외모로 사람들을 취하는 것입니다. 그것은 하나님이 원하시는 경건의 모습이 아니라는 겁니다.

2장 1-13절에서는 하나님이 원하시는, 세속에 물들지 않는 경건의 실례를 제시하고 있습니다. 2장 2절 "만일 너희 회당에 금가락지를 끼고 아름다운 옷을 입은 사람이 들어올 때"에서 회당이라는 단어가 나옵니다. 모임의 장소로 회당이 언급된 점을 보면 야고보서가 초기의 문서일 가능성이 크다는 사실을 알 수 있습니다. 왜냐하면 주후 66년의 유대 전쟁 이후부터는 초대 교인들의 회당 출입이 금지됩니다. 그런데 여전히 모임의 장소가 회당이라 언급된 것을 보아 이 서신이 기록된 시점이 유대 전쟁 이전임을 알 수 있습니다. 야고보가 순교당했을 때는 주후 62년경으로 봅니다. 그렇다면 야고보서는 주후 62년 이전에 기록된 서신일 가능성이 높습니다.

> 야고보서 2:14　　내 형제들아 만일 사람이 믿음이 있노라 하고 행함이 없으면 무슨 유익이 있으리요. 그 믿음이 능히 자기를 구원하겠느냐.

　믿음을 헬레니즘이 말하는 믿음으로 착각해서는 안 된다는 이야기를 앞에서 말씀드렸습니다. 14절에 나오는 사람은 믿음은 있는데 행함이 없는 것이 아닙니다. 자기 스스로는 믿음이 있다고 말하고 있지만 참된 믿음이 없는 겁니다. 이럴 수는 없는 겁니다. "나는 믿음은 있지만 행함이 부족해." 이렇게 말할 수는 없는 겁니다. 모든 참된 믿음 안에는 참된 행함이 있을 수밖에 없습니다. 믿음이 있노라 하고 행함이 없다는 것은 바꿔 얘기하자면 자기 스스로는 믿음이 있다고 착각하고 있지만, 실제로는 믿음이 없는 것입니다.

　그다음 2장 19절입니다. "네가 하나님은 한 분이신 줄을 믿느냐 잘하는도다 귀신들도 믿고 떠느니라." 보십시오. 귀신들도 하나님이 한 분이신 줄 압니다. 그것을 믿고 떤다고 말하고 있습니다. 그런데 귀신들은 하나님께 순종하지 않습니다. 그러니까 관념론적인 믿음의 한 실례를 귀신을 가지고 비판하고 있는 겁니다. 진짜 믿음에는 참된 행위가 따를 수밖에 없습니다. 여기서 참된 행위라는 것은 무엇입니까? 하나님이 원하시는 바를 살아 내는 순종의 삶이 필수라는 겁니다. 머리로는 믿지만 삶으로 하나님께 순종하지 않는 것은 귀신 수준의 신앙이라는 겁니다. 그것은 참된 믿음이 아닌 것입니다.

그러면서 2장 21-26절에서는 참된 믿음의 두 모델로 아브라함과 라합을 제시합니다. 중요한 것은 믿음과 행위를 구별하면 안 된다는 것입니다. 믿음을 통한 순종의 행위와 불신을 통한 불순종의 행위로 구별해야 합니다. 믿음이냐, 행위냐가 아닙니다. 진짜 믿는 자는 하나님께 참된 순종의 행위를 할 수밖에 없습니다. 그리고 하나님을 제대로 믿지 않는 사람들은 하나님이 원하시지 않는 불순종의 행위를 할 수밖에 없는 것입니다.

3장은 말에 대해 경계할 것을 권면합니다. 오늘날로 이야기하자면 말과 글이라 할 수 있습니다. 우리가 오늘날 하나님의 통치 아래 거하는 삶, 하나님이 원하시는 그분의 백성다운 삶을 살아 내고 있는가를 자가 점검할 중요한 잣대가 있습니다. 그것이 바로 말과 글입니다. 나의 말과 글을 어떻게 사용하고 있는가를 보면 내가 하나님의 통치 아래 거하는 하나님의 백성인가를 자가 점검할 수 있습니다. 누군가를 유익하게 하고 누군가의 생명을 살려 내는 올바른 말과 글이야말로 하나님의 통치 아래 거하는 하나님 백성의 모습이란 걸 말하는 본문이 바로 야고보서 3장입니다.

야고보서 4:10 주 앞에서 낮추라. 그리하면 주께서 너희를 높이시리라.

바울도 첫 사람 아담과 두 번째 아담을 계속 비교했습니다. 첫 사람 아담은 실패했습니다. 이유가 뭡니까? 하나님처럼 되고자 했기 때문입니다. 자기를 높이려고 한 겁니다. 거기서 첫 사람 아담은 실패했습니다. 그런데 두 번째 아담인 예수 그리스도는 하나님과 동등 됨을 취하려 하지 않고 자기를 비우셨습니다. 자기를 한없이 낮추셨습니다. 자기를 한없이 낮추신 예수 그리스도를 하나님은 끝없이 높여 주셨습니다.

4장 12절에서 "입법자와 재판관은 오직 한 분이시니 능히 구원하기도 하시며 멸하기도 하시느니라 너는 누구이기에 이웃을 판단하느냐"라고 말씀합니다. 여기 4장 12절은 심판이 우리에게 주어진 권한이 아님을 분명히 말하고 있습니다. 그러니까 누구에 대해서도 우리는 심판의 언어를 사용하면 안 됩니다. 누군가 잘못된 길을 걸어갈 때 책망할 수는 있습니다. 비판할 수는 있습니다. 권면할 수도 있습니다. 그러나 우리는 그 누군가에 대해서도 심판해서는 안 됩니다.

책망과 권면과 심판의 중요한 차이가 무엇입니까? 책망과 권면은 그가 돌이키길 바라는 마음으로 건네는 말입니다. 심판은 무엇입니까? 그 존재에 대한 최종적인 판단과 선언이 심판입니다. 우리가 어떤 존재에 대해서도 최종적인 판단을 할 수 없습니다. 최종적인 판단은 오직 하나님의 권한입니다. 그래서 누구에 대해서도 최종적인 심판의 언어를 사용해서는 안 됩니다. 또 하나 누군가의 구원에 대해서도 그 여부를 함부로 선언해서는 안 됩니다. "당신은 구원받았습니다"라는 말은 하나님만이 할 수 있는 선언이지 우리가 할 말이 아닙니다. 우리가 어떻게 누군가의 구원에 대해서 함부로 선포할 수 있습니까? 우리가 하나님입니까? 함부로 말할 수 없습니다.

4장 17절에는 정말 중요한 말씀이 나옵니다. "그러므로 사람이 선을 행할 줄을 알고도 행하지 아니하면 죄니라." 죄에는 크게 두 가지가 있습니다. 첫째는 하나님이 하지 말라고 하는 행위를 하는 겁니다. 또 하나는 하나님이 하라고 하는 행위를 하지 않는 겁니다. 여기 4장 17절에서 뭐라고 말합니까? "선을 행할 줄 알고도 뭐가 옳은 건지, 선을 행할 수 있는 여유가 있음에도 불구하고, 능력이 있음에도 불구하고 그것을 행하지 않는 것이 죄"라는 겁니다. "살인하지 마라", "도적질하지 마라"와 같이, 하지 말라는 행위를 하는 것이 죄라는 사실은 우리가 잘 알고 있습니다. 그러나 하나님이 원하시는 바를 행하지 않는 것도 죄라는 점을 기억해야 합니다. 그런 의미에서 교회가 교회답지 못하고, 신앙인이 신앙인답지 못한 것도 엄청난 죄라는 사실을 알아야 합니다.

5장 1-6절은 부유한 자들에 대한 경고의 말씀입니다. 여기서 조심해야 할 점은 부유함 자체가 죄는 아니라는 겁니다. 부유함의 성격이 중요합니다. 1-6절에서 부유한 자들이 경고를 받는 이유가 무엇입니까? 이들이 가난한 자들에게 마땅히 주어야 할 것을 주지 않고, 가난한 자들의 것들을 빼앗아 부를 축적했기 때문입니다. 거짓과 불의의 행위를 통해서 쌓아 온 부유함이기 때문입니다. 우리가 성경에서 조심해야 할 것이 이런 경고의 말씀을 해석하는 일입니다. 여기 나오는 부자에 대한 경고는 부유함 자체에 대한 경고가 아니라 불의한 부유함에 대한 경고입니다. "가난한 자들은 복이 있다"라고 했을 때 가난 자체가 무조건 하나님께 복을 받는 겁니까? 아닙니다. 하나님의 백성답게 정직하고 진실하고 의롭게 살려고 하다가 가난해졌을 때는 하나님의 복을 받습니다. 그러나 게으르고 나태한 결과 가난해졌을 때는 성경이 뭐라고 얘기합니까? "개미에게 가서 배우라"라고 책망합니다. 성경은 무조건 부유함 자체를 경고하고 가난함 자체를 복이라고 선언하는 것이 아닙니다. 어떤 부유함과 어떤 가난함이 경고와 축복의 선언을 받고 있는가를 잘 기억하시는 것이 중요합니다.

야고보서 5:4 보라. 너희 밭에서 추수한 품꾼에게 주지 아니한 삯이 소리 지르며 그 추수한 자의 울음소리가 만군의 주의 귀에 들렸느니라.

사실 그동안 한국 교회는 구속사 신학을 강조했습니다. 그런데 구속사 신학만큼 중요한 것이 바로 창조 신학입니다. 하나님이 무엇에 마음 아파하시는가에 대해 구속사 신학과 창조 신학의 강조점은 조금 다릅니다. 구속사 신학은 이렇게 얘기합니다. 하나님을 믿어야 하는데 하나님을 알지 못하고 온갖 우상들을 숭배하고 있으면서 흑암의 권세 가운데 있는 자들을 보면서 우리 하나님은 가장 마음 아파하신다고 이야기합니다. 그러면 하나님은 무엇을 가장 기뻐하실까요? 그 우상을 숭배하던 자들이, 흑암의 권세 가운데 있던 자들이 하나님을 알고 믿게 되는 것을 가장 기뻐하십니다. 이 하나님이 기뻐하시는 것을 하기 위해서 우리는 무엇을 해야 할까요? 세계만방에 나아가서 전도와 선교를 해야 한다는 것이 바로 구속사 신학입니다. 그동안 우리 한국 교회는 구속사 신학에 최선을 다했습니다.

그런데 구속사 신학만큼 창조 신학 또한 중요합니다. 창조 신학은 이런 겁니다. 하나님은 무엇을 마음 아파하실까요? 하나님의 형상대로 존귀하게 지음받았음에도 불구하고 하나님의 형상다운 삶을 살아

내지 못하는 사람들, 비인간적인 삶에 방치된 사람들, 인간의 존엄성을 누리지 못하는 사람들, 이들의 삶을 보면서 하나님은 너무나 마음 아파하십니다. 하나님은 무엇을 가장 기뻐하실까요? 이런 비인간적 삶에 방치되었던 자들이 인간다운 존엄한 삶을 회복하는 것을 하나님은 너무나 기뻐하십니다. 이 땅의 잘못된 정치 경제, 사회 문화 전통으로 말미암아 인간다운 삶을 살아 내지 못하는 여인들과, 인간다운 존엄성을 누리지 못하는 어린아이들, 인간다운 삶을 살지 못하는 가난한 자들이 있습니다. 그들이 인간다운 삶을 회복하는 광경을 보면서 하나님이 기뻐하신다는 것이 창조 신학입니다.

여기 야고보서 5장 4절에서는 "보라 너희 밭에서 추수한 품꾼에게 주지 않은 삯이 소리 지르며 그 추수한 자의 우는 소리가 만군의 주의 귀에 들렸느니라"라고 말합니다. 노동했음에도 불구하고 노동의 대가를 받지 못해 울부짖고 신음하는 자들의 소리가 하나님의 귀에 들린다는 겁니다. 이것 때문에 하나님은 마음 아파하신다는 겁니다. 그래서 이런 불의하고 왜곡된 삶에 처한 이들을 도와줌으로써 그들이 인간답고 존엄한 삶을 회복할 수 있도록 하는 것이 하나님이 정말 기뻐하시는 일이라는 점을 강조하는 것이 바로 창조 신학입니다. 이 구속사 신학과 창조 신학이 균형을 이루는 것이 매우 중요합니다.

11절에서 인내의 모델로 욥을 제시합니다. 그다음에 5장 15절에서는 "믿음의 기도는 병든 자를 구원하리니"라고 되어 있습니다. 여기서 구원은 질병으로부터 치유받는 겁니다. 그런데 5장 15절을 이렇게 적용하시면 안 됩니다. "믿음의 기도는 병든 자를 구원한다. 질병으로부터 치유를 얻는다"라는 말씀에 근거해 누군가의 병이 치유되기를 간절히 기도했는데 그 사람이 낫지 못했다고 해서 우리가 믿음의 기도를 드리지 못했다고 생각할 필요는 없습니다. 우리가 정말 조심해야 할 사항이 있습니다. 우리가 믿음의 기도를 드린다고 해서 모든 질병으로부터 구원받는 것은 아니라는 겁니다. 그것이 어디에 나왔습니까? 다니엘서에 나옵니다. 하나님에 대한 일편단심의 신앙을 지킨 사람들이 사자 굴에 던져졌습니다. 모든 믿음의 사람들이 그 사자 굴에서 구원을 받은 것은 아닙니다. 여기서 어떤 신앙이 필요한 겁니까? "그리 아니하실지라도"의 신앙이 필요한 겁니다. 나는 이 수렁에서 구원받고 싶지만, 그것이 내가 간절히 원하는 소원이지만, 우리 기도의 마지막은 "나의 원대로 마옵시고 아버지의 뜻대로 하옵소서"라고 해야 합니다. 하나님이 행하시고자 하는 바를 '아멘'으로 받아들이는 것이 진짜 믿음의 기도입니다. 여기 나오는 5장 15절의 "믿음의 기도는 병든 자를 구원한다"라는 것을 내세에까지 길게 폭넓게 이해할 필요가 있습니다. 지금 당장은 그들이 실패한 것처럼 보이고 죽임당한 것처럼 보이지만 하나님이 반드시 그들을 회복해 주시고 그들에게 영원한 하나님 나라의 삶을 선물로 허락하실 것이라는 넓은 맥락에서 이 말씀을 이해해야 합니다. 지금 당장 믿음의 기도를 드리기만 하면 모든 질병으로부터 구원받는 것으로 이 구절을 이해하시면 안 된다는 겁니다.

17절을 보면 엘리야를 기도의 모델로 제시합니다. 5장에서 욥은 인내의 모델로, 엘리야는 기도의 모델로 나옵니다.

베드로전서

바울 서신과 마찬가지로, 베드로의 편지도 전서가 후서보다 좀 깁니다. 베드로전서는 5장까지 있고 베드로후서는 3장까지 있는데, 먼저 베드로전서를 살펴보겠습니다.

베드로전서 1:1-2 예수 그리스도의 사도 베드로는 본도, 갈라디아, 갑바도기아, 아시아와 비두니아에 흩어진 나그네 곧 하나님 아버지의 미리 아심을 따라 성령이 거룩하게 하심으로 순종함과 예수 그리스도의 피 뿌림을 얻기 위하여 택하심을 받은 자들에게 편지하노니 은혜와 평강이 너희에게 더욱 많을지어다.

여기 1장 1-2절에서 발신자가 나오고, 수신자가 나오고, 그 수신자에 대한 설명이 2절에 나옵니다. 그다음에 문안 인사가 나옵니다. 1장 1절을 보면 베드로는 자기를 "예수 그리스도의 사도"라고 간략하게 소개합니다. 이것이 사도 바울과 비교됩니다. 바울 서신을 보면 바울은 자기가 그리스도 예수의 사도가 되었다는 사실을 길게 기술하고 있습니다. 그런데 베드로는 단순하게 예수 그리스도의 사도라고만 소개합니다. '사도'라는 말은 보내심을 받았다는 겁니다. 예수 그리스도에 의해서 세상으로 파송된 자가 사도인데, 베드로에 관해서는 누구도 의심하지 않았습니다. 예수 그리스도가 3년간 공생애 사역을 하실 때 함께했고 그리스도께서 승천하시는 장면을 친히 목격했고 예수님께 마지막 지상명령을 받았고 성령의 오순절 강림을 경험했습니다. 베드로가 사도라는 점을 의심하는 사람은 아무도 없었습니다.

그래서 베드로는 아주 간략하게 자신이 예수 그리스도의 사도라는 점을 강조하는 반면에 바울은 반대입니다. 바울은 예수님의 공생애에 함께하지 않았습니다. 그리고 바울이 예수님으로부터 세상에 보냄받았다는 사실을 증거해 줄 만한 사람도 없었습니다. 그래서 바울은 편지를 쓸 때마다 자기가 예수 그리스도로부터 사도로 부름받았다는 사실을 매우 강조합니다.

베드로의 편지를 받는 수신자들이 살았던 지역은 본도, 갈라디아, 갑바도기아, 아시아, 비두니아인데 오늘날의 튀르키예 지역입니다. 소아시아라고도 부르는데 이 소아시아에 살고 있던 신앙인들에게 베드로가 보낸 편지가 바로 베드로전서입니다.

> 베드로전서 1:14 너희가 순종하는 자식처럼 전에 알지 못할 때 따르던 너희 사욕을 본받지 말고.

14절에서 '전에'라는 말이 나옵니다. 그러니까 이 사람들이 전에는 알지 못했다는 말입니다. 그때는 사욕을 본받았습니다. 이제는 "순종하는 자식처럼 살아가라"라는 말은, 그러니까 "하나님의 자녀가 되었기 때문에 과거의 죄 된 삶으로부터 이제 온전히 출애굽하라"라는 말입니다. 이 구절을 통해서 베드로의 편지를 받은 수신자들이 이전에는 이방의 우상들을 섬겼던 사람들이라는 사실을 알 수 있습니다. 베드로전서의 수신자는 디아스포라 유대인은 아닐 가능성이 큽니다. 왜냐하면 디아스포라 유대인의 경우에는 야훼 하나님을 다 믿습니다. 그들이 "예수가 하나님이 보내신 메시아다", "예수도 하나님이다"라는 고백을 하면서 기독교로 개종한 겁니다. 그런데 1장 14절에서 지금 베드로의 편지를 받는 사람들은 전에는 알지 못했습니다. 자기의 사욕에 따라 삶을 살아왔습니다. 그러다 이제는 순종하는 자식이 된 겁니다. 따라서 베드로의 편지를 받는 사람들은 전에는 하나님과 아무 상관이 없었던 사람들이었을 겁니다. 이방의 우상들을 숭배하는 이방인이었다가 이제는 하나님을 믿게 된 이방계의 기독교인으로 추측할 수 있습니다. 하나님의 백성이 된 다음에는 이전에 우리를 지배하던 삶으로부터 온전히 출애굽해야 한다는 점을 1장 14절이 말하고 있습니다.

베드로전서 1:15　오직 너희를 부르신 거룩한 이처럼 너희도 모든 행실에 거룩한 자가 되라.

1장 15절 말씀은 베드로전서의 가장 중요한 주제 말씀이라 할 수 있습니다. 한마디로 신앙은 예수의 길을 따라 걸어가는 겁니다. 신앙은 모방입니다. 누구에 대한 모방입니까? 누구에 대한 본받음입니까? 예수에 대한 모방입니다. 사도 바울도 고린도전서 11장 1절에서 "내가 그리스도를 본받는 자가 된 것같이 너희는 나를 본받는 자가 되라"라고 말합니다. 신앙은 예수를 믿는 겁니다. 예수를 믿는다는 것은 뭘까요? 예수가 걸어가셨던 그 길을 따라 걸어가는 겁니다. 하나님이 우리를 당신의 백성으로 부르셨습니다. 이제 우리는 하나님의 백성이 되었습니다. 이제 우리는 이 땅에서 어떤 삶을 살아야 합니까? 하나님이 원하시는 바대로의 삶을 살아가야 합니다. 정직하고 진실하고 거룩한 삶, 육신에 지배받지 않고 절제된 삶, 이기적인 삶을 뛰어넘어서 이웃을 위한 삶을 살아가야 하는 겁니다. 그래서 베드로가 "너희를 부르신 거룩한 이처럼 너희도 모든 행실에 거룩한 자가 되라"라고 말합니다. 결국 신앙은 모방하는 건데, 누구를 모방하고 따르는 거냐면, 예수를 따르고 모방하는 것이 신앙의 핵심임을 말하는 본문이 바로 1장 15절 말씀입니다.

2장으로 넘어가면 예수님에 대한 평가가 나옵니다. 2장 4절에는 예수님에 대한 사람들의 평가와 하나님의 평가가 나오는데, 너무나 서로 달랐습니다. 이것을 잘 보여 주는 예가 십자가와 부활 사건입니다. 이 땅에 정치권력과 종교권력이 힘을 합쳐서 예수에 대해 내렸던 마지막 판단이 무엇입니까? "너 같은 인간은 죽어야 해"라면서 이 땅의 정치권력과 종교권력은 힘을 합쳐서 예수님을 십자가에 못 박아 죽였습니다. 사람들이 예수에게 내렸던 마지막 판단이 바로 십자가의 죽음입니다. 그런데 하나님은 사람들의 이 판단을 뒤집어엎으셨습니다. 그것이 무엇입니까? 바로 부활 사건입니다. 예수와 같은 자는 다시 살아나야 한다는 뜻입니다. 이 십자가와 부활 사건을 통해서 동일한 예수에 대해서 사람들이 내렸던 판단과 하나님의 판단이 이렇게 다를 수 있다는 사실을 깨달을 수 있습니다. 여기 2장 4절에서 "사람에게 버린 바가 되었으나 하나님께는 택하심을 입은 보배로운 산 돌이신 예수에게 나아가"라고 말합니다. 사람에게는 버린 바가 되었습니다. 그런데 하나님께는 택하심을 입었습니다. 사람들과 하나님의 판단이 이렇게 다를 수 있습니다. 따라서 오늘날 이 땅에서 신앙인들은 누구의 판단을 염두에 두고 인생의 한 걸음 한 걸음을 내디뎌야 합니까? 사람들의 판단이 아니라 하나님의 판단에서 인정받는 자, 하나님의 판단에서 합격하는 자가 되어야 합니다.

> 베드로전서 2:9　그러나 너희는 택하신 족속이요 왕 같은 제사장들이요 거룩한 나라요 그의 소유가 된 백성이니 이는 너희를 어두운 데서 불러내어 그의 기이한 빛에 들어가게 하신 이의 아름다운 덕을 선포하게 하려 하심이라.

> 출애굽기 19:5-6　세계가 다 내게 속하였나니 너희가 내 말을 잘 듣고 내 언약을 지키면 너희는 모든 민족 중에서 내 소유가 되겠고 너희가 내게 대하여 제사장 나라가 되며 거룩한 백성이 되리라. 너는 이 말을 이스라엘 자손에게 전할지니라.

2장 9절입니다. 참 중요한 말씀입니다. 신앙인의 정체성에 대한 이야기가 나옵니다. 이 말씀은 이스라엘이 출애굽하고 나서 시내산에서 하나님과 언약을 체결할 때 하나님이 이스라엘을 규정했던 출애굽기 19장 5-6절 말씀과 매우 유사합니다. 신앙인은 어떤 사람이에요? 하나님의 택함을 받은 족속입니다. 왕 같은 제사장입니다. 거룩한 나라입니다. 하나님의 소유가 된 백성입니다. 이것이 바로 신앙인의 정체성입니다. 특별히 여기서 중요한 것은 "왕 같은 제사장"이라는 말입니다.

중세 가톨릭의 중요한 특징이 바로 사제 중심주의입니다. 가톨릭은 사제가 없으면 하나님께 예배드릴 수 없습니다. 사제가 없으면 하나님과의 만남이 불가능합니다. 하나님과 일반 백성 사이에 사제라는 중간 매개자를 통해서 하나님과 만날 수 있다는 것이 가톨릭의 주장입니다. 이것을 사제 중심주의라 합니다. 이 가톨릭의 사제 중심주의를 거부하고 만인 사제를 주장한 것이 바로 개신교입니다. 1517년에 마르틴 루터가 종교 개혁 운동을 일으켰고, 루터 이후에 등장한 장 칼뱅이나 울리히 츠빙글리나 필리프 멜란히톤이나 마르틴 부처 같은 많은 개혁가들이 강조했던 점이 몇 가지 있습니다. 예를 들어 오직 믿음, 오직 은혜, 오직 하나님의 영광, 오직 성경 여러 가지가 있습니다. 그런데 이 종교 개혁가들이 말했던 모든 것 중에 어떻게 보면 가톨릭도 강조했던 사항이 많이 있습니다. 가톨릭도 오직 믿음을 강조했습니다. 오직 하나님의 영광을 강조했습니다.

그런데 가톨릭과 개신교를 완전히 갈라서게 만드는 가장 중요한 차별성이 있습니다. 가톨릭은 사제 중심주의를 강조했다면 개신교는 만인 사제를 강조했다는 겁니다. 사제 중심주의와 만인 사제는 가톨릭과 개신교의 가장 중요한 차이라고 할 수 있습니다. 만인 사제는 신앙인 개개인이 다 왕 같은 제사장이라는 겁니다. 이것이 만인 사제의 중요한 근거 구절이 됩니다. 먼저 여기 "왕 같은 제사장"이라는 말은 우리 한 사람, 한 사람이 왕 같은 제사장이라는 말이 아니라 "왕을 위한 제사장, 왕을 섬기는 제사장"이라는 말입니다. 여기 왕은 누굽니까? 하나님입니다. "하나님을 위한 제사장, 하나님을 섬기는 제사장"이란 말입니다. 이 정체성을 잘 지켜 내는 것이 매우 중요합니다. 우리 한 사람, 한 사람이 하나님을 위하고 하나님을 섬기는 제사장으로서 거룩한 나라, 그분의 소유된 백성으로서의 정체성을 잘 지켜 내려면 우리

신앙인 한 사람, 한 사람이 하나님 말씀에 대해 온전히 이해할 필요가 있습니다. 그러니까 말씀을 열심히 공부해야죠. 그리고 머리로만 아는 것이 아니라 일상의 삶 속에서 말씀에 순종하는 삶을 살아 내야 합니다. 그렇지 않고 "나는 만인 사제야. 내가 바로 제사장이야"라는 점만을 주장하면 자칫 자기 신격화로 귀착할 위험성이 있습니다. 여기 나오는 만인 사제, 왕 같은 제사장이 제대로 현실로 구현되기 위해서라도 우리 한 사람, 한 사람이 하나님의 말씀에 대해 정말 뜨겁게 공부할 필요가 있습니다. 그리고 내가 깨달아 알게 된 것을 일상의 삶 속에서 순종할 때 우리는 하나님을 위한 제사장, 하나님을 제대로 섬기는 제사장이 될 수 있는 겁니다. 베드로전서 2장 9절에서 특히 "왕 같은 제사장"이라는 말이 가톨릭과 개신교를 구분하게 만드는 매우 중요한 말씀임을 기억하면 좋겠습니다.

> **베드로전서 2:10** 너희가 전에는 백성이 아니더니 이제는 하나님의 백성이요 전에는 긍휼을 얻지 못하였더니 이제는 긍휼을 얻은 자니라.

2장 10절 말씀을 통해서 베드로의 편지를 받는 수신자들 대다수가 이방계 기독교인임을 알 수 있습니다. 이들이 전에는 하나님의 백성이 아니었습니다. 그러나 이제는 하나님의 백성이 되었습니다. 만약 이들이 디아스포라 유대 기독교인이라면 이들은 전에도 하나님의 백성이었습니다. 그러다 이제는 더 온전한 하나님의 백성이 되었을 겁니다. 그런데 "너희가 전에는 백성이 아니었다"라는 말 속에서 이들이 이전에는 하나님과 아무런 상관이 없고, 하나님을 알지 못했던 이방인이었는데, 지금은 하나님을 믿는 이방계 기독교인이 되었다는 사실을 알 수 있습니다.

> 베드로전서 2:13-14 인간의 모든 제도를 주를 위하여 순종하되 혹은 위에 있는 왕이나 혹은 그가 악행하는 자를 징벌하고 선행하는 자를 포상하기 위하여 보낸 총독에게 하라.

그다음에 2장 13-14절을 보겠습니다. 그동안 근본주의자들은 2장 13-14절 말씀을 인용하면서 국가에 대한 순종의 미덕을 강조해 왔습니다. 여기 "인간의 모든 제도"는 인간이 만든 모든 제도입니다. 이것이 로마서 13장과 다릅니다. 로마서 13장은 "위에 있는 권세에 복종해라. 위에 있는 권세는 하나님으로부터 나왔다"라고 말했잖아요. 그러니까 로마서에서는 모든 권세의 기원이 하나님인 것처럼 말했습니다. 그런데 베드로전서 2장 13절에서는 "인간의 모든 제도"라고 말합니다. 인간이 만든 모든 제도입니다. 13-14절 말씀을 보면 우리가 주님을 위해서 인간이 만든 정치제도나 위에 있는 권력자들에 대해서 순종하라고 말하는 것처럼 보입니다.

신앙인들이 고민하는 가장 중요한 이슈 가운데 하나가 이 땅에 있는 권력, 특별히 이 땅에 있는 정치권력에 대해서 어떤 입장을 취해야 할 것인가 하는 점입니다. 신약성경에서는 신앙인이 이 땅에 있는 정치권력에 대해 취해야 할 자세에 대해 크게 세 군데에서 말하고 있습니다. 하나가 로마서 13장이고 또 하나가 베드로전서 2장 13-14절이고 또 하나가 요한계시록 13장입니다. 로마서 13장에서는 "위에 있는 권세는 하나님이 세우신 권세"라 말합니다. 위에 있는 권세는 권선징악을 위해서 하나님이 이 땅에 세우신 것입니다. 그런데 요한계시록 13장에서는 "위에 있는 정치권력이 사탄의 하수인으로 존재할 때도 있다. 그래서 이 땅에 있는 정치권력이 사탄의 하수인이 되어서 하나님의 백성을 핍박하고 하나님의 백성을 하나님으로부터 이탈하게 해 왜곡된 길로 인도한다"라는 식으로 말합니다. 또 하나가 베드로전서 2장 13-14절인데, 여기에서는 "위에 있는 권세에 순종하라"라고 말합니다. 무엇을 위해서요? 주를 위해서요. 이처럼 신약성경 안에는 이 땅의 정치권력에 대해서 하나님이 세우신 권력이니까 순종하고 복종하라고 말하는 본문도 있고, 이 땅의 정치권력이 때로는 사탄이 세운 권력일 수도 있으니, 이에 대해서는 철저히 저항하라고 말하는 본문도 있습니다. 중요한 것은 이 말씀들이 기록된 시점에 따라 다르다는 겁니다. 예를 들어 로마서나 베드로전서가 쓰일 당시에는 로마라는 정치권력으로부터 교회가 핍박받을 때는 아니었습니다. 그런데 요한계시록은 로마라는 정치권력으로부터 교회가 핍박을 받을 때 쓰였습니다. 정치권력과 교회가 어떤 관계에 있느냐에 따라서 이 정치권력에 대한 성경의 주장이 상이하다는 사실을 기억하면 좋겠습니다.

가장 중요한 점은 예수님의 말씀처럼 "가이사의 것은 가이사에게 하나님의 것은 하나님에게"라는 원칙입니다. 여기 "가이사의 것은 가이사에게"라는 말은 "정치는 정치인에게, 하나님의 것은 하나님에게"를 뜻하는 말이 아닙니다. "가이사의 것은 가이사에게" 다음에 '그리고' 또는 '그러나'로 번역되는 '카이καὶ'라는 접속사가 있습니다. 여기서 '카이'는 '그러나'라고 번역하는 편이 좋습니다. 그리고 "가이사의 것은 가이사에게" 할 때의 '것'은 '형상'을 말합니다. 즉 "가이사의 얼굴이 그려진 동전은 가이사에게 바쳐라. 그러나 하나님의 얼굴이 그려진 것은 하나님께 바쳐라"라는 뜻입니다. 하나님의 얼굴이 그려진 것이 무엇입니까? 하나님의 형상대로 지음받은 사람입니다. "하나님의 형상대로 지음받은 사람들은 하나님께 바쳐야 한다", 즉 하나님께 순종해야 한다는 것이 바로 예수님의 주장이었습니다. "가이사의 얼굴이 그려진 동전은 가이사에게 바치되 하나님의 형상대로 지음받은 모든 존재는 하나님께 바쳐라." 여기에 누구도 포함됩니까? 가이사도 포함됩니다. 모든 존재는 하나님께 순종해야 한다는 것이 예수님 말씀의 핵심입니다. 이 땅의 정치권력이 하나님이 원하시는 방향대로 나아갈 때는 우리가 박수를 쳐 줘야 합니다. 그러나 이 땅의 정치권력이 사탄의 하수인, 악마의 하수인 역할을 할 때는 하나님의 정의와 진리를 붙잡고 그들이 무엇을 잘못하고 있는지에 대해서 질타해야 합니다. 이것이 이 땅의 정치권력에 대한 신앙인의 올바른 자세라고 할 수 있습니다.

> 베드로전서 2:21　이를 위하여 너희가 부르심을 받았으니 그리스도도 너희를 위하여 고난을 받으사 너희에게 본을 끼쳐 그 자취를 따라오게 하려 하셨느니라.

2장 21절은 신앙인의 정체성을 하나님으로부터 부르심받은 자들로 규정합니다. 무엇으로 부름받은 겁니까? 하나님의 백성으로 부름받은 것이고 예수의 제자로 부름받은 겁니다. 따라서 신앙인은 우리의 모범이 되신 예수를 온전히 따라가야 합니다. 1장 15절과 2장 21절이 똑같은 말씀입니다. 신앙은 뭡니까? 예수 따름입니다. 그래서 예수를 제대로 따르기 위해서라도 예수님이 어떤 길을 걸어가셨는지, 예수님이 어떤 사역을 행하셨는지 이것을 명확하게 아는 것이 중요합니다.

3장 1-7절은 남편과 아내의 관계에 대한 이야기가 나옵니다. 재밌는 점은 여기서 아내는 신앙을 가지고 있는데 남편은 신앙이 없는 사람입니다. 그래서 그리스도인 아내가 비그리스도인 남편에 대해서 어떤 태도를 취해야 하는가를 말하는 본문이 3장 1-7절입니다. 당시 아내들은 남편에게 절대적으로 복종했습니다. 그리고 아내가 남편에게 복종하는 가장 중요한 부분이 남편의 종교를 수용하는 것이었습니다. 그런데 여기서 베드로는 신앙을 가진 아내에게 남편을 신앙 안으로 견인할 것을 요청합니다. 한마디로 불신 남편과 함께 살아가고 있는 가정이 선교지라는 겁니다. 그러니까 얼마나 이것이 길고 험난한 과정이었을지 상상할 수 있습니다. 7절을 보면 "남편들아 이와 같이 지식을 따라 너희 아내와 동거하고 그를 더 연약한 그릇이요 또 생명의 은혜를 함께 이어받을 자로 알아 귀히 여기라"라고 말합니다. 아내를 "더 연약한 그릇"이라고 말합니다. 아내가 더 연약하다는 말은 남편도 연약한 그릇이라는 말입니다. 남편과 아내 모두가 다 깨지기 쉬운 존재라는 겁니다. 이것을 창세기는 뭐라고 했습니까? 인간은 흙으로 지음받았다고 말합니다. 여기서 '흙'은 '깨지기 쉬운', '부서지기 쉬운', '넘어지기 쉬운'이라는 뜻입니다. 그런데 여성이 남성에 비해 더 연약한 그릇이라는 뜻입니다. 그래서 서로가 서로에 대해 불쌍히 여기는 마음이 필요합니다. 긍휼히 여기는 마음이 필요합니다. 서로를 아껴 주는 마음이 중요합니다.

> **베드로전서 3:15** 너희 마음에 그리스도를 주로 삼아 거룩하게 하고 너희 속에 있는 소망에 관한 이유를 묻는 자에게는 대답할 것을 항상 준비하되 온유와 두려움으로 하고.

3장 15절은 한마디로 대답을 준비하는 신앙을 가지라는 겁니다. 왜 우리가 하나님을 믿고 있는지, 왜 예수를 구원자로 고백하고 있는지, 왜 그런 삶을 살아 내고 있는지, 누군가의 질문에 대해서 대답을 준비하는 신앙을 가지라는 겁니다. 그런 의미에서 우리는 오늘날 얼마나 잘 준비되어 있는가 돌아봐야 합니다. 너무나 안타까운 점은 신앙생활을 몇십 년 한 사람들도 누군가 우리에게 신앙과 관련된 질문을 던지면 자신이 무엇을 믿는지 말하지 못하는 사람들이 너무나 많다는 겁니다. 그러면 안 됩니다. 여기 3장 15절처럼 대답을 준비하는 신앙을 갖추는 것이 중요합니다.

> **베드로전서 3:18-20** 그리스도께서도 단번에 죄를 위하여 죽으사 의인으로서 불의한 자를 대신하셨으니 이는 우리를 하나님 앞으로 인도하려 하심이라. 육체로는 죽임을 당하시고 영으로는 살리심을 받으셨으니 그가 또한 영으로 가서 옥에 있는 영들에게 선포하시니라. 그들은 전에 노아의 날 방주를 준비할 동안 하나님이 오래 참고 기다리실 때에

복종하지 아니하던 자들이라. 방주에서 물로 말미암아
구원을 얻은 자가 몇 명뿐이니 겨우 여덟 명이라.

그리고 조금 난해하고 어려운 것이 3장 18-20절입니다. 예수님이
십자가에 달려 돌아가시고 부활하시기 전까지 예수님이 무엇을 하셨
는가에 관한 내용입니다. 예수님이 노아의 방주 사건 때 노아의 전도
를 받아들이지 않아서 멸망했던 사람들에게 복음을 전하기 위해서 옥
에 내려가셨다는 겁니다. 이것을 '지옥 전도설' 또는 '지옥 정복설'이
라고 합니다. 너무 특이하지 않습니까? 예수님이 노아 당시 멸망한 자
들에게 전도하셨다고 말하고 있습니다. 개신교는 사람이 죽음과 동시
에 운명이 결정된다고 봅니다. 그런데 가톨릭이나 일부 학자들은 사람
이 죽은 다음에 운명이 확정되는 것이 아니라 여전히 구원의 가능성이
열려 있다고 주장합니다. 그 구원의 가능성이 열려 있다는 근거 구절
로 내세우는 말씀이 바로 3장 18-20절입니다. 그 가운데 하나가 바로
무엇입니까? 연옥입니다. 또는 가톨릭에서 말하는 림보라는 곳입니다.
연옥은 천국과 지옥 사이에 있는 중간적인 장소입니다. 천국으로 직행
하지 못한 사람들이 머무르는 곳으로, 씻어 내지 못한 남은 죄를 깨끗
하게 정화하는 곳입니다. 그래서 가톨릭이나 일부 학자들은 여기 나오
는 옥을 근거로, 우리가 죽은 다음에 우리의 운명이 바로 결정되는 것
이 아니라 예수 그리스도에 의해서 다시 구원받을 기회가 여전히 있다
고 주장하는 겁니다.

그다음에 4장 3절을 보면 "너희가 음란과 정욕과 술 취함과 방탕과
향락과 무법한 우상숭배를 하여 이방인의 뜻을 따라 행한 것은 지나

간 때로 족하도다"라고 말합니다. 여기에서도 이 사람들이 예수를 믿기 전에 어떤 삶을 살았는지 잘 설명해 줍니다. 이것은 지나간 일로 족합니다. 이제는 그렇게 살면 안 됩니다. 이것을 통해서 베드로전서의 수신자들이 이방 기독교인이었다는 사실을 알 수 있습니다. 과거에는 하나님과 무관했던 이방인이었는데 지금은 신앙을 가진 이방 기독교인이라는 겁니다. "이러므로 너희가 그들과 함께 그런 극한 방탕에 달음질하지 아니하는 것을 그들이 이상히 여겨 비방[한다]"라고 한 4절이 그 사실을 암시합니다. 옛날에는 예수를 안 믿은 사람들과 동일하게 살아왔으나 이제는 삶을 바꿔 낸 겁니다. 그러니까 옛날에 함께 놀던 사람들이 이것을 이상히 여깁니다. 신앙을 가진 사람들은 이 세상에 살아가지만 세상의 가치와 세상의 문화에 동화되지 않습니다. 그것을 추종하지 않습니다. 세상에 살아가지만 세상에 속하지 않은 존재인 겁니다. 신앙인과 비신앙인의 삶이 확연히 구분되는 겁니다.

그런 모습은 우리 한국 교회사에서도 찾아볼 수 있습니다. 한국 교회 초기의 신앙인들은 술을 마시지 않았고 담배를 피우지 않았습니다. 그리고 축첩을 하지 않았습니다. 술과 담배와 축첩은 그 당시 사람들이 죄라고 생각하지 않았던 부분이었습니다. 그런데 이들이 예수를 믿고 나서 보니까 하나님은 우리가 술과 담배와 축첩을 하길 원하지 않으신다는 사실을 깨달았습니다. 그래서 그런 것들을 하지 않음으로써 "나는 이제 내 인생의 주인을 바꾸었다. 내 주인은 하나님이시다", "하나님이 이것을 원하시지 않기 때문에 나는 이것들을 행하지 않겠다"와 같은 결심을 보여 준 겁니다. 신앙인이 비신앙인과 구별된 삶을 살아 낸 겁니다. 이런 것들에 대해서 과거에 신앙인들과 함께했던 사람들은 변화된 그들의 모습을 보면서 이상히 여깁니다. 오늘날에도 마찬가지입니다. 오늘날에는 신앙인들이 비신앙인들과 어떤 차별된 삶을 살아야 할까요? 단순히 술, 담배를 하지 않는 삶을 뛰어넘어서 훨씬 고차원적인 삶의 모습을 보여 주어야 합니다. 훨씬 정직하고 진실하고 거룩하고 절제된 삶을 통해서 하나님의 백성은 이렇게 살아간다는 점을 세상에 증거할 수 있으면 참 좋겠다는 생각이 듭니다.

> 베드로전서 4:10 각각 은사를 받은 대로 하나님의 여러 가지 은혜를 맡은 선한 청지기같이 서로 봉사하라.

은사는 공동체와 지체들의 유익을 위해서 하나님이 주시는 선물입니다. 하나님이 우리에게 은사를 주셨습니다. 이 은사는 무엇을 위한 겁니까? 나에게 어떤 은사를 주셨을 때 나는 이 은사를 발휘함으로써 공동체를 유익하게 해야 합니다. 사람들을 유익하게 해야 합니다. 마치 택배 배달과 같은 겁니다. 은사를 궁극적으로 보내신 분, 주시는 분은 누구죠? 하나님이십니다. 나는 그 은사를 배달하는 겁니다. 전달하는 겁니다. 그래서 내가 그 은사를 전달했다고 해서 마치 내가 준 것처럼 자랑할 수 있겠습니까? 내가 준 것처럼 떠벌릴 수 있겠습니까? 모든 은사를 행할 때 겸손할 수밖에 없는 겁니다.

> 베드로전서 5:8 근신하라. 깨어라. 너희 대적 마귀가 우는 사자같이 두루 다니며 삼킬 자를 찾나니.

5장 1-3절을 보면 장로들에 대한 권면이 나옵니다. 핵심은 신앙인들의 모범이 되라는 겁니다. 신앙인들이 장로들의 모습을 보고 따를 수 있도록 모범이 되라는 것이 바로 1-3절의 말씀입니다. 5장 8절에는 "대적 마귀가 우는 사자같이 두루 다니며 삼킬 자를 찾[는다]"라는 말씀이 있습니다. 이 삼킬 자를 찾고 있는 훼방자에게 먹히지 않기 위해서라도 근신하면서 깨어 있어야 합니다. 그런데 우리 개인은 너무 연약합니다. 그래서 하나님은 우리를 서로 만나게 하신 겁니다. 나를 깨어 있도록 만드는 관계가 필요합니다. 이런 관계를 뭐라고 했습니까? "돕는 배필"이라 했습니다.

5장 12절에서 "내가 신실한 형제로 아는 실루아노로 말미암아 너희에게 간단히 써서 권하고"라고 되어 있습니다. 베드로전서를 쓰고 있는 대필자가 실루아노입니다. 이 '실루아노'라는 이름은 라틴어이고, 이를 헬라어로 바꾸면 실라입니다. 실라를 통해서 베드로가 베드로전서를 쓰고 있는 겁니다. 쓴 사람은 실루아노이지만, 베드로가 쓰게 했기 때문에 베드로를 실질적인 저자로 여깁니다. 쓰게 한 그 사람을 저자라고 보는 겁니다.

> 베드로전서 5:13　택하심을 함께 받은 바벨론에 있는 교회가 너희에게 문안하고 내 아들 마가도 그리하느니라.

13절에 나오는 "바벨론에 있는 교회"는 로마에 있는 교회를 말합니다. 구약 이스라엘 역사를 살펴보면 이스라엘을 억압하고 괴롭혔던 제국들이 나옵니다. 제일 처음에 나온 제국이 앗시리아이고 그 이후에 바빌로니아, 페르시아, 헬라, 로마가 등장합니다. 그런데 다섯 제국 가운데 앗시리아, 바빌로니아, 페르시아, 헬라 가운데 성전을 무너뜨린 나라가 어디죠? 바로 바빌로니아입니다. 나중에 주후 70년에 로마가 또 한 번 성전을 무너뜨립니다. 그때부터 로마를 바벨론이라고 했습니다. 바벨론과 로마의 공통점이 바로 성전 파괴입니다. "택하심을 함께 받은 바벨론에 있는 교회"는 로마에 있는 교회를 가리킵니다. 이후에 요한계시록에서도 "큰 성, 바벨론"에 대한 이야기가 자주 나옵니다. 여기서 바벨론은 로마를 가리키는 비유적 언어인 셈입니다. 이것을 통해서 베드로전서가 주후 70년 이후에 기록되었음을 짐작할 수 있습니다.

그다음에 "내 아들 마가도 그리하느니라"라는 구절을 통해 베드로의 믿음의 아들이 마가임을 알 수 있습니다. 전설에 의하면 베드로가 이후에 로마에 가서 복음을 전할 때 베드로의 통역을 담당했던 사람이 마가라고 합니다. 그래서 베드로가 믿음의 아들로 여긴 마가에게 예수 그리스도의 사역과 예수 그리스도의 말씀을 이야기하면 마가는 그것을 그대로 썼습니다. 그래서 탄생한 것이 바로 마가복음입니다. 마가는 예수님의 공생애 사역에 동참한 열두 제자가 아닙니다. 그런데 왜 초대교회에서 마가가 쓴 복음서를 하나님의 영감받은 말씀으로 받아들였을까요? 쓰기는 마가가 썼지만, 마가로 하여금 그 복음서를 쓰게 한 사람을 베드로라고 생각했기 때문입니다. 그래서 마가복음은 베드로가 쓴 것과 마찬가지의 권위를 갖게 된 것입니다. 사도 바울의 믿음의 아들이 디모데와 디도인 것처럼 베드로의 믿음의 아들은 마가였습니다. 이것이 5장 13절 말씀입니다.

베드로후서

이제 베드로후서를 살펴보겠습니다. 제목에서 알 수 있는 것처럼, 베드로전후서의 저자는 베드로입니다. 그런데 베드로가 어떤 사람입니까? 예수님의 수제자 아닙니까? 그런데 어떻게 예수님의 수제자인 베드로가 쓴 편지가 이렇게 신약의 뒷부분에 배치되었을까요? 예수님의 수제자가 쓴 편지라면 신앙인들에게 가장 중요한 평가를 받았을 것 같지 않습니까? 로마에 의해서 기독교가 국교가 된 때가 392년이고 신약의 27권이 정경으로 확정된 때는 카르타고 종교회의가 열린 397년입니다. 당시 교회 안에는 로마의 박해로 인해 배교했다가 다시 교회로 돌아온 이들이 많았습니다. 배교자들이 볼 때는 뭔가 엄중하고 분명하게 "한번 배교하면 더 이상 하나님의 구원을 받을 수 없다", "참된 믿음에는 참된 순종이 있어야 한다"라는 메시지를 전하는 공동 서신이 부담스러울 수밖에 없었습니다. 믿기만 하면 하나님의 백성이 되고 믿기만 하면 하나님과의 관계가 회복된다는 바울 서신이 그들에게는 큰 위로가 되었을 것입니다. 그래서 로마의 국교가 된 이후에 신약의 27권이 정경으로 확정이 될 때 공동 서신의 권위는 바울 서신보다 밀려난 것입니다.

이때 교회 안에 있었던 중요한 논쟁 가운데 하나가 도나투스Donatus라는 사람과 아우구스티누스의 논쟁입니다. 도나투스는 교회의 순결을 강조했습니다. 그는 하나님을 저버리고 참된 순종의 행위를 하지 않으며 배교했던 사람들, 교회는 다니지만 하나님의 백성다운 삶을 살지 않는 범죄자들이 있는 교회는 하나님이 떠나신 교회라고 주장했습니다. 마치 에스겔 8-11장의 내용이 연상됩니다. 에스겔 8-11장을 보면, 하나님의 영광이 타락한 성전을 점점 떠납니다. 하나님은 항상 성전 안에 계시는 분이 아닙니다. 타락한 성전을 하나님은 떠나가십니다. 하나님의 영광이 떠난 성전은 건물 덩어리에 불과합니다. "범죄자들이 있는 교회에 하나님이 함께하지 않는다. 그리고 타락한 지도자에게 받은 세례는 무효다"라고 주장한 사람이 도나투스입니다.

그런데 이 도나투스와 논쟁한 사람이 아우구스티누스입니다. 아우구스티누스는 "세례는 사람에게 받는 것이 아니다. 나에게 세례를 베푼 사람이 거룩한 목사인지 타락한 목사인지는 중요하지 않다. 세례는 사람이 베푸는 것이 아니라 성삼위 하나님의 이름으로 받는 것이다. 그렇기 때문에 누가 세례를 베풀었는가는 중요하지 않다. 따라서 타락한 지도자가 베푼 세례도 여전히 유효하다"라고 주장했습니다. 그런데 도나투스와 아우구스티누스의 논쟁에서 많은 신앙인은 아우구스티누스의 손을 들어 줍니다.

만약 교회가 주후 1세기경에 목숨 걸고 예수를 믿었던 사람들이 대다수였을 시기에 이런 논쟁이 있었다면 "참된 믿음에는 참된 행함이 있을 수밖에 없다"라는 공동 서신의 권위가 더 강조되었을 수도 있습니다. 헬레니즘의 시각으로 믿음을 인지적 동의로 생각한 사람들은 사실은 바울의 주장을 오해한 것입니다.

오늘 한국 교회는 신앙의 연수가 140년을 향해 달려가고 있습니다. 교회 안에서 예수를 믿게 된 지 10년, 20년, 30년 심지어 70년 동안 예수를 믿은 분들도 계십니다. 이런 분들은 바울 서신보다는 공동 서신이 말하고 있는 메시지에 대해서 좀 더 귀를 활짝 열어 놓고 공동 서신이 우리에게 건네는 말씀을 경청할 필요가 있습니다.

> **베드로후서 1:5-7** 그러므로 너희가 더욱 힘써 너희 믿음에 덕을, 덕에 지식을, 지식에 절제를, 절제에 인내를, 인내에 경건을, 경건에 형제 우애를, 형제 우애에 사랑을 더하라.

앞에서 베드로전서는 신앙은 "예수를 모방하는 것이다", "예수가 걸어가셨던 그 길을 따르는 것이다"라는 점을 강조한다고 말씀드렸습니다. 이제 베드로후서 본문을 보면서 설명드리겠습니다. 베드로후서 1장 5-7절을 보면, 믿음에서 출발해 제일 마지막에는 사랑으로 끝납니다. 핵심은 사랑이라는 겁니다. 믿음에서 시작한 걸음은 신적 성품을 닮는 것으로 나아가야 합니다. 신적 성품에 이르기까지 끊임없이 성장해야 한다는 뜻입니다. 믿음에서 시작해서 사랑을 더하는 이것이 어떻게 보면 신앙인이 걸어가야 할 길이라 할 수 있습니다. 믿음을 갖고 있다는 사실이 중요한 것이 아니라 덕을 갖춘 믿음이 중요합니다. 덕에는 뭐가 필요합니까? 참된 지식이 필요합니다. 지식에는 또 절제가 필요합니다. 절제에는 인내가 필요하고 인내에는 경건이 필요합니다. 여기서 앞뒤를 뒤바꾸면 우리가 조심해야 할 점이 무엇인가를 알 수 있습니다. 덕이 없는 믿음을 조심해야 합니다. 지식이 없는 덕을 조심해야 합니다. 절제가 없는 지식을 조심해야 합니다. 인내가 없는 절제, 경건이 없는 인내, 형제 우애가 없는 경건, 사랑이 없는 형제 우애를 조심해야 합니다. 매우 우애가 있는 것처럼 행동하지만 한 존재에 대해서 사랑이 없을 수 있습니다. 베드로후서 1장 5-7절의 말씀은 우리가 신앙 안에서 어떤 성장을 해야 하는지를 잘 보여 줍니다. 이것을 뒤바꾸었을 때 나오는 '덕이 없는 믿음, 지식이 없는 덕' 등을 조심해야 합니다.

1장 9절은 "이런 것이 없는 자는 맹인이라 멀리 보지 못하고 그의 옛 죄가 깨끗하게 된 것을 잊었느니라"라는 말씀이 있습니다. 여기에 나오는 '맹인'이라는 단어는 '시각장애인'으로 고쳐야 합니다. 대부분의 한국 교인들이 개역개정 성경을 보는데 개역개정은 개역 성경을 약간 개정한 것입니다. 그리고 개역은 구역 성경을 수정한 것입니다. 구역 성경을 약간 바꾼 것이 개역이고 개역 성경을 약간 바꾼 것이 개역개정입니다. 그런데 우리가 보고 있는 한글 번역 성경은 기본적으로 1937-1938년도에 번역되었습니다. 그 시기의 번역을 구역이라고 하고 그것을 약간 바꾼 것을 개역이라고 하고 개역을 약간 바꾼 것을 개역개정이라고 합니다. 우리는 2023년에 이 성경을 보고 있지만 사실 이 성경 본문이 번역된 것은 1930년대입니다. 그래서 개역개정 성경에는 1930년대의 한자 투가 많이 나오고 장애인들에 대한 비하 표현이 많이 나옵니다. 맹인, 절뚝발이, 눈먼 자, 병신, 저는 자와 같은 표현들이 있습니다. 이런 식의 번역이 탄생한 까닭은 1930년대에는 대한민국 사회에서 장애인들에 대한 인권이라는 개념이 거의 없었기 때문입니다. 예수를 믿는 사람이건 믿지 않는 사람이건 한국 사회에서 장애인들을 다 그렇게 불렀습니다. 그런데 1988년에 서울올림픽대회를 기점으로 장애인에 대한 표현이 확 달라집니다. 요즘은 누구도 소경, 맹인 이런 식의 표현을 쓰지 않습니다. 시각장애인이라고 부릅니다. 그런데 여전히 한글 번역 성경은 1930년대의 번역을 사수하고 있습니다. 제가 볼 때 오늘날 대한민국 사회에 10분의 1 정도의 신체적

또는 정서적 장애를 가진 사람들이 있는데 그분들을 생각해서라도 장애인들에 대한 비하적 표현을 속히 수정할 필요가 있다고 생각합니다. 그리고 1930년대의 이런 한문 투 성경을 그래로 고수하면서 자라나는 세대에게 성경을 읽으라고 권하는 것은 무리입니다. 자라나는 세대가 자신들의 언어로 읽을 수 있는 한글 번역 성경이 빨리 출간되면 좋겠다는 생각이 듭니다. 안타까운 점은 여전히 교회 안에 봉건적 인식을 가진 분들이 많다는 것입니다. 그분들은 조선 시대의 사서삼경처럼 경전이라고 한다면 읽자 마자 바로 이해되기보다는 좀 어려워야 한다는 생각을 갖고 있습니다. 그래서 어려운 뜻을 알기 위해서 애쓰고 수고하는 것이 경전을 대하는 자세이지 읽자 마자 바로 이해되는 것은 경전답지 못하다고 생각합니다. 이런 인식이 바뀌지 않으면 미래 세대는 점점 말씀으로부터 멀어질 수밖에 없을 것입니다.

> **베드로후서 1:14** 이는 우리 주 예수 그리스도께서 내게 지시하신 것같이 나도 나의 장막을 벗어날 것이 임박한 줄을 앎이라.

신약성경에서 '장막을 벗어난다'라는 말은 육체의 죽음을 의미하는 표현입니다. 1장 14절을 통해 베드로후서가 베드로의 유언적 설교와 권면이라는 사실을 알 수 있습니다. 마치 구약의 뭐가 연상되죠? 신명기가 연상됩니다. 신명기는 모세의 유언적 설교입니다. 하나님의 부르심을 얼마 남겨 두지 않은 상황에서 남아 있는 출애굽 2세대를 향해서 모세가 선포했던 유언적 설교가 신명기 아닙니까. 마찬가지로 베드로후서도 베드로가 하나님의 부르심이 얼마 남지 않았다는 사실을 깨닫고 남아 있는 자신의 교인들을 위해서 건넨 유언적 설교와 권면입니다.

1장 17절에 "지극히 큰 영광 중에서 이러한 소리가 그에게 나기를 이는 내 사랑하는 아들이요 내 기뻐하는 자라 하실 때에 그가 하나님 아버지께 존귀와 영광을 받으셨느니라"라는 말씀이 나옵니다. 1장 17절은 변화산 사건에 대한 베드로의 회상입니다. 복음서를 보면 예수님의 제자가 열두 명이지만 정말 중요한 사건의 현장에는 예수님이 세 명의 제자들을 주로 데리고 다니셨습니다. 누구죠? 베드로, 야고보, 요한입니다. 베드로와 야고보, 요한만이 변화산 사건을 경험했습니다. 그 사건을 베드로가 회상하고 있습니다.

2장 1-3절에는 거짓 교사들의 특징이 나옵니다. 사탄이 하나님의 백성 된 공동체, 그리스도의 몸 된 교회를 흔들기 위해서 심어 놓은 가라지가 있습니다. 그들이 바로 거짓 교사들입니다. 거짓 교사들은 사람들이 듣고 싶어 하는 메시지를 선포합니다. 한마디로 소비자 중심의 사역을 행하는 것입니다. 누구의 후계자입니까? 우리가 구약의 예언서를 공부할 때 예언자가 크게 두 부류가 있다고 말씀드렸습니다. 참예언자와 거짓 예언자가 있습니다. 참 예언자는 어떤 사람입니까? 자신을 예언자로 부르시고 자기를 예언자로 파송하신 하나님 중심의 사역을 행하는 자가 바로 참 예언자입니다. 성경이 말하는 예언이 뭐라고 했죠? 미래에 일어날 일을 미리 말하는 것이 아니라 하나님이 맡겨주신 말씀을 있는 그대로 선포하는 것입니다. 어떤 사람이 참 예언자입니까? 하나님이 맡겨 주신 말씀을 있는 그대로 선포하는 사람입니다. 그런데 참 예언자는 언제나 소수입니다. 대다수는 거짓 예언을 했습니다. 거짓 예언자의 특징은 무엇입니까? 자신을 예언자로 부르고 파송하신 하나님 중심의 사역이 아니라 자기의 메시지를 듣고 있는 소비자 중심의 사역을 했던 자들입니다. 청중이 듣기 원하는 메시지를 선포하면서 그들로부터 물질적인 혜택을 공급받았습니다. 이런 거짓 예언자들의 후예가 바로 2장 1-3절에 나오는 거짓 교사들입니다.

2장 1절을 보면 "그러나 백성 가운데 또한 거짓 선지자들이 일어났었나니 이와 같이 너희 중에도 거짓 선생들이 있으리라 그들은 멸망하게 할 이단을 가만히 끌어들여 자기들을 사신 주를 부인하고 임박한 멸망을 스스로 취하는 자들이라"라고 말합니다. 여기 흥미로운 단어가 하나 나옵니다. 바로 "이단을 가만히 끌어들였다"라는 표현입니다. 이단이 성립되려면 정통이 있어야 합니다. 무엇이 옳은가, 무엇이 올바른가에 대한 고민 속에서 정통이 있어야만 정통과 다른 이단을 분별할 수 있습니다.

그래서 여기 2장 1절에서 이단이라는 말을 통해서 우리는 무엇을 알 수 있습니까? 베드로후서가 기록된 이 당시에 신앙인이 알아야 할 올바른 것, 정통이 조금씩 확립되어 가고 있었다는 사실을 알 수 있습니다. 여기 정통에서 가장 중요한 것이 무엇입니까? 바로 예수에 대한 참된 인식입니다. 사람들이 처음에는 예수를 예언자 중의 하나로 생각했습니다. 그리고 시간이 지난 다음에 예수를 메시아로 고백했습니다. 그리고 시간이 더 지난 다음에는 "예수는 하나님이시다"라는 고백들을 하나씩 확립해 가게 됩니다. 이런 정통에 대해서 다른 주장을 하는 사람들이 이단이 된 것입니다. 여기 2장 1절에 '이단'이라는 단어가 쓰인 것을 통해서 베드로후서가 기록될 당시에 정통이라는 것이 하나둘 확립되어 가고 있었다는 점을 알 수 있습니다.

> **베드로후서 2:14** 음심이 가득한 눈을 가지고 범죄하기를 그치지 아니하고
> 굳세지 못한 영혼들을 유혹하며 탐욕에 연단된 마음을 가
> 진 자들이니 저주의 자식이라.

거짓 교사들이 추구하는 것은 결국 돈과 권력과 성적인 탐닉입니다. 그리고 15절에서 이런 거짓 교사들이 추종하는 모델이 하나 나옵니다. 바로 브올의 아들 발람입니다. 2장 15절입니다. "그들이 바른길을 떠나 미혹되어 브올의 아들 발람의 길을 따르는도다 그는 불의의 삯을 사랑하다가." 돈과 권력을 추구하다가 하나님의 백성 이스라엘을 넘어뜨린 바알브올 사건을 조언했던 사람이 브올의 아들 발람입니다. 발람의 이야기가 어떻게 끝났는지는 민수기 31장 8-16절에 잘 나옵니다.

> **베드로후서 2:20-21** 만일 그들이 우리 주 되신 구주 예수 그리스도를 앎으
> 로 세상의 더러움을 피한 후에 다시 그중에 얽매이고
> 지면 그 나중 형편이 처음보다 더 심하리니 의의 도를
> 안 후에 받은 거룩한 명령을 저버리는 것보다 알지 못
> 하는 것이 도리어 그들에게 나으니라.

2장 20-21절을 보면 신앙을 가지는 것보다 훨씬 더 중요한 것이 있음을 말해 줍니다. 올바른 신앙 안에 계속해서 거하는 것입니다. 우리가 구약을 공부할 때 이 점을 계속 강조했습니다. 구약의 이스라엘이

착각했던 가장 중요한 사실 가운데 하나가 "하나님과 언약을 체결했다", "하나님의 언약 백성이다"라는 점을 일종의 면책특권으로 이해한 것입니다. 이것으로 그들은 자신만만했습니다. 그래서 예언자가 등장해서 "너희가 지금과 같은 삶을 지속한다면 하나님의 심판을 받을 수밖에 없다"라고 경고할 때에도 이스라엘은 그 말씀을 경청하지 않았습니다. "우리가 시내산에서 하나님과 언약을 체결한 하나님의 언약 백성인데 하나님이 당신의 언약 백성 된 우리를 심판하시겠어"라는 자신만만함이 그들에게 있었습니다. 그런데 예언자는 뭘 강조했습니까? "하나님과 언약을 체결한 것보다 훨씬 중요한 것은 언약을 신실하게 준수하는 것이다. 언약은 체결했지만 언약을 신실하게 준수하지 않게 되면 그 언약은 파기되는 것이다"라고 강조했습니다. 지금 베드로도 똑같은 이야기를 하고 있습니다. 신앙을 가지는 것보다 훨씬 더 중요한 것은 끊임없이 올바른 신앙 안에 거하는 것입니다.

예수의 이름으로 우리가 세례를 받은 사실이 중요합니까, 아니면 세례받은 이후에 세례받았을 때의 다짐과 결단에 걸맞은 신앙의 삶을 신실하게 살아 내는 것이 중요합니까? 당연히 후자입니다. 세례가 무엇인가요? 하나님과 무관했던 옛 삶을 죽이고 이제는 "하나님 안에서 새로운 삶을 살아 내겠습니다, 하나님의 백성다운 삶을 살겠습니다"라고 다짐하고 결단하는 것입니다. 세례는 받았는데 그 이후에 자신의 다짐과 결단과 무관하게 하나님의 통치 바깥에 거하기를 훨씬 더 기뻐하고 죄 된 삶을 지속한다면 그 세례받음이 그에게 무슨 의미가 있겠습니까? 결혼할 때 우리는 배우자에게 배타적인 사랑을 죽을 때까지 쏟겠다고 다짐하고 결단합니다. 멋진 고백을 하고 결혼했는데 이후에 계속 바람을 피운다면 그 멋들어진 고백이 과연 무슨 의미가 있겠습니까. 안타깝게도 구약의 이스라엘 백성은 언약 체결만을 중시했습니다. 자신들이 언약의 내용을 신실하게 준수하지 못한다는 점을 주목하지 못했습니다. 언약이 파기되었다는 사실을 보지 못했습니다. 마찬가지로 사람들은 하나님에 대한 신앙을 가졌다는 사실을 중시합니다. 그 믿음을 지금도 지속하고 있는지, 그 믿음이 지금 성장하고 있는지, 여전히 하나님의 통치 안에 거하고 있는지는 주목하지 않습니다. 그런 사람들에게 경고하고 있는 말씀이 바로 2장 20-21절 말씀입니다.

> **베드로후서 3:3-5** 먼저 이것을 알지니 말세에 조롱하는 자들이 와서 자기의 정욕을 따라 행하며 조롱하여 이르되 주께서 강림하신다는 약속이 어디 있느냐. 조상들이 잔 후로부터 만물이 처음 창조될 때와 같이 그냥 있다 하니 이는 하늘이 옛적부터 있는 것과 땅이 물에서 나와 물로 성립된 것도 하나님의 말씀으로 된 것을 그들이 일부러 잊으려 함이로다.

3장 1절을 보면 "사랑하는 자들아 내가 이제 이 둘째 편지를 너희에게 쓰노니"라는 말씀이 나옵니다. 이 "둘째 편지"라는 표현으로 알 수 있는 것은 이 본문이 베드로전서의 수신자들에게 보낸 두 번째 편지라는 것입니다. 전서가 첫 번째 편지라면 이것이 두 번째 편지로서 후서가 되는 것입니다.

베드로후서에서 가장 중요한 것이 바로 3장 3-5절 말씀입니다. 베드로는 베드로후서를 쓸 때 당시 교회 안에 팽배해 있던 예수 재림에 대한 불신앙을 경계할 것을 강조합니다. 그런 의미에서 베드로후서는 데살로니가전후서와 비슷합니다. 바울은 데살로니가 교회에 보낸 편지에서 재림 신앙에 대한 잘못된 이해를 경고했습니다. 베드로 역시 베드로후서를 통해서 교회 안에 팽배해 있던 예수 재림에 대한 불신앙을 경고하고 있습니다. 당시 교회 안에는 주님의 재림을 믿지 않고, 최후의 심판을 믿지 않는 사람들이 있었습니다. 이런 사람들을 경고하고 대적하라고 촉구하는 것이 바로 베드로후서의 핵심 메시지입니다. 한마디로 사두개파적 신앙인들이 교회 안에 등장하게 된 것입니다. 하나님을 믿기는 믿지만 사두개인들은 부활, 내세, 심판 등을 믿지 않았습니다. 그런 신앙인들이 점점 등장하게 된 것입니다. 이것을 경계하는 것이 베드로후서의 핵심 메시지입니다.

> 베드로후서 3:10　그러나 주의 날이 도둑같이 오리니 그날에는 하늘이 큰 소리로 떠나가고 물질이 뜨거운 불에 풀어지고 땅과 그중에 있는 모든 일이 드러나리로다.

여기 10절을 보면 주의 날은 도적같이 임합니다. 항상 깨어 있는 것이 중요합니다. 10절에 관해 학자들 간에는 논쟁이 있어 왔습니다. "그날에는 하늘이 큰 소리로 떠나가고 물질이 뜨거운 불에 풀어[진다]"에서 하나님의 나라가 온전히 도래하면 우리가 발 디디고 살아가는 이 땅은 어떻게 될 것인지에 대한 두 가지 주장이 있습니다. 하나는 이 세상이 완전히 소멸된다는 소멸론이고, 또 하나는 이 세상은 새롭게 갱신된다는 갱신론입니다. 여러분은 이 소멸론과 갱신론 중에 어떤 입장이십니까? 과거만 하더라도 소멸론이 훨씬 더 많은 사랑을 받았는데 요즘은 많은 학자가 갱신론을 지지하고 있습니다. 하나님이 창조하신 첫 세계를 하나님이 버리실 이유가 없다는 것과 첫 창조가 회복된 곳을 하나님의 나라로 보기 때문입니다.

> **베드로후서 3:15-16** 또 우리 주의 오래 참으심이 구원이 될 줄로 여기라. 우리가 사랑하는 형제 바울도 그 받은 지혜대로 너희에게 이같이 썼고 또 그 모든 편지에도 이런 일에 관하여 말하였으되 그중에 알기 어려운 것이 더러 있으니 무식한 자들과 굳세지 못한 자들이 다른 성경과 같이 그것도 억지로 풀다가 스스로 멸망에 이르느니라.

3장 15절에서 "주의 오래 참으심이 구원이 될 줄로 여기라"라는 것은 주님의 오래 참으심을 통해서 구원을 얻게 된다는 것입니다. 하나님의 성품과 관련된 중요한 특징이 무엇입니까? 우리가 끊임없이 넘어지고 넘어져도 일어날 무수한 기회를 허락해 주신다는 것입니다. 그래서 우리가 하나님을 어떻게 고백하죠? "자비로우신 하나님", "인자와 긍휼이 한이 없으신 하나님"으로 고백합니다. 15-16절을 통해서 우리가 무엇을 알 수 있습니까? 베드로후서가 기록될 당시에 이미 바울의 편지를 잘못 해석한 사람들이 있었다는 것입니다. 어떻게 잘못 해석한 거죠? 예를 들어서 바울의 "믿음으로 구원받는다"라는 말에 대해 그 믿음을 헤브라이즘적으로 이해하지 않고 헬레니즘적으로 이해한 것입니다. 어떤 문장을 수용하는 인지적 동의를 믿음으로 이해하는 사람들이 생겨난 것입니다.

어떻게 보면 오늘 한국 교회도 마찬가지 실수를 범하고 있습니다. 바울이 말했던 믿음 안에는 무엇이 포함되어 있습니까? 참된 순종의 행위를 포함하고 있습니다. 무엇이 믿음입니까? 하나님만을 내 인생의 주인 삼는 것이 믿음입니다. 그분이 원하시는 대로 인생의 한 걸음, 한 걸음을 내딛는 것이 믿음입니다. 그분에게 우리 인생을 거는 것이 믿음입니다. 이것이 바울이 말한 것과 공동 서신이 말한 참된 믿음인데 여기 3장 16절을 보면 바울의 편지를 자의적으로 잘못 해석하는 자들이 초대교회 때부터 있었습니다.

요한일서

요한일서의 주제는 세상을 이기는 믿음입니다. 요한일서라는 제목은 2세기 말경부터 사용된 명칭으로 이 서신을 쓴 사람은 사도 요한입니다. 예수님의 열두 제자들은 대부분 순교했다고 알려졌습니다. 그런데 유일하게 순교당하지 않고 자연사한 제자가 사도 요한입니다. 복음서에서 요한은 야고보와 형제인데 '보아너게'라는 별명을 가졌습니다. 보아너게Boanerges가 무슨 뜻입니까? 우레의 아들입니다. 성격이 너무 급해서 우레의 아들이라는 별명을 가지고 있었는데 이후에 사도 요한의 별명이 사랑의 사도로 바뀝니다. 전설에 따르면 사도 요한이 만날 때마다 사람들에게 선포한 유일한 메시지가 "서로 사랑하라"라는 말이었다고 합니다. 우레의 아들이라는 별명에서 사랑의 사도로 변화된 사람이 요한 서신을 쓰고 있는 사도 요한이라는 인물입니다.

요한 서신 가운데 일서와 이서는 이단 사상에 대처하기 위해서 쓰였습니다. 특히 초대교회를 어지럽혔던 영지주의라는 이단입니다. 오늘날에도 보면 하나님의교회나 신천지 같은 무수하게 많은 이단이 있습니다. 어떻게 해야 이단으로부터 교회를 지켜 낼 수 있을까요? 이단의 공격으로부터 교회를 보호할 수 있을까요?

이단에 대처하는 방식은 크게 두 가지가 있습니다. 첫째가 이단의 주장이 무엇이 잘못되었는지, 그들의 주장을 지적하고 논박하는 것입니다. 또 하나는 진짜가 무엇인지를 제대로 보여 주는 것입니다. 요한 일서의 경우에는 당시 영지주의자들이 주장했던 것이 무엇이 잘못된 것인지 그리고 우리가 믿어야 할 참된 신앙의 모습이 무엇인지, 이 두 가지를 함께 드러내고 있습니다. 이단을 대처하는 두 가지 방식, 그들의 잘못된 주장을 논박하고 진짜가 무엇인지 명확하게 보여주는 이것을 통해서 영지주의의 유혹과 영지주의의 위험으로부터 신앙인들을 올바른 진리 안에 보호하려고 했던 것이 바로 요한일서입니다.

영지주의자들의 주장은 한마디로 예수와 그리스도를 분리하는 겁니다. 예수가 그리스도는 아니라는 겁니다. 영지주의에 따르면, 세례 요한에게 세례를 받을 때 메시아가 인간이었던 예수에게 임합니다. 메시아가 임한 다음에 예수는 놀라운 사역들을 행할 수 있었지만, 십자가에 달려 돌아가시기 전에 메시아가 예수를 떠났습니다. 따라서 십자가에 달려 죽은 것은 예수 그리스도가 아니라 예수인 겁니다. 이 예수는 우리와 똑같은 인간입니다. 우리와 똑같은 인간이었던 예수에게 세례 때 메시아가 임했기에, 놀라운 기적을 행할 수 있었고, 공생애 사역을 행했지만, 십자가에서 메시아가 떠나고 예수가 죽은 겁니다. 이것이 바로 영지주의자들의 주장입니다. 예수와 메시아를 분리하는 겁니다. 즉 이들은 이원론적인 사고를 강조했습니다. 영과 육은 다르고, 이 세상과 저세상은 다르고, 인간과 신은 전혀 다른 존재입니다. 이런 이원론적인 사고가 기본적으로 영지주의에 깔려 있습니다. 그래서 이 사람들은 구원을 빛의 세계로 들어가는 것으로 이해했습니다. 우리가 발 디디고 살아가는 이 세계는 어둠입니다. 초월의 세계가 바로 빛의 세계입니다. 그 빛의 세계로 들어가는 것이 구원인데 그 구원을 받기 위해서는 신비스러운 지식을 소유해야 한다고 주장했습니다. 신비스러운 지식을 소유할 때만 빛의 세계로 들어갈 수 있기 때문에, 영지주의에서는 신비스러운 지식에 대한 깨달음이 중요합니다. 이것이 바로 초대교회를 어지럽혔던 영지주의입니다.

영지주의가 참된 기독교 신앙을 혼란스럽게 만들었을 때 영지주의에 반박하기 위해서 쓰인 것이 바로 요한일서이고 복음서입니다. 마가복음, 마태복음과 누가복음, 요한복음 모두 주후 70년 이후에 쓰였다고 했습니다. 복음서에는 영지주의에 대한 반박이 곳곳에 기록되어 있습니다. 어떤 메시지입니까? 예수는 그리스도이시고 우리와 똑같은 인간의 몸을 입고 성육신합니다. 복음서의 핵심 메시지는 바로 이 점을 계속 강조하고 있습니다. 예를 들어, 여인의 몸에서 출생했으며, 우리와 똑같이 배고픔을 느끼고, 잠을 자며, 눈물을 흘리셨습니다. 그리고 십자가에 달려 피 흘려 죽으심을 통해 예수가 우리와 똑같은 인간이셨다는 점을 강조하는 겁니다. 이것이 영지주의에 대한 반박입니다.

이처럼 복음서에 기술된 많은 내용은 초대교회를 어지럽혔던 영지주의에 대한 반박의 주장을 담고 있습니다.

> 요한일서 1:1　태초부터 있는 생명의 말씀에 관하여는 우리가 들은 바요 눈으로 본 바요 자세히 보고 우리의 손으로 만진 바라.

> 요한복음 1:1-4　태초에 말씀이 계시니라. 이 말씀이 하나님과 함께 계셨으니 이 말씀은 곧 하나님이시니라. 그가 태초에 하나님과 함께 계셨고 만물이 그로 말미암아 지은 바 되었으니 지은 것이 하나도 그가 없이는 된 것이 없느니라. 그 안에 생명이 있었으니 이 생명은 사람들의 빛이라.

여기 보면 태초, 생명, 말씀이란 단어가 나옵니다. 어디에 이런 표현이 많이 나오죠? 바로 요한복음 1장입니다. 요한복음 1장 1-3절을 보면 태초에 말씀이 계셨고, 이 말씀이 하나님과 함께 계셨는데, 곧 하나님이다, 그리고 만물이 그로 말미암아 창조되었다고 말합니다. 이어서 4절에서는 그 안에 생명이 있었다고 말합니다. 요한복음의 앞부분과 요한일서의 앞부분은 똑같습니다. 태초, 말씀, 생명 같은 단어들이 똑같이 사용되고 있습니다. 예수가 누구인가를 다루는 것을 기독론이라고 합니다. 올바른 기독론을 알려 주고자 하는 것이 요한일서를 기록한 목적입니다.

> 요한일서 1:2　이 생명이 나타내신 바 된지라. 이 영원한 생명을 우리가

보았고 증언하여 너희에게 전하노니 이는 아버지와 함께 계시다가 우리에게 나타내신 바 된 이시니라.

여기서 요한은 예수 그리스도의 선제를 강조하고 있습니다. 요한복음과 똑같습니다. 요한복음과 공관복음의 차이가 무엇이죠? 마태, 마가, 누가의 공관복음은 예수님의 인성을 강조했고 요한복음은 예수님의 신성을 강조했습니다. 태초부터 하나님이셨고, 그분이 우리와 똑같은 인간이 되심을 강조한 것이 요한복음입니다. 요한일서의 앞부분과 요한복음의 앞부분은 너무나 유사하다는 점을 알 수 있습니다.

요한일서 1:5-6 우리가 그에게서 듣고 너희에게 전하는 소식은 이것이니 곧 하나님은 빛이시라. 그에게는 어둠이 조금도 없으시다는 것이니라. 만일 우리가 하나님과 사귐이 있다 하고 어둠에 행하면 거짓말을 하고 진리를 행하지 아니함이거니와.

우리가 빛 된 하나님과 사귀면서 어두움 가운데 거한다면 이것은 거짓말을 하고 진리를 행치 않는다는 것입니다. 그런데 여기서 중요한 점은 빛 가운데 행하는 것은 형제를 사랑한다는 겁니다.

요한일서 2:10 그의 형제를 사랑하는 자는 빛 가운데 거하여 자기 속에 거리낌이 없으나.

어떤 사람이 빛 가운데 거하는 겁니까? 형제를 사랑하는 사람입니다. 그러니까 우리가 빛 된 하나님과 교제하고, 빛 된 하나님과 동행한다고 말하는데 어두움 가운데 거할 수 있다고 말하는 사람이 있습니다. 그것이 빛 된 하나님과 동행한다고 하면서 형제를 사랑하지 않는 겁니다. 이것도 영지주의에 대한 반박입니다. 쉽게 얘기하자면 영지주의는 깨달음을 중시한다고 했습니다. 영지주의는 신비스러운 지식을 소유함으로써 빛의 세계로 들어가는 것이 구원이라고 이해합니다. 영지주의에서는 내가 깨닫는 것이 중요합니다. 내가 옆에 있는 형제를 얼마나 사랑하는가, 그들을 배려하는가, 사람들에게 긍휼을 베푸는가가 중요하지 않습니다. 그 깨달음이 없으면 구원받지 못하는 겁니다. 영지주의에서는 각자의 깨달음이 중요한 겁니다. 그 결과 깨닫지 못한 사람들을 하대합니다.

사도 요한은 여기에 대해 뭐라고 반박하는 겁니까? 그렇지 않다는 겁니다. 우리가 정말 하나님의 은혜를 받고 하나님의 구원을 받은 하나님의 백성이라면, 오늘도 하나님의 통치 안에 거하는 하나님의 백성이라면 형제를 사랑하는 모습을 통해서 그 사랑이 증거될 수밖에 없다는 겁니다.

1장 9절입니다. "만일 우리가 우리 죄를 자백하면 그는 미쁘시고 의로우사 우리 죄를 사하시며 우리를 모든 불의에서 깨끗하게 하실 것이요." 우리 하나님은 회개를 기쁘게 보시는 하나님입니다. 언제 우리가 심판을 받는 겁니까? 죄를 지어서 심판을 받는 건가요? 아닙니다. 우리가 죄를 범하게 되면, 우리가 넘어지면, 하나님은 우리가 일어날 수 있도록 무수하게 많은 기회를 허락하십니다. 이것을 성경이 뭐라고 했죠? 하나님은 자비로우시고, 인자와 긍휼이 충만하시며, 노하기를 더

디하십니다. 그래서 우리가 죄를 범하게 되면 돌이킬 무수한 기회를 허락하십니다. 언제 하나님의 심판이 임하는 겁니까? 회개의 기회를 끊임없이 허락하심에도 불구하고 우리가 회개를 거부할 때 하나님의 심판이 임하는 겁니다. 그래서 회개에서 늦은 때라는 것은 없습니다. 내가 깨닫는 그 순간이 바로 하나님 앞에서 회개해야 할 때입니다. 하나님은 우리의 회개를 기쁘게 보십니다.

> **요한일서 2:3** 우리가 그의 계명을 지키면 이로써 우리가 그를 아는 줄로 알 것이요.

이것도 바로 영지주의에 대한 반박입니다. 영지주의자들은 자신들이야말로 깊은 진리를 깨달았다면서 다른 사람들보다 위에 있다는 우월 의식에 빠져 있었습니다. 자기들이 생각할 때 그런 진리를 깨닫지 못한 사람들을 하대하고 있습니다. 그런데 사도 요한은 뭐라고 합니까? "하나님을 진짜 아는 사람들은 그의 계명을 지킴으로써 하나님을 진짜 안다"라는 사실이 드러난다는 겁니다. 뭐가 진짜 하나님을 아는 겁니까? 하나님의 말씀에 대한 온전한 순종이 진짜 하나님을 아는 모습이라는 겁니다.

이런 요한일서를 보면 구절 하나하나가 영지주의에 대한 반박이라는 점을 알 수 있습니다. 영지주의는 개인의 깨달음을 중시합니다. 그러니까 영지주의 신앙은 개인주의 신앙으로 나아갈 수밖에 없습니다. 개인주의 신앙은 뭡니까? 내가 깨달았는가만 중요합니다. 옆에 있는 형제를 돌보고 형제에게 관심을 갖고 형제를 사랑하는 것이 중요하지 않습니다. 내가 지식을 가졌으면 지식을 갖지 못한 사람을 얼마든지 하대할 수 있는 겁니다. 내가 우월한 자의 위치로 격상되는 겁니다. 여기에 대해서 사도 요한은 뭐라고 반박하는 겁니까? "네가 진짜 하나님을 제대로 알았다면 우리가 형제를 사랑하기를 하나님이 원하신다는 것을 알았을 것이다"라고 말합니다. 진짜 하나님을 아는 자의 모습은 어떤 거죠? 형제를 진심을 다해, 존재를 다해 사랑하는 겁니다. 하나님의 말씀에 온전히 순종하는 것이 바로 하나님에 대한 참된 앎의 모습입니다.

> **요한일서 2:4** 그를 아노라 하고 그의 계명을 지키지 아니하는 자는 거짓말하는 자요 진리가 그 속에 있지 아니하되.

이것이 전형적인 헬레니즘이 말하는 앎의 한계입니다. 헬레니즘은 무엇을 '안다'라고 말합니까? 인지적인 이해를 '앎'으로 봅니다. 구약 이스라엘 백성이 보였던 종교적인 한계도 이런 겁니다. 하나님을 안다, 하나님을 믿는다고 하지만 그 앎과 믿음은 전형적인 헬레니즘적 앎과 믿음이었습니다. 영지주의의 한계도 바로 여기에 있는 겁니다. "하나님을 진짜 안다"라는 것은 그분의 계명을 지키는 겁니다. 하나님과 하나 되는 겁니다.

> **요한일서 2:12-14** 자녀들아 내가 너희에게 쓰는 것은 너희 죄가 그의 이름으로 말미암아 사함을 받았음이요, 아비들아 내가 너희에게 쓰는 것은 너희가 태초부터 계신 이를 알았음이요, 청

년들아 내가 너희에게 쓰는 것은 너희가 악한 자를 이기었음이라. 아이들아 내가 너희에게 쓴 것은 너희가 아버지를 알았음이요, 아비들아 내가 너희에게 쓴 것은 너희가 태초부터 계신 이를 알았음이요, 청년들아 내가 너희에게 쓴 것은 너희가 강하고 하나님의 말씀이 너희 안에 거하시며 너희가 흉악한 자를 이기었음이라.

신앙의 성숙도에 따라서 신앙 공동체 안에는 세 부류의 사람이 있습니다. 하나가 '아이들'이라고도 표현되는 자녀들입니다. 또 하나가 청년들입니다. 또 하나가 아비들입니다. 어느 신앙 공동체나 어린아이 단계의 신앙인이 있고 청년 단계의 신앙인이 있고 그다음에 어른 단계의 신앙인이 있습니다. 어린아이 단계의 신앙인은 누군가가 돕지 않으면 신앙의 길에 서 있기 어려운 사람들입니다. 누군가의 도움과 양육이 필요한 겁니다. 청년 단계의 신앙인은 뭡니까? 1인분의 신앙은 할 수 있는 사람입니다. 누가 돕지 않아도 자기 신앙은 지킬 수 있습니다. 그런데 누군가를 도울 만한 역량은 없는 겁니다. 어른 단계, 아비 단계에 있는 신앙인은 어떤 사람입니까? 자신의 신앙을 지킬 수 있을 뿐만 아니라 누군가를 신앙 안에서 도울 수 있는 사람이 바로 아비 단계의 신앙인입니다.

요한일서 2:16 이는 세상에 있는 모든 것이 육신의 정욕과 안목의 정욕과 이생의 자랑이니 다 아버지께로부터 온 것이 아니요 세상으로부터 온 것이라.

이 세상을 사랑하지 말라는 겁니다. 이 세상에 지배받지 말라는 겁니다. 이유가 무엇입니까? 우리가 발 디디고 살아가는 이 땅을 분해하면 세상은 세 가지로 구성되어 있다는 겁니다. 무엇이 사람들을 지배하고 있습니까? 하나가 육신의 정욕입니다. 무엇을 먹을까, 무엇을 마실까, 무엇을 입을까, 어떻게 하면 좀 더 편안하고 안락한 삶을 살 수 있을까와 같은 것이 육신의 정욕입니다. 이 육신의 정욕으로 세상은 사람들을 지배하고 있습니다. 또 하나가 안목의 정욕입니다. 이 안목의 정욕이라는 말은 눈에 보이는 모든 것을 갖고 싶은 욕망을 뜻합니다. 나에게 필요한 것이 아니라도 눈에 보이는 모든 것을 갖고 싶게 만듭니다. 그런 욕망과 탐욕을 부추깁니다. 이것이 바로 세상이 사람들을 지배하는 방식입니다. 또 하나가 무엇입니까? 이생의 자랑입니다. 이생의 자랑거리가 많은 사람은 어깨에 힘을 팍 주고 사는 겁니다. 이생의 자랑거리가 없는 사람들은 늘 주눅 들어 있습니다. 학벌, 가문, 자식, 소유로 사람들은 자랑합니다. 이것이 바로 세상에서 일반적으로 사람들이 살아가는 삶의 모습입니다. 이런 세상의 주류 문화와 주류 가치에 동화되거나 지배받지 말라, 이런 세상의 모습을 사랑하지 말라고 요한은 강하게 권면하고 있습니다.

그런 의미에서 성경에는 우리가 사랑해야 할 세상이 있고 사랑해서는 안 되는 세상이 있습니다. 요한복음 3장 16절에는 하나님이 사랑하시는 세상이 등장합니다. 이 구절에서 말하는 세상은 무엇입니까? 그 세상 안에 살아가고 있는 사람들을 말하는 겁니다. 우리는 이 땅에 있는 사람들은 사랑해야 합니다. 그런데 우리가 사랑해서는 안 되고, 지배받아서는 안 될 세상이 있습니다. 그게 무엇입니까? 이 세상의 지배 문화, 이 세상의 지배적인 가치는 우리가 지배받아서도 안 되고 추종해서도 안 됩니다. 그래서 우리가 사랑해야 할 세상의 사람들과 우리를 그릇된 길로 인도하고 있는 세속의 가치를 잘 구별해야 합니다.

> 요한일서 2:18　아이들아 지금은 마지막 때라. 적그리스도가 오리라는 말을 너희가 들은 것과 같이 지금도 많은 적그리스도가 일어났으니 그러므로 우리가 마지막 때인 줄 아노라.

　적그리스도라는 말은 두 가지 의미가 있습니다. 하나는 그리스도를 대적한다는 말이고, 또 하나는 그리스도를 대신한다는 말입니다. 특별히 여기서 말하는 '적그리스도'는 그리스도를 대신하는 겁니다. 사람들이 속는 겁니다. 그리스도가 아님에도 불구하고 그리스도처럼 사람들이 붙잡고 있는 겁니다. 이것이 바로 적그리스도입니다. 예수에게 향해야 할 우리의 마음, 예수에게만 있어야 할 우리의 충성심을 가로채고 있는 겁니다. "내가 그리스도다", "내가 재림주다"라고 주장하면서 신앙인들을 어지럽히고 있는 겁니다. 이것이 바로 요한일서가 말하는 적그리스도입니다.

> 요한일서 2:19　그들이 우리에게서 나갔으나 우리에게 속하지 아니하였나니 만일 우리에게 속하였더라면 우리와 함께 거하였으려니와 그들이 나간 것은 다 우리에게 속하지 아니함을 나타내려 함이니라.

요한일서는 수신자들이 명확하게 기록되어 있지 않습니다. 그런데 2장 19절을 통해서 요한의 편지를 받고 있는 교회에서 최근에 큰 사건이 있었다는 사실을 알 수 있습니다. 무슨 사건일까요? 영지주의를 부르짖는 사람들이 이 교회 공동체 안에서 뛰쳐나간 겁니다. 어떻게 보면 교회를 어지럽혔던 이단적인 사람들을 교회가 이겨 낸 겁니다. 그들을 몰아낸 겁니다. 그동안 함께 신앙생활을 함께했던 많은 사람이 이 교회 공동체를 떠났습니다. 그러니까 남은 사람들의 입장에서도 얼마나 안타깝겠습니까. 물론 이단의 공격을 이겨 낸 거니까 기쁘기도 하고 자랑스럽기도 하겠지만 그동안 함께했던 사람들과 단절된다는 것이 얼마나 크게 아쉬웠겠습니까. 그런데 19절은 너무 슬퍼하지 말라는 겁니다. 그들이 우리에게서 나갔지만 우리에게 속하지 않은 이유가 무엇입니까? 그들은 진리 안에 있지 않았다는 겁니다. 진리 안에 거하고자 하지 않는 자들은 참된 공동체 안에서 버틸 수가 없는 겁니다. 어떻게 보면 떠남을 통해서 그들이 진리 안에 있지 않았음을 드러낸 겁니다. 이처럼 요한일서는 최근에 큰 어려움을 겪었던 교회를 위로하고 권면하기 위해서 쓰인 편지라는 것을 알 수 있습니다.

요한일서 2:22   거짓말하는 자가 누구냐. 예수께서 그리스도이심을 부인하는 자가 아니냐. 아버지와 아들을 부인하는 그가 적그리스도니.

이것이 영지주의입니다.

요한일서 2:26　너희를 미혹하는 자들에 관하여 내가 이것을 너희에게 썼
　　　　　　　노라.

요한일서를 저술한 목적입니다. 적그리스도의 미혹 가운데 시달리는 교인들을 올바른 신앙 안에 서도록 하기 위한 목회 서신이 바로 요한일서라는 것을 알 수 있습니다.

요한일서 2:27　너희는 주께 받은 바 기름부음이 너희 안에 거하나니 아무
　　　　　　　도 너희를 가르칠 필요가 없고.

번역이 약간 애매한 구절입니다. "아무도 너희를 가르칠 필요가 없다"라는 이 구절 때문에 "내가 오늘날 성경을 누구에게 배울 필요가 없다"라고 주장할 수 있습니다. 여기서 '아무도'라는 것은 '어느 누가'라는 말입니다. 여기서 말하는 '어느 누가'는 무슨 뜻일까요? 지금 수신자들은 사도 요한에게 참된 말씀을 배운 사람들입니다. 그런데 어떤 사람들이 교회 공동체 안에 들어와서 사도 요한이 가르치지 않은 이상한 것들을 가르칩니다. 대표적인 것이 바로 영지주의입니다. "예수는 메시아는 아니다", "예수와 메시아는 다른 존재다"라고 가르칩니다. 거기에 대해서 사도 요한이 뭐라고 하는 겁니까? "내가 너희에게 가르친 그 내용과 다른 것을 어느 누가 너희에게 가르칠 필요가 없다. 그누구의 가르침도 너희가 들을 필요가 없다"라고 말합니다. "내가 너희에게 가르쳤던 참된 진리 안에 거하라"라고 촉구하는 것이 바로 이 구절입니다.

요한일서 3:6 그 안에 거하는 자마다 범죄하지 아니하나니 범죄하는 자
마다 그를 보지도 못하였고 그를 알지도 못하였느니라.

이런 것들이 신앙인들을 부담스럽게 만듭니다. 우리가 교회 생활 열심히 하고 나름대로 하나님의 백성답게 살기 위해 애를 쓰고 있지만, 그럼에도 불구하고 죄를 범하지 않는 것은 아닙니다. 지난번에 야고보서를 공부할 때도 말했습니다. 하나님이 하지 말라는 행위를 하는 것도 죄지만 하나님이 행하라고 명하신 행위를 제대로 행하지 않는 것도 죄입니다. 그런 의미에서 우리 가운데 그 누가 나는 하나님이 원하시는 바대로 온전히 살고 있다고 자신만만하게 말할 수 있겠습니까? 어떻게 보면 우리의 삶 자체가 죄의 연속이라고 할 수 있습니다. 그런데 3장 6절이 뭐라고 말합니까? "그에게 거하는 자마다 범죄하지 아니하나니 범죄하는 자마다 그를 보지도 못하였고 그를 알지도 못하였다." 너무 무서운 말씀 아닙니까? 이 구절의 '범죄한다'에서 말하는 범죄는 습관적이고 반복적으로 죄를 범한다는 뜻입니다. 하나님 안에 거하는 자는 습관적이고 반복적인 죄를 범하지 않는다는 겁니다. 바꿔서 이야기하면 하나님의 백성도 넘어질 수 있습니다. 그런데 넘어진 그 자리에 계속 안주하지 않습니다. 복원력이 빠릅니다.

요한일서 3:7-8 자녀들아 아무도 너희를 미혹하지 못하게 하라. 의를 행하는 자는 그의 의로우심과 같이 의롭고 죄를 짓는 자는 마귀에게 속하나니 마귀는 처음부터 범죄함이라. 하나님의 아들이 나타나신 것은 마귀의 일을 멸하려 하심이라.

요한이 무엇을 권면하고 있습니까? 죄의 미혹 가운데서 담대하게 승리하라는 겁니다. 한마디로 죄를 짓는 자는 마귀에게 속했다는 겁니다. 여기에서 죄를 짓는다는 것도 습관적이고 반복적인 죄를 말하는 겁니다. 신앙인들이 이런 질문을 많이 합니다. "죄 사함받으셨습니까?" 그런데 이런 과거형 질문보다 훨씬 더 중요한 질문이 있습니다. "오늘도 죄 사함의 은혜 안에서 죄를 이기는 삶을 살아 내고 계십니까?"입니다. 이런 현재형 질문이 신앙인에게 훨씬 더 중요합니다.

이어지는 요한일서 4장은 별명이 있습니다. 바로 '사랑장'입니다. '사랑장' 하면 떠오르는 것이 고린도전서 13장입니다. 고린도전서 13장처럼 요한일서 4장도 사랑장입니다. 하나님은 사랑입니다. 그 사랑의 본질이 뭡니까? 자기 비움과 자기 내줌이라는 겁니다. 하나님은 우리를 살리기 위해서 끊임없이 자기를 비우고 자기를 내주셨습니다. 교회는 어떤 곳이 되어야 합니까? 그 하나님을 닮아서 무한 사랑 공동체, 무한 돌봄 공동체가 되어야 합니다.

요한일서 4:1-3 사랑하는 자들아 영을 다 믿지 말고 오직 영들이 하나님께 속하였나 분별하라. 많은 거짓 선지자가 세상에 나왔음이라. 이로써 너희가 하나님의 영을 알지니 곧 예수 그리스도께서 육체로 오신 것을 시인하는 영마다 하나님께 속한 것이요 예수를 시인하지 아니하는 영마다 하나님께 속한 것이 아니니 이것이 곧 적그리스도의 영이니라. 오리라 한 말을 너희가 들었거니와 지금 벌써 세상에 있느니라.

요한일서가 계속 말하는 적그리스도는 무엇입니까? 영지주의를 가리킵니다. 예수와 메시아를 분리하는 겁니다. 예수가 그리스도이심을 고백하지 않는 겁니다. 이 구절은 영을 다 믿지 말고 시험하라는 겁니다. 뭔가 놀랍고 신비스러운 일이 있다고 해서 그것을 다 성령의 역사라고 생각하시면 안 됩니다. 성령의 역사와 악령의 역사를 분별할 수 있어야 합니다. 그런 의미에서 신앙인에게 가장 요구되는 자질이 바로 분별력입니다. 이 분별력을 갖추기 위해서라도 우리가 하나님의 말씀에 대한 온전한 이해가 필요합니다. 어떤 사람에게 하나님의 말씀이 들리죠? 순종하고자 하는 자들, 하나님의 뜻을 온전히 알고자 하는 자들에게 하나님의 뜻은 명확하게 드러납니다. 그런데 우리가 순종하고자 하는 마음이 없으면 하나님의 말씀은 들리지 않습니다. 오랜 세월 하나님의 말씀을 듣지 못하면 말씀의 기근에 시달리게 되고 말씀의 기근에 시달리면 분별력을 상실하게 됩니다. 그러면 자기가 원하는 하나님의 상을 만들어 냅니다. 그리고 자기가 원하는 하나님의 상을 오랜 세월 붙잡게 되면 진짜 하나님의 말씀이 드러났을 때 그 진짜 하나님을 거부하게 됩니다. 그러면 분별력을 갖추기가 너무 어려운 겁니다. 이것이 구약의 이스라엘이 실패한 이유입니다.

그런 의미에서 우리가 제대로 된 분별력을 갖추기 위해서라도 하나님의 말씀인 성경을 제대로 공부해야 합니다. 하나님이 무엇을 원하시는지 그분의 백성 된 우리에게 요구하시는 바가 무엇인지, 하나님을 진짜 사랑하는 것이 무엇인지, 예수가 어떤 분이신지 정확하게 알 필요가 있습니다. 그런데 4장의 맥락에서 사도 요한은 뭘 얘기하고 있습니까? 영을 분별하라고 했습니다. 그런데 그 영이 예수 그리스도께서 육신을 입고 이 땅에 오셨다고 시인하면 그것은 성령의 영인 겁니다. 참된 영인 겁니다. 그런데 그것을 시인하지 않는 것은 적그리스도의 영입니다. 무엇입니까? 영지주의죠.

> 요한일서 4:7-8 사랑하는 자들아 우리가 서로 사랑하자. 사랑은 하나님께 속한 것이니 사랑하는 자마다 하나님으로부터 나서 하나님을 알고 사랑하지 아니하는 자는 하나님을 알지 못하나니 이는 하나님은 사랑이심이라.

이 말씀은 하나님이 사랑이시기 때문에 우리도 서로 사랑해야 한다고 강조하고 있습니다. 전설에 따르면 사도 요한은 만나는 사람마다 "사랑해라"라는 이야기만 했다고 합니다. 그래서 어느 날 사람들이 그에게 물어보았습니다. "사도님, 왜 사도님은 사람들에게 '사랑해라'라는 말씀만 하십니까? 우리에게 달리 하실 말씀은 없습니까? 왜 우리가 다 알고 있는 그 말씀만 계속하시는 건가요?" 사도 요한이 이런 얘기를 했다고 합니다. "너희들이 행하지 않기 때문에 내가 너희에게 이 이야기를 강조할 수밖에 없다." 왜 사도 요한이 사랑만을 말할 수밖에 없었습니까? 사람들이 머리로는 알고 있지만 실제 삶 속에서 서로 사랑하지 않았던 겁니다. 그러니까 요한의 입장에서는 사람들이 서로 사랑할 때까지 이 이야기를 강조할 수밖에 없었던 겁니다.

오늘날도 마찬가지죠. 누군가가 똑같은 이야기를 계속 반복하게 되면 사람들이 뭐라고 하겠어요? 다 아니까 그만 좀 얘기하라고 할 겁니다. 사람들은 무엇을 안다고 생각하는 겁니까? 머리로 아는 것을 안다고 생각하는 겁니다. 기독교 신앙은 그렇게 말하지 않습니다. 진짜 아는 것은 무엇입니까? 살아 내는 것이 진짜 아는 겁니다. 살아 내는 만큼 진짜 알고 있는 거라는 겁니다. 요한은 우리에게 사랑해야 할 이유를 말하고 있습니다. 우리가 믿고 있는 하나님이 먼저 우리에게 사랑을 보이셨고 우리가 서로 그렇게 사랑하기를 원하시기 때문에 사도 요한은 만나는 사람마다 사랑을 강조했다고 할 수 있습니다.

> 요한일서 4:14 아버지가 아들을 세상의 구주로 보내신 것을 우리가 보았고 또 증언하노니.

그리스도인은 예수님을 구주라고 고백합니다. 우리가 예수님에 대해서 고백하고 있는 여러 신앙적인 타이틀은 원래 로마제국의 지배를 받던 사람들이 황제에게 돌렸던 타이틀입니다. 예를 들어 황제는 "우리의 주인이다", "황제는 세상의 평화다", "황제는 신의 아들이다", "황제는 신이다"라고 황제에게 돌렸던 여러 타이틀을 초대 교인들은 예수에게 돌린 겁니다. 황제 숭배를 거부하고 예수가 우리의 구원자이고 예수가 우리의 주인이고 예수가 세상의 평화이고 예수가 하나님의 아들이고 예수가 하나님이시라고 고백하며 황제에게 돌렸던 무수한 고백들을 예수에게 돌렸던 것입니다.

> 요한일서 4:20 누구든지 하나님을 사랑하노라 하고 그 형제를 미워하면 이는 거짓말하는 자니 보는 바 그 형제를 사랑하지 아니하는 자는 보지 못하는 바 하나님을 사랑할 수 없느니라.

4장 20절은 형제를 사랑하지 않는 자는 하나님을 사랑할 수 없다고 이야기합니다. 바꿔 이야기하면 하나님에 대한 사랑은 뭘 통해 증거되는 겁니까? 하나님을 사랑하는 것은 형제 사랑을 통해 드러난다는 겁니다. 그런데 영지주의자들은 형제 사랑을 강조하지 않았습니다. 내가 깨닫는 것을 중요하게 보았습니다. 요한은 계속해서 영지주의의 한계, 영지주의의 문제를 지적하고 있습니다. "너희가 진짜 하나님을 제대로 알았더라면 하나님이 우리가 어떻게 살기를 원하시는지를 제대로 알았을 텐데"라고 말합니다. 개인적인 깨달음만을 강조하고 있는 영지주의자들에게 사도 요한은 구체적인 사랑을 통해서 영지주의의 한계를 계속 반박하고 있습니다. 5장 3절도 마찬가지입니다. "하나님을 사랑하는 것은 이것이니 우리가 그의 계명들을 지키는 것이라." 하나님을 사랑하는 것은 명상과 깨달음을 통해서 신비스러운 지식을 얻는 것이 아니라는 겁니다. 하나님의 계명을 지키는 것이 그분을 사랑한다는 증거라는 말입니다. 어떤 종교적인 감정의 발산을 하나님을 사랑하는 거라고 착각하면 안 된다는 겁니다. 뭐가 하나님을 사랑하는 겁니까? 하나님의 말씀에 순종하며 살아가는 것이 진짜 하나님을 사랑하는 모습입니다.

> 요한일서 5:7-8 증언하는 이가 셋이니 성령과 물과 피라 또한 이 셋은 합하여 하나이니라.

예수가 메시아이심을 증거하는 것이 세 개가 있는데, 성령과 물과 피입니다. 물은 예수 공생애 초기의 세례 사건을 말하고, 피는 공생애 마지막의 십자가 죽음을 말합니다. 즉 물과 피는 예수님의 사역 전체를 말하는 겁니다. 처음과 끝, 예수가 세례받고, 고난받아 죽임당하셨다는 사실을 우리가 깨닫도록 도와주는 분이 바로 성령 하나님입니다. 이 셋이 예수가 메시아임을 증언해 줍니다.

> 요한일서 5:13 　내가 하나님의 아들의 이름을 믿는 너희에게 이것을 쓰는 것은 너희로 하여금 너희에게 영생이 있음을 알게 하려 함이라.

5장 13절 말씀은 요한일서를 기록한 목적을 알려 줍니다. 요한복음 20장 31절과 똑같습니다. 요한복음도 하나님의 아들을 믿는 자들에게 영생이 있음을 알려 주고자 합니다. 그래서 요한일서와 요한복음의 저자가 똑같다는 사실을 앞부분과 뒷부분을 통해서 다 알 수 있습니다. 여기 5장 16-17절에서는 사망에 이르는 죄와 사망에 이르지 아니하는 죄가 있다고 말합니다. 16절 "누구든지 형제가 사망에 이르지 아니하는 죄 범하는 것을 보거든 구하라. 그리하면 사망에 이르지 아니하는 범죄자들을 위하여 그에게 생명을 주시리라 사망에 이르는 죄가 있으니 이에 관하여 나는 구하라 하지 않노라 모든 불의가 죄로되 사망에 이르지 아니하는 죄도 있도다." 여기서 말하는 사망에 이르는 죄는 바로 적그리스도의 죄입니다. 예수를 그리스도로 고백하지 않는 것이 바로 사망에 이르는 죄이고 그 외의 모든 죄는 하나님께 회개하고 용서를 구하면 사함을 받을 수 있다고 말하면서 요한일서를 마무리하고 있습니다.

요한이서

요한이서는 13절로 되어 있습니다. 요한삼서는 15절까지로 되어 있습니다. 앞에서 분량에 관해 드린 말씀을 기억하실 겁니다. 전서와 후서가 있으면 전서가 후서보다 길다고 했고, 1, 2서, 3서가 있으면 1서가 길고 그다음 2서, 3서 순이라고 말씀드렸습니다. 그런데 요한이서는 13절까지 있고 삼서는 15절까지 있습니다. 어째서 삼서가 더 긴 것인가 하는 질문이 나올 수 있습니다. 여기서 '길다'라는 것은 절이 아니라 이 서신에 사용된 단어가 기준이 됩니다. 13절로 된 요한이서는 245개의 단어를 사용합니다. 15절로 된 삼서는 219단어를 사용하고 있습니다. 그래서 더 많은 단어를 사용하는 요한이서가 요한삼서에 비해서 분량이 더 많다고 하는 것입니다. 신약의 27권 중 가장 긴 장은 마태복음과 사도행전입니다. 마태복음과 사도행전은 28장까지 있습니다. 그런데 분량으로 보았을 때 가장 긴 본문은 누가복음입니다. 누가복음은 24장까지 있지만 어떤 장은 한 장에 80절이 넘습니다. 그래서 장으로 따지면 마태복음과 사도행전이 제일 길지만 분량으로 보면 누가복음이 신약에서 가장 긴 본문입니다. 이처럼 절로 분량을 판단하는 것이 아니라 사용된 단어로 판단한다는 점, 그래서 요한이서가 요한삼서보다 길다는 것을 알 수 있습니다.

요한이서는 내용이 요한일서와 유사합니다. 예수와 그리스도를 분리해 사고했던 영지주의를 배격하고 올바른 진리 안에 거할 것을 촉구하는 것이 요한이서의 목적입니다.

요한이서와 요한일서는 공통점이 있습니다. 둘 다 이단을 배척하고 참된 진리 안에 거할 것을 촉구하고 있습니다. 그렇다 보니까 요한일서와 요한이서에서 계속 강조되고 있는 단어가 진리, 사랑, 계명 같은 단어들입니다.

요한이서 1장 1절에는 "장로인 나는 택하심을 받은 부녀와 그의 자녀들에게 편지하노니 내가 참으로 사랑하는 자요 나뿐 아니라 진리를 아는 모든 자도 그리하는 것은"이라고 되어 있습니다. 요한이서에서 발신자가 자기를 뭐라고 소개하고 있습니까? '장로'입니다. 요한은 자기를 장로라고 소개하고 있습니다. 장로는 한 교회만을 목회하는 것이 아니라 여러 교회를 감독합니다. 요한계시록에서 보는 것처럼 사도 요한은 소아시아의 일곱 교회를 담당했습니다. 요한계시록에서는 일곱 교회에 보내는 편지가 나옵니다. 에베소, 서머나, 버가모, 두아디라, 사데, 빌라델비아, 라오디게아 일곱 교회가 나옵니다. 사도 요한이 자기를 장로라고 말하는데 이 장로는 소아시아, 즉 오늘날 튀르키예 지방의 일곱 교회를 담당했을 것이라는 점을 요한계시록을 통해 알 수 있습니다.

수신자가 누구입니까? 택하심을 받은 부녀와 그의 자녀들입니다. 택하심을 받은 부녀와 그의 자녀들이 장로의 편지를 받는 수신인으로 되어 있는데 여기서 부녀를 뜻하는 헬라어가 '퀴리아kuria'라는 단어입니다. 이 퀴리아는 무슨 뜻일까요? 주님을 뜻하는 단어가 '퀴리오스' 아닙니까. 퀴리아는 여성형입니다. '주님의 것'이란 뜻입니다. 뭐가 주님의 것이죠? 바로 교회 공동체입니다. 교회를 헬라어로 '에클레시아Ecclesia'라고 하는데 이 에클레시아라는 단어도 여성형입니다. 여기 나와 있는 '부녀'가 주님의 것을 가리키는데, 바로 '그리스도의 몸 된 교회'라는 뜻입니다. 따라서 여기 "택하심을 받은 부녀", 퀴리아, 주님의 것은 개교회를 가리키는 말이고 "그의 자녀들"은 그 개교회에 소속된 신앙인 한 사람, 한 사람을 의미합니다. 그래서 "택하심을 받은 부녀와 그의 자녀들에게 편지[한다]"라는 것은 주님의 것인 개교회와 그 교회 공동체 안에 있는 신앙인 한 명, 한 명에게 편지한다는 말입니다.

1장 7절에는 "미혹하는 자가 세상에 많이 나왔나니 이는 예수 그리스도께서 육체로 오심을 부인하는 자라 이런 자가 미혹하는 자요 적그리스도니"라고 되어 있습니다. 요한일서와 똑같은 상황입니다. 적그리스도는 예수를 그리스도로 인정하지 않는 겁니다. 이것이 영지주의의 주장입니다. 영지주의는 뭐라고 주장했다고 했습니까? 우리와 똑같은 인간인 예수가 세례받을 때 메시아가 임했다는 겁니다. 그리고 예수가 십자가에 달려 돌아가시기 전에 메시아가 예수를 떠났다고 주장했습니다. 예수와 메시아는 전혀 별개의 존재라는 점을 강조하는 것이 영지주의이고 초대교회는 예수가 메시아이고, 그리스도라는 사실을 주장했습니다. 요한일서와 요한이서는 영지주의 이단에 대한 반박을 담고 있습니다. 영지주의 이단의 미혹에 넘어지지 말고 참된 진리를 붙잡을 것을 촉구하는 서신입니다.

요한삼서

요한삼서 1:1 장로인 나는 사랑하는 가이오 곧 내가 참으로 사랑하는 자에게 편지하노라.

바울 서신은 교회에 보내는 편지가 앞에 나오고 다음에 개인에게 보내는 편지가 이어집니다. 요한 서신도 마찬가지입니다. 요한일서와 요한이서는 교회에 보낸 편지이고 요한삼서는 가이오라는 개인에게 보낸 편지입니다. 가이오에게 보낸 편지에서, 으뜸 되기를 좋아하고 나그네를 대접하지 않았던 디오드레베라는 사람이 등장합니다. 이 디오드레베를 본받지 말라는 겁니다. 그리고 선한 것을 행하는 "데메드리오라는 사람을 본받아라", "그 데메드리오를 지원해라"라고 말하는 것이 요한삼서입니다. 요한삼서를 한마디로 이야기하자면 악한 자를 본받지 말고 선한 자를 본받고 선한 자를 지지하라는 겁니다. 이것이 요한삼서의 중요한 메시지입니다.

요한일서와 요한이서와 요한삼서의 중요한 차이를 먼저 하나 기억할 필요가 있습니다. 요한일서와 요한이서는 영지주의 이단에 대한 반박입니다. 참된 진리를 붙잡을 것을 촉구합니다. 그런데 요한삼서는 진리와 비진리의 싸움은 아닙니다. 요한삼서에서는 가이오, 디오드레베, 데메드리오란 사람이 등장하는데 이들은 진리와 비진리로 갈등하는 것이 아닙니다. 이들은 모두 영지주의 이단을 배격합니다. 참된 진리 안에 머물러 있습니다. 그런데 디오드레베와 데메드리오 또는 디오드레베와 장로는 갈등합니다. 무엇 때문입니까? 선교 정책이 다른 겁니다.

1절에 언급되는 이 가이오라는 사람은 장로의 선교 정책을 지지하는 사람입니다. 장로와 가이오와 데메드리오는 한편입니다. 이 사람들은 순회 전도, 여러 지역을 다니면서 순회 전도하는 사람들을 적극적으로 지역 교회가 지원해야 한다고 주장합니다. 장로, 가이오, 데메드리오라는 사람이 행하는 선교 정책은 바로 이것을 강조하고 있습니다. 여기의 반대편에 디오드레베라는 사람이 있는 겁니다. 디오드레베는 지역 교회의 목회와 지역 교회의 신앙 교육은 지역 교회가 담당해야지 누군가가 순회 전도를 하면서 지역 교회를 관리하고 감독하고 목회하는 것은 옳지 않다고 주장합니다. 이처럼 요한일서와 요한이서가 진리와 비진리, 정통과 이단의 갈등이었다면 요한삼서는 선교 정책의 갈등입니다. 한마디로 순회 전도자를 거부하는 것에 대한 경고의 서신이 요한삼서입니다.

요한삼서 1:2   사랑하는 자여 네 영혼이 잘됨같이 네가 범사에 잘되고 강
              건하기를 내가 간구하노라.

이것은 그 당시에 이루어지던 일반적인 덕담입니다. 요한삼서 1장 2절의 말씀을 가지고 조용기 목사님이 3박자 축복이라는 것을 만들었습니다. 하나님이 사랑하시는 자에게 세 가지 복을 주길 원하신다는 겁니다. 첫째가 무엇입니까? 영혼의 축복, 두 번째가 범사에 잘됨, 이 범사에 잘됨이라는 것은 물질의 축복을 의미합니다. 세 번째가 강건하다는 것은 육신의 건강입니다. 그래서 하나님이 사랑하시는 자녀에게 세 가지 복을 주길 원하신다는 겁니다. 하나가 영혼의 복, 또 하나가 물질의 복, 또 하나가 육신의 강건함이며, 이것을 소위 3박자 축복이라고 말합니다.

그런데 이것을 순서대로, 즉 영혼의 복을 받은 사람이 물질의 복과 육신 건강의 복을 받는 것이라고 말할 때 문제가 발생합니다. 만약 영혼의 복을 받은 사람이 이 땅에서 물질적으로도 부유하고 육신적으로도 매우 건강하다고 말한다면 오늘날 돈이 없는 사람들이나 질병에 시달리는 사람들은 다 영혼의 복을 받지 못한 사람이 되는 겁니다. 만약 그런 식으로 따진다면 회심한 이후의 사도 바울이나 예수님도 마치 하나님께 영혼의 복을 받지 못한 사람처럼 되는 겁니다. 바울의 인생을 보십시오. 바울의 인생을 가르는 전환점이 다마스커스 도상 사건입니다. 이 다마스커스 도상 사건을 기점으로 바울의 인생을 전반부와 후반부로 나누어 보면 이런 주장이 들어맞지 않는다는 것을 알 수 있습니다. 바울의 전반부는 무척 잘나갔습니다. 너무나 화려한 가문이죠. 로마 시민권이 있었죠. 부유했죠. 십 대 초반에 예루살렘에 와서 유학했죠. 승승장구하는 유대 관원이었죠. 얼마나 잘나갔습니까. 도리어 다마스커스 도상 이후에 바울은 사람들이 보기에 너무나 비참한 삶의 연속이었습니다. 그러면 바울이 다마스커스 도상 이후에 하나님께 버림받은 겁니까? 영혼의 복을 받지 못한 겁니까? 아닙니다. 요한삼서 1장 2절에 나오는 말씀은 신앙인이 다른 신앙인에게 건네는 덕담으로 이해할 수 있습니다. 이것을 가지고 하나의 신학적 교리를 만드는 것은 위험합니다. 그래서 하나님께 영의 복을 받은 사람들이 물질의 복도 받고 육신 건강의 복도 받는다고 주장한다면 성경에 나오는 많은 믿음의 인물들과 들어맞지 않습니다. 그것은 마치 "새해 복 많이 받으세요"라는 인사를 가지고 하나의 정통 교리를 만들어 내는 것처럼 위험합니다. 여기 1장 2절에 나오는 덕담으로 신앙 안에서 우리가 마치 받들어야 할 어떤 내용을 만드는 것은 심한 비약이라는 생각이 듭니다. 이것을 순차적으로 이해하는 것은 성경적으로 바라보았을 때 지지하기 어려운 주장이라는 점을 기억해야 합니다.

> 요한삼서 1:9-10 내가 두어 자를 교회에 썼으나 그들 중에 으뜸 되기를 좋아하는 디오드레베가 우리를 맞아들이지 아니하니 그러므로 내가 가면 그 행한 일을 잊지 아니하리라. 그가 악한 말로 우리를 비방하고도 오히려 부족하여 형제를 맞아들이지 아니하고 맞아들이고자 하는 자를 금하여 교회에서 내쫓는도다.

9-10절에서는 디오드레베라는 사람에 대한 이야기를 합니다. 여기서 '우리'는 바로 순회 전도자들을 말합니다. 디오드레베는 순회 전도자들을 맞아들이지 않았습니다. 그리고 "교회에서 내쫓[았다]"라는 말을 통해서 알 수 있는 사실이 있습니다. 디오드레베는 자기의 가정을 교회 예배 처소로 제공했을 가능성이 크다고 봐야 합니다. 9절은 자기가 원하는 대로 지지하지 않는 사람들은 자기 교회 공동체, 가정으로부터 내쫓았다는 말입니다.

요한삼서는 요한일서와 요한이서와 다르다고 했습니다. 요한일서와 요한이서는 진리와 비진리의 싸움입니다. 정통과 이단의 싸움입니다. 그런데 요한삼서는 정통과 이단의 싸움이 아닙니다. 둘 다 올바른 신앙을 가지고 있지만 선교 정책과 관련해 이견을 드러내고 있는 겁니다. 장로, 가이오, 데메드리오는 순회 전도자들을 통한 복음 전도, 순회 전도자들을 통한 지역 교회의 신앙 교육을 적극적으로 지지했습니다. 그런데 디오드레베는 순회 전도자들의 방문을 거부했습니다. 개교회의 목회와 신앙 교육은 그 개교회가 담당해야지 순회 전도자들을 통해서 관리 감독을 받을 필요가 없다면서 순회 전도자들을 거부하고 있는 겁니다.

9절에서는 디오드레베가 이 순회 전도자들을 맞아들이지 않은 이유 중에 하나가 으뜸 되기를 좋아했기 때문이라는 말을 합니다. 자기가 중심이 되어야 하는 겁니다. 디오드레베가 순회 전도자들을 영접하지 않은 가장 중요한 이유는 이 순회 전도자들이 오게 되면 자신의 리더십이 약화될 위험이 있었기 때문입니다. 이것을 받아들일 수 없는 겁니다. 그래서 자기의 리더십만이 중심에 서기를 바랐던 디오드레베, 으뜸 되기를 좋아했던 디오드레베는 순회 전도자들을 환영하지 않았습니다.

이것 외에도 왜 디오드레베가 순회 전도자들을 환영하지 않았는지 몇 가지 이유를 말할 수 있습니다. 첫째가 재정적인 부담입니다. 순회 전도자들이 오면 그들을 먹이고 입히고 재워야 합니다. 이런 재정적인 부담이 있을 수 있습니다. 그리고 요즘처럼 도시 문명이 아닌 이상, 어떤 동네에 낯선 사람이 오면 동네에 있는 모든 사람이 경계할 것입니다. 낯선 사람의 방문으로 혹시 지역 교회가 주변의 이웃들로부터 핍박을 받을 것에 대한 두려움을 느꼈을 수 있습니다. 그리고 무엇보다도 자기의 리더십이 약화되는 것을 걱정했을 수 있습니다. 이런 여러 가지 이유로 말미암아 디오드레베가 이 순회 전도자들을 거부했는데 이런 것에 대해서 강력하게 경고하고 있는 본문이 요한삼서입니다.

유다서

    일반 교회에서 잘 보지 않는 본문 가운데 하나가 유다서입니다. 공동 서신은 예수님의 동생이었던 야고보의 편지로 시작해서 또 다른 예수님의 동생이었던 유다의 편지로 마무리됩니다. 이 유다서를 기록한 가장 중요한 목적은 교회 공동체 안에 침입해 들어와 있는 거짓 교사들의 위험성을 경고하는 것입니다. 유다서는 총 25절로 되어 있는데 4-19절까지 16구절이 거짓 교사들을 지적하는 내용입니다. 거짓 교사들은 하나님께 반드시 심판받을 것이라고 경고하고 있습니다. 여기에서 유다서의 기록 목적을 알 수 있습니다. 거짓 교사의 위험성을 경고하고 온전한 복음을 붙잡으라고 촉구하는 것이 유다서를 저술한 목적입니다.

    유다서는 수신자들이 언급되어 있지 않습니다. 뭐와 똑같죠? 요한일서와 똑같습니다. 요한일서도 수신자들이 나오지 않습니다. 유다서를 보면 구약이나 외경에 대한 인용이 많습니다. 따라서 구약과 외경을 이해하고 있는 유대 기독교인들에게 보낸 편지가 아닐까 추측해 볼 수 있습니다.

    재밌는 사실은 이 유다서를 문자적으로만 보면 마치 골로새서에 나오는 사도 바울의 주장을 반대하는 것처럼 보인다는 겁니다. 무슨 말이냐면 골로새서를 보면 바울과 바울의 대적자들이 나옵니다. 바울의 대적자들은 이런 주장을 합니다. 하나님이 그의 백성 된 우리에게 하나님의 뜻을 알려 주실 때 하나님이 사용하신 중보자들이 많이 있다는 겁니다. 이것을 아이온이라고 합니다. 하나님이 이 중보자들을 통해서 우리에게 당신의 뜻을 알려 주셨는데 그 중보자 가운데 예수도 있고 천사도 있다는 겁니다. 그런데 왜 이 무수한 중보자 가운데 예수만 경배해야 하는 거냐, 예수뿐만 아니라 다른 중보자들도 경배해야 한다는 것이 골로새서에서 바울의 대적자들이 했던 주장입니다. 여기에 맞서 바울은 예수 한 분만으로 충분하다고 주장했습니다. 다른 중보자가 필요하지 않다는 겁니다. 예수 한 분만으로도 하나님의 뜻이 무엇인지 우리에게 충분하게 온전하게 전달되었고, 예수 한 분만을 믿고 경배해야 한다는 것이 바울의 주장입니다. 그래서 바울이 골로새서에서 천사 숭배를 배격한 겁니다. 예수만이 우리의 믿음과 우리의 경배의 대상이며 그것으로 충분하다는 것이 바울의 주장입니다.

그런데 유다서를 보면 얼핏 유다서 저자는 천사를 숭배하는 것처럼 보입니다. 마치 골로새서에 나오는 바울의 대적자들의 주장과 유다의 주장이 일치하는 것처럼 보입니다. 왜냐하면 이 유다서의 저자는 권위를 업신여기는 것에 대해서 아주 강하게 경고합니다. 얼핏 보면 유다서의 주장과 골로새서에 나오는 바울의 주장이 대립하는 것처럼 생각하기 쉽습니다. 그래서 결론부터 말씀드리면 바울은 천사의 사역을 인정하고 존중하지만 천사를 경배와 섬김의 대상으로 삼는 것을 반대한 겁니다. 그러니까 바울이 천사 경배, 숭배를 반대했다고 해서 천사가 행했던 사역 자체를 무시한 것이 아니란 말입니다. 바울은 천사의 사역은 인정하고 존중하지만 천사를 경배와 섬김의 대상으로 삼는 것을 반대합니다. 천사를 무시하라고 주장한 적이 없습니다. 그것은 유다의 주장과 똑같습니다. 유다도 천사의 사역을 인정하고 존중하라는 것이지 천사를 숭배하고 경배하라는 것은 아닙니다. 천사의 사역을 업신여기고 그 권위를 무시하는 사람에 대해서 강하게 책망하고 있는 것입니다.

유다서 1:1   예수 그리스도의 종이요 야고보의 형제인 유다는 부르심을
             받은 자 곧 하나님 아버지 안에서 사랑을 얻고 예수 그리스
             도를 위하여 지키심을 받은 자들에게 편지하노라.

유다서 1:3-4   사랑하는 자들아 우리가 일반으로 받은 구원에 관하여 내
             가 너희에게 편지하려는 생각이 간절하던 차에 성도에게
             단번에 주신 믿음의 도를 위하여 힘써 싸우라는 편지로 너
             희를 권하여야 할 필요를 느꼈으니 이는 가만히 들어온 사
             람 몇이 있음이라.

예수 그리스도의 종이자 야고보의 형제 유다는 이렇게 이야기합니
다. 야고보서와 유다서는 다 예수의 동생이었던 야고보와 유다가 쓴
편지입니다. 참고로 사도행전 1장 13절에서 마가의 다락방에 모인 사
람들을 언급할 때 야고보의 아들 유다라는 표현이 나오는데 그 야고보
의 아들은 야고보의 형제로도 읽을 수 있습니다. 그래서 사도행전 1장
13절에 나오는 그 유다가 바로 유다서의 저자 유다로 학자들은 보고
있습니다.

1장 3-4절에서 지금 유다는 교회의 순수성을 지키기 위해서 교회
안에 침입해 들어온 거짓 교사들에 맞서 힘써 싸울 것을 강조하고 있
습니다. 1장 6절에서는 외경인 에녹서가 인용되고 있습니다. "또 자기
지위를 지키지 아니하고 자기 처소를 떠난 천사들." 여기서 천사 타락

설이 나옵니다. 한국 교인들이 생각하는 사탄이라는 존재가 어떻게 탄생했는가에 대해 짐작할 수 있는 본문입니다. 대부분의 한국 교회는 천사 타락설을 지지합니다. 이것이 유다서 1장 6절에 나오는 겁니다. 자기 지위를 지키지 아니하고 자기 처소를 떠난 천사들이 바로 그들입니다. 그런데 이 말씀은 외경인 에녹서를 인용한 것입니다.

그다음 1장 8절에서 거짓 교사들의 중요한 특징 가운데 하나를 언급하는데, 꿈꾸는 사람들이라는 겁니다. "그러한데 꿈꾸는 이 사람들도 그와 같이 육체를 더럽히며 권위를 업신여기며 영광을 비방하는도다." 여기서 "꿈꾸는 이 사람들"이라는 표현을 한마디로 하자면 직통 계시파를 말합니다. 이 사람들은 "천사 같은 매개자가 없어도 하나님과 직접 소통이 가능하다"라고 말하는 겁니다. 그리고 천사가 우리에게 전해 준 것이 옛날 계시라면 우리가 꿈을 통해 직접 전해 들은 이 계시가 훨씬 더 최신의 계시이고 새 계시라는 겁니다. 그래서 그동안 하나님이 천사와 중보자를 통해서 우리에게 주신 무수한 말씀보다 자기가 꿈과 환상을 통해서 받은 그 계시를 훨씬 더 우위에 두고 있는 겁니다. 이것을 거짓 교사의 중요한 특징이라 말하고 있습니다. 그러면서 이 사람들은 이런 매개자가 필요 없다고 주장합니다. 내가 꿈과 환상을 통해서 하나님과 직접 소통한다면서 자연스럽게 이런 하나님의 매개자들을 우습게 생각하는 겁니다. 권위를 업신여기고 영광을 비방한다는 겁니다. 이것에 대해서 유다는 뭐라고 주장하고 있는 겁니까? 하나님의 매개자로서 천사들의 사역을 인정하고 존중해 줘야 한다는 겁니다. 함부로 그들의 권위를 업신여겨서는 안 된다는 것입니다. 이런 주장은 사실 바울의 주장과 일맥상통합니다.

그런데 이 유다서에 나오는 거짓 교사들은 교회 안에 침입해 들어와서 하나님의 뜻을 알려 주었던 중보자들의 권위를 업신여기고 우리가 믿지 말아야 할 왜곡된 신앙의 가치들을 퍼뜨렸습니다. 그래서 4-19절까지 총 16절을 통해서 이런 거짓 교사들의 잘못을 지적하고 그들이 반드시 하나님의 심판을 받을 것을 경고하고 있습니다. 또한 올바른 진리를 붙잡을 것을 촉구하는 본문이 바로 유다서의 핵심 메시지입니다.

6부 요한계시록

계시록이란 무엇인가

　사람들은 보통 요한계시록을 이해하기 어렵다고 생각합니다. 사실 교회에서도 요한계시록을 설교하거나 성경 공부를 하는 경우는 많지 않습니다. 그렇다면 왜 정통 교회에서는 요한계시록을 주목하지 않을까요? 초대교회 때부터 임박한 종말 신앙과 천년왕국을 주장했던 사람들은 자신들의 주장의 근거로 요한계시록을 많이 인용했습니다. 그래서 요한계시록 하면 이단들의 전유물이라는 인식이 많습니다. 이런 인식 때문에 요한계시록을 열심히 공부하고 열심히 말하면 이단이 아닌가, 임박한 종말 신앙을 믿고 있나 하는 오해를 많이 받았습니다. 그래서 정통 교회에서는 점차 요한계시록을 덜 다루게 되었고, 결국 이단들의 전유물처럼 활용되도록 방치되기에 이르렀습니다. 그것이 교회의 역사였고 또한 우리 한국 교회의 현실입니다.

　한국 교회에서도 요한계시록에 대해서는 극단적으로 상반된 두 가지 반응이 있습니다. 하나는 지나친 결핍이고, 또 하나는 지나친 과잉입니다. 지나친 결핍은 바로 소위 정통 교회가 요한계시록에 대해 취하는 반응이고, 지나친 과잉은 신천지나 전도관 같은 이단들이 요한계시록에 대해 보이고 있는 반응입니다. 종교 개혁자 마르틴 루터는 요한계시록에 그리스도의 십자가가 빠져 있다면서 계시록의 예언들을 '벙어리 예언'으로 취급했습니다. 요한계시록에는 수많은 환상과 수와 상징들이 나옵니다. 그래서 문자적으로 이해하기 난해한 것이 사실입니다. 정통 신앙을 가진 사람들 입장에서는 보기는 봐야 하는데 읽기가 너무 어렵고, 읽어도 무슨 말인지 도무지 알 수가 없습니다. 게다가 너무나 많은 이단이 요한계시록을 강조하다 보니까 잘못 읽다가 이단에 빠지는 것은 아닐까 하는 두려움이 앞섭니다. 그래서 정통 교인들에게는 일종의 금서처럼 여겨지는 것이 바로 요한계시록입니다. 요한계시록은 뭔가 어렵고, 난해하고, 바르게 해석하고 설교하기가 힘들다는 뿌리 깊은 편견이 있습니다. 이것을 타개하기 위해서는 요한계시록이 어느 날 갑자기 하늘에서 뚝 떨어진 본문이 아니라 창세기부터 유다서까지 성경 65권과 연결되어 있다고 이해하는 시각이 중요합니다. 요한계시록을 읽을 때는 창세기부터 유다서까지, 이전 성경 말씀과의 연관성 속에서 이해하려는 노력이 필요합니다. 요한계시록을 공부하거나 무언가를 주장할 때 임박한 종말 신앙이나 천년왕국을 강조하는 사이비 이단들의 주장을 반박하려는 목적으로 읽는 것은 그 한계가 뚜렷합니다. 중요한 것은 사도 요한이 왜 소아시아 일곱 교회에게 편지를 보냈는가, 요한계시록에서 말하고자 하는 바는 무엇인가를 파악하는 것입니다. 그런 목회적인 관심 속에서 요한계시록을 읽고 이해하는 것이 매우 중요합니다.

　요한계시록이 기록될 당시에는 '로마제국'이라는 바벨론이 있었습니다. 로마제국은 황제 숭배를 통해서 초대 교인들을 핍박했습니다.

하나님께만 충성하고 순종해야 할 초대 교인들은 황제 숭배라는 크나큰 시험대에 올랐습니다. 황제에게 머리를 조아려야 할지 아니면 하나님만 예배할지, 그 선택의 기로에서 그리스도인들은 엄청난 핍박과 박해를 받았습니다. 그런데 초대 교인들만 로마제국이라는 바벨론의 시험과 공격과 유혹을 받은 것이 아닙니다. 오늘날에도 형태는 다르지만, 신앙인들이 하나님께만 충성하지 못하도록 만드는 이 시대의 바벨론이 있습니다. 오늘날 하나님 앞에서 의롭게 살아가려는 신앙인들은 이 시대를 지배하고 있는 바벨론의 공격과 유혹 앞에서 동일하게 신음하고 동일하게 핍박받고 있습니다. 사도 요한은 로마제국의 핍박과 공격 가운데 신음하고 있는 소아시아 일곱 교회 교인들에게 이런 상황 가운데에서도 하나님을 향한 온전한 신앙을 견지하기를 촉구하는 맥락에서 요한계시록을 기록했습니다.

그런 의미에서 오늘날 형태를 달리하지만, 여전히 바벨론의 공격과 유혹에 맞서 힘겹게 분투하고 있는 이 시대의 신앙인들이 요한계시록을 제대로 공부하고 이해하는 것은 매우 중요합니다. 어떻게 이 시대의 '바벨론 제국'에 무릎 꿇지 않고 온전히 하나님께만 순종하는 신실한 삶을 살아갈 수 있는가를 알아야 하기 때문입니다. 그래서 요한계시록을 공부하고 묵상할 때 가장 중요한 점은 사도 요한이 목회자의 마음으로 소아시아 일곱 교회 교인들에게 이 요한계시록을 쓰고 있다는 점을 이해하는 것입니다. 우리가 왜 바벨론에 무릎 꿇어서는 안 되는가, 왜 하나님께만 일편단심의 충성을 바쳐야 하는가를 이해해야 합니다. 궁극적으로 이 바벨론의 통치를 하나님이 끝장내실 것이라는 확신을 주는 본문이 바로 요한계시록입니다.

장르의 특징

요한계시록을 이해하는 데 가장 중요한 점은 무엇일까요? 요한계시록이 어떤 장르인지 기억하는 것입니다. 신약 27권은 네 개의 장르로 구분할 수 있습니다. 네 개의 복음서, 한 개의 역사서, 21개의 서신서 그리고 요한계시록이라는 묵시록이 있습니다. 신약을 이루는 네 개의 장르는 70인경의 네 개의 장르를 그대로 따른 겁니다. 70인경을 보면 창세기부터 신명기까지 토라, 즉 오경이라는 본문이 나오고, 그다음에 여호수아부터 에스더까지의 역사서, 욥기부터 아가까지의 시가서, 이사야부터 말라기까지의 예언서가 나옵니다. 신약성경은 70인경의 이 장르 배치 순서를 그대로 따라 한 것입니다. 토라를 보면 하나님의 구원 사건인 출애굽과 하나님의 말씀인 십계명과 율법이 기록되어 있습니다. 예수 그리스도를 통한 구원 사건과 예수 그리스도의 말씀, 예수 그리스도의 사역을 기록한 것이 복음서입니다. 그래서 토라가 제일 앞에 배치된 것처럼 복음서가 신약의 제일 앞에 배치되었습니다. 70인경에서 그다음에 역사서가 배치되어 있습니다. 마찬가지로 신약성경에서도 복음서 다음에 교회가 어떻게 탄생하고, 이방 지역에 주의 복음이 어떻게 전파되고, 이방 지역에 어떻게 교회가 세워졌는지를 기술하는 사도행전이 나옵니다. 그리고 역사서 다음에 시가서가 나옵니다. 이 시가서에 대응하는 것이 21권의 서신서입니다. 그리고 구약의 제일 마지막에 예언서가 나옵니다. 이 예언서에 대응하는 것이 묵시록인 요한계시록입니다. 이것이 요한계시록의 가장 중요한 특징입니다.

묵시는 예언과 구분됩니다. 예언에는 크게 세 가지 특징이 있습니다. 첫째, 예언의 말씀은 청중의 반응에 따라 얼마든지 변경 가능합니다. 하나님의 심판을 말하고 있는 예언조차도 청중이 그 말씀을 듣고 회개하면, 하나님은 심판을 내리지 않으십니다. 하나님이 예언자를 보내서 그 예언의 말씀을 선포하게 하시는 가장 중요한 목적이 무엇입니까? 그 예언자가 선포한 것처럼 "하나님이 너희를 심판할 거야"라는 말이 아니라 "예언자의 경고를 듣고 제발 돌이키라"라는 뜻입니다. 하나님이 경고하신 이 심판이 시행되지 않도록 "빨리 돌이켜라", "회개해라"라는 것이 바로 예언의 말씀을 주시는 가장 중요한 목적입니다. 그래서 예언의 가장 중요한 특징은 청중의 반응 여하에 따라 얼마든지 변경 가능하다는 점입니다.

그리고 두 번째는 이 예언의 말씀을 주시는 가장 중요한 목적에 있습니다. 예언의 목적은 무엇일까요? 왜 하나님은 예언을 주시는 걸까요? 이 땅에 정치, 경제, 사회, 종교 분야에서 하나님이 원하시는 바가 구현되지 않고 뭔가 잘못 돌아가고 있는 겁니다. 잘못된 정치, 잘못된 경제, 잘못된 종교가 만연해 있는 상황입니다. 그래서 예언의 말씀을 통해서 무엇이 잘못되었는지를 질타하고 하나님이 원하시는 바대로 교정되고 변화되기를 원하시기 때문에 예언의 말씀을 주십니다. 그다음 세 번째 이 예언의 말씀은 인간 예언자를 통해서 주로 전달됩니다. 그래서 정리하면 예언의 중요한 특징은 세 가지로 볼 수 있습니다. 첫째, 청중의 반응에 따라 얼마든지 변경 가능합니다. 둘째, 예언의 목적은 이 땅의 잘못된 것을 하나님이 원하시는 대로 교정하고 변화시키려는 것입니다. 셋째, 예언은 인간 예언자를 통해 전달됩니다.

그런데 묵시는 여기서 예언과 세 가지 뚜렷한 차이가 있습니다. 묵시는 청중의 반응이 중요하지 않습니다. 결과가 이미 정해져 있기 때문입니다. 그 결정된 시나리오를 사람들에게 알려 주는 것이 묵시입니다. 그래서 예언이 청중의 반응에 따라 얼마든지 결과가 변할 수 있다면, 묵시는 이미 결정되어 있습니다. 두 번째, 예언의 목적은 이 땅에 잘못된 점을 하나님이 원하시는 바대로 교정하고 변화시키는 것입니다. 그런데 묵시는 이 땅의 잘못된 정치, 이 땅의 잘못된 경제, 이 땅의 잘못된 종교를 부분적으로 교정하는 일에 관심이 있지 않습니다. 한마디로 묵시는 조금씩 잘못된 것을 고쳐 낼 수 없다고 판단될 때, 한마디로 이 악과 죄가 이 땅에 너무 만연해서 뭔가를 조금 고친다고 나아질 가능성이 없다고 판단될 때 등장합니다. 그래서 묵시는 부분적인 변화가 아니라 지금의 땅과 지금의 하늘을 완전히 새 하늘과 새 땅으로 교체하는 일에 관심이 있습니다. 그래서 예언과 묵시는 이렇게 이해할 수 있습니다. 예언은 청소기가 고장 났을 때 고장 난 부품을 바꿔서 다시 그 청소기를 사용하는 것으로 비유할 수 있습니다. 그러나 청소기 안에 몇 개의 부품을 교체한다고 해서 해결할 수 없는 경우도 있습니다. 그래서 아예 청소기 자체를 새것으로 교체해야 할 때가 있습니다. 그때 등장하는 것이 묵시입니다. 그리고 세 번째, 예언이 인간 예언자를 통해 전달된다면, 묵시는 천사와 같은 천상적 존재에 의해서 하나님이 결정하신 바를 알려 줍니다. 예언과 묵시는 이런 세 가지 뚜렷한 차이가 있는데, 요한계시록은 신약에 있는 유일한 묵시 문학이라는 점을 기억해 주시면 좋겠습니다.

기록 연대

요한계시록은 언제쯤 쓰였을까요? 학자들마다 다양한 주장을 하지만 대부분의 학자는 도미티아누스 황제 때 기록되었을 것으로 봅니다. 도미티아누스 황제는 주후 81년부터 96년까지 로마제국을 다스린 황제입니다. 그런데 이 도미티아누스는 이전에 존재했던 황제와 뚜렷한 차이가 하나 있습니다. 그것은 그가 자기를 주님이자 신으로 공식적으로 부르게 했다는 점입니다. 그리고 자기를 대주재자라고도 부르게 했습니다. 원래 로마는 다신교 체제 아닙니까? 다양한 신들을 섬겼습니다. 이전의 황제들은 로마 백성이 섬겼던 신들보다는 자기를 약간 하등한 존재로 규정했습니다. 그런데 이 도미티아누스 황제는 로마 백성이 섬긴 신들과 자기를 거의 동급으로 올려놓았습니다. 그 증거 중 하나가 에베소에서 발견된 도미티아누스 황제의 신상입니다. 이 신상의 높이가 거의 7-8미터 정도 됩니다. 당시 로마 백성이 섬겨 왔던 신상의 크기와 도미티아누스 황제의 동상 크기가 거의 비슷합니다.

이런 황제 숭배의 사회적 분위기에서 대부분의 신앙인들은 황제에게 무릎을 꿇었지만, 끝까지 황제에게 무릎 꿇지 않고 신앙을 지켜 낸 사람들이 있습니다. 그들은 순교를 당했고, 핍박을 당했습니다. 사도 요한도 그렇게 핍박당한 한 사람입니다.

사도 요한이 도미티아누스의 황제 숭배를 거부했다는 이유로 밧모 섬에 유배되었고, 그곳에서 하나님의 묵시를 보고 요한계시록을 기술했다고 주장하는 학자들이 있습니다. 그런데 어떤 사람들은 유배를 간 상황에서 어떻게 하나님의 말씀을 기록할 수 있었을지 의문을 품습니다. 로마의 군인들이 감시하는 상황에서 그것이 과연 가능했을까 묻습니다. 그래서 로마에 의해서 유배를 간 것이 아니라 도미티아누스 황제의 박해 때 사도 요한이 밧모섬으로 피신을 간 것이 아닐까 주장하기도 합니다. 많은 학자들은 후자의 견해를 더 신빙성 있는 주장으로 받아들입니다. 만약 유배를 갔다면 로마 군인들이 시퍼렇게 감시하는데 과연 하나님의 말씀인 요한계시록을 기술할 수 있었을까요? 그리고 중요한 것은 고대 어떤 자료를 봐도 밧모라는 섬이 유배지로 활용되었다는 기록이 나오지 않는다는 겁니다.

사도 요한이 밧모섬에 유배되었다는 설은 초대교회 이후에 만들어진 주장입니다. 그리고 그 근거가 요한계시록 1장입니다. 많은 사람이 요한의 밧모 유배설의 근거로 요한계시록 1장을 제시하는데 정작 요한계시록 1장에서는 유배를 왔다는 기록이 없습니다. 요한은 하나님을 섬기는 신앙 때문에 이 밧모라는 섬에 왔다고 말할 뿐입니다. 그래서 사도 요한이 그 밧모섬에서 하나님의 말씀인 요한계시록을 기록할 수 있었던 것을 보면 유배를 간 것이 아니라 박해를 피해서 왔을 거라는 주장에 무게가 실립니다.

정리하면, 요한계시록은 도미티아누스 황제의 통치 시기에 기술되었을 가능성이 큽니다. 그리고 요한계시록의 주제는 하나님이 이 땅을 지배하는 것처럼 보이는 악의 체제인 로마제국, 즉 바벨론을 반드시 심판하신다는 겁니다. 하나님의 궁극적인 승리를 말하는 것이 바로 요한계시록입니다.

계시록의 다양한 해석 방법과 유형

요한계시록은 신약성경에 나오는 27권 가운데 가장 해석하기 어렵다고 정평이 난 본문입니다. 더욱이 16세기에 종교개혁 운동이 일어났을 때 에라스뮈스Desiderius Erasmus라든가 루터라든가 츠빙글리 같은 사람들은 계시록을 하나님의 말씀으로 인정하지 않았습니다. 계시록 자체를 부인했습니다. 그다음에 성경 전체에 대해서 주석서를 썼던 칼뱅도 요한계시록에 대한 주석은 쓰지 않았습니다. 그래서 어떻게 보면 오랜 세월 정통 기독교인들과 신학자들이 요한계시록을 점점 멀리하게 되었고, 그럴수록 이단들은 이 요한계시록을 가장 사랑하는 본문으로 활용했습니다.

그래서 요한계시록에 대한 상반된 두 극단의 반응이 있었습니다. 그런데 18세기 이후에 요한계시록에 대한 관심이 매우 강조되기 시작합니다. 교회를 핍박하고 하나님의 백성을 공격하고 있는 짐승이자 음녀인 이 로마제국이 하나님의 심판으로 말미암아 반드시 멸망할 것이라는 내용이 요한계시록의 핵심입니다. 거대한 제국 바벨론이 하나님의 심판을 받아 멸망하는 내용을 다룹니다. 일곱 인, 일곱 나팔, 일곱 대접이라는 순차적인 재앙을 통해서 하나님을 대항하는 듯 보이고 이 세상을 장악한 듯 보이는 로마제국이 어떻게 멸망하고 있는가를 요한계시록은 설명하고 있습니다. 하나님의 궁극적인 승리를 강조하고 있는 겁니다. 이런 하나님의 궁극적인 승리를 강조함으로써 로마제국의 핍박 가운데 있는 교인들에게 로마제국이 다스리는 상황은 한시적이라는 점, 반드시 하나님의 심판을 통해서 바벨론은 무너진다는 점, 따라서 하나님에 대한 절대 충성을 지켜 내고 온전히 승리하라고 권면하고 있습니다. 그래서 하나님이 허락하시는 궁극적인 선물인 새 하늘과 새 땅의 백성이 되라고 강조하는 본문이 바로 요한계시록입니다.

요한계시록은 일제강점기 때 식민 지배를 받았던 우리 믿음의 조상들에게는 너무 잘 읽혔습니다. 우리 조상들에게는 이 요한계시록이 이해가 되었습니다. 그리고 요한계시록 말씀을 통해서 큰 위로와 힘을 받았습니다. 그런데 1980년 이후에 한국 교회의 상황이 변했습니다. 교회가 부유해지는 가운데 대형 교회가 많이 등장하고 교회에 속한 사람들 중에도 중산층 이상이 많아졌습니다. 대부분의 신앙인들도 상대적인 빈곤은 있지만 절대 빈곤 상태에 놓여 있지는 않습니다. 사실 우리는 지금 풍요로운 시대를 누리고 있습니다. 그래서 극심한 고난, 극심한 핍박 가운데 있던 성도들에게 주어진 요한계시록의 말씀이 우리에게 뭔가 실존적으로 다가오지 않습니다. 이런 사항을 이해하면서 요한계시록을 잘 살펴볼 필요가 있습니다.

요한계시록에 관해서는 학자들 간에 합의된 의견이 없다고 할 만큼 다양한 해석들이 존재합니다. 요한계시록에 나오는 해석을 크게 네 가지로 나눌 수 있습니다. 첫째가 과거주의적 해석입니다. 과거주의적 해석은 요한계시록에 나오는 모든 말씀은 사도 요한이 있었던 주후 1세기와 주후 1세기로부터 길어야 400에서 500년 안에 성취되는 일을 기록한 말씀이라는 해석입니다. 이런 과거주의적 해석을 받아들이면 요한계시록의 말씀은 사도 요한과 요한의 편지를 받았던 소아시아 일곱 교회 그리고 로마제국의 박해를 받았던 초대 교인들에게는 매우 유효한 말씀이 됩니다. 그러나 오늘 우리에게 요한계시록의 말씀은 어떤 의미가 있는가, 라는 질문이 나올 수밖에 없습니다. 그런데 이 과거주의적 해석을 많은 신학자가 지지합니다. 왜냐하면 사도 요한은 이 계시의 말씀을 기록하면서 "속히 일어날 일들"이라는 표현을 자주 사용합니다. 요한계시록에 나오는 많은 묵시적인 내용이 속히 일어날 일들이라는 겁니다. 이처럼 사도 요한의 편지를 회람한 핍박받던 소아시아의 일곱 교회에 유효한 말씀으로 요한계시록을 해석해야 한다는 견해가 과거주의적 해석입니다. 과거주의적 해석을 붙잡는 사람들은 초대교회를 괴롭혔던 유대교와 초대교회를 핍박했던 로마제국을 의식합니다. 유대교와 로마제국의 핍박과 박해로부터 신앙을 지켜 내라고 강조하는 것이 요한계시록의 핵심이라고 봅니다. 그래서 과거주의적 해석의 특징은 반유대, 반로마입니다. 그리고 초대교회를 핍박했던 로마제국은 하나님의 심판을 받아 멸망했고, 로마제국이 기독교 신앙을 국교로 선포한 시점에서 요한계시록에 나오는 모든 예언의 말씀이 성취되었다고 해석합니다.

두 번째는 미래주의적 해석입니다. 미래주의적 해석은 요한계시록 4장 1절 이하에 나오는 모든 말씀은 예수 그리스도의 재림 때에 어떤 일이 벌어질 것인지 보여 주는 묵시의 말씀이라는 관점입니다. 이 미래주의적 해석은 특히 세대주의 종말론을 붙잡고 있는 사람들이 요한계시록을 바라보는 관점입니다. 이런 미래주의적 해석으로 요한계시록을 보게 되면 "속히 일어날 일들"이라는 표현과 부합하지 않는 상황을 어떻게 봐야 할지 중요한 문제가 제기됩니다. 그리고 이 본문이 예수 그리스도의 재림 때 일어날 일을 미리 말하는 것이라면 이 요한계시록을 쓰고 있는 사도 요한과 이 요한의 편지를 받는 소아시아 일곱 교회에게는 이 미래주의적 해석이 과연 어떤 의미가 있는가 하는 질문이 제기될 수밖에 없습니다. 한마디로, 요한과 요한의 편지를 받고 있는 사람들과 아무런 상관이 없는 내용이 되는 겁니다. 그래서 이 미래주의적 해석에 학자들은 그렇게 많이 호응하지 않습니다. 반대로 미래주의적 해석은 세대주의 종말론자들, 시한부 종말론자들이 가장 좋아하고 사랑하는 해석 방법입니다. 그러나 주후 1세기에 이 편지를 쓰고받는 사람들과는 아무런 상관이 없는 내용이 되기 때문에 학자들은 그렇게 선호하지 않습니다. 물론 미래주의적 해석으로 봐야 할 내용들이 있습니다. 그것이 무엇입니까? 예수 그리스도의 재림, 천년왕국, 백보좌 심판, 새 하늘과 새 땅 이런 내용은 미래주의적 해석으로 바라보아야 합니다. 그런데 이것들 이외에 모든 것을 다 미래주의적 해석으로 바라보는 시각은 위험합니다. 매우 잘못된 해석으로 우리를 이끌 가능성이 큽니다.

셋째, 이상주의적 해석입니다. 이상주의적 해석은 요한계시록 안에 있는 '큰 성 바벨론', '음녀', '사탄'과 하나님의 싸움을 선과 악의 싸움, 기독교와 이교도의 싸움으로 보는 겁니다. 이런 맥락으로 요한계시록을 바라보는 시각이 바로 이상주의적 해석입니다. 이것은 어떤 특정한 시점에 주목하는 것이 아닙니다. 이상주의적 해석은 과거와 미래라는 특정한 시간에 주목하는 것이 아니라 선과 악, 기독교와 이교도, 하나님과 사탄의 영속적인 투쟁의 맥락 속에서 이 요한계시록을 바라보는 시각입니다.

넷째, 역사주의적 해석입니다. 이 역사주의적 해석은 오순절 성령 강림 이후부터 그리스도의 재림 때까지 어떤 일이 펼쳐질 것인가에 대한 일종의 시간표가 바로 요한계시록이라는 겁니다. 이런 역사주의적 해석을 선호하는 사람들은 자기가 살고 있는 시대가 요한계시록에 나와 있는 시간표 가운데 어떤 시점이고 오늘 이 시대의 바벨론은 누구라는 식으로 요한계시록을 해석합니다. 예를 들자면 루터도 자기 시대의 교황을 적그리스도, 666이라고 해석했습니다. 이런 것들이 전형적인 역사주의적 해석입니다. 역사주의적 해석은 적용에 관심이 많습니다. 그런데 이상주의적 해석과는 어떤 차이가 있습니까? 이상주의적 해석이 하나님과 사탄, 선과 악, 기독교와 이교도 가운데 영속적인 투쟁처럼 상징적 구조로 요한계시록을 바라본다면, 역사주의적 해석은 오순절부터 주님이 재림할 때까지, 요한계시록을 하나의 시간표로 바라보는 겁니다. 자기가 살고 있는 시점이 요한계시록이 말하는 시간표 가운데 어느 시대인지, 이 시대의 바벨론은 누구인지 이런 적용의 관점으로 요한계시록을 바라보는 해석이 역사주의적 해석입니다.

요한계시록이 난해한 이유가 이 네 가지 해석이 사실은 나름대로 타당성을 다 갖고 있기 때문입니다. 그러니까 어느 하나의 해석만으로 요한계시록을 바라보는 것은 위험합니다. 과거주의적 해석, 미래주의적 해석, 이상주의적 해석, 역사주의적 해석이 모두 나름 타당성을 다 갖고 있습니다. 요한계시록 본문에서 과거주의적 해석으로 봐야 할 본문이 있고, 미래주의적 해석으로 봐야 할 본문이 있고, 또 이상주의나 역사주의적 해석으로 봐야 할 본문도 있습니다. 이 네 가지 해석을 그때그때 잘 활용하는 것이 요한계시록을 이해할 수 있는 좋은 방법이라는 생각이 듭니다.

정리해 보겠습니다. 요한계시록에 대해서는 두 가지 상반된 반응이 있었습니다. 하나가 지나친 결핍이고 또 하나가 지나친 과잉이었습니다. 지나친 결핍은 오랜 세월 정통 교회가 보였던 반응이고, 지나친 과잉은 시한부 종말론자들이나 천년왕국을 강조했던 자들이 요한계시록에 대해서 보여 주었던 반응입니다. 주후 2세기 때부터 시한부 종말론자들이나 천년왕국을 주장했던 사람들이 자기들의 주장의 근거로 사용했던 본문이 요한계시록입니다. 그로 인해 초대교회 때부터 요한계시록을 강조하고 요한계시록을 사랑하는 사람들은 뭔가 잘못된 것이 아닌가 하는 눈초리를 받았고 이단과 사이비라는 혐의를 받았습니다. 그 결과, 정통 교회는 점점 요한계시록과 거리를 두게 되었습니다. 그러다가 종교개혁이 일어났을 때 에라스뮈스나 루터나 츠빙글리 같은 사람들은 계시록 자체를 부인했습니다. 그리고 전체 주석을 썼던 칼뱅 같은 경우에도 요한계시록에 대한 주석은 쓰지 않았습니다. 그래서 자연스럽게 개신교도들도 요한계시록을 점점 멀리하게 되었습니다.

그런데 요한계시록은 창세기부터 유다서까지 65권과 아무런 상관이 없는 마지막 때 일어나는 일을 알려 주는, 그런 부록 같은 성경이 아닙니다. 요한계시록은 앞에 나와 있는 65권과의 연관성 속에서 읽고 이해해야 합니다. 왜냐하면 요한계시록에 나오는 상징과 환상과 수는 요한계시록에만 나오는 것이 아니라 그 65권에 이미 나옵니다. 예를 들자면 새 하늘과 새 땅에 대한 환상은 이사야 65장에 나옵니다. 그리고 천상의 보좌로부터 생명수의 강이 흐르는 것은 에스겔 40-48장에 나옵니다. 네 종류의 말을 탄 사람의 이야기는 스가랴 6장에 나오고, 보좌와 네 생물에 대한 이야기는 에스겔 1장에 나옵니다. 두 감람나무, 두 증인은 스가랴 4장에 나옵니다. 따라서 구약의 그 본문에서 이것들이 어떤 의미를 갖고 있는가를 이해해야만 요한계시록을 제대로 이해할 수 있습니다.

요한계시록의 가장 중요한 주제는 무엇입니까? 지금 세상을 지배하는 것처럼 보이는 것은 누구죠? 로마제국입니다. 특히 도미티아누스 황제 때는 황제가 신의 위치로 스스로를 격상시켰습니다. 자기를 신적인 존재로 주장하면서 숭배할 것을 요청하는 그때 신앙인들은 황제 숭배를 거부했습니다. 그것 때문에 엄청난 박해와 핍박을 받았습니다. 그런데 요한계시록은 고난받고 있는 신앙인들에게 무엇을 강조하고 있습니까? 눈으로 볼 때는 로마제국이 천하를 호령하고 천하만국을 다스리는 것처럼 보이지만, 하나님이 이 로마제국을 반드시 심판하시고 끝까지 하나님을 향해 믿음을 지킨 자들에게 새 하늘과 새 땅, 에덴의 회복이라는 아름다운 세상을 선물로 허락하신다는 겁니다. 그것을 믿으면서 황제에게 무릎 꿇지 말고 하나님께 일편단심의 충성심을 지켜 내라고 강조하고 있습니다. 이것이 바로 요한계시록의 주제입니다.

그리고 요한계시록을 해석하는 네 가지 방법이 있다고 말씀드렸습니다. 요한계시록이 어려운 점은 학자들 간에 합의된 해석의 방식이 없기 때문입니다. 어떤 학자들은 과거주의적 시각으로 해석하고, 어떤 학자들은 미래주의적 시각으로 해석하고, 어떤 학자들은 이상주의적 시각으로 해석하고, 어떤 학자들은 역사주의적 시각으로 해석합니다. 물론 가장 많은 학자가 선택하는 해석의 방식은 과거주의적 해석입니다.

과거주의적 해석은 사도 요한이 묵시를 기록하고, 소아시아 일곱 교회가 계시록을 받았던 주후 1세기의 맥락에서 읽어야 한다는 관점입니다. 요한계시록에 나오는 많은 묵시가 속히 일어날 일들에 관한 말씀이기 때문입니다. 그래서 과거주의적 해석을 붙잡고 있는 사람들은 초대교회를 핍박하고 괴롭혔던 유대교와 로마제국, 반유대, 반로마가 요한계시록을 이해하는 중요한 핵심이라고 주장합니다. 결국 로마제국이 하나님의 심판을 받고 기독교를 국교로 공인한 그때 요한계시록에 나오는 모든 말씀이 성취되었다고 보는 견해가 전형적인 과거주의적 해석입니다.

미래주의적 해석은 요한계시록 4장 1절 이하의 본문은 주님의 재림과 마지막 때에 대한 미래의 모습을 보여 주는 묵시라는 주장입니다. 그래서 이 마지막 때의 대환란, 아마겟돈 전쟁, 주님의 승리, 악인의 멸망 등을 말하고 있다고 봅니다.

그런데 이런 미래주의적 해석을 붙잡게 되면 가장 난해한 점은 이 말씀이 쓰였던 주후 1세기의 맥락과는 아무런 상관이 없게 된다는 겁니다. 주후 1세기의 고난과 고통, 핍박의 상황 속에서 사도 요한이 소아시아 일곱 교회에 보내기 위해 요한계시록을 기록했는데, 편지를 쓴 사람이나 편지를 받은 사람과는 아무런 상관이 없는 말씀이 되어 버리는 것입니다. 이것이 미래주의적 해석의 가장 큰 난관입니다.

물론 요한계시록 안에서 주님의 재림이나 아마겟돈 전쟁, 백보좌 심판, 새 하늘과 새 땅과 같은 내용은 미래주의적 관점으로 이해해야 하지만, 그 외의 것들까지 다 미래주의적 관점으로 해석하기에는 지나친 비약이고 잘못된 해석 방식이라고 볼 수 있습니다. 이상주의적 해석은 요한계시록이 하나님과 사탄, 선과 악, 기독교와 이교도 간의 영속적인 투쟁에 대한 상징이라고 보는 해석입니다.

그리고 역사주의적 해석은 오순절 성령 강림부터 주님이 재림하실 때까지 어떤 일이 벌어질까에 대한 일종의 시간표를 기록한 것이 요한계시록이라는 견해입니다. 그래서 요한계시록을 바라보는 사람의 관점 속에서 우리 시대는 지금 여기쯤 와 있다, 우리 시대의 바벨론은 무엇이다, 우리 시대의 짐승의 표인 666은 누구를 가리킨다고 적용을 강조하는 해석입니다. 루터의 경우에도 면죄부를 판매하면서 교회를 타락과 부패로 이끌었던 교황을 자기 시대의 적그리스도, 666으로 해석했습니다. 이런 것들이 전형적인 역사주의적 해석입니다. 여기까지 앞에서 이야기했던 내용을 복습해 보았습니다.

계시록의 주요 주제들

요한계시록을 보면 6-19장까지 재앙 시리즈라 할 수 있습니다. 일곱 인, 일곱 나팔, 일곱 대접이라는 연속적인 재앙이 계속 일어납니다. 결국 재앙은 무엇을 말합니까? 하나님을 온전히 섬기지 않는 자들, 더 나아가서는 큰 성 바벨론에 대한 하나님의 심판을 말합니다.

그런데 이 재앙 시리즈에서 우리가 기억해야 할 점이 있습니다. 재앙과 심판을 구별하셔야 한다는 겁니다. 예를 들어 오늘날 생태 위기 상황에서 환경 재앙이라는 말을 많이 합니다. 이것을 두고 환경 심판이라는 말을 쓰지는 않습니다. 결과적으로 의인과 악인 모두에게 피해를 주는 게 재앙입니다. 예를 들어 지진이 일어나면 선한 사람이나 악한 사람이나 그 지진이 일어난 지역에 있으면 해를 당할 수밖에 없습니다. 코로나는 재앙이라고 하죠. 이런 코로나 재앙이 일어나면 착한 사람이나 악한 사람이나 누구나 코로나에 걸릴 수 있고 죽을 수도 있습니다. 출애굽기에 나온 열 가지 재앙 가운데 첫 번째, 두 번째, 세 번째 재앙은 고센 땅에 살고 있는 히브리인들에게도 그 피해가 임했습니다. 이런 것들을 우리는 재앙이라고 말합니다. 그런데 나중에 유월절에 애굽의 장자들이 죽임당하는 것은 재앙이라기보다는 심판이라고 할 수 있습니다. 이처럼 악인들만이 피해를 고스란히 떠안는 것을 심판이라고 한다면, 의인과 악인, 선한 사람이나 나쁜 사람이나 모두가 다 해를 입는 것은 재앙이라고 할 수 있습니다.

6-19장까지 넓게 보면 사탄, 사탄의 하수인이었던 바다에서 올라온 짐승, 땅에서 올라온 짐승, 큰 성 바벨론으로 상징되는 로마제국이 하나님의 심판을 받는 내용이 바로 일곱 인, 일곱 나팔, 일곱 대접 이야기입니다. 여기에서 항상 하나님의 심판은 악인들만을 타깃으로 하지 않습니다. 재앙도 있고 심판도 있다는 겁니다. 그래서 요한계시록 6-19장은 일곱 인, 일곱 나팔, 일곱 대접에 관한 내용이라는 점까지 기억하시면 됩니다. 결국 이 땅을 지배하는 듯 보이는 로마제국, 큰 바벨론, 큰 바벨론을 좌지우지하고 있는 바다에서 올라온 짐승과 땅에서 올라온 짐승, 바다에서 올라온 짐승과 땅에서 올라온 짐승에게 권세를 부여했던 큰 용, 사탄과 마귀를 하나님이 소멸하고 심판하시는 내용이 바로 일곱 인, 일곱 나팔, 일곱 대접이 다루는 내용입니다.

특별히 흥미로운 점은 일곱 나팔과 일곱 대접 재앙은 출애굽기에 나오는 열 가지 재앙과 매우 유사하다는 겁니다. 일곱 나팔과 일곱 대접 재앙을 보세요. 예를 들어 물을 피로 바꾼다든가, 우박이 임한다든가, 황충의 재앙이 있다든가, 물이 써서 마실 수 없다든가 하는 점이 출애굽기의 재앙과 똑같습니다. 이것을 강조하는 이유가 무엇입니까? 결국 출애굽기에 나오는 재앙을 통해서 히브리인들을 억압하고 괴롭혔던 애굽이라는 반하나님 세력이 멸망했잖아요. 출애굽기에 나오는 열 가지 재앙을 일곱 나팔, 일곱 대접의 재앙에서 그대로 기술함으로써 히브리인들을 괴롭혔던 애굽이 하나님이 보내신 재앙을 통해서 멸망한 것처럼, 오늘날 하나님의 백성과 교회 공동체를 핍박하고 있는 큰 바벨론도 멸망한다는 것입니다. 이 큰 바벨론이 주후 1세기의 애굽입니다. 애굽을 보통명사로 생각하면 하나님을 대적하는 세력을 상징합니다. 그 열 가지 재앙을 통해서 애굽이 하나님의 심판을 받아 멸망한 것처럼 오늘날 교회를 핍박하고 있는 큰 바벨론 로마제국도 일곱 나팔과 일곱 대접 재앙으로 멸망할 것이라는 점을 강조하고 있습니다. 이것이 일곱 나팔과 일곱 대접 재앙에서 출애굽기에 나온 그 재앙을 반복하고 있는 핵심적 이유입니다.

그리고 요한계시록을 보면 천년왕국에 대한 이야기가 나옵니다. 요한계시록 20장 6절에서 그들이 "천 년 동안 그리스도와 더불어 왕 노릇 하리라"라는 말씀이 나옵니다. 바로 이 구절에서 천년왕국이라는 교리가 등장했습니다. 이 천년왕국이 언제, 어디에서 실현되느냐에 대해서는 다양한 주장이 있습니다. 크게 세 가지로 나누어 볼 수 있습니다. 하나가 전천년설이고 또 하나가 후천년설, 또 하나가 무천년설입니다.

전천년설은 천년왕국 전에 주님의 재림이 먼저 있다는 것입니다. 주님이 재림하시고 나서 재림하신 주님이 천 년 동안 이 땅을 다스린다는 것입니다. 그리고 천 년 동안 다스린 이후에 사탄이 결박에서 잠깐 풀려난 다음에 최후의 발악을 하고 최후의 심판을 받은 다음에 영원한 하나님의 나라가 구현된다고 주장합니다. 천년왕국 전에 주님이 재림하신다고 해서 전천년설이라고 합니다.

이 반대가 천년왕국 후에 주님이 재림하신다는 주장입니다. 천년왕국 후에 주님이 재림하시기 때문에 이것을 후천년설이라고 합니다. 그러니까 전천년설이나 후천년설은 천년왕국 전에 주님이 재림하시는지, 그 이후에 재림하시는지에 따라 결정되는 것입니다.

그런데 세 번째가 무천년설입니다. 일단 무천년설은 문자적인 천년의 통치를 거부합니다. 무천년설은 천 년의 통치를 문자적으로 받아들이면 안 된다는 주장입니다. 물리적인 천 년 동안 주님이 정말 통치하시는 것이 아니라 승천하신 이후에 하나님 보좌 우편에서 온 우주 만물을 다스리실 때, 온 천하 만물을 다스리는 주님의 영적 통치가 바로 천년왕국이라는 주장입니다. 그러니까 문자적인 천년왕국, 즉 이 지상에 실현되는 천년왕국을 거부하고 지금도 하나님 보좌 우편에서 온 천하 만물을 다스리고 계시는 그리스도의 영적인 통치를 강조하는 것이 무천년설입니다.

요한계시록 20장 6절 때문에 "여기에 천년왕국이 임한다"라고 주장하는 많은 이단과 사이비들이 출현했습니다. 그런데 이 천년왕국은 요한계시록 20장 6절에만 나오는 표현입니다. 그리고 천년왕국에 대해서는 크게 전천년설, 후천년설, 무천년설이 있습니다. 천년왕국 전에 주님이 재림하신다면 전천년설, 천년왕국 후에 주님이 재림하신다면 후천년설, 천년왕국을 문자적으로 지상에 구현되는 것으로 바라보지 않고 오순절 때부터 하나님 보좌 우편에서 천하 만국을 다스리시는 예수 그리스도의 영적 통치로 바라본다면 무천년설로 볼 수 있습니다.

그다음에 요한계시록에서 많은 사람의 관심을 끄는 주제가 바로 14만 4천이라는 숫자입니다. 박태선의 전도관도 그랬고, 이만희의 신천지도 그랬습니다. 이 14만 4천이라는 숫자를 문자적, 물리적인 숫자로 이해했습니다. 그래서 마치 장사하는 사람들이 선착순 세일하는 것처럼 이 14만 4천에 들어야 한다고 사람들을 독려했습니다. 충성 경쟁을 유도했습니다. 이 14만 4천을 어떻게 이해해야 할 것인가에 대해서는 크게 세 가지 주장이 있습니다. 요한계시록 7장과 14장에 14만 4천이라는 숫자가 나오는데 첫 번째는 14만 4천을 이스라엘 사람 가운데, 즉 유대인들 가운데 구원받는 자들의 숫자로 보는 겁니다. 7장 9절에서 이스라엘 이외에 구원받는 이방인들의 숫자가 따로 나온다는 것이 첫 번째 견해입니다. 그러니까 14만 4천은 구원받는 이스라엘, 구원받는 유대인들의 총수로 보는 것입니다.

두 번째는 14만 4천을 역사의 마지막 시기에 끝까지 하나님께 충성을 지킨 구원받는 자들의 총수로 보는 해석입니다. 그런데 첫 번째와 다른 점이 있습니다. 첫 번째의 14만 4천은 이스라엘의 구원받는 자들의 수를 말합니다. 그리고 하늘에 있는 "셀 수 없는 큰 무리"라는 표현이 7장 9절 이하에 나옵니다. 첫 번째 해석은 바로 이 무리를 이방인들 가운데 구원받는 자들의 수로 보는 겁니다. 반면에 두 번째 해석은 이스라엘 백성이건 이방인이건 간에 끝까지 하나님께 충성스러운 믿음을 지킨 구원받는 자들의 총수가 바로 14만 4천이라는 것입니다.

그리고 세 번째는 이 14만 4천을 물리적인 숫자로 바라보지 않고

'하나님의 구원을 받는 자들의 충만함'으로 보는 견해입니다. 왜냐하면 14만 4천이라는 숫자는 12×12×1000입니다. 여기 12는 구약의 12지파를 상징하고 또 신약의 12사도를 상징합니다. 그리고 군대의 기본 조직 단위가 1000입니다. 그러니까 12×12×1000은 구약의 하나님의 백성과 신약의 하나님의 백성 모두를 포함한다는 것입니다. 그러니까 14만 4천을 물리적인 숫자가 아니라 하나님의 구원을 받는 자들의 총수, 하나님 백성의 충만함으로 이해하는 것입니다. 많은 학자들은 14만 4천에 대해 세 번째 해석을 지지합니다. 14만 4천이라는 숫자가 구원받는 이스라엘 백성의 수도 아니고 이스라엘 백성과 이방인 중에 끝까지 믿음을 지킨 성도들의 수도 아니고, 끝까지 하나님께 믿음을 지킨 구약 시대와 신약 시대에 구원받는 자들의 총수, 즉 하나님 백성의 온전함과 충만함을 뜻한다는 이 해석을 많은 학자가 지지하고 있습니다. 이렇게 바라보면 신천지나 전도관처럼 14만 4천에 들기 위해서 열심을 내서 많은 사람에게 전도하고 더 교회에 충성하고 헌신해야 한다는 주장은 힘을 상실하게 됩니다. 그런데 신천지나 전도관 같은 이단에서는 14만 4천 안에 빨리 들어야 한다고, 선착순 세일 판매하는 사람들처럼 위기감을 조성해서 신도들간에 충성 경쟁을 유도합니다. 그러나 14만 4천은 하나님에 대한 참된 믿음과 그리스도에 대한 참된 순종을 드러냈던 구약 시대의 하나님 백성과 신약 시대의 하나님의 백성 전부를 가리키는 것입니다.

요한계시록에서 중요한 키워드를 하나 꼽으라면 예배입니다. 이 땅에서는 로마 황제가 제국에 있는 모든 백성에게 자신을 예배할 것을 강요합니다. 자신을 예배하라고 명령하고는 그 명령을 지키지 않는 자들에게 불이익을 주기도 하고 심지어 처형하기도 했습니다. 그래서 무수한 초대 교인들이 황제 숭배를 거부했다는 이유만으로 고난과 핍박을 받았습니다. 한마디로 이 로마 황제는 많은 사람의 예배를 독점하는 자였습니다. 그런데 요한계시록은 우리 인간이 정말 예배해야 할 대상이 누구인가를 알려 줍니다. 그것은 로마 황제가 아니라 천상에서 온 우주 만물을 통치하고 계신 하나님이라는 겁니다. 그래서 요한계시록은 끊임없이 독자들에게 중요한 선택을 촉구하고 있습니다. 누구를 예배하는 자로 살아갈 것인가, 누구를 참된 주님과 신과 대주재자로 고백하며 살아갈 것인가를 독자들에게 촉구하고 있는 본문이 바로 요한계시록입니다. 예배라는 키워드가 요한계시록 전체를 관통하고 있다는 점을 기억해 주시면 좋겠습니다.

> 요한계시록 1:19 그러므로 네가 본 것과 지금 있는 일과 장차 될 일을 기록하라.

세대주의자들은 1장 19절을 근거로 요한계시록의 구조를 자주 해석했습니다. 요한계시록 1장 19절에서 "네가 본 것"을 1장으로 보고, "지금 있는 일"을 2-3장으로 보고, "장차 될 일"을 4장 이하로 보는 겁니다. 그래서 1장은 과거, 2-3장은 현재, 4장 이하는 미래로 보는 겁니다. 그래서 과거, 현재, 미래의 맥락 속에서 요한계시록을 해석해야 한다는 것이 바로 세대주의자들의 주장입니다.

그런데 요한계시록을 자세히 보면 예수님의 재림은 19장 이외에 6장에도 나옵니다. 그리고 천국의 모습은 21장과 22장뿐만 아니라 7장과

14장에도 나옵니다. 그것은 요한계시록이 시간적 순서에 따라 어떤 일이 일어날지 말해 주는 시간표가 아니라는 걸 보여 줍니다. A를 말했다가 B를 말했다가 다시 A를 말했다가 B를 말합니다. 그래서 요한계시록을 이해하는 가장 중요한 구조가 있습니다. 요한계시록은 하늘을 말하고 나서 땅을 말하고 땅을 말하고 나서 또다시 하늘을 말하고 그러고 나서 또다시 땅을 말합니다. 이것을 '천지 상호작용의 구조'라고 합니다. 그러니까 땅에 발 디디고 살아가는 사람들에게 땅의 시각으로만 하나님의 통치를 바라보지 않게 하는 겁니다. 우리를 둘러싸고 있는 땅의 현실은 너무 비참합니다. 그 어디에서도 희망과 소망을 찾아볼 수 없습니다. 그래서 이런 땅에 둘러싸여 있는 사람들에게 땅만을 바라보게 하면 희망이 없습니다. 소망이 없습니다. 그런 사람들에게 하늘을 바라보도록 만드는 겁니다. 그럼으로써 누가 진짜 이 우주 만물을 통치하고 있는가를 깨닫게 해 줍니다. 그래서 하늘을 말하고 땅을 말하고 다시 하늘을 말하고 땅을 말하는 천지 상호작용의 구조로 기록된 것입니다.

1장을 보면 계시자인 예수 그리스도에 대한 설명이 나옵니다. 이것은 하늘의 이야기죠. 그리고 2-3장을 보면 소아시아 일곱 교회에 대한 말씀이 나옵니다. 이것은 땅의 이야기입니다. 그리고 4-5장을 보면 천상 세계, 하나님의 보좌가 나오고 그 보좌 주위에 24장로의 보좌가 있고 네 생물이 나옵니다. 그리고 천상에 있는 많은 존재는 하나님과 어린양을 경배합니다. 그다음에 6장은 첫 번째부터 여섯 번째 인까지 인의 재앙이 나옵니다. 땅의 이야기입니다. 그다음에 7장은 천상의 구원받은 자들이 하나님을 예배하는 장면이 나오고, 그다음 8-9장에서는 이 땅에 임할 일곱 나팔 재앙이 나옵니다. 그다음에 10장은 책을 들고 있는 천사가 사도 요한에게 책을 먹으라고 하는 천상의 환상이 나옵니다. 그다음에 11-13장은 로마제국의 핍박 가운데 힘겨운 분투를 하고 있는 지상 교회의 모습이 나오고, 14장은 다시 천상에서 성부 하나님과 어린양을 찬양하는 구원받은 자들의 모습이 나옵니다. 15-18장까지는 마지막 재앙인 일곱 대접 재앙이 나오고 19장에서는 어린양의 재림이 나오고 20-22장에서는 새 하늘과 새 땅이 펼쳐지는 모습이 나옵니다.

요한계시록은 세대주의자들의 주장처럼 1장 19절에 근거해서 과거, 현재, 미래의 이야기를 시간적 순서에 따라 기록한 본문이 아닙니다. 도리어 땅에서, 로마제국으로부터 핍박과 박해를 받고 있는 사람들에게 땅의 현실을 넘어서 이 우주 만물을 통치하고 있는 천상의 관점을 보게 만드는 성경입니다. 이 땅만 바라보면 로마 황제가 천하만국을 다스리고 호령하는 것처럼 보이고, 로마 황제의 명령에 순종하지 않으면 죽을 것 같은 두려움과 공포의 지배를 받습니다. 그러나 요한계시록은 그 로마 황제 위에서 실제로 온 우주 만물을 누가 다스리고 있는지, 그 천상의 모습을 계속해서 보여 줍니다. 그럼으로써 로마 황제에게 무릎 꿇지 않고 끝까지 하나님께 충성과 참된 믿음을 지켜 낼 것을 촉구하는 것입니다.

이 천지 상호작용의 구조는 요한계시록의 가장 중요한 특징입니다. 그렇다면 이런 기술 형식을 통해서 요한계시록이 강조하고자 하는 바는 무엇입니까? 결국 하나님이 역사를 주관하신다는 겁니다. 그리고 하나님이 이 땅의 악한 제국들, 이 악한 제국을 조종하고 있는 큰 용,

사탄을 궁극적으로 심판하신다는 겁니다. 그 하나님의 역사를 소망하고 기대하고 붙잡음으로써 하나님이 베푸실 새 하늘과 새 땅, 즉 온전한 에덴의 회복을 바라보고 그 나라의 백성이 될 것을 촉구하고 있는 성경이 요한계시록입니다.

표제와 인사(계 1장)

요한계시록 본문을 보면서 요한계시록 이야기를 진행하겠습니다. 요한계시록 1장 앞부분을 보면 표제와 인사가 나오는데 특별히 1장 1-4절이 중요합니다.

> 요한계시록 1:1-4 예수 그리스도의 계시라. 이는 하나님이 그에게 주사 반드시 속히 일어날 일들을 그 종들에게 보이시려고 그의 천사를 그 종 요한에게 보내어 알게 하신 것이라. 요한은 하나님의 말씀과 예수 그리스도의 증거 곧 자기가 본 것을 다 증언하였느니라. 이 예언의 말씀을 읽는 자와 듣는 자와 그 가운데에 기록한 것을 지키는 자는 복이 있나니 때가 가까움이라. 요한은 아시아에 있는 일곱 교회에 편지하노니 이제도 계시고 전에도 계셨고 장차 오실 이와 그의 보좌 앞에 있는 일곱 영과.

1-4절을 보면 요한계시록의 성격이 잘 나와 있습니다. 세 가지가

중요합니다. 계시, 예언, 편지라는 겁니다. 1장 1절에서 "예수 그리스도의 계시"라는 말씀이 나오고 1장 3절에서 "예언의 말씀"이라는 표현이 나옵니다. 그다음에 4절에서 "요한은 아시아에 있는 일곱 교회에 편지[한다]"라는 표현이 나옵니다. 요한계시록은 계시의 책이고 예언의 책이고 편지의 책입니다. 요한계시록을 이해하는 데 가장 중요한 것은 요한계시록이 어떤 책인지를 파악하는 것입니다.

일단 계시에 대해 알아보겠습니다. 계시는 무엇입니까? 그동안 숨겨졌던 하나님의 뜻이 밝히 드러나는 것이 계시啓示입니다. 어떤 숨겨진 뜻이 밝히 드러났습니까? 하나님이 지금의 로마제국을 멸하고 하나님 나라를 훼방하는 사탄을 멸하며 하나님의 나라를 온전히 이루어 가실 것이라는 사실을 매우 강력하게 알려 주고 있습니다. 그래서 요한계시록에서는 두 개의 성이 대조됩니다. 하나는 바벨론이고 또 하나가 예루살렘성입니다. 흥미로운 점은 바벨론이라는 성을 수식하는 단어가 '큰'이라는 형용사라는 겁니다. 바벨론은 크고 거대하고 화려합니다. 그런데 하늘에서 내려오는 예루살렘성은 "거룩한 성 예루살렘"이라고 말합니다. 여기서 하나님이 그분의 백성인 우리에게 그리고 이 땅의 교회에 원하시는 바가 무엇인지가 잘 나타납니다. 하나님의 심판을 받아 멸망하는 바벨론은 큰 성입니다. 그런데 하나님의 나라, 하나님이 그분의 백성에게 선물로 허락하시는 예루살렘성은 거룩한 성입니다. 하나님이 원하시는 것은 무엇입니까? 크고 거대하고 화려함이 아니라 거룩함입니다. 이 땅의 교회가 큰 교회가 될 필요는 없습니다. 거대한 교회가 될 필요는 없습니다. 화려한 교회가 될 필요는 없습니다. 그렇다면 이 땅의 교회에 하나님이 원하시는 바는 무엇입니까? 거룩한 교회가 되는 것입니다. 그래서 요한계시록은 이 바벨론이라는 성과 예루살렘성을 비교하면서 독자들에게 어느 성의 백성으로 살아갈 것인가에 대해 결단을 촉구하고 있습니다. 하나님이 궁극적으로 악을 소멸하고 새 하늘과 새 땅이라는 새 세상을 펼치실 것임을 밝히 보여 주는 계시의 책이 요한계시록입니다.

예언은 무엇입니까? 먼 미래에 일어날 일을 미리 말하는 것이 아니라고 앞에서 말씀드렸습니다. 예언은 하나님이 맡겨 주신 말씀을 있는 그대로 말하는 것입니다. 구약에서 예언자들을 히브리어로 '나비Nabi'라고 하는데요, 이 나비의 정확한 의미는 '대언자'입니다. 그러니까 하나님이 하시고자 하는 말씀을 예언자의 입에 주신 겁니다. 그래서 예언자는 뭔가를 창작할 필요가 없습니다. 하나님이 맡겨 주신 말씀을 있는 그대로 선포하면 됩니다. 성경이 말하는 예언의 좀 더 본질적인 의미는 '대언'입니다. 그래서 사도 요한은 하나님이 그의 종을 통해서 전달해 주신 하나님의 계시의 말씀을 있는 그대로 선포하고 있습니다. 기록하고 있습니다. 이것이 요한계시록입니다.

그런데 이 기록을 어떤 형태로 한 겁니까? 편지의 형식으로 이 하나님의 말씀을 기록하고 있는 겁니다. 그래서 요한계시록은 계시의 말씀이고 대언의 말씀이며 편지의 틀을 사용하고 있습니다. 이것이 요한계시록을 이해하는 중요한 특징입니다.

1장 1절에서 "예수 그리스도의 계시라"라고 되어 있는데, 이것이 원래 요한계시록의 표제이자 제목입니다. 천사를 요한에게 보내서 하나님이 전달해 주신 계시의 말씀이 요한계시록입니다. 그런데 오늘날 이것을 요한계시록 또는 계시록이라고 부릅니다. 이런 이름은 후대에 붙여진 제목입니다. 원래 요한계시록의 제목은 "예수 그리스도의 계시"입니다.

오늘날 한국 교회를 가장 어지럽히고 있는 이단이 신천지입니다. 이 신천지가 이만희라는 교주를 신격화하는 맥락에서 강조하고 있는 성경 구절이 바로 요한계시록 1장 2-3절입니다. 1장 2절을 설명하면서 여기 나오는 사도 요한이 바로 오늘날의 이만희라고 주장합니다. 사도 요한이 하나님으로부터 계시의 말씀을 받아서 전해 준 것처럼 이만희라는 사도 요한이 하나님의 계시의 말씀을 받아서 그분의 백성에게 참된 진리를 선포하고 있다는 식으로 주장합니다. 그리고 1장 3절을 이렇게 해석합니다. 이 계시록의 말씀을 아는 사람이 없는데 예언의 말씀을 읽는 자가 그 예언의 말씀을 아는 자라는 겁니다. 그게 누구죠? 이만희라는 겁니다. 그래서 이 교주를 신격화하는 맥락에서 1장 2-3절의 말씀을 많이 인용하고 있습니다. 참고로 신천지는 요한계시록의 환상을 크게 두 가지로 구분합니다. 하나가 환상 계시이고 또 하나가 실상 계시라는 겁니다. 환상 계시는 마지막 때에 어떤 일이 일어날 것인가에 대해서 알려 주는 계시이고, 그 환상 계시가 성취되는 이야기가 바로 실상 계시라는 겁니다. 그래서 요한계시록에 나오는 많은 환상 계시가 오늘날 신천지와 교주 이만희를 통해서 현실로 구현되고 있다고 가르칩니다. 이것이 신천지가 요한계시록을 해석하는 전형적인 방식입니다.

개역개정에서는 1장 3절을 "이 예언의 말씀을 읽는 자", "듣는 자", "지키는 자"로 번역했는데, 헬라어 원어에서는 "읽는 자"를 단수로 표현하고 "듣는 자"와 "지키는 자"는 복수로 표현했습니다. 바른성경은 이것을 제대로 잘 번역했습니다. 이전의 개역성경에서는 "읽는 자"는 단수, "듣는 자들"과 "지키는 자들"을 복수로 잘 번역했는데, 도리어 개역개정으로 번역하면서 이 모든 것을 단수로 표현했습니다. 제대로 번역하려면 읽는 자는 단수로, 듣는 자들과 지키는 자들은 복수로 표현해야 합니다. 고대사회에서 글을 읽고 쓸 수 있는 사람은 전체 인구의 5퍼센트 미만으로 봅니다. 소수였습니다. 사도 바울이 특정한 교회에 편지를 보냈다면 그 교회 교인 가운데 한두 사람 정도만 편지를 읽을 수 있었습니다. 그럼 대다수의 사람은 바울의 편지를 어떻게 접하게 됩니까? 글을 아는 사람이 읽어 주면 그것을 듣는 겁니다. 안식일에 회당에서 랍비가 성경을 읽어 주면 대부분의 유대인은 그 말씀을 들음으로써 하나님의 말씀을 접합니다. 그래서 로마서에서 "믿음은 들음에서 난다"라고 말한 겁니다.

오늘날 우리는 대부분 성경을 읽을 수 있죠. 그런데 고대사회에서는 대부분의 사람이 성경을 읽을 수 없었습니다. 심지어 중세 시대까지만 하더라도 가톨릭이 인정한 유일한 성경은 히에로니무스가 번역했던 불가타라는 라틴어 성경이었습니다. 그 라틴어를 일반 사람들이 읽을 수 있습니까? 읽을 수 없었습니다. 그래서 중세 시대까지만 하더라도 성경을 읽을 수 있는 사람은 소수였습니다. 그렇다면 대부분의 사람은 성경을 어떻게 만나게 됩니까? 누군가 읽어 주면 들음으로써 성경을 접하는 겁니다. 그래서 읽는 자는 단수이고 듣는 자들과 지키는 자들은 복수입니다.

1장 4절에 요한이 편지하는 일곱 교회는 지역과 시대를 초월한 모든 교회를 의미합니다. 일곱이라는 숫자는 1부터 7까지 의미하는 물리적인 숫자가 아닙니다. 일곱이라는 숫자는 완전수입니다. 온전함, 충만함, 완전함을 뜻하는 수가 일곱입니다. 일곱 교회에 보낸다는 말은 지역과 시대를 초월해서 땅에 존재하는 모든 교회에 이 말씀을 전한다는 뜻입니다.

요한계시록 1:7-8 　볼지어다. 그가 구름을 타고 오시리라. 각 사람의 눈이 그를 보겠고 그를 찌른 자들도 볼 것이요 땅에 있는 모든 족속이 그로 말미암아 애곡하리니 그러하리라. 아멘 주 하나님이 이르시되 나는 알파와 오메가라 이제도 있고 전에도 있었고 장차 올 자요 전능한 자라 하시더라.

1장 7절에서, 요한이 편지를 통해서 강조하는 것이 무엇입니까? 고난받고 승천하셨던 예수 그리스도께서 이 땅에 반드시 강림하신다는 겁니다. 요한이 그 예수를 뭐라고 얘기합니까? 8절에서 알파와 오메가라고 말합니다. 그리스어, 즉 헬라어의 첫 번째 자음과 마지막 자음이 바로 알파와 오메가입니다. 알파와 오메가라는 말은 처음과 끝, 시작과 나중이라는 의미입니다. 그래서 이 알파와 오메가는 예수 그리스도가 이 땅에 처음 시작부터 마지막 때까지, 즉 전에도 계셨고 지금도 계시고 영원무궁토록 계시고 이 땅을 다스리실 분이라는 의미입니다.

요한계시록 1:9 　나 요한은 너희 형제요 예수의 환난과 나라와 참음에 동참하는 자라. 하나님의 말씀과 예수를 증언하였음으로 말미암아 밧모라 하는 섬에 있었더니.

1장 9절을 통해 요한계시록을 기록하는 요한 자신도 그리스도의 복음을 선포하고 붙잡는 것 때문에 환난을 받고 있음을 알 수 있습니다. 1장 9절을 근거로 많은 사람은 요한이 기독교 신앙을 견지한 것 때문에 밧모섬에 유배당했다는 주장을 하게 되었다고 말씀드렸습니다. 그런데 당시 밧모라는 섬에 유배를 보냈다는 기록이 없다는 말씀도 드렸습니다. 요한의 밧모섬 유배설이 신빙성이 없음을 지적하는 더 중요한 근거가 있습니다. 이후에 버가모 교회의 안디바라는 사람이 순교를 당합니다. 그런데 그가 순교당한 이유가 무엇입니까? 하나님과 예수 그리스도에 대한 신앙을 끝까지 지켰기 때문입니다. 그런데 안디바는 처형당했는데 요한은 유배를 떠났다는 이야기를 어떻게 받아들일 수 있을까요? 그리고 밧모섬에 유배를 떠나서 로마 군인들의 감시하에 요한계시록을 기록할 수 있었다는 주장도 이해하기 어렵습니다. 그래서 많은 학자는 요한이 유배를 떠난 것이 아니라 이 박해의 시기에 밧모섬에 피신을 갔다고 봅니다. 그래서 피신을 간 그 섬에서 그리스도의 계시를 받았고 이 계시의 말씀을 문자로 기록해 소아시아에 있는 일곱 교회에 전해 주었다고 봅니다.

이 계시의 말씀을 통해 요한이 강조하고자 하는 바가 무엇입니까? 지금은 로마제국이 천하를 다스리는 것처럼 보이지만 궁극적으로는 하나님이 로마제국을 심판하고 사탄을 멸망시키고 하나님의 나라를 온전히 구현해 내실 것이라는 주장을 하는 겁니다. 그 하나님 나라의 구원을 온전히 받기 위해서라도 로마제국의 핍박과 고난의 시기에 인내하고 끝까지 믿음을 지켜 내라는 점을 강조하고 있습니다. 이것이 바로 요한계시록의 주제입니다.

요한계시록 1:12　몸을 돌이켜 나에게 말한 음성을 알아보려고 돌이킬 때에 일곱 금 촛대를 보았는데.

1장 12절에는 요한의 편지를 받았던 일곱 교회가 나옵니다. 에베소, 서머나, 버가모, 두아디라, 사데, 빌라델비아, 라오디게아 일곱 교회는 시대와 지역을 초월한 모든 교회를 상징하고 있습니다. 1장 12절에서 "나에게 말한 음성을 알아보려고"라는 표현이 나옵니다. 계시가 우리에게 온전히 전달되기 위해서는 두 가지가 중요합니다. 계시는 그동안 숨겨진 하나님의 뜻이 밝히 드러나는 것을 말합니다. 그 계시가 우리에게 온전히 전달되기 위해서는 하나님이 먼저 말씀해 주셔야 합니다. 두 번째로는 우리가 이해할 수 있는 단어와 개념과 세계관의 틀 안에서 하나님이 말씀하셔야 합니다. 그래야만 우리는 하나님의 말씀을 온전히 이해할 수 있습니다. 만약 하나님이 우리에게 날마다 라틴어로 말씀하시면 우리가 어떻게 이해할 수 있겠습니까? 그래서 계시가 성립되기 위해서는 하나님이 먼저 선제적으로 우리에게 말씀하셔야 하고, 계시를 받는 사람들이 이해할 수 있는 단어와 개념을 사용하셔야만 합니다.

요한계시록 1:19　그러므로 네가 본 것과 지금 있는 일과 장차 될 일을 기록하라.

그동안 세대주의자들은 1장 19절의 말씀을 가장 좋아했습니다. "네가 본 것"은 1장, "지금 있는 일"은 2-3장, "장차 될 일"은 4장 이하,

이런 식으로 요한계시록을 이해했습니다. 그 영향으로 인해 과거, 현재, 미래의 구조로 요한계시록을 이해하는 사람들이 많이 있습니다. 이것보다는 요한계시록은 천지 상호작용의 구조로 이해하는 것이 중요합니다. 땅에 살고 있는 사람이 땅만 바라보면 낙담할 수밖에 없습니다. 천지 상호작용의 구조는 고난과 핍박 중에 있는 사람에게 천상의 세계를 보여 주고 우리 눈이 볼 수 없는 초월의 세계를 보여 줌으로써 고난 가운데에서도 끝까지 믿음을 지켜 낼 것을 촉구하는 형태로 기술되어 있습니다.

소아시아의 일곱 교회(계 2-3장)

2장과 3장은 소아시아 일곱 교회에 보내진 말씀입니다. 여기 소아시아의 일곱 교회는 오늘날로 이야기하자면 튀르키예 지방에 있는 지역 교회들입니다. 일곱은 '완전함'을 뜻하는 상징 수입니다. 그래서 모든 시대와 모든 지역을 포괄하는 이 땅에 존재하는 모든 교회가 일곱 교회 안에 담겨 있는 겁니다. 그래서 우리 교회가 여기 일곱 교회 가운데 어느 교회와 유사한지, 이 교회가 안고 있는 문제가 무엇이었는지, 우리는 무엇을 회개해야 하는지를 2장과 3장의 말씀을 통해서 잘 살펴보는 것이 중요합니다.

일곱 교회에 말씀하실 때 중요한 특징이 계속 나옵니다. 예를 들면 "… 하신 이가"라는 표현이 나오는데, 이는 예수 그리스도를 가리킵니다. 구약의 사자들은 보통 "… 하신 이가 …을 말씀하신다"라는 식으로 말씀했습니다. 여기서 요한은 바로 그 구약의 사자가 사용한 형식으로 메시지를 시작합니다. 그 교회에 말씀하실 때 제일 먼저 나오는 표현은 "나는 알고 있다"라는 겁니다. 그동안 교회가 걸어왔던 길, 지금 교회가 보이고 있는 걸음을 예수 그리스도는 다 알고 계십니다. 그래서 그 교회가 보여 온 모습 가운데 책망받을 것은 책망하시고 칭찬받을 것은 칭찬하십니다. 그리고 그 교회가 고쳐야 할 문제가 무엇인가를 알려 주십니다. 그리고 그 교회가 앞으로 어떤 일을 경험할지를 알려 주십니다. 그 가운데에서도 끝까지 하나님에 대한 충성과 믿음을 지켜 낼 것을 촉구하십니다. 그리고 끝까지 믿음을 지켜 낸 자들에게 선물을 약속하십니다. 또한 "성령이 교회들에게 하시는 말씀을 들을지어다"라는 말로 각각의 교회에 대한 메시지를 마무리하고 있습니다.

> 요한계시록 2:4-5 그러나 너를 책망할 것이 있나니 너의 처음 사랑을 버렸느니라. 그러므로 어디서 떨어졌는지를 생각하고 회개하여 처음 행위를 가지라. 만일 그리하지 아니하고 회개하지 아니하면 내가 네게 가서 네 촛대를 그 자리에서 옮기리라.

짧게 일곱 교회에게 주셨던 말씀을 살펴볼까요? 첫 번째가 에베소 교회입니다. 에베소 교회는 사도 바울이 목회했습니다. 특별히 에베소에서 바울은 3년 동안 목회했습니다. 그 가운데 2년 동안 두란노라는 서원을 세워서 열심히 말씀을 가르쳤습니다. 그리고 이후에 사도 요한도 이 에베소 교회에서 목회를 했습니다. 어떻게 보면 기라성 같은 위대한 사도들에게 말씀을 배웠던 교회가 에베소 교회입니다. 그래서 에베소 교회는 무엇이 옳고, 무엇이 잘못된 것인지 진리에 대한 분별력이 탁월합니다. 그래서 거짓 선생들을 쫓아내고 바른 진리를 붙잡았습니다. 이것은 에베소 교회가 칭찬받을 만한 일이었습니다. 그런데 에베소 교회는 그 진리를 온전히 붙잡았음에도 불구하고 아름다운 신앙으로 승화되지 못했습니다. 무엇이 옳은지, 무엇이 하나님의 뜻인지 분별을 갖추었지만, 이 참된 진리를 고수하는 태도가 아름다운 신앙으로 발전하지 못했습니다. 도리어 참된 진리를 붙잡고 있었지만 하나님에 대한 첫사랑을 버린 교회가 에베소 교회입니다. 에베소 교회가 책망받은 이유는 무엇입니까? 처음 사랑을 버렸기 때문입니다. 참 두려운 일 아닙니까? 하나님이 어떤 분이신지, 창세기부터 요한계시록까지 하나님이 주신 말씀의 의미가 무엇인지 진리를 파악하는 데는 완벽합니다. 알아야 할 것을 다 알고 있습니다. 무엇이 잘못인지 다 알 뿐 아니라 잘못된 것을 배척합니다. 그런데 문제가 무엇입니까? 이런 진리에 대한 온전함을 붙잡았지만, 이것이 하나님에 대한 더 뜨거운 신앙으로 열매 맺지 못한 겁니다. 순수한 열정으로 승화되지 못한 겁니다. 이것 때문에 에베소 교회는 책망받았습니다. 2장 4절은 에베소 교회가 "처음 사랑을 버렸다"라고 말합니다. 주님을 사랑하는 것도 중요한 일이지만, 주님에 대한 사랑을 신실하게 지켜 내는 것이 더 중요합니다. 2장 5절에서는 "그러므로 어디서 떨어졌는지를 생각하고 회개하라"라고 말합니다. 회개의 출발점은 무엇입니까? 어디에서 잘못되었는지를 심사숙고하는 것입니다.

그다음에 두 번째로 등장하는 교회가 바로 서머나 교회입니다. 서머나라는 지역은 로마가 제국으로 발전하기 전부터 로마와 운명을 함께하기로 하고 로마에 충성을 고백한 곳입니다. 서머나가 로마에 대한 절대 충성을 고백한 것처럼, 로마와 운명을 함께하기로 결단한 것처럼, 주님께서는 이 서머나 교회에게 죽도록 충성할 것을 요청하고 있습니다. 그런데 서머나 교회는 책망받지 않았습니다. 칭찬만 받은 교회입니다. 서머나 교회의 중요한 특징은 겉보기에 너무나 초라한 교회라는 겁니다. 가지고 있는 능력이 많지 않습니다. 그리고 많은 핍박과 궁핍함이 있었습니다. 오늘날 현대 신앙인들이라면 서머나 교회 같은 곳에는 다니고 싶지 않을 것입니다. 조금은 규모도 있고 사회적으로 명망도 있고 담임 목사도 좀 유명한 교회에 다니고 싶지 않겠습니까. 세상적으로 이름이 알려진 사람들과 인맥도 쌓을 수 있는 그런 교회를 다니고 싶을 것입니다. 오늘날 너무나 많은 교회에서 뭐라고 얘기합니까? 하나님의 복을 받으면 어떤 고난과 핍박도 받지 않고 이 땅에서 승승장구하는 것처럼 말하고 있잖아요. 이런 맥락에서 서머나 교회는 마치 하나님께 복을 받지 못한 교회처럼 생각하기 쉽습니다. 끊임없는 고난과 핍박이 있었고 능력이 없었고 외형적으로는 너무나 초라한 교회였습니다. 그러나 서머나 교회는 하나님에 대한 믿음을 저버리지 않았습니다.

사탄이 가장 두려워하는 성도는 은사와 능력을 많이 가진 성도가 아닙니다. 사람마다 하나님으로부터 받은 달란트는 다를 수 있습니다. 중요한 것은 몇 달란트를 받았는가가 아니라 받은 달란트만큼을 남기고 있는가입니다. 많은 능력과 많은 권능을 소유했지만 하나님에 대한 순종보다 자기의 부귀영화와 자기의 탁월함을 드러내고 싶어 하는 사람이 사실은 사탄의 첫 번째 먹잇감이 되는 겁니다. 은사와 능력이 많은 성도가 아니라 탐욕이 없는 성도가 가장 위대한 성도입니다. 서머나 교회를 보면서 신앙을 너무 단순화시켜서는 안 된다는 점을 기억해야 합니다. 예수를 제대로 믿으면 고난이 임하지 않습니까? 세상에서 승승장구하고 부귀영화를 누릴 수 있습니까? 그렇지 않습니다. 주님께 칭찬받았던 서머나 교회는 외형적으로 너무나 초라했지만, 하나님을 향한 절대 충성을 지켜 냈습니다. 이후에 보겠지만 가장 풍요로운 교회가 라오디게아 교회 아니었습니까? 그런데 라오디게아 교회는 칭찬을 한 번도 받지 못했습니다. 책망만 받았습니다. 그런 의미에서 우리 교회가 나아가야 할 지향점이 어디인가를 진지하게 고민할 필요가 있습니다.

> 요한계시록 2:13-14　네가 어디에 사는지를 내가 아노니 거기는 사탄의 권좌가 있는 데라. 네가 내 이름을 굳게 잡아서 내 충성된 증인 안디바가 너희 가운데 곧 사탄이 사는 곳에서 죽임을 당할 때에도 나를 믿는 믿음을 저버리지 아니하였도다. 그러나 네게 두어 가지 책망할 것이 있나니 거기 네게 발람의 교훈을 지키는 자들이 있도다. 발람이 발락을 가르쳐 이스라엘 자손 앞에 걸림돌을 놓아 우상의 제물을 먹게 하였고 또 행음하게 하였느니라.

　세 번째는 버가모 교회입니다. 에베소 교회가 바른 진리는 붙잡았지만 처음 사랑을 버린 것이 문제였다면, 버가모 교회는 바른 진리를 상실한 것이 문제였습니다. 무엇이 하나님의 뜻이고 무엇이 사탄의 유혹인지, 무엇이 참이고 무엇이 거짓인지 분별해 내지 못했습니다. 바른 진리를 상실한 것이 바로 이 버가모 교회의 문제입니다. 그런데 그런 버가모 교회 안에도 안디바라는 위대한 신앙인이 있었습니다. 안디바는 끝까지 하나님을 향한 일편단심을 지키느라 순교를 당했습니다.

그런데 안디바 같은 사람만 있었던 것이 아니라 이 버가모 교회 안에는 발람과 니골라의 교훈을 따르는 사람들도 많았습니다. "발람과 니골라의 교훈을 따랐다"라는 말은 무슨 뜻일까요? 바로 뒤에 "행음하게 했다"라고 나옵니다. 요한계시록은 하나님께만 충성을 바치지 않고 하나님과 황제 숭배를 겸하여 섬긴 것을 "행음했다"라고 말합니다. 한마디로 발람과 니골라의 추종자라는 말은 황제 숭배도 가능하다고 믿는 것입니다. 황제 숭배는 그저 국가에 대한 하나의 의례라고 말합니다. 황제를 숭배한다고 해서 하나님에 대한 신앙을 저버리는 것이 아니라면서 황제도 숭배하고 하나님도 믿게 만든 겁니다. 이렇게 겸하여 섬기는 것을 성경은 우상숭배라고 말합니다. 이 버가모 교회는 바른 진리를 상실한 것 때문에 발람과 니골라의 교훈을 따른 사람들이 많이 있었습니다.

2장 13절에서 "네가 사는 곳에는 사탄의 권좌가 있다"라고 말합니다. "사탄의 권좌가 있다"라는 말은 황제 숭배의 중심지라는 말입니다. 2장 14절에서 "발람의 교훈을 지키는 자들이 있[다]"면서 15절에서는 "니골라 당의 교훈을 지키는 자들이 있[다]"라고 책망합니다. 그러니까 버가모 교회는 안디바라는 위대한 순교자를 배출했지만, 대부분의 신앙인들은 참과 진리에 대한 분별을 갖추지 못했습니다. 한마디로 교회 안에 다양한 수준의 신앙인들이 있었다는 사실을 알 수 있습니다.

한국 교회가 정말 건강한 교회가 되기 위해서는 교인들 전체 수준을 상향 평준화해야 합니다. 대부분의 신앙인들이 하나님께 순종하는 일에 관심이 없다면 온전히 순종하고자 하는 신앙인이 도리어 이상한 사람이 되어 버립니다. 그래서 교회 공동체가 하향 평준화되지 않도록 막아야 합니다. 우리가 성경 공부를 하는 이유도 바로 여기에 있습니다. 참된 진리를 붙잡는 사람이 교회 안에서 인정을 받아야 합니다. 그리고 발람과 니골라 당의 교훈을 좇는 사람이 있다면 그 교회 공동체 모두가 깨어서 그 사람을 바른길로 인도해야 합니다. 그럼에도 불구하고 고집스럽게 그릇된 길을 걸어가려 한다면 책망해야 합니다. 그런데 안타깝게도 이 버가모 교회는 진리를 온전히 붙잡지 못한 것 때문에 하나님의 책망을 받았습니다.

> 요한계시록 2:19-20 내가 네 사업과 사랑과 믿음과 섬김과 인내를 아노니 네 나중 행위가 처음 것보다 많도다. 그러나 네게 책망할 일이 있노라. 자칭 선지자라 하는 여자 이세벨을 네가 용납함이니 그가 내 종들을 가르쳐 꾀어 행음하게 하고 우상의 제물을 먹게 하는도다.

일곱 교회 가운데 가장 긴 말씀이 나오는 교회가 두아디라 교회입니다. 두아디라 교회는 나중의 신앙생활이 처음보다 좋았습니다. 한마디로 신앙이 조금씩 성장해 가는 교회가 두아디라 교회입니다. 그런데 두아디라 교회는 이세벨을 용납했습니다. 여기서 "이세벨을 용납했다"라는 말도 우상의 제물을 먹었다는 말입니다. "우상의 제물을 먹게 만들었다"라는 말은 황제 숭배를 행했다는 말입니다. 이것 때문에 두아디라 교회도 책망을 받습니다. 2장 21절을 보면 두아디라 교회의 심각한 문제가 나옵니다. "또 내가 그에게 회개할 기회를 주었으되 자기의 음행을 회개하고자 하지 아니하는도다." 여기서 '음행'은 성적인 순결에 관한 문제가 아니라, 황제 숭배를 행한다는 말입니다. 다시 말해, 두아디라 교회는 하나님과 황제를 겸하여 섬겼습니다. 그래서 이 잘못된 행위를 지적하고 회개를 촉구했는데 두아디라 교회는 회개의 기회를 거부했다는 뜻입니다.

요한계시록 3:1　사데 교회의 사자에게 편지하라. 하나님의 일곱 영과 일곱 별을 가지신 이가 이르시되 내가 네 행위를 아노니 네가 살았다 하는 이름은 가졌으나 죽은 자로다.

그다음 다섯 번째 나오는 교회가 사데 교회입니다. 사데 교회는 살았다는 이름을 가졌지만 실상은 죽은 교회였습니다. 스스로 우리 교회는 살아 있다고 착각하는 겁니다. 무엇 때문에 이런 착각을 하게 되었을까요? 교회 공동체 안에 다양한 프로그램이 돌고 있기 때문입니다. 이것도 하고 저것도 하니까 교회가 매우 역동적인 것처럼 보입니다. 교인들도 스스로 어떤 착각을 합니까? "우리 교회는 정말 하나님 보시기에 살아 있는 교회야"라고 착각했습니다. 그런데 신앙의 본질에 근거했을 때 사데 교회는 하나님에 대한 온전한 이해, 하나님을 향한 절대 충성을 드러내지 못했습니다. 다양한 프로그램들을 활발하게 돌리고 있는데 하나님의 말씀을 온전히 이해하지 못하고 있습니다. 하나님 백성다운 본질을 지켜 내지 못했습니다. 얼마나 안타까운 일입니까. 스스로는 살아 있는 것처럼 착각했지만 실상은 죽은 교회가 바로 사데 교회입니다.

> 요한계시록 3:7-8 빌라델비아 교회의 사자에게 편지하라. 거룩하고 진실하사 다윗의 열쇠를 가지신 이 곧 열면 닫을 사람이 없고 닫으면 열 사람이 없는 그가 이르시되 볼지어다. 내가 네 앞에 열린 문을 두었으되 능히 닫을 사람이 없으리라. 내가 네 행위를 아노니 네가 작은 능력을 가지고서도 내 말을 지키며 내 이름을 배반하지 아니하였도다.

그다음 나오는 곳이 바로 가장 짧은 역사를 가진 빌라델비아 교회입니다. 이 빌라델비아 교회도 서머나 교회처럼 책망을 받지 않았습니다. 오직 칭찬만 받았습니다. 칭찬만 받은 서머나 교회나 빌라델비아 교회는 공통점이 있습니다. 그것이 뭐냐면 외형적으로는 너무나 약한 교회라는 겁니다. 어떤 유력자가 그 교회에 다니는 것도 아니고 능력이 많은 것도 아니고 재정이 풍부한 것도 아니고 외형적으로 보면 너무나 보잘것없는 교회입니다. 약한 교회입니다. 너무나 궁핍한 교회입니다. 그런데 하나님을 향한 일편단심의 신앙을 지켜 냈습니다. 그래서 서머나 교회나 빌라델비아 교회는 신앙의 승리가 결코 환경에 지배받는 것이 아님을 보여 주는 사례입니다.

아주 많은 사람이 이런 얘기를 하지 않습니까? "하나님 저에게 이것만, 혹은 저것만 응답해 주신다면 하나님을 위해서 더 열심히 헌신하겠습니다." "이 기도만 들어주신다면 한눈팔지 않고 하나님께 절대 충성을 지키겠습니다." "우리 아이, 좋은 대학만 보내 주신다면, 우리 아이 좋은 직장만 취직시켜 주신다면, 우리 아이 좋은 배우자를 만나 결혼만 하게 해 주신다면 … 하겠습니다." 얼마나 많은 신앙인이 이런 기도를 하고 있습니까? 그런데 삶이 조금 더 편안해지고 가진 것들이 많아지고 지위가 높아지면 정말 하나님께 더 온전한 순종을 드리고 있나요? 절대 그렇지 않습니다. 그런 기도 자체가 얼마나 위선적인가를 스스로가 잘 알고 있잖아요.

서머나 교회나 빌라델비아 교회는 가진 능력은 별로 없고 세상적으로 보자면 초라한 교회였지만, 하나님을 향한 온전한 믿음을 지켰습니다. 그것 때문에 서머나 교회와 빌라델비아 교회는 칭찬을 받았습니다. 3장 9절에서 "보라 사탄의 회당 곧 자칭 유대인이라 하나 그렇지 아니하고 거짓말하는 자들"이라는 표현이 나옵니다. "사탄의 회당"은 유대인들이 모이는 회당을 말합니다. 왜 유대인들이 모이는 회당을 사탄의 회당이라고 했을까요? 유대 전쟁 이후에 유대교와 초대교회는 완전히 결별합니다. 심지어 유대교는 로마제국에 "초대교회는 우리 유대교가 아니다"라면서 핍박을 요청하기까지 합니다. 그리고 유대교 회당 안에 초대교회 교인들의 출입을 금지했습니다. 특별히 가말리엘 2세로 알려진 요하난 벤 자카이Johanan ben Zakkai라는 랍비는 여러 회당에 '18기도문'이라는 것을 전달했습니다. 그 기도문에 12번째가 바로 이단자들을 위한 축복문인데, 거기서 예수 그리스도를 믿는 초대

교인들을 이단으로 규정합니다. 그래서 유대 전쟁 이후에 유대교와 초대교회는 완전히 분리되었고, 유대교는 로마제국에 초대 교인들이 유대교를 믿는 사람들이 아니라고 신고했습니다. 이때부터 로마제국은 초대교회를 무신론자라는 이유로 박해한 겁니다. 여기서 무신론자라는 것은 신을 믿지 않는다는 말이 아니고 로마제국이 인정하는 신을 믿지 않는다는 뜻입니다. 로마제국은 예수를 신으로 인정하지 않았기에 초대교회 교인들은 로마제국의 입장에서 무신론자가 되었습니다. 그래서 초대교회가 로마로부터 박해를 받은 겁니다. 그 이후 313년에 콘스탄티누스 황제가 밀라노칙령을 선포해 기독교를 하나의 종교로 승인합니다. 이때부터는 기독교가 무신론이라는 이유로는 박해를 받지 않게 된 겁니다. 그러나 유대 전쟁 이후에는 유대교와 로마제국으로부터 교회는 많은 핍박을 받았습니다. 그래서 3장 9절에서는 그 유대인들이 모이는 회당을 "사탄의 회당"이라고 말합니다.

요한계시록 3:15-16 내가 네 행위를 아노니 네가 차지도 아니하고 뜨겁지도 아니하도다. 네가 차든지 뜨겁든지 하기를 원하노라. 네가 이같이 미지근하여 뜨겁지도 아니하고 차지도 아니하니 내 입에서 너를 토하여 버리리라.

요한계시록 3:20 볼지어다. 내가 문밖에 서서 두드리노니 누구든지 내 음성을 듣고 문을 열면 내가 그에게로 들어가 그와 더불어 먹고 그는 나와 더불어 먹으리라.

일곱 교회 가운데 마지막 교회가 라오디게아 교회입니다. 라오디게아 교회의 가장 치명적 문제는 거짓된 자기만족에 빠져 있다는 것입니다. "우리 정도면 좋은 신앙인 아닌가? 우리는 정말 하나님과 신실하게 동행하고 있어. 하나님으로부터 많은 복을 받고 있어." 이런 거짓된 자기만족에 빠져 버렸습니다. 그런데 실상 라오디게아 교회 안에는 예수님이 계시지 않았습니다. 3장 20절에서 예수님은 문밖에 서서 지금도 라오디게아 교인들에게 노크를 하고 계십니다. "제발 그 교회 공동체 안에 나를 영접해라." 이것이 얼마나 무서운 이야기입니까? 라오디게아 교회는 예수님이 없는 예수 교회인 셈입니다. 자기 딴에는 예수님과 동행하고 있다고, 하나님으로부터 많은 복을 받고 있다고, 그래서 우리는 부유하다고 착각하고 있습니다. 풍요에 겨운 나머지 영적인 빈곤과 무력감에 빠져 있는 교회가 바로 라오디게아 교회였습니다. 이런 라오디게아 교회가 온전함을 회복하기 위해서는 자신들이 지금 얼마나 주님과 분리되어 있는지를 깨달아야 합니다. 그리고 무엇이 잘못되었는지 알아야죠. 그리고 하나님께 온전히 회개해야죠. 이러한 정직한 진단이 회개의 출발점입니다.

인류 역사 가운데 등장했던 모든 교회는 여기 2-3장에 나오는 일곱 교회 중 하나에 속합니다. 모든 교회가 이 일곱 교회를 바라보면서 자기 점검을 해야 합니다. 오늘 우리 교회의 모습은 이 일곱 교회 가운데 어느 교회를 닮았는가? 우리 교회가 주님으로부터 칭찬을 받을 것인가, 아니면 책망을 받을 것인가? 우리가 회개해야 할 모습은 무엇인가? 회개하는 자에게 그리고 끝까지 믿음을 지키는 자에게 우리 주님은 무엇을 약속하셨는가? 그 약속을 붙잡기 위해서 우리는 어떤 삶을 살아야 할 것인가? 이런 질문과 묵상을 통해서 2-3장을 더욱 잘 해석할 수 있으면 좋겠습니다.

우주 만물을 다스리는 천상의 보좌(계 4-5장)

2-3장에서 땅에 있는 일곱 교회에 주님이 주신 말씀이 나오고, 4-5장에서는 천상의 세계를 보여 주고 있습니다. 그것은 땅을 보면 보좌에 앉아 있는 로마 황제가 천하만국을 다스리는 것처럼 보이지만, 실상 또 하나의 보좌가 있다는 뜻입니다. 그것이 바로 천상에 있는 하나님의 보좌입니다. 천상의 보좌는 하나님이 천상의 세계에서 실제 온 우주 만물을 통치하고 계신다는 사실을 강조합니다.

요한계시록에서는 두 개의 서로 다른 그림이 대조되고 있습니다. 하나는 큰 성 바벨론이고 또 하나는 거룩한 성 예루살렘입니다. 큰 성 바벨론에서는 이 땅에 있는 짐승의 보좌, 로마 황제가 앉아 있는 지상의 보좌를 보여 주고, 거룩한 성 예루살렘에서는 하나님이 우주 만물을 통치하고 있는 천상의 보좌를 보여 줍니다. 이 극명한 대조를 통해서 요한계시록은 처음부터 끝까지 일관되게 묻고 있습니다. 누가 정말 이 온 우주 만물을 다스리고 있는가? 궁극적인 통치자가 누구인가? 우리가 누구에게 무릎을 꿇어야 하는가? 우리가 누구에게 충성을 바쳐야 하는가? 요한계시록은 둘 가운데 하나를 선택할 것을 촉구하고 있습니다. 우리가 누구를 예배하는 자가 될 것인가를 묻습니다. 황제를 예배하는 자가 될 것인가, 하나님과 어린양을 예배하는 자가 될 것인가?

요한계시록은 독자들에게 결단을 촉구합니다.

요한계시록의 중요한 구조가 뭐라고 했죠? 하늘을 한 번 보여 주고 땅의 현실을 보여 주고 땅의 현실을 초극하고 있는 하늘의 모습을 보여 주고 다시 땅의 현실을 보여 줍니다. 땅의 현실을 보면 로마제국이 천하를 호령하는 것처럼 보입니다. 그러나 하늘의 모습을 보여 주면서 궁극적으로 하나님이 여전히 온 우주 만물을 통치하고 계신다는 사실을 상기시킵니다. 하나님의 최종 승리를 믿으면서 지금의 고난과 핍박을 인내하며 이겨 낼 것을 촉구하는 말씀이 바로 요한계시록입니다. 그래서 4-5장에서는 천상의 세계를 보여 주는 겁니다. 하나님의 보좌가 있고 그 보좌 주위에 24장로들의 보좌가 있고 네 생물이 나오고 셀 수 없이 많은 흰옷 입은 자들이 하나님을 경배하고 있습니다. 그리고 로마제국에 의해서 무력하게 죽임당했던 어린양 예수가 온전한 승리자가 되어 성부 하나님과 함께 이 땅을 다스리고 계십니다. 그리고 마지막 심판의 때, 그 봉인된 책을 유일하게 풀 수 있는 분이 바로 어린양 예수임을 알려 주는 본문이 바로 4-5장의 말씀입니다.

요한계시록 4:6   보좌 앞에 수정과 같은 유리 바다가 있고 보좌 가운데와 보좌 주위에 네 생물이 있는데 앞뒤에 눈들이 가득하더라.

요한계시록 4:8   네 생물은 각각 여섯 날개를 가졌고 그 안과 주위에는 눈들이 가득하더라. 그들이 밤낮 쉬지 않고 이르기를 거룩하다. 거룩하다. 거룩하다. 주 하나님 곧 전능하신 이여. 전에도 계셨고 이제도 계시고 장차 오실 이시라 하고.

4장 6절과 8절을 보면 보좌, 네 생물이 나오는데 이것은 에스겔 1장에 나오는 내용입니다. 에스겔 1장에서 30년째 4월 5일에 그발 강가에 사로잡혀 있을 때 에스겔에게 하나님이 찾아오십니다. 그리고 보좌와 네 생물의 환상을 보여 주시는데, 에스겔에 나오는 이 환상의 내용을 사도 요한이 요한계시록에 기술하고 있습니다. 4장 10절에 나오는 24장로는 구약 시대 이스라엘의 열두 지파와 신약 시대의 열두 제자, 즉 하나님의 백성을 대표합니다.

> 요한계시록 5:1 내가 보매 보좌에 앉으신 이의 오른손에 두루마리가 있으니 안팎으로 썼고 일곱 인으로 봉하였더라.

5장 1절에서 보좌에 앉으신 이의 오른손에 일곱 인으로 봉해진 책이 있는데, 이 인을 뗄 수 있는 유일한 분이 바로 어린양입니다.

재앙 시리즈: 일곱 인, 일곱 나팔, 일곱 대접(계 6-19장)

6장에서는 첫 번째 인부터 여섯 번째 인까지 개봉되면서 인 재앙이 등장합니다. 일곱 인, 일곱 나팔, 일곱 대접의 재앙 시리즈가 6-19장까지 등장합니다. 이 재앙 시리즈는 이 땅을 통치하는 것처럼 보이는 큰 성 바벨론, 로마제국을 하나님이 심판하시는 이야기입니다. 그 하나님의 최종 승리를 알려 주는 이야기가 바로 세 가지 재앙 시리즈입니다.

먼저 6장에 인 재앙이 나옵니다. 팍스 로마나Pax Romana 시대, 즉 로마의 평화가 도래했다고 흔히 말하는 시대지만, 그 로마가 다스리는 시대가 얼마나 많은 사람을 죽음으로 내몰고 있는지, 첫 번째부터 네 번째까지 인을 떼면서 그 실상을 보여 주고 있습니다.

여기서 많은 신앙인이 헷갈리는 것 중에 하나가 흰 말 탄 자에 대한 해석입니다. 첫 번째 인을 뗐을 때 흰 말 탄 자가 나가서 이기고 또 이깁니다. 많은 사람이 이 '흰 말 탄 자'를 예수 그리스도로 이해합니다. 왜냐하면 19장에서 그 흰 말을 탄 자가 바로 예수 그리스도이거든요. 이름은 충신과 진실입니다. 요한계시록 19장의 흰 말을 탄 자가 예수 그리스도니까 여기 6장의 흰 말을 탄 자도 예수일 거라고 해석하는데 요한계시록 6장에서 예수님은 인을 떼는 자입니다. 흰 말을 탔다고 해서, 예수라고 성급하게 규정하면 안 됩니다. 첫 번째와 두 번째 인을 뗐을 때 나오는 흰 말과 붉은 말은 로마가 무력으로 얼마나 많은 사람을 죽이고 있는지를 보여 줍니다. 세 번째 인을 뗐을 때 나오는 검은 말은 흉년과 기근을 통해서 얼마나 많은 사람이 죽어 가고 있는지를, 네 번째 인을 뗐을 때 나오는 청황색 말은 전염병을 통해서 얼마나 많은 사람이 죽어 가는지를 보여 줍니다. 요한계시록은 인을 뗐을 때 나오는 흰 말, 붉은 말, 검은 말, 청황색 말을 통해서 로마가 다스리고 있던 주후 1세기의 현실을 폭로하고 있는 것입니다.

요한계시록 6:8 그리고 내가 보니, 청황색 말 한 마리가 있는데, 그 위에 탄 사람의 이름은 '사망'이고, 지옥이 그를 뒤따르고 있었습니다. 그들은 칼과 기근과 죽음과 들짐승으로써 사분의 일에 이르는 땅의 주민들을 멸하는 권세를 받아 가지고 있었습

니다. (새번역)

6장 8절에 "내가 보매 청황색 말이 나오는데 그 탄 자의 이름은 사망이니"라고 되어 있습니다. 개역개정은 '사망'으로 번역했지만 좀 더 정확한 번역은 '전염병'입니다. 새번역 성경은 6장 8절을 "그들은 칼과 기근과 죽음과 들짐승으로써 사분의 일에 이르는 땅의 주민들을 멸하는 권세를 받아 가지고 있었습니다"라고 번역했습니다. 구약성경에서 하나님이 심판에 사용하시는 네 가지 도구는 바로 칼, 기근, 들짐승, 전염병입니다. 그래서 6장 8절의 사망은 전염병으로 표현하는 게 좀 더 정확한 번역입니다.

그리고 다섯 번째 인을 뗐을 때는 무대가 지상의 세계에서 천상의 세계로 올라갑니다. 다섯 번째 인을 뗐을 때 순교자들이 이렇게 탄원하는 기도가 나옵니다. "하나님 언제까지 이 불의한 자들이 천하를 호령하는 것을 두고 보실 겁니까?" "언제까지 의인들이 고난받는 것을 지켜보실 겁니까?" "하루빨리 하나님이 능력의 오른팔을 펴서 이 불의하고 왜곡된 세상을 심판해 주십시오."

그리고 여섯 번째 인을 뗐을 때 엄청난 지진을 통해서 하나님의 심판이 이루어집니다. 그다음에 6장 17절에서 "그들의 진노의 큰 날이 이르렀으니 누가 능히 서리오"라는 말씀이 나옵니다. 어린양의 심판이 임할 텐데 그 "어린양의 심판으로부터 누가 설 수 있는가? 누가 구원받을 수 있는가?"라는 질문을 하면서 6장이 마무리됩니다.

그리고 이 질문에 대한 해답이 바로 7장에 나옵니다. 어린양의 심판으로부터 멸망하지 않고 구원받을 수 있는 사람들은 바로 7장에 나오는 14만 4천과 무수한 사람들이라는 겁니다.

> 요한계시록 7:4   내가 인침을 받은 자의 수를 들으니 이스라엘 자손의 각 지
>   파 중에서 인침을 받은 자들이 십사만 사천이니.

끝까지 하나님에 대한 믿음을 지켰던 그 14만 4천과 셀 수 없이 무수한 하나님의 성도들이 어린양의 심판으로부터 구원받을 것이라고 말합니다. 6장의 마지막 부분에서 한 질문에 대해 7장에서 답하는 구조입니다. 7장에서는 결국 14만 4천이라는 숫자를 어떻게 볼 것인가가 가장 중요합니다. 14만 4천은 12×12,000이고 12,000은 12×1,000이죠. 12×12×1,000이 바로 14만 4천입니다. 그래서 처음의 12는 구약의 열두 지파를 가리키고 두 번째 12는 신약의 열두 제자, 즉 사도를 가리키고 1,000은 군대의 기본 조직 단위를 가리킵니다. 그래서 구약 시대의 하나님의 백성, 신약 시대의 하나님의 백성을 모두 합해서 모든 하나님의 백성이 구원을 받는다는 것이 바로 14만 4천의 의미입니다. 14만 4천이 상징적인 숫자라는 이야기입니다. 이단들이 말하는 것처럼 물리적인 숫자 14만 4천 명만 구원받는다는 뜻이 절대 아닙니다. "14만 4천 안에 들어야만 구원받을 수 있다", "14만 4천에 들기 위해서 더 헌신하고 더 열심히 전도하고 더 수고하고 애쓰라"라는 말은 요한계시록 7장이 말하는 본문의 의미와 아무런 상관이 없습니다.

이 구절의 14만 4천이 상징 수라는 것을 어떻게 알 수 있습니까? 14만 4천의 숫자가 나오려면 이스라엘 열두 지파에서 지파당 12,000

명씩 구원을 받는 셈입니다. 그런데 생각해 보십시오. 이스라엘 열두 지파 가운데 유다 지파는 인구가 매우 많습니다. 시므온 지파는 인구가 얼마 되지 않습니다. 그런데 2차 인구조사 때 7만 명이 넘는 유다 지파와 2만 명이 갓 넘은 시므온 지파가 똑같이 12,000명씩 구원을 받는다면 인구가 많은 지파는 얼마나 억울하겠습니까? 이처럼 지파별로 인침받은 자들의 수가 동일하다면 이 숫자가 상징적인 숫자라는 걸 짐작할 수 있습니다. 하나님에 대한 믿음을 지키고 순종했던 모든 하나님의 백성이 구원을 받는다는 것을 알 수 있습니다.

흥미로운 사실은 여기 열두 지파에서 지파당 12,000명씩 구원받는데 유일하게 빠진 지파가 있다는 점입니다. 바로 단 지파입니다. 왜 단 지파가 빠졌을까요? 여러 설명을 할 수 있지만 가장 분명한 것은 단 지파가 살던 땅이 헤롯대왕 이후부터 황제 숭배의 중심지가 되었다는 점입니다. 그곳에 황제 숭배를 위한 제단이 설치됩니다. 그래서 다른 지역보다 황제 숭배에 몰두한 점 때문에 단 지파를 빼지 않았을까 짐작합니다. 왜냐하면 요한계시록이 말하는 음행, 즉 하나님을 저버림으로써 심판받는 자들이 바로 황제 숭배를 하는 자들이기 때문입니다. 그런데 단 지파가 살던 땅이 황제 숭배의 중심지였습니다. 그래서 열두 지파를 명명할 때 단 지파가 빠졌으리라 해석할 수 있습니다.

창세기부터 요한계시록까지 열두 지파에 대한 설명이 여러 번 나오는데, 본문마다 열두 지파에 대한 규정이 조금씩 다릅니다. 우리가 제일 잘 알고 있는 것은 야곱의 열두 아들 아닙니까? 그런데 야곱의 열두 아들 가운데 세 번째 아들이었던 레위가 빠지고 열한 번째 아들이었던 요셉 대신 요셉의 두 아들 므낫세와 에브라임이 각각 들어가 열두 지파를 구성합니다. 그것이 우리가 아는 가장 일반적인 열두 지파입니다. 그런데 중간에 어느 한 지파가 빠지면 그 빠진 지파를 메우기 위해서 레위 지파가 열두 지파에 포함되기도 합니다. 열두 지파에 대한 성경의 기록이 매우 다양합니다. 그래서 왜 단 지파가 빠졌는지를 계속 말하는 것은 의미가 없습니다. 가장 중요한 점은 요한계시록에서 하나님을 저버리는 행위, 우상에게 무릎 꿇는 행위, 음행은 모두 황제 숭배를 가리키고 있다는 사실입니다. 당시 이스라엘 땅에서 황제 숭배의 제단이 있었던 단 지파의 땅, 그리고 황제 숭배에 가장 몰두했던 단 지파 사람들의 맥락에서 단 지파를 구원받는 열두 지파에서 배제한 것이 아닐까 추측해 볼 수 있습니다.

7장에서 어린양의 심판으로부터 멸망하지 않고 구원받는 자들에 대한 천상의 모습을 보여 준 이후에 8-9장에서는 일곱 나팔 재앙이 기술됩니다. 구약에서 나팔은 어떻게 쓰였을까요? 나팔은 하나님의 임재를 알릴 때 그리고 사람들에게 경고할 때 사용했습니다. 그래서 이 나팔 재앙을 통해서 무엇을 알 수 있을까요? 이 땅에 있는 사람들에게 경고하는 겁니다. 지상의 보좌를 장악하고 있는 로마 황제에게 무릎 꿇을 것인가, 아니면 천상의 보좌에서 온 우주 만물을 다스리고 있는 하나님께 순종하는 자가 될 것인가? 이 질문에 대한 올바른 선택을 촉구하면서 경고하는 것이 바로 일곱 나팔 재앙입니다. 나팔 재앙은 이후에 나오는 대접 재앙과 매우 유사합니다. 순서가 비슷합니다. 처음에 땅에 임한 재앙, 바다에 임한 재앙, 강에 임한 재앙, 천체에 임한 재앙 식으로 순서가 매우 유사합니다. 그리고 일곱 나팔 재앙과 일곱 대접 재앙에서는 출애굽기에 나온 열 가지 재앙의 내용이 많이 등장합니다. 그래서 재앙을 통해서 히브리인들을 억압하고 괴롭혔던 애굽이 하나님의 심판을 받은 것처럼 일곱 나팔 재앙과 일곱 대접 재앙을 통해서 초대교회를 핍박하고 있는 큰 성 바벨론, 로마제국이 하나님의 심판을 받게 될 것을 강조하고 있습니다. 처음에 인 재앙에서는 땅의 4분의 1이 심판을 받습니다. 그런데 나팔 재앙에서는 3분의 1이 계속 나옵니다. 그러니까 인 재앙과 비교해서 이 나팔 재앙에서는 재앙의 강도가 좀 더 세집니다. 그리고 나중에 대접 재앙에서는 3분의 1이 아니라 전체가 하나님의 심판을 받습니다. 그래서 인 재앙, 나팔 재앙, 대접 재앙이 거듭될수록 하나님의 심판 강도가 강해지고 있음을 알 수 있습니다.

> 요한계시록 10:9-10 내가 천사에게 나아가 작은 두루마리를 달라 한즉 천사가 이르되 갖다 먹어 버리라. 네 배에는 쓰나 네 입에는 꿀 같이 달리라 하거늘 내가 천사의 손에서 작은 두루마리를 갖다 먹어 버리니 내 입에는 꿀 같이 다나 먹은 후에 내 배에서는 쓰게 되더라.

10장에서는 두루마리를 소지하고 있던 천사가 작은 책을 요한에게 주면서 먹으라고 합니다. 이것을 먹는 이유는 무엇입니까? 그 말씀을 온전히 섭취함으로써 사람들에게 하나님의 뜻을 알려 주라는 겁니다. 선 섭취, 후 사역입니다. 하나님의 말씀을 담대하게 온전히 증거하기 위해서라도 하나님의 말씀을 제대로 섭취해야 합니다. 먼저 우리가 받아먹어야 합니다. 10장에서 천사에게서 작은 책을 받아먹고 말씀을 섭취한 사도 요한은 이 말씀을 담대하게 선포합니다. '선先 섭취, 후後

사역', 이것이 매우 중요합니다. 오늘날 제대로 준비되지 않은 사람들이 사역을 하는 경우가 너무나 많습니다. 내가 믿고 있는 하나님이 어떤 분이신지, 하나님의 계획이 어떠한지, 하나님이 진짜 원하시는 신앙의 모습이 어떠한지 말씀을 통해서 온전히 분별해야 합니다. 그런 분별의 토대 위에서 하나님이 원하시는 바를 신실하게 행할 필요가 있습니다. 그래서 10장은 선 섭취, 후 사역의 모델을 우리에게 보여 줍니다.

> 요한계시록 11:11-12 삼 일 반 후에 하나님께로부터 생기가 그들 속에 들어가매 그들이 발로 일어서니 구경하는 자들이 크게 두려워하더라. 하늘로부터 큰 음성이 있어 이리로 올라오라 함을 그들이 듣고 구름을 타고 하늘로 올라가니 그들의 원수들도 구경하더라.

그리고 환상이 끝난 다음에 11-13장은 큰 용, 바다에서 올라온 짐승과 땅에서 올라온 짐승에 의해서 고난받고 있는 이 땅 지상 교회의 모습을 보여 줍니다. 특별히 11장에서는 두 증인이 나옵니다. 이 두 증인은 고난과 핍박의 상황 속에서도 신실하게 복음을 증거하는 자들을 상징합니다. 그런데 흥미로운 점은 대한민국에서 등장한 이단과 사이비들이 이 11장에 나오는 두 증인, 두 촛대, 두 감람나무 가운데 하나가 자기들이 섬기는 교주라고 주장한다는 겁니다. 이단들이 가장 좋아하는 본문 중에 하나가 바로 요한계시록 11장입니다. 여기 나오는 두 증인은 어떤 특정한 사람을 가리키기보다는 신실한 교회 공동체, 하나님에 대해 참된 믿음을 가지고 그 하나님의 뜻을 온전하게 선포했던 교회, 증인의 사역을 신실하게 감당했던 교회를 상징합니다. 이 두 증인이 사역하는 기간은 42달입니다. 이 42달에 대한 다른 표현이 1260일, 그리고 한 때, 두 때, 반 때라는 말입니다. 한 때와 두 때와 반 때는 세 때 반이 되는 셈이니까 3년 6개월, 즉 42달입니다. 이것을 날로 환산하면 1260일입니다. 42달, 1260일, 한 때와 두 때와 반때는 다 같은 표현입니다. 그래서 이 큰 용이 하나님의 백성인 교회 공동체를 핍박하는 기간과 두 증인이 사역하는 기간이 똑같은 겁니다. 한마디로, 그 큰 용이 하나님의 백성을 핍박하는 그때 교회는 어떻게 해야 합니까? 움츠려 있어야 하나요? 아닙니다. 고난과 핍박의 때에도 주의 말씀을 신실하고 담대하게 선포해야 합니다.

그 사역을 신실하게 잘 감당했던 교회를 두 증인이라고 말하고 있습니다. 오늘날 이 땅에서 교회가 세상을 향해서 어떤 사역을 행해야 하는지를 잘 보여 주는 본문이 11장입니다. 11장 7절에서 이 두 증인이 무저갱으로부터 올라온 짐승에게 죽임을 당합니다. 그런데 놀라운 일이 벌어집니다. 잘 보십시오. 두 증인은 하나님의 말씀을 담대히 증언했습니다. 그리고 그것 때문에 고난을 받았습니다. 그다음 무저갱에서부터 올라온 짐승에게 죽임을 당했습니다. 그런데 3일 반 후에 하나님이 두 증인에게 새로운 생기를 불어넣으셨습니다. 그러자 두 증인이 살아났습니다. 부활한 겁니다. 하나님은 하늘로 두 증인을 승천시키십니다. 담대한 증인의 사역, 고난과 죽음, 부활, 승천 이것이 바로 두 증인이 겪게 될 길인데, 누구의 길을 재현하는 거죠? 바로 예수 그리스도의 삶을 재현하고 있는 겁니다. 이 구절이 무엇을 강조하고 있습니까? 이 땅의 모든 교회는 예수 그리스도가 가신 길을 따라 재현하는 자들이라는 겁니다. 이것을 강조하고 있는 본문이 11장입니다.

12장에서 하늘로부터 큰 용이 내쫓기는데, 이 큰 용을 옛 뱀 또는 마귀라고도 하고 사탄이라고도 합니다. 큰 용, 하와와 아담을 유혹했던 옛 뱀, 사탄과 마귀가 모두 동일한 존재입니다. 이 큰 용이 하늘로부터 내쫓깁니다. 하늘로부터 내쫓긴 후에 큰 용이 이 땅에 있는 하나님의 백성을 공격합니다.

> **요한계시록 12:9** 큰 용이 내쫓기니 옛 뱀 곧 마귀라고도 하고 사탄이라고도 하며 온 천하를 꾀는 자라. 그가 땅으로 내쫓기니 그의 사자들도 그와 함께 내쫓기니라.

여기서 신앙인들은 위로를 받아야 합니다. 소망을 가져야 합니다. 이 구절이 의미하는 바가 무엇입니까? 오늘날 우리가 당하고 있는 큰 용의 시험과 큰 용의 박해는 무엇 때문입니까? 바로 큰 용이 하늘에서 내쫓겼기 때문입니다. 오늘날 성도를 핍박하고 성도를 억압하고 있는 큰 용의 활동은 마지막 발악이라고 할 수 있습니다. 그래서 하늘에서 내쫓긴 큰 용이 교회를 핍박합니다. 그 교회를 핍박하고 있는 모습을 어떻게 보여 주고 있습니까? 여인이 아기를 낳습니다. 이 여인을 교회로 봅니다. 아기를 작은 예수로 봅니다. 교회는 끊임없이 작은 예수를 세상에 탄생시킵니다. 큰 용은 이것을 용납할 수 없는 겁니다. 그래서 그 작은 예수를 집어삼키려고 합니다. 그런데 여인과 아이가 다 하나님의 보호를 받습니다.

그리고 13장에서는 큰 용, 옛 뱀, 사탄과 마귀의 하수인이 등장하니다. 한마디로 사탄의 삼위일체가 있는 겁니다. 요한계시록에서는 우리가 믿고 있는 참 하나님의 모습을 이 사탄이 모방하는 경우가 많습니다. 우리가 성부, 성자, 성령 삼위일체 하나님을 믿잖아요. 그런데 사탄도 삼위일체가 있는 겁니다. 그것이 뭐냐면 큰 용, 그다음에 바다에서 올라온 짐승, 그다음에 땅에서 올라온 짐승입니다. 이것이 바로 사탄의 삼위일체입니다. 우리가 예수 그리스도의 이름에 숫자를 붙인다면 777이라고 할 수 있습니다. "완전하고 완전하고 완전하시다", "거룩하고 거룩하고 거룩하시다"라는 의미입니다. 그런데 짐승의 표는 666입니다. 무슨 말이냐면 예수 그리스도를 모방하고 있는 겁니다. 근접해 있습니다. 비슷해 보입니다. 그러나 그리스도와 완전히 다릅니다. 666은 실패, 실패, 실패인 겁니다. 그러니까 비슷해 보이지만, 모방한 것처럼 보이지만, 아닙니다. 그래서 13장에서는 사탄의 삼위일체가 나옵니다. 용에게 권세를 받은 바다에서 올라온 짐승은 로마제국과 황제를 가리키고, 땅에서 올라온 짐승은 거짓 선지자들을 가리킵니다. 황제 숭배로 사람들을 끌고 가고, 황제에게 무릎 꿇게 만들었던 거짓 사제들, 거짓 선지자들이 바로 땅에서 올라온 짐승입니다. 큰 용, 바다에서 올라온 짐승, 땅에서 올라온 짐승 같은 사탄의 삼위일체가 힘을 합쳐서 이 땅에 하나님 나라가 구현되는 것을 훼방하고 하나님만을 진실하게 섬기려는 하나님의 백성을 핍박하고 있습니다. 13장 18절에서는 짐승의 표가 바로 666이라고 말합니다.

요한계시록 13:18 지혜가 여기 있으니 총명한 자는 그 짐승의 수를 세어 보라. 그것은 사람의 수니 그의 수는 육백육십육이니라.

예수 그리스도를 모방하고 있지만 불완전합니다. 실패, 실패, 실패입니다.

11장부터 13장까지 이 지상에서 큰 용에 의해서 그리고 바다에서 올라온 짐승과 땅에서 올라온 짐승에 의해서 핍박받던 교회의 모습을 보여 준 다음에 다시 14장에서는 천상에서 어린양과 함께 시온산에 서 있는 하나님의 백성을 보여 주고 있습니다. 여기 14장 1절과 4절에서 그 어린양과 함께 시온산에 서 있는 하나님 백성의 특징이 나옵니다.

> 요한계시록 14:1 또 내가 보니 보라 어린양이 시온산에 섰고 그와 함께 십사만 사천이 서 있는데 그들의 이마에는 어린양의 이름과 그 아버지의 이름을 쓴 것이 있더라.

> 요한계시록 14:4 이 사람들은 여자와 더불어 더럽히지 아니하고 순결한 자라. 어린양이 어디로 인도하든지 따라가는 자며 사람 가운데에서 속량함을 받아 처음 익은 열매로 하나님과 어린양에게 속한 자들이니.

1절을 보면 시온산에 어린양과 함께 서 있는 14만 4천의 중요한 특징은 하나님의 이름을 이마에 가지고 있다는 겁니다. 이 말이 무슨 뜻일까요? 하나님께 소속되어 있다는 겁니다. 짐승의 표를 받지 않은 겁니다. 짐승에게 속한 자가 아니라 하나님께 속한 자라는 겁니다. 그리고 4절에 무엇이 나옵니까? 여기에서 "여자와 더불어"라고 표현한 후에 17장에서는 "큰 음녀"라는 표현이 나옵니다. 큰 음녀는 무엇을 합니까? 세상에 있는 모든 사람을 황제에게 무릎 꿇게 만드는 역할을 합니다. 황제를 숭배하게 만드는 겁니다. 그런데 시온산에 어린양과 함께 서 있는 14만 4천은 이런 음녀와 더불어서 더럽히지 않은 자들입니다. 순결한 자들입니다. 하나님을 향한 일편단심의 신앙을 지켜 낸 자들입니다. 그리고 어린양이 어디로 인도하든지 따라가는 자라는 뜻입니다. 예수 그리스도의 길을 신실하게 따라가는 자들이 바로 어린양과 함께 시온산에서 하나님을 찬양하고 예배할 수 있는, 하나님의 구원을 받는 자입니다. 하나님께 소속되어 있고 우상에게 무릎 꿇지 않고 하나님과 우상을 겸하여 섬기지 않고 하나님만 섬기고 어린양이 인도하는 대로 예수의 그 길을 따라 걸어가는 자들이 바로 하나님의 구원을 받는 자임을 14장에서 잘 보여 주고 있습니다.

15-18장은 일곱 대접 재앙을 다룹니다. 인 재앙, 나팔 재앙이 나오고, 마지막이 바로 일곱 대접 재앙입니다. 이 일곱 대접 재앙은 나팔 재앙의 순서와 유사합니다. 여기에서도 출애굽의 재앙이 많이 등장하고 있습니다. 중요한 것이 17장 5절입니다.

> 요한계시록 17:5   그의 이마에 이름이 기록되었으니 비밀이라, 큰 바벨론이라, 땅의 음녀들과 가증한 것들의 어미라 하였더라.

로마제국을 바벨론이라고 말하고 있습니다. 구약에서 이스라엘을 지배했던 5대 제국이 있습니다. 앗시리아, 바빌로니아, 페르시아, 헬라, 로마입니다. 요한계시록에서는 로마를 이 5대 제국 가운데 바벨론이라 말합니다. 왜 로마를 바벨론이라고 말할까요? 유대 전쟁 이후에 유대인들의 문헌을 보면 로마를 로마라고 말하지 않고 바벨론이라는 별칭으로 사용합니다. 왜냐하면 로마와 바빌로니아는 하나님의 집을 상징하는 성전을 파괴했다는 공통점이 있기 때문입니다. 바빌로니아는 주전 586년에 예루살렘 성전을 파괴했습니다. 로마는 주후 70년에 예루살렘 성전을 파괴했습니다. 그래서 유대 전쟁 이후에 로마의 별명이 바벨론이 된 겁니다.

그 바벨론이 하나님께 멸망하는 이야기가 바로 18장입니다. 특별히 18장 4절이 중요합니다. 어떻게 보면 사도 요한이 기술한 요한계시록에서 가장 중요한 메시지라고 할 수 있습니다. 18장 4절은 독자들에게 그 바벨론으로부터 나오라고 말합니다.

> 요한계시록 18:4 또 내가 들으니 하늘로부터 다른 음성이 나서 이르되 내 백성아, 거기서 나와 그의 죄에 참여하지 말고 그가 받을 재앙들을 받지 말라.

여기 "바벨론으로부터 나오라"라는 말은 바벨론을 떠나라는 말입니다. 여기서 '떠난다'라는 말은 바벨론의 주류 가치와 주류 문화에 동참하지 말라는 겁니다. 신앙인들이 세상 안에서 살아갈 수밖에 없지만, 그 세상을 지배하고 있는 주류 가치와 주류 문화에 동화되어서는 안 된다는 겁니다. 우리는 바벨론 안에서 살 수밖에 없지만 바벨론이 우리 안에 들어오지 못하도록 매 순간 깨어 있어야 합니다.

그리스도의 재림과 새 하늘, 새 땅(계 19-22장)

19장부터 22장은 그리스도의 재림과 아마겟돈 전쟁, 백보좌 심판, 새 하늘과 새 땅에 대한 이야기입니다. 궁극적으로 이 땅을 지배하는 것처럼 보이는 큰 용, 바다에서 올라온 짐승인 로마제국과 황제, 땅에서 올라온 짐승인 거짓 예언자들을 하나님이 순차적으로 심판하시면서 이 땅을 지배하는 것처럼 보이는 모든 사탄의 삼위일체를 멸망시키는 이야기와 멸망 이후에 예수 그리스도를 통해서 이 땅 가운데 펼쳐질 새 하늘과 새 땅을 보여 줍니다. 에덴동산의 죄악이 말끔히 씻기고 에덴이 회복되어 아름다운 하나님의 나라가 이 땅 가운데 임할 것을 보여 주는 것입니다. 그런 것들을 보게 함으로써 이 땅에 있는 신앙인이 로마제국에 무릎 꿇지 않고 핍박과 박해의 때를 인내로 이겨 내고 하나님께 절대 충성의 마음으로 참된 믿음을 신실하게 지켜 낼 것을 요청하는 내용입니다.

20장 6절에 천년왕국이 나오는데, 천년왕국 전에 주님이 재림하신다고 보면 전천년설이 되고 천년왕국 이후에 주님이 재림하신다고 보면 후천년설이 됩니다. 천년왕국을 문자적으로 이해하지 않고 승천하신 이후에 하나님의 보좌 우편에서 지금도 천하만국을 다스리시는 예수 그리스도의 영적 통치로 본다면 무천년설이 되는 겁니다.

21장 이후에 나오는 새 하늘과 새 땅은 이사야 65장, 하나님의 보좌로부터 흐르는 생명수의 강은 에스겔 40-48장과 연결됩니다. 요한계시록에는 구약에 나오는 많은 묵시적 환상과 상징과 수가 기록되어 있습니다.

요한계시록 21:1 또 내가 새 하늘과 새 땅을 보니 처음 하늘과 처음 땅이 없어졌고 바다도 다시 있지 않더라.

21장 1절에 나오는 '바다'는 하나님을 대적하는 세력을 상징합니다. 창세기 1장에 원시 바다가 나옵니다. 이제는 하나님을 대적하는 세력이 다시는 존재하지 않는다는 겁니다. 바다는 없지만 무엇이 있습니까? 만물을 소생시키는 생명의 강은 흐르고 있습니다. 21장 2절에서 새 예루살렘을 뭐라고 수식합니까? "거룩한 성 새 예루살렘"입니다. 하나님의 심판을 받는 바벨론을 수식했던 말은 "큰 성"이고, 새 예루살렘은 "거룩한 성"입니다. 하나님이 이 땅의 교회에 원하시는 것은 거대한 규모와 화려한 겉모습이 아니라 거룩한 교회입니다. 여러분이 소속된 교회가 큰 교회, 거대한 교회는 되지 못한다 해도 거룩한 교회는 되어야 합니다. 이것이 바로 하나님이 이 땅 교회에 원하시는 가장 아름다운 모습이기 때문입니다.

요한은 22장 4절에서 그 새 하늘과 새 땅 거룩한 성 예루살렘에서는 하나님의 얼굴을 보게 된다고 말합니다. 여기는 성전이 따로 필요하지 않습니다. 하나님과 동행하기 때문입니다. 하나님의 모든 백성이 하나님의 얼굴을 보게 됩니다.

요한계시록 22:4 그의 얼굴을 볼 터이요 그의 이름도 그들의 이마에 있으리라.

22장 21절에서 "주 예수의 은혜가 모든 자들에게 있을지어다 아멘"이라는 글로 요한은 이 편지를 마무리하고 있습니다. 요한은 하나님의 모든 백성에게 주 예수의 은혜가 가득하기를 기원함과 동시에 그것이 반드시 이루어질 것을 아멘으로 확신하면서 글을 마무리합니다.

이 땅을 지배하고 있는 로마제국의 문화와 황제 숭배를 강요받고 있는 초대 교인들에게 하나님을 향한 일편단심의 신앙을 지켜 내라고 촉구하는 것이 요한계시록의 가장 중요한 목적이었습니다. 로마 황제의 통치 위에 하나님의 통치가 여전히 유효하게 펼쳐진다는 점, 그 하나님이 사탄의 삼위일체를 반드시 심판하시리라는 점, 하나님의 나라가 온전히 구현되리라는 점을 성도들에게 확신시켜 줌으로써 우상숭배의 미혹 가운데 있었던 초대 교인들에게 굳건히 믿음을 지킬 수 있게 해 주려 한 것입니다. 오늘 21세기를 살고 있는 우리에게도 형태는 다르지만 이 시대를 지배하는 바벨론이 있습니다. 하나님께만 바쳐야 할 우리의 충성심을 가로채고 있는 이 시대의 바벨론이 있습니다. 요한계시록은 그 바벨론의 유혹과 핍박에 무릎 꿇지 말고, 하나님과 바벨론을 겸하여 섬기지 말며, 오직 하나님만을 섬기는 신앙인으로 신실하게 살아갈 것을 촉구하고 있습니다. 이 요한계시록의 목적을 기억하면서 다시 한번 요한계시록을 천천히 묵상해 보시면 좋겠습니다.

신약성경, 책별로 만나다

양진일 지음

2023년 4월 10일 초판 1쇄 발행
2024년 8월 19일 초판 3쇄 발행

펴낸이 김도완   **펴낸곳** 비아토르
등록번호 제2021-000048호   **주소** 서울시 종로구 삼일대로 428, 500-26호
      (2017년 2월 1일)   (우편번호 03140)
전화 02-929-1732   **팩스** 02-928-4229
전자우편 viator@homoviator.co.kr

편집 최은하   **디자인** 임현주
제작 제이오   **인쇄** 민언프린텍   **제본** 다온바인텍

ISBN 979-11-91851-73-1 03230   **저작권자** ⓒ 비아토르, 2023